HEYNE <

Das Buch

Die geheimen Meister des Dao – totgeschwiegen von der allmächtigen Partei, verfolgt von den Roten Garden, bewahrten sie unter größten persönlichen Opfern das spirituelle Weltkulturerbe Chinas. Dieses Buch erzählt die dramatische Lebensgeschichte Wang Lipings (geb. 1949), des Linienhalters achtzehner Generation der legendären Drachentor-Schule des Daoismus – spannend wie ein Roman und gleichzeitig Fundgrube eines Wissens, das auf uns westliche Leser faszinierend und wunderbar wirkt.

Die Ausbildung Wang Lipings durch seine drei Meister umfaßte alle esoterischen Disziplinen, die China über Jahrtausende hinweg bewahrte: Schamane, Meditationsmeister, Visionär, Schriftgelehrter, Arzt und Alchemist. Bisher hatten wir vielleicht eine Ahnung davon, welche Schätze die geheimen Meister des Dao hüteten. Durch dieses Buch können wir erstmals miterleben, wie die Meisterschulung innerhalb einer ihrer ältesten und berühmtesten Traditionslinien verlief. Sie erlegte die Härten und Entbehrungen schamanischer Einweihung auf, forderte die meditative Vollkommenheit des Yogi ebenso wie die intellektuellen Fähigkeiten des Gelehrten, führte in die unergründlichen Mysterien der Alchemie ein und eröffnete den Zugang zu einem verborgenen Heilwissen der Traditionellen Chinesischen Medizin, von dem bisher erst wenige Ansätze nach Europa gelangt sind.

Die Autoren

Chen Kaiguo und Zheng Shunchao sind langjährige, persönliche Schüler Wang Lipings. Wang Liping selbst lebt und lehrt heute an verschiedenen Orten in seinem Heimatland. Obwohl die Zeit der Verfolgung daoistischer Lehrer vorbei ist, führt er nach wie vor ein sehr zurückgezogenes Leben.

Chen Kaiguo
Zheng Shunchao

Der geheime Meister vom Drachentor

Magie, Schamanismus und Alchemie im kommunistischen China

Aus dem chinesischen Original
übersetzt und herausgegeben von Thomas Cleary

Aus dem Amerikanischen übertragen
von Wolfgang Höhn

WILHELM HEYNE VERLAG
MÜNCHEN

Die amerikanische Originalausgabe erschien 1996 unter dem Titel »Opening the Dragon Gate« im Verlag Charles E. Tuttle.
Published by arrangement with Tuttle Publications, an imprint of Periplus Editions (HK) Ltd.

FSC
Mix
Produktgruppe aus vorbildlich bewirtschafteten Wäldern und anderen kontrollierten Herkünften
Zert.-Nr. SGS-COC-1940
www.fsc.org

Verlagsgruppe Random House
FSC-DEU-0100
Das FSC-zertifizierte Papier *München Super* für Taschenbücher aus dem Heyne Verlag liefert Mochenwangen Papier.

Taschenbucherstausgabe 12/2005

Printed in Germany 2005
Umschlaggestaltung: HildenDesign, München
Umschlagmotiv: © zefa / F. Krahmer
Herstellung: Helga Schörnig
Satz: KompetenzCenter, Mönchengladbach
Druck und Bindung: GGP Media GmbH, Pößneck
ISBN-13: 978-3-453-70030-7
ISBN-10: 3-453-70030-9

http://www.heyne.de

Inhalt

Hinweis zur Schreibung des Chinesischen

Bei der Transkription des Chinesischen, das heißt der möglichst lautgetreuen Wiedergabe chinesischer Schriftzeichen in lateinischen Buchstaben, werden (vor allem in der älteren) westlichen Literatur immer noch verschiedene Umschrift-Systeme benutzt. Inzwischen hat sich im Westen aber weitgehend das offizielle Pinyin-System der Volksrepublik China durchgesetzt; es wird deshalb auch in der deutschen Ausgabe verwendet. Der zentrale Begriff der chinesischen Geistesgeschichte wird in dieser Schreibweise zu DAO – statt des bisher üblichen TAO –, und das gilt dann natürlich für alle deutschen Wortbildungen wie Daoismus und daoistisch.

Ausnahmen bilden lediglich Namen, deren vom Pinyin abweichende Schreibweise international gebräuchlich ist (wie Peking, Pinyin: Beijing).

Von Fall zu Fall wird die bisher vor allem in der englischsprachigen Literatur übliche Wade-Giles-Umschrift in Klammern angeführt – z. B. Qi (Ch'i) oder Laozi (Lao-tzu).

Einführung von Thomas Cleary

Dieses Buch ist die Übersetzung der autorisierten chinesischen Biographie von Wang Liping, einem zeitgenössischen daoistischen Meister; sie wurde von zweien seiner langjährigen Schüler verfaßt. Wang Liping ist Linienhalter in der achtzehnten Generation der Drachentor-Schule [longmen pai] des Daoismus, deren spiritueller Stammbaum sich über achthundert Jahre zurückverfolgen läßt. Als elfjähriger Junge wurde Wang Liping von drei alten Meistern der Drachentor-Schule dazu auserwählt, die besondere Schulung zum Linienhalter zu empfangen. Der Brauch, ausgewählte Individuen zu Linienhaltern oder Traditionsträgern von esoterischen Lehren heranzubilden, wird von den tibetischen Buddhisten und den Khajagan-Sufis sowie den Daoisten der Drachentor-Schule gepflegt.

Nachdem Wang Liping von den drei alten Meistern des Drachentors ›geortet‹ worden war, wurde er anschließend über fünfzehn Jahre in den verschiedensten daoistischen Disziplinen unterwiesen und zum Dao-Meister geschult. Auf der Grundlage seiner persönlichen Erinnerungen schildert diese Biographie Wang Lipings frühe Lebensjahre und seine esoterische Schulung.

Die Drachentor-Schule ist ein Zweig der einflußreichen daoistischen ›Schule der Vollkommenen Wirklichkeit‹, die Buddhismus und Konfuzianismus in eine umfassende neue Form des Daoismus integriert hat. Diese Schule des Daoismus hat sich im Verlauf des chinesischen Mittelalters allmählich über ganz China ausgebreitet und lebt bis heute weiter. Etliche klassische Schriften und Texte dieser Schule sind in jüngster Zeit in europäische Sprachen übersetzt worden. Die Schule der Vollkommenen Wirklichkeit wird gewöhnlich in zwei Haupttraditionslinien unterteilt: die südliche und die nördliche Tradition. Die etwas ältere südliche Tradition hat ihre Wurzeln im Werk von Zhang Boduan (Chang Po-tuan, 983–1082), dessen Meisterwerk *Über das Begreifen der Wirklichkeit* als Klassiker der daoistischen spirituellen Alchimie gilt und von Daoisten aller Traditionen gleichermaßen studiert wird. Das gilt auch für ein weiteres hochgeschätztes Traktat dieses Meisters über die innere Alchimie, die *Abhandlung über das Goldene Elixier in vierhundert Zeichen.*

Die nördliche Tradition dieser Schule beruht auf dem Werk von Wang Chongyang (Wang Ch'ung-yang, auch Wang Zhe, 1112–1170), in erster Linie auf seinem Traktat *Fünfzehn Punkte zur Begründung einer Schule.* Wang soll sich unter dem berühmten Unsterblichen Lü Dongbin (Lü Tung-pin) geschult haben, jenem großen Meister, der auch als der Urahn Lü bekannt ist. Lü Dongbin war maßgeblich beteiligt an der Integration des Buddhismus und Konfuzianismus in den alten Daoismus, die zur Keimzelle der neuartigen spirituellen Alchimie in der Schule der Vollkommenen Wirklichkeit wurde. Wang Chongyang soll außerdem von Lü Dongbins eigenem Meister geschult worden sein; später gehörte eine Anzahl von bedeutenden Vertretern der daoistischen Tradition zu seinen Schülern. [Deutsche Übersetzungen von Werken des Urahnen Lü, von Wang Chongyang, Zhang Boduan und anderen Adepten der Schule der Vollkommenen Wirklichkeit finden sich im Verzeichnis weiterführender Literatur am Schluß des Buches.]

Die Drachentor-Schule des Daoismus, deren Erbe Wang Liping ist, ist ein Zweig der nördlichen Tradition in der Schule der Vollkommenen Wirklichkeit. Ihre spirituelle Linie geht zurück auf Qiu Chuji (Ch'iu Ch'uchi, 1148–1227), einen Meister des dreizehnten Jahrhunderts, der einer der Hauptschüler von Wang Chongyang war. Sein daoistischer Name ist Changchun, ›Meister des Ewigen Frühlings‹. Er gehörte zu jenen Weisen, die den Mongolenherrscher Dschingis-Khan

(1155–1227) vor über achthundert Jahren durch ihren Rat dazu bewegten, nach der Eroberung Chinas durch die Mongolen die altchinesische Kultur zu bewahren. Dschingis-Khan ernannte Changchun zum Oberhaupt aller Religionen in China, und das führte unter anderem dazu, daß die Drachentor-Schule bei der Bewahrung der chinesischen Kultur eine ganz entscheidende Rolle gespielt hat.

Die Daoisten schreiben Changchun wesentliche Teile eines Werkes zu, das unter dem Titel *Die Reise in den Westen* bekannt ist – eine symbolische Erzählung, die daoistische, buddhistische und konfuzianische Elemente in sich vereint. *Die Reise in den Westen* wurde während der Yuan-Zeit als Bühnenstück populär und in der nachfolgenden Ming-Zeit zu einem der bekanntesten und volkstümlichsten Romane der chinesischen Literatur umgestaltet. Liu Yiming (1737–1826), ein Meister der Drachentor-Schule in der elften Generation, verfaßte einen Kommentar über den verborgenen spirituellen Sinn der *Reise in den Westen*, der sich in dem Buch *Die Drei Schätze des Dao* findet.

Wang Liping, ein Überlebender der chaotischen Zeit der ›Großen Proletarischen Kulturrevolution‹, steht in dem Ruf, ein außergewöhnliches Spektrum von Wissen und Fähigkeiten zu beherrschen. Als Linienhalter, der eine ganz spezielle Schulung durchlaufen mußte, führt er die Tradition der Drachentor-Schule fort und ist der Bewahrung und Erneuerung des daoistischen Wissens verpflichtet. Zusätzlich zu seinen Aufgaben als Lehrer und Heiler sowie als Herausgeber einer Neuausgabe des daoistischen Kanons *Daozang* (Tao Tsang) wirkt Wang Liping als Berater für zahlreiche offizielle Institutionen, die sich mit der Erforschung der chinesischen Medizin, Diätetik und anderer Bereiche der chinesischen Kultur befassen. Wang Liping ist verheiratet und Vater eines Sohnes.

Über die Jahrhunderte hinweg war es bei den Daoisten gebräuchlich, verschiedenartige pädagogische Methoden zu entwickeln und anzuwenden. Sie entsprachen damit dem Grundprinzip der Flexibilität, wie es in dem alten Klassiker *Laozi* (Lao-tzu) oder *Daodejing* (Tao Tê Ching) dargelegt wurde. Um die Lehre der Drachentor-Schule für unsere moderne Zeit darzustellen, bedient sich Wang Liping dementsprechend eines neuartigen philosophischen Rahmens – des Konzepts der sogenannten ›Dreifachen Welt‹.

Die untere Stufe der Dreifachen Welt besteht aus den drei Sphären ›Menschen, Geschehnisse und Dinge‹. Dies ist jene Stufe der Erfahrung, auf der es sowohl Form als auch Substanz gibt und die zugänglich ist für normale menschliche Sinneswahrnehmungen und wissenschaftliche Instrumente, welche die Reichweite der Sinne erweitern und verbessern.

Die mittlere Stufe der Dreifachen Welt besteht aus den drei Sphären ›Himmel, Erde und Menschheit‹. Zu dieser Stufe der Erfahrung gehört das, was Form besitzt, aber keine Substanz, sowie das, was Substanz hat, aber keine Form. Diese Stufe übersteigt den Horizont des gewöhnlichen Wissens. Das, was Form hat, aber keine Substanz, gleicht den Träumen; das, was Substanz hat, aber keine Form, wird als Vitalität, Energie und Belebender Geist [auch: Essenz, Lebenskraft und spirituelle Energie – chinesisch: *Jing, Qi* und *Shen* (Ching, Ch'i und Shen), die ›Drei Schätze‹ der Daoisten] bezeichnet.

Die höchste Stufe der Dreifachen Welt besteht aus den drei Sphären ›Universum, Zeit und Raum‹. Diese Begriffe haben in diesem daoistischen Kontext nicht genau dieselbe Bedeutung wie in der gewöhnlichen Sprache. Die oberen drei Sphären – also der Bereich dessen, das weder Form noch Substanz hat, wie er in der daoistischen Praxis erfahren wird – erweisen sich als weitaus umfassender und vielfältiger als das, was wir gewöhnlich mit unseren Sinnen als Raum, Zeit oder Universum erfahren. Dies ist das Reich des Dao.

Wie bei allen praktischen Systemen des Daoismus wurde auch dieser philosophische Rahmen nicht zum Zweck doktrinärer Konditionierung oder abstrakter Verbegrifflichung geschaffen, sondern vielmehr als Hilfsmittel zur Strukturierung von Wissen, Praxis und Erfahrung. Es bedarf einer speziellen Schulung bestimmter Fähigkeiten, um das, was jenseits der gewöhnlichen Vorstellung liegt, überhaupt wahrnehmen zu können; zur Orientierung braucht es deshalb eine Art von Hinweis auf jene Dinge, die sich nicht genau beschreiben lassen.

Wie in dieser Biographie dargestellt, entspricht jede Stufe der Dreifachen Welt bestimmten daoistischen Praktiken, Wahrnehmungsebenen und Methoden der Selbstkultivierung. Auf diese Weise leitet dieses System den Geist des Adepten durch die Entwicklung und Verfeinerung von Fähigkeiten, die ohne Selbstkultivierung brachliegen würden, vom Reich des Bekannten zum Reich des Unbekannten. Am Beispiel der bemerkenswerten Lebensgeschichte eines zeitgenössischen Meisters dieser Tradition veranschaulicht dieses Buch etwas von den Möglichkeiten des Daoismus, die in den klassischen Schriften immer wieder angedeutet werden. Außerdem beschreibt dieses Buch die Lebensumstände im alten und modernen China, herausragende Persönlichkeiten aus alter Zeit, Prinzipien und Praktiken der daoistischen Unsterblichen, den Ursprung der Drachentor-Lehren und eine neuen Sichtweise des menschlichen Potentials und seiner Entwicklungsmöglichkeiten.

Erster Teil

In das Dao eintreten

1 Die Berufung

In einer Nacht des Jahres 1960 kam es auf einem heiligen Berg in China, fern vom Getriebe der Welt, zu einem bedeutsamen Ereignis in der Geschichte der chinesischen esoterischen Traditionen. In jener wolkenlosen Sommernacht strahlte der Mond hell am Himmel, und eine frische Brise wehte vom Meer herauf. In tiefe Meditation versunken, saßen dort drei alte Männer, einsame Erben eines altehrwürdigen Wissens, vor ihrer verborgenen Höhle in den Laoshan-Bergen in der Provinz Shandong am Gelben Meer.

Der Laoshan ist außerhalb Chinas nur wenigen bekannt. Für die Einheimischen liegt dort die Quelle eines besonders guten Wassers; Eingeweihte und Pilger verehren ihn als einen der heiligen Berge des Daoismus, der ursprünglichen Weisheitstradition Chinas und einer der ältesten Wissenschaften der Welt. Der Laoshan ist auf zwei Seiten – im Osten und Süden – vom Gelben Meer umgeben; steil und erhaben scheinen die Berge direkt vom Meeresgrund aufzuragen. Das Gebirge ist von gewaltigen Steinblöcken und riesigen Felsen übersät, und eine Fülle von Pflanzen- und Baumsorten wachsen dort. Zu seinen Füßen tosen die Wogen des Pazifischen Ozeans, seine Hüften werden von weißen Wolken gegürtet. Wer dort an einem Berghang sitzend bei Sonnenaufgang auf die See schaut, empfindet ein überwältigendes Gefühl überirdischer Transzendenz. Deshalb war der Laoshan für daoistische Adepten von alters her ein hochgeschätzter Ort, an dem sie nach Verwirklichung streben und ihre wahre Natur entwickeln konnten.

Über Jahrhunderte hinweg haben viele berühmte daoistische Meister in jenen Bergen ihr geheimes Wissen kultiviert. Im Lauf der Zeit wurden dort zahlreiche daoistische Tempel und Klöster errichtet, und in den Tiefen der Berge gibt es viele verborgene Höhlen, von dichtem Blattwerk und Kletterpflanzen verdeckt, von außen kaum zugänglich und nur wenigen Eingeweihten bekannt.

Die drei alten Männer, die in jener Mondnacht dort auf dem Berg saßen, waren Meister der Drachentor-Schule der daoistischen Schule der Vollkommenen Wirklichkeit und Träger von legendären Geheimnissen und Künsten. Zhang Hodao, der ›Weggefährte der Unendlichkeit‹, war der Linienhalter der Drachentor-Schule in der sechzehnten Generation. Damals war er zweiundachtzig Jahre alt; am Ende der Qing-Dynastie war er oberster Hofarzt am Kaiserhof in Peking gewesen. Sein volkstümlicher Name lautete daher ›Unglaublicher Doktor‹. Wang Jiaoming, der ›Weggefährte der Reinen Heiterkeit‹, war als Schüler von Großmeister Zhang Hodao Linienhalter der Drachentor-Schule in der siebzehnten Generation und zu jener Zeit zweiundsiebzig Jahre alt. Als ehemaliger Offizier an der Huangbu-Militärakademie war er ein großer Kampfkunstexperte. Da er auch den Abakus, das chinesische Rechenbrett, meisterhaft beherrschte, wurde er ›Unglaublicher Rechenmeister‹ genannt. Gu Jiaoyi, der ›Weggefährte der Reinen Leere‹, war ebenfalls Schüler von Zhang Hodao und zusammen mit Wang Jiaoming Linienhalter der Drachentor-Schule in der siebzehnten Generation. Damals war er siebzig. Er beherrschte eine einzigartige Akupunkturmethode, mit der er Krankheiten heilen konnte, ohne Nadeln in den Körper des Patienten zu stechen. Deshalb wurde er von den Leuten ›Unendlicher Akupunkteur‹ genannt.

Während des vorausgegangenen Jahres waren die drei Dao-Meister in geheime Beratungen über eine äußerst wichtige Angelegenheit, die nicht nur sie, sondern China und die ganze Welt betraf, vertieft gewesen. Angesichts ihres fortgeschrittenen Alters war es an der Zeit, einen geeigneten Nachfolger zu finden, einen jungen Menschen, der das Wissen zu empfangen vermochte, das ihn zum Linienhalter der

Drachentor-Schule in der achtzehnten Generation machen würde.

Die daoistische Schule der Vollkommenen Wirklichkeit entstand vor über achthundert Jahren, als Nordchina, das alte Kernland und kulturelle Zentrum des chinesischen Volkes, von den Armeen der mongolischen Steppenkrieger überrannt wurde. In diesen schweren Zeiten fiel dieser Schule die Aufgabe zu, nicht nur die esoterischen Lehren des Daoismus, sondern auch die inneren Lehren des Buddhismus und des Konfuzianismus vor der Vergessenheit zu bewahren. Die Daoisten der Schule der Vollkommenen Wirklichkeit betrachten fünf Männer als ihre ›Fünf Nördlichen Patriarchen‹: Wang Xuanbu, Zhongli Quan, Lü Dongbin, Liu Haizhan und Wang Chongyang.

Außerdem sind sieben herausragende Schüler von Meister Wang Chongyang als die ›Sieben Erleuchteten des Nordens‹ bekannt. Zu diesen Sieben gehört auch Qiu Chuji, eher bekannt als Changchun, der ›Wahre Mensch des Ewigen Frühlings‹, der eigentliche Begründer der Drachentor-Schule. Das Ansehen dieses Meisters war so überragend, daß der Mongolenherrscher Dschingis-Khan ihn an seinen Hof berief und zum religiösen Oberhaupt Chinas ernannte. Bis auf den heutigen Tag hütet die Drachentor-Schule zahllose Geheimnisse, die für moderne Chinesen und die Menschen des Westens unvorstellbar und unergründlich sind. Die Kraft dieser esoterischen Lehren ist gewaltig, und die drei alten Meister der sechzehnten und siebzehnten Generation verbrachten endlose Stunden in tiefer Kontemplation, um einen geeigneten Erben für ihr Wissen zu finden.

Zum überlieferten Wissensschatz der Drachentor-Schule gehört ein ganz besonderes Orakelbuch mit symbolischen Mustern, das unter dem Titel *Tabellen der Abbildung des Rückens* bekannt ist. Ursprünglich wurde es benutzt, um gesellschaftliche Tendenzen zu analysieren und Ereignisse vorherzusagen; der Inhalt dieses Werks wurde jedoch vor über sechshundert Jahren auf kaiserlichen Geheimbefehl hin mutwillig verstümmelt und entstellt, als Teil einer umfassenden Kampagne mit dem Ziel, das Volk in Unwissenheit und

Leibeigenschaft zu halten. Durch glückliche Umstände wurde die ursprüngliche Integrität dieses Werks innerhalb der Drachentor-Schule bewahrt.

Wie sich herausstellen sollte, war der gesuchte neue Linienhalter ein Junge namens Wang Liping, der 1960 elf Jahre alt war. Wer ihn schon als Kind kannte, kann sich daran erinnern, daß er sich schon immer irgendwie von seinen Altersgenossen unterschied. Er konnte zum Beispiel verlegte Sachen im Haus immer schnell aufspüren und seine Spielkameraden beim Versteckspiel unweigerlich finden, ganz gleich, wie gut sie sich versteckt hatten. Wang Liping wurde in einer großen Stadt in Nordostchina geboren und zog später mit seinen Eltern in eine befestigte alte Stadt in der Nähe des bekannten Changbaishan, der ›Ewigweißen Berge‹, um. Wegen des ›schwarzen Goldes‹, das unter der Stadt in der Erde ruht, heißt sie auch ›Kohlestadt‹, und aus diesem Grund hat sie sich im 20. Jahrhundert gut entwickelt. In dieser neuen Stadt mit ihren alten Mauern hat Wang Liping den größten Teil seines Lebens verbracht.

Die Familie Wang war in dieser Gegend einst ein bedeutender Clan, dessen Vorfahren sich in vielen Situationen ausgezeichnet hatten. Zur Zeit von Wang Lipings Vater hatte die Familie viel von ihrer einstigen Stellung verloren, aber der Vater schaffte es dennoch, eine Industriehochschule zu absolvieren, was damals keine Kleinigkeit war. Mutter Wang war eine gutherzige, liebenswürdige Frau, die vier Söhnen und zwei Töchtern das Leben schenkt – alle gesund und kräftig, außer ihrem schmächtig und schwächlich geratenen zweiten Sohn Liping. Als dieser ein Jahr alt war, kam es zu einem Brand im Haus der Familie, bei dem der kleine Liping eine Brandwunde am Kopf davontrug. Obwohl diese Wunde gut verheilt war, litt er als Kind ständig an Kopfschmerzen und an Augenbeschwerden. Zum Leidwesen seiner Mutter konnte keiner der konsultierten Ärzte dem Jungen wirklich helfen.

Die Familie Wang hatte viele Kinder, obwohl das Leben im China der späten fünfziger und frühen sechziger Jahre alles andere als einfach war. Von früher Kindheit an war der kleine

Liping freundlich und folgsam, ordentlich und respektvoll, und von Natur aus ein guter Beschützer für seine jüngeren Geschwister. Aber auch zu seinen Freunden und Spielkameraden aus der Nachbarschaft verhielt er sich nicht anders. Wann immer ein anderes Kind etwas haben wollte, das der kleine Liping zufällig bei sich hatte, pflegte er es großzügig zu verschenken.

Als die Wangs an einem Herbsttag des Jahres 1962 gerade beim Mittagessen saßen, erschallte an ihrer Haustür plötzlich eine kräftige Stimme: »Einen Mundvoll Reis, bitte!« Da das Leben in jenen Jahren sehr hart war, zogen überall von den zentralen Ebenen bis zum Nordosten Chinas viele Menschen über Land, um der Not zu entfliehen und etwas zu essen zu finden. Doch wann immer jemand an ihrer Tür bettelte, pflegte ihm Mutter Wang frohen Herzens etwas zu geben. Diesmal sprang Liping als erster auf, als die Stimme des Bettlers an der Tür ertönte. Noch ehe seine Mutter aufstehen konnte, eilte er schon mit ein paar Gemüseklößen zur Tür. Als Liping die Tür öffnete, war er verblüfft über den Anblick, der sich ihm bot: Vor ihm standen drei würdige alte Männer, die völlig anders aussahen als die Art von Leuten, die gewöhnlich zum Betteln kamen. Diese drei Alten sahen freundlich und gütig aus; auch wenn ihre Kleidung abgetragen und zerlumpt war, standen sie doch aufrecht wie kräftige junge Männer da und strahlten Energie und Vitalität aus.

Die Alten griffen nach den Klößen, die Liping ihnen reichte. Kaum hatten sie alles auf einmal hinuntergeschlungen, streckten sie schon wieder wortlos die Hände aus, als wollten sie noch mehr haben. Verwirrt ging Liping zurück ins Haus, um noch einige Klöße für die alten Männer zu holen. Nachdem sie auch diese verspeist hatten, warfen sie sich vielsagende Blicke zu und zogen fröhlich von dannen. Liping schüttelte verwundert den Kopf, und als er wieder aufblickte, waren die drei alten Männer spurlos verschwunden. Obwohl Liping damals noch nichts ahnen konnte, hatte er guten Grund, über diese Begegnung verwirrt zu sein. Wie er bald erfahren sollte, waren diese drei alten Männer keine gewöhnlichen Menschen, sondern daoistische Weise, die lange Jahre in Verborgenheit in Höhlen gelebt hatten, um geheime Künste zu praktizieren. Natürlich waren sie nicht aus den Bergen herabgestiegen, um sich Essen zu erbetteln, sondern um den Erben ihres Wissens ausfindig zu machen.

Der Daoismus ist die ursprüngliche Religion Chinas. Zu seinen Aufgaben für die gewöhnlichen Menschen gehört es, Naturgesetze zu erkennen, Gesundheit zu fördern, Krankheiten zu verhindern, Leben zu verlängern und – auf der Grundlage eines harmonischen Zusammenwirkens von Menschheit und Natur, von Individuum und Gesellschaft – die Entwicklung von Kultur und Zivilisation zu fördern. Die drei Dao-Meister, die Wang Liping gesucht und gefunden hatten, hatten viele Jahre in den Bergen zugebracht, um das Dao zu kultivieren. Sowohl in den inneren als auch in den äußeren Künsten hatten sie schon die höchsten Stufen einer Meisterschaft erreicht, die weit über den Horizont der einfachen daoistischen Adepten hinausreichte.

Um ihren Nachfolger ausfindig zu machen, hatten sie außer der Kraft ihrer inneren Schau vor allem jenes besondere Orakelbuch benutzt, das in ihrer Schule überliefert worden war. Nachdem sie zu dem Ergebnis gelangt waren, daß der gesuchte spirituelle Erbe bereits über zehn Jahre auf Erden weilte, trafen sie die nötigen Vorkehrungen, um ihre Bergeinsamkeit zu verlassen und sich auf die Suche zu machen. Während ihrer zweimonatigen Suche verbrachten sie allerdings mehr Zeit damit, die Landbewohner zu heilen und ihnen Hilfe zu leisten, als mit der eigentlichen Reise. In der daoistischen Tradition sind Wohltätigkeit und Dienst am Nächsten wichtige Verpflichtungen, unabhängig davon, ob sie in der Öffentlichkeit oder im verborgenen ausgeübt werden. Nachdem die drei Meister an jenem Tag Wang Lipings Elternhaus erreicht und dort endlich ihren spirituellen Erben entdeckt hatten, waren die Strapazen ihrer Reise vergessen. Fröhlich plaudernd und lachend machten sie sich auf den Rückweg zu dem verlassenen Gebäude, in dem sie Unterschlupf gefunden hatten. Nachdem sie den Staub aus den Kleidern geschüttelt hatten, machten sie es sich bequem und warteten in Ruhe darauf, daß Wang Liping erscheinen würde, um nach ihnen zu schauen.

Liping konnte nach seiner ersten Begegnung mit den drei Dao-Meistern das Verlangen nicht mehr unterdrücken, die geheimnisvollen Fremden wiederzusehen. In der Schule – er war damals Fünftkläßler – war er am nächsten Tag überhaupt nicht bei der Sache, und anstatt gleich nach dem Unterricht wie gewohnt mit seinen Klassenkameraden nach Hause zu gehen, wanderte er geistesabwesend umher, bis seine Füße ihn zuletzt an den Ort führten, an dem die Meister ihr Quartier bezogen hatten. Liping entdeckte die alten Männer in einem Schuppen, in dem sie lachend und plaudernd zusammensaßen. Ganz in ihren Bann gezogen, setzte er sich zu ihnen, um ihnen zuzuhören. Die Meister hatten ihren Lehrling gefunden; der künftige Linienhalter der Drachentor-Schule hatte seine Meister gefunden. Und so begann für Wang Liping im Herbst 1962 seine Lehrzeit in daoistischer Magie, die fünfzehn Jahre dauern sollte.

2 Besinnung

Auch wenn die drei Dao-Meister plaudernd beisammensaßen und ihren jungen Besucher nicht zu beachten schienen, prüften sie ihn doch insgeheim mit ihrer inneren Wahrnehmung. Sie stellten fest, daß der Junge unter Augenbeschwerden und chronischen Migräneanfällen litt und begannen sogleich, ihn zu heilen, ohne jedoch im geringsten anzudeuten, was sie gerade taten. Nach und nach verspürte Liping eine außergewöhnliche Klarheit des Geistes und auch seine Augen besserten sich merklich. Er konnte sich des Eindrucks nicht erwehren, daß diese drei alten Männer wohl keine gewöhnlichen Menschen waren. Die alten Meister musterten den Jungen noch einmal genau, und sie hatten keinen Zweifel mehr, daß er tatsächlich derjenige war, den sie in den letzten Jahren in ihren Visionen gesehen und auf ihrer Reise gesucht hatten.

Wang Liping war zum Linienhalter der Drachentor-Schule in der achtzehnten Generation ausersehen.

Der Älteste der drei Männer saß eine Weile still mit geschlossenen Augen da. Dann öffnete er langsam die Augen und schaute den jungen Liping an: »Heda, du Schuljunge! Es ist schon spät, und du bist weit von zu Hause weg. Hast du keine Angst, allein im Dunkeln zurückzugehen?«

Ohne nachzudenken, antwortete der Junge: »Angst wovor? Wenn ich mit meinen Freunden Verstecken spiele, macht es um so mehr Spaß, je dunkler es ist! Wovor sollte ich mich fürchten?«

Die drei Alten waren hoch erfreut. Gu Jiaoyi zog Liping zu sich heran: »Komm, spiele mit uns Verstecken!« Sie führten ihn zu einem Friedhof in der Nähe und forderten ihn zu einem Versteckspiel heraus, bei dem sie ihn zum Gewinner erklären würden, wenn er einen von ihnen in der Dunkelheit finden könnte.

Liping nahm die Herausforderung an. Er kam fast jeden Tag hierher und kannte jeden Winkel; deshalb dachte er, daß die alten Männer sich unmöglich lange vor ihm verstecken könnten. Er hielt sich die Augen zu und begann zu zählen. Aber Zhang Hodao unterbrach ihn: »Das ist nicht nötig. Bleib einfach hier mit offenen Augen stehen, und schau zu, wie wir uns verstecken. Paß gut auf – wir gehen nicht weit weg!«

Die drei Alten blieben jedoch einfach stehen, und Liping forderte sie auf, sich zu verstecken. Doch sie rührten sich immer noch nicht vom Fleck. Da hörte er auf einmal eine Stimme: »Schau dich lieber genau um – wir haben uns schon versteckt!« Liping blickte sich um – von den alten Männern war keine Spur zu entdecken. Wie war es ihnen gelungen, zu verschwinden, während sie noch sprachen? Warum hatte er keine Schritte gehört? Liping begann das ganze Gelände abzusuchen, jeden Winkel und jeden Platz, wo sich jemand hätte verstecken können. Nichts. Kein Laut. Alles schien menschenleer. Völlig verwirrt kehrte der Junge nach fast einer Stunde zu dem Baum zurück, an dem das Spiel begonnen hatte. Da tauchten die alten Männer plötzlich vor seinen Augen auf und meinten lachend, er sollte zugeben, daß er verloren hätte!

Tatsächlich waren die drei Magier nirgendwohin verschwunden, sondern einfach die ganze Zeit dageblieben; sie hatten sich einfach unsichtbar gemacht. Diese Meister brauchten dazu nicht den Schutz der Dunkelheit; sie wußten, wie man sich sogar am hellichten Tag für die Augen gewöhnlicher Menschen unsichtbar machen konnte – eine Kunst, die erst auf der mittleren Stufe der Verwirklichung erreicht wird.

Von alledem hatte Wang Liping noch keine Ahnung. Allerdings wurden sein Staunen und sein Respekt vor den drei Alten immer größer. Sie forderten ihn auf, nach Hause zu gehen und am nächsten Tag nach der Schule wiederzukommen; er sollte auf keinen Fall zu Hause oder in der Schule erzählen, was er erlebt hatte. Als Liping an jenem Abend so spät nach Hause kam, hatten seine Eltern sich schon Sorgen gemacht. Wo war er so lange geblieben? Und was hatte er getrieben? Aber da Liping nicht so recht mit der Sprache heraus wollte, setzten sie ihn nicht weiter unter Druck. Damals waren die Zeiten in China hart; in der Familie sollte zwar jeder auf den anderen achten, aber manchmal konnte man nicht alles im Auge behalten. Schließlich war Liping der zweitälteste Sohn, und seine Eltern mußten sich mehr um die jüngeren Geschwister kümmern. Deshalb war er die meiste Zeit auf sich allein gestellt.

Was die drei alten Männer angeht, so begegneten ihnen die Einheimischen mit Wohlwollen, da sie schon recht betagt waren und einen weiten Weg aus dem Kernland Chinas bis hierher in den äußersten Nordosten hinter sich gebracht hatten. Ihre heilerischen Fähigkeiten waren den Landbewohnern willkommen, auch wenn die Alten nur wenig von ihrem Können offenbarten, um ihre wahre Identität als daoistische Magier zu verbergen. Nach und nach respektierten die Einheimischen die drei Alten, die keinerlei Entgelt für ihre guten Dienste verlangten, immer mehr. Die Meister ließen Wang Liping kleinere Arbeiten für sie verrichten, und er hatte oft Gelegenheit, ihnen bei der Behandlung von Patienten zuzuschauen. Was sie unterdessen ganz nebenbei an Bemerkungen gegenüber ihrem Schützling fallenließen, trug dazu bei, seinen Geist auf das Dao auszurichten.

Die Alten sahen sich nach einem ungestörten Platz um, an dem sie ihren neuen Schüler ausbilden konnten, und fanden eine verlassene alte Schmiede, die sehr abgeschieden lag. Die Meister säuberten alles gründlich, pflanzten ein paar Bäume vor dem Gebäude und legten dahinter einen Gemüsegarten an. Die Bewohner der umliegenden Bergdörfer, einfache Bauern von unverdorbenem und aufrechtem Wesen, waren gerührt von den guten Taten der ehrwürdigen alten Heiler und schenkten ihnen Brennmaterial, Reis und andere notwendige Dinge. Im Lauf der Zeit gewöhnte sich Wang Liping an die drei alten Meister, die ihn auf subtile Weise zu führen begannen, um ihn auf die bevorstehende langjährige Ausbildung vorzubereiten.

Als die vier in einer kalten Herbstnacht im Schein einer einsamen Lampe beisammensaßen, begann der Großmeister Zhang Hodao Liping Geschichten von alten daoistischen Weisen zu erzählen und die Prinzipien des Daoismus zu erklären. Dabei sprach er am ausführlichsten über Changchun, den Wahren Menschen des Ewigen Frühlings, der zur Zeit von Dschingis-Khan gelebt und die Drachentor-Schule begründet hatte:

»Changchun begann seine daoistische Laufbahn mit neunzehn und wurde mit zwanzig Schüler des großen Meisters Wang Chongyang. Als sein Lehrer gestorben war, machte er sich auf zum Zhongnan-Berg, einem alten Zentrum spiritueller Studien. Nach seiner Ankunft im tiefsten Winter war er fünf Tage und Nächte lang eingeschneit und mußte sich in einem kleinen Schrein verkriechen.

In Gefahr, zu verhungern oder zu erfrieren, versank Changchun in tiefe Meditation. Inmitten seiner Versenkung hörte er plötzlich eine Stimme. Als er aufblickte, sah er einen alten Mann mit einer Schale voll Essen vor sich stehen. Nachdem er die Gabe vor Changchun auf den Boden gestellt hatte, drehte sich der Alte um und ging davon. Changchun folgte dem Alten zum Tor des Schreins und schaute hinaus, sah aber nichts außer einer weiten Fläche mit jungfräulichem Schnee, ohne eine einzige Fußspur.

Als der Schneesturm vorüber war, setzte Changchun seinen Weg nach Westen fort, bis er in das große Tal des Ba-Flusses gelangte. Das Flußbett war so breit und der Wasserstand schwankte so stark, daß man dort keine Brücke bauen konnte und auch kein Fährbetrieb möglich war; deshalb mußten die Reisenden den Fluß durchwaten. Changchun erkannte, welchen Gefahren die Menschen an diesem Ort ausgesetzt waren, und beschloß, dort zu bleiben und den Reisenden zu dienen, indem er sie auf den Schultern über den Fluß trug. Er renovierte einen alten Schrein am Flußufer und lebte sechs Jahre dort; die Nächte verbrachte er in Meditation, und bei Tag trug er Reisende über den Fluß.

Während dieser Zeit machte Changchun nicht weniger als siebenmal die Erfahrung dessen, das Buddhisten und Daoisten den Großen Tod nennen, und ging viele Male durch den Kleinen Tod. Indem er so viele Male starb und wieder ins Leben zurückkehrte, vermochte er die gewöhnliche Welt von Menschen, Geschehnissen und Sachen hinter sich zu lassen.«

Der Großmeister schloß seine Erzählung mit folgenden Worten ab: »Es gibt einen Spruch unseres spirituellen Ahns Changchun: ›Wenn kein einziger Gedanke mehr aufkommt, so ist das die Freiheit; wenn nichts mehr im Geist zurückbleibt, so ist das die unsterbliche Erleuchtung!‹ Dies zeigt, mit welcher Hingabe die spirituellen Unsterblichen und himmlischen Magier sich schulten und kultivierten.« Und zu Wang Liping gewandt, fragte er: »Hast du mir zugehört?«

Liping schreckte aus seiner Träumerei auf, versicherte aber, daß er wirklich zugehört habe. Der alte Mann wollte wissen, was er denn aus den eben gehörten Geschichten gelernt hätte. Liping erwiderte mit klarer Gewißheit: »Nur mit aufrechtem Herzen und festem Willen ist es möglich, das Dao zu lernen und seine wahren Kräfte zu entwickeln.«

Die drei alten Männer lächelten. Der älteste fragte den Jungen: »Willst das Dao studieren?«

»Ja«, antwortete Liping ernst und entschlossen. »Aber ich weiß nicht, wie das gehen soll. Ich habe keinen Lehrer, der mich führen könnte.« Er hatte immer noch nicht gemerkt, wer die drei alten Männer wirklich waren.

Der Großmeister entgegnete, »Wenn du das Dao ernstlich studieren willst, brauchst du dir keine Sorgen zu machen, keinen Lehrer zu haben. Was meinst du denn, wer wir sind? Ich bin der Linienhalter von Changchuns Lehren in der sechzehnten Generation, und diese beiden Männer neben mir sind die Linienhalter in der siebzehnten Generation. Da wir schon alt sind, möchten wir das weitergeben, was wir gelernt haben. Wenn du also wirklich das Dao lernen willst, dann sei einfach bereit, hart an dir zu arbeiten. Wie kannst du dich sonst über das Los der gewöhnlichen Menschen erheben? Die erste Voraussetzung zur Erlangen des Dao ist harte Arbeit; als zweites mußt du lernen, ein gutes Mitglied der Gesellschaft zu sein – das heißt, Gutes zu tun und Böses zu meiden, um deinen Charakter zu festigen. Wenn du die Kräfte deiner Tugend und deines Charakters entwickelt hast, wirst du schließlich wie von selbst in das Dao eintreten.«

Inzwischen hatten die drei alten Magier zu ihrer Zufriedenheit festgestellt, daß Wang Liping in der Tat das erforderliche Potential besaß und der Zeitpunkt richtig gewählt war. Doch wie in allen Dingen hatten sie von vorn anzufangen und den Schüler ganz allmählich voran zu führen, um ihn zur allesdurchdringenden Erkenntnis zu leiten.

In der *Schrift der Ewigen Reinheit und Stille* heißt es:

»Das Dao umfaßt Klarheit und Undurchsichtigkeit, Bewegung und Stille. Der Himmel ist klar, die Erde ist undurchsichtig; der Himmel ist in Bewegung, die Erde ist still. Das männliche Prinzip ist klar, das weibliche ist undurchsichtig. Von der Wurzel aus in die Zweige absteigend, bringen sie die zehntausend Wesen hervor. Klarheit ist die Quelle der Undurchsichtigkeit, Bewegung ist das Fundament der Stille. Wenn die Menschen klar und still sind, wird das ganze Universum zu ihnen kommen.

Der menschliche Geist liebt Klarheit, aber der Verstand stört sie. Der menschliche Geist liebt die Stille, aber die Begierden lenken ihn ab. Wenn du deine Begierden ablegen kannst, wird dein Geist von allein still werden; kläre deinen Verstand, und dein Geist wird von allein still werden.«

Will man diese Lehre in die Praxis umsetzen, so muß man

»die Begierden ablegen, den Verstand klären und in die Stille eintreten« – was gar nicht einfach ist. In der heutigen Zeit ist dies besonders schwierig, denn so viele materielle und menschliche Ressourcen werden dazu eingesetzt, um eine endlose Folge von Begierden und Ambitionen zu schüren, ohne sie jemals wirklich zu befriedigen und ohne jemals zu einem echten Verständnis der Auswirkungen dieser ganzen Vorgänge auf die menschliche Gesellschaft und ihre Beziehung zur Natur zu führen.

Die erste Technik, die Wang Liping von den alten Meistern lernte, war die sogenannte ›Besinnung‹. In der Praxis des Dao bedeutet dies, den Verstand zu reinigen, weltliche Einflüsse, die bereits das Bewußtsein vergiften, zu beseitigen und den seelischen Müll loszuwerden. Die praktische Methode besteht dabei aus zeitweiliger Isolation und Selbsterforschung; die Durchführung ist in drei Stufen eingeteilt: Zuerst bleibt der Schüler zwei Monate lang in einem dunklen Raum, ohne etwas zu tun. Dies soll allmählich dazu führen, die Grobheit und Wildheit der eigenen Natur zu besänftigen. Bei der zweiten Stufe dieser Praxis sitzt man eine bestimmte Zeit lang in einem dunklen Raum, wobei die Dauer des Sitzens immer länger wird. Auf der dritten Stufe wird die Übung in einen normalen ruhigen Raum verlegt, in dem der Schüler jedesmal mindestens vier Stunden still sitzen muß.

Statt wie üblich zur Schule zu gehen, begab Wang Liping sich also eines Morgens nach dem Frühstück direkt zur Behausung der drei alten daoistischen Meister. Zu dieser Zeit interessierte der Junge sich bereits mehr für den Daoismus als für die Schule. Er fand die alten Männer noch versunken in ihre morgendliche Meditation. Trotz ihres fortgeschrittenen Alters hatten die alten Magier jugendliche Gesichter und dunkles Haar. Ihre Augen strahlten in unglaublichem Glanz. Als sich Liping zu ihnen setzte, um an ihrer Übung teilzunehmen, hielt ihn der Großmeister zurück: »Bist du wirklich ganz sicher, daß du das Dao mit uns studieren willst? Bist du sicher, daß du es dir nicht anders überlegen wirst?«

Liping betonte, er sei ganz fest zum Weiterlernen entschlossen. Daraufhin erklärte ihm der Großmeister: »Sobald du dich entschieden hast, in das Dao einzutreten, mußt du ganz von vorn beginnen. Denke daran, daß du keine Angst vor Schwierigkeiten haben solltest. Heute wollen wir dir die erste Lektion zeigen – eine rein praktische Übung ohne die Erklärung von irgendwelchen Prinzipien. Du mußt alles genau so machen, wie ich es dir sage; wenn du bei dieser Lektion versagst, brauchst du nicht mehr zu uns zu kommen.« Der alte Mann sprach mit fester Stimme. Nach dieser kurzen Einführung ging er mit dem Jungen zu dem Schuppen, den sie für diese Übung vorbereitet hatten.

Der Großmeister deutete in den dunklen Raum und wies Liping an: »Geh hinein und bleibe ganz ruhig. Du brauchst gar nicht anfangen zu wimmern, daß wir dich rauslassen sollen, weil wir dich nicht rauslassen werden, ganz gleich was geschieht.« Nach diesen Worten schob der alte Magier den Jungen in den Raum und verriegelte die Tür. Wang Liping glaubte nicht, daß der alte Mann seine Worte wahr machen würde. Der Raum im Schuppen war völlig leer und dunkel. Er konnte nicht das geringste erkennen. In dem Glauben, der alte Mann wolle nur seine Ernsthaftigkeit prüfen und werde ihn bald wieder herauslassen, beschloß der Junge, in Ruhe abzuwarten.

Doch das war leichter gesagt als getan. Nach einer Weile begann Liping unruhig auf und ab zu gehen und tastete sich an den Wänden entlang, nachdem er ein paarmal dagegen gestoßen war. So ging er unruhig hin und her, bis er zu schwitzen begann, und setzte sich dann hin, um auszuruhen. Dann stand er wieder auf, um wieder hin und her zu gehen. Während er dies ständig wiederholte, wuchs seine Angst, und der Morgen kam ihm so lang vor wie ein Jahr. Plötzlich öffnete sich die Tür einen Spalt und ein Lichtstrahl blendete den Jungen. Der Alte rief ihn hinaus, und sich die Augen reibend, tauchte Liping wieder aus dem Dunkel auf. Er war wütend, aber er tat so, als wäre nichts geschehen.

Wang Jioaming fragte ihn: »Kannst du es länger aushalten, Junge?« Liping glaubte, der Lehrer wollte ihn testen, und obwohl er schon genug hatte, antwortete er: »Kein Problem.

Diese Lektion ist leicht. Habe ich es gut gemacht?« Er wollte eine gute Note bekommen.

»Ganz ordentlich«, erwiderte der alte Meister nebenbei, »aber laßt uns zu Mittag essen«.

Liping war den ganzen Morgen lang unerträglich nervös gewesen und hatte bereits in eine Ecke des Schuppens pinkeln müssen. Als sein Lehrer sagte, er hätte es gut gemacht, bildete er sich ein, die Prüfung bereits bestanden zu haben, wenn auch nicht gerade mit einer guten Note. Beim Mittagessen war es diesmal nicht wie sonst. Die drei alten Männer sprachen kaum; und keiner kam darauf zu sprechen, wie es Liping am Morgen ergangen war. Da er sich einbildete, die Alten würden nur Gleichgültigkeit vortäuschen, beschloß er, das Spiel mitzuspielen. Nachdem er alles aufgegessen hatte, wartete er ab, was die nächste Prüfung bringen würde. Doch mit dem, was nun geschah, hatte er nicht gerechnet.

Wang Jiaoming sagte beiläufig: »Liping, geh zurück in den Schuppen und bleib dort.« Ohne ihn überhaupt eines Blickes zu würdigen, führte der alte Mann den Jungen zurück in den Schuppen und schloß ihn ein.

So hatte der junge Liping sich das nicht vorgestellt. Für ihn hatte die erste Prüfung sowieso schon lange genug gedauert. Da die alten Männer ihm nicht gesagt hatten, was er zu tun hatte, beschloß Liping, sich die Zeit mit Sport zu vertreiben – mit Schattenboxen im Dunkeln und Ruhepausen im Sitzen, wenn er müde wurde. Nach kurzer Zeit merkte der Junge jedoch mit wachsendem Unbehagen, daß er nicht richtig auf diese Prüfung vorbereitet war. Der Ruf der Natur begann ihm zuzusetzen, bis er das Gefühl hatte, er müßte platzen. Er wurde immer nervöser, während die Minuten wie Stunden verstrichen, bis er es schließlich nicht mehr aushielt. Er begann, gegen die Tür zu schlagen und zu treten, und verlangte unter Geschrei und Gebrüll von den alten Männern, ihn sofort herauszulassen. Zu guter Letzt machte er sich in die Hose.

Was die drei Dao-Meister angeht, so blieb ihre innere Aufmerksamkeit auf ihren jungen Lehrling gerichtet, auch wenn sie unterdessen damit beschäftigt waren, die Einheimischen zu behandeln. Dank ihres zweiten Gesichts waren sie sich seines Kampfes voll bewußt. Bei Laozi [*Daodejing*, 33] heißt es: »Sich selbst überwinden bedarf der Standfestigkeit.« Die alten Meister waren nicht grausam; sie taten nur das, was nötig war, um einen neuen Menschen zu schaffen. Das *Yijing*, das ›Buch der Wandlungen‹, sagt dazu: »Treue und Zuverlässigkeit sind Mittel, um den Charakter zu entwickeln.«

Von jenem Tag an kam Liping alle drei oder vier Tage zurück, um im Schuppen ›Besinnung‹ zu üben. Jedesmal wurde er einer längeren Zeit der Isolierung ausgesetzt: von einem halben Tag zu einem Tag, von einem Tag zu einem Tag und einer Nacht. Nach einigen Sitzungen lernte er sich zu beherrschen, und Herz und Geist wurden ruhig und klar. Nachdem er diesen Punkt erreicht hatte, begann er sein Gehirn zu benutzen, um über bestimmte Fragen nachzudenken. Seine Mentoren erklärten ihm, dieses ›strukturierte Denken‹ sei ein äußerst wichtiger Aspekt bei der Schulung des Denkens.

Bei *Laozi* [45] steht: »Bewegung überwindet das Kalte, Ruhe das Heiße. Reinheit und Stille sind unter dem Himmel das Wahre.« Und an anderer Stelle [16]: »Mache dich selbst von allem ganz leer und laß deinen Geist in völliger Stille verweilen. Die zehntausend Dinge entstehen, und ich sehe zu, wie sie sich wieder zurückwenden ...«

Der entscheidende Punkt ist hier die völlige Stille; wenn Stille ihren Höhepunkt erreicht, erzeugt sie Bewegung. Strukturiertes Denken bedeutet, daß das Gehirn, nachdem Körper und Geist den Gipfel der Stille erreicht haben, sich ein ›Ding‹ ausdenkt – sei es nun eine Szene, eine Person oder ein Geschehen. Man muß dann voraus- oder zurückdenken, damit das ›Ding‹ sich entfalten und entwickeln kann, bis man zu einem ›Resultat‹ gelangt. Wenn dieses Resultat eine klare Bedeutung enthält, kann man sagen, die Übung sei wirkungsvoll gewesen. Diese Art von Steuerung des Denkvorgangs nennt man strukturiertes Denken.

So saß Liping also still in dem dunklen Raum, um nach den Anweisungen seiner Mentoren strukturiertes Denken zu üben. Zuerst dachte er über die Tatsache nach, daß sein Denken nicht eingeschlossen und nicht daran gehindert werden konnte, den Raum zu verlassen und sich frei zu bewegen, auch wenn sein Körper in diesen kleinen, dunklen Raum eingesperrt war.

Als nächstes richtete Liping seine Gedanken bewußt auf seinen Vater. Was machte der wohl gerade? Liping malte sich seinen Vater bei der Arbeit aus, wie er an seinem Schreibtisch saß. Er sah den Schreibtisch vor sich mit allem, was sich darauf befand: Stifte, Rechner, Zeichengeräte, eine Tasse halb gefüllt mit heißem Wasser, ein Aschenbecher mit einigen Zigarettenstummeln. Vor seinem geistigen Auge sah Liping seinen Vater, wie er mit einer Zigarette in der linken Hand langsam eine Rauchwolke in die Luft blies, während er auf einen großen Plan kreisförmige und viereckige Zeichen eintrug. Sein Vater war in seine Arbeit vertieft – eine Tätigkeit, die allerdings entsetzlich langweilig war. Da er selbst zur Mittagszeit noch nicht fertig war, müßte er den ganzen Nachmittag weitermachen, in dem schmerzlichen Bewußtsein, daß diese Aufgabe ihn noch viele Tage lang beschäftigen würde. Was für eine Schinderei!

Liping beschloß, das Thema zu wechseln. Nun begann er an seine Schulkameraden zu denken, die während der zweiten Schulstunde gerade zum Mathematikunterricht in der Klasse saßen. Der Mathematiklehrer redet gerade über die Grundlagen des Rechnungswesens – Buchhaltung, doppelte Buchung, Soll und Haben, Saldo und so weiter –, ebenfalls schrecklich langweilig! Außer Liping waren alle Schüler anwesend, aber keiner paßte richtig auf, besonders Lipings Freunde. Sie sahen auf seinen leeren Stuhl und dachten bei sich, wie gut er es doch hätte, daß er diesen qualvollen Unterricht schwänzen konnte. Sie konnten kaum die Pause erwarten, in der sie nach draußen rennen und spielen konnten!

Aber dieses Thema ist auch nicht besonders interessant, dachte Liping bei sich, und damit hörte dieser Gedankenfluß auf. Nun fing Liping an, in seinem Kopf Bücher durchzublättern. Hier ist ein Lesebuch, sagte er sich, und ging es im Geist von der ersten Lektion an durch. Da ist ein Bild der Großen Mauer, gewaltig und beeindruckend. Als er die Große Mauer von einem fernen Bergkamm aus betrachtete, erschien sie ihm wie ein riesiger Drache, dessen Kopf und Schwanz nicht zu sehen waren und der sich durch die Weite der hohen Berge schlängelte. Er begann für sich selbst die Große Mauer zu beschreiben: Sie ist mehrere Meter hoch, aus Steinen und Blöcken gebaut und folgt dem Rückgrat der Berge – wirklich ein atemberaubender Anblick! In diesem Bauwerk kristallisieren sich das Blut, der Schweiß und der Fleiß unzähliger Arbeiter; es ist ein Symbol des chinesischen Volkes.

Das gefiel ihm schon besser. Liping schloß diese Übung mit dem Gedanken ab, daß er eines Tages auf die Große Mauer steigen wollte, um von dort auf die herrlichen Flüsse und Gebirge seines Heimatlandes zu schauen, in dem stolzen Gefühl, Chinese zu sein.

Wang Lipings Übungen im strukturierten Denken entwickelten seine intellektuellen Kräfte und förderten sowohl sein körperliches als auch sein geistiges Wohlbefinden. Der kleine dunkle Raum war nicht länger ein beengendes Gefängnis, sondern ein integraler Bestandteil des ganzen Universums von Raum und Zeit. Alles, was Liping »sah« – die Menschen, die Geschehnisse, die Dinge –, war sehr konkret, sehr wirklich, sehr lebendig. Dies war ein Universum voller Leben, ein Universum, in dem er sich nicht mehr allein fühlte. Und er empfand Zeit nicht mehr als Last, denn es gab für ihn viel zu viel zu tun, als daß er sich hätte langweilen können.

Während seiner Übung im Schuppen war Liping jedoch oft hungrig, denn die alten Meister ließen ihn nun nicht mehr zu den Mahlzeiten heraus. Statt dessen tauchten sie zu ungewöhnlichen Zeiten unerwartet auf und warfen ihm etwas zu. Manchmal war es nichts weiter als ein Stein, als wollten sie ihm einen Streich spielen. Manchmal war es etwas zu essen, das der Junge gierig hinunterschlang. Im Schuppen war es kalt, denn der Herbst ist in Nordchina ziemlich frisch, und besonders in der Nacht kriecht die Kühle in die Knochen. Durch die Beobachtung der Temperaturschwankungen und seiner körperlichen Empfindungen entwickelte Liping mit Hilfe des strukturierten Denkens allmählich die Fähigkeit, zuerst Tag und Nacht und danach auch Morgen, Mittag, Abend und Mitternacht zu unterscheiden.

In einem Sprichwort heißt es: »Man muß Eisen hundertmal läutern, um festen Stahl zu machen.« Das gilt auch für die Menschen: Sie erreichen kein hohes Können, wenn sie nicht geläutert werden. Für die Daoisten heißt das: Will man ein verwirklichtes menschliches Wesen werden, dann ist die ursprüngliche Basis zwar sehr wichtig, aber eine über längere Zeit fortschreitende Läuterung ist noch wichtiger, denn es gibt keinen anderen Weg zur Verwirklichung.

Während der zweimonatigen Periode der Isolierung in der Dunkelheit gewann Wang Liping ein erstes Verständnis des Dao. Die drei Alten erkannten, daß er es ernst meinte und sein Wille unerschütterlich war. Deshalb entschieden sie, ihn in aller Form als Schüler anzunehmen. Sie wählten einen glückverheißenden Tag für die Zeremonie. In jener Nacht war der Himmel klar; der volle Mond stand im östlichen Viertel und beschien die Menschenwelt in der Tiefe. Ein sanfter Wind wehte, und ein paar Wölkchen zogen gemächlich über den Himmel. Die Mühen des Tages waren vergessen, und die Menschen hatten sich zur Ruhe gelegt. Die fernen Berge waren im Mondlicht kaum zu erkennen; sie sahen aus wie eine Herde Schafe, die sich bewegungslos zusammengedrängt hatten.

Die ganze Erde lag in tiefe Stille gehüllt da; nur die drei alten Dao-Meister und ihr junger Schüler blieben wach, um das Ritual auszuführen, mit dem die förmliche Initiation von Wang Liping zum Linienhalter der Drachentor-Schule in der achtzehnten Generation gefeiert werden sollte. Er empfing den daoistischen Namen Yongsheng, ›Ewiges Leben‹, und den religiösen Namen Linglingzi, ›Der Spirituell Wirksame‹. Nach Beendigung des Rituals gab der Großmeister dem Jungen eine kurze Zusammenfassung der daoistischen Grundprinzipien:

»Das ursprüngliche Dao ist form- und gestaltlos, ohne Anfang und Ende, namenlos und nicht zu beschreiben. Das Schriftzeichen für ›Dao‹, das wir aus praktischen Gründen benutzen, ist reich an verborgenem Sinn.

道

Zuerst schreibt man zwei Punkte: Der linke Punkt bedeutet Licht, der rechte Dunkelheit – wie im Symbol des Höchsten [Taiji], in dem Yin und Yang sich umarmen. Diese beiden Punkte stellen auch Sonne und Mond am Himmel, Feuer und Wasser auf der Erde und die beiden Augen des Menschen dar, die ihr Licht umzukehren und im Verlauf der Läuterungsübungen nach innen zu schauen scheinen.

Unter diesen beiden Punkten wird ein einzelner Strich gezogen, der ›eins‹ bedeutet und die Einheit aller Dinge darstellt. Darunter wird das Zeichen für ›selbst‹ geschrieben, das sich auf das Selbst bezieht; das bedeutet, daß alles im Universum sich innerhalb des eigenen Körpers befindet und das Dao nicht vom Selbst getrennt ist. Wenn die bisherigen Elemente des Schriftzeichens zusammengesetzt werden, bilden sie das Zeichen ›Haupt‹. Das bedeutet, daß die Übung des Dao das Höchste und Wichtigste ist, das man in der Welt tun kann. Zuletzt schreibt man links davon das Zeichen für ›gehen‹, das auch ›reisen‹ oder ›wirken‹ bedeutet. Damit wird das natürliche Wirken der Lehre im ganzen Körper zum Ausdruck gebracht – daß nämlich das Dao im eigenen Körper und in der ganzen Welt verwirklicht wird. Dies sind die Bedeutungen, die in der Form des Schriftzeichens ›Dao‹ enthalten sind.«

Der Großmeister machte eine kurze Pause, um dann fortzufahren:

»Der Daoismus in China wurde von Laozi begründet. Die Essenz seiner Lehren ist gänzlich in diesem Zeichen Dao, der Weg, enthalten. Die Methoden, das Dao zu erlangen, basieren auf Stille. Die Wunder der Stille sind unerschöpflich. In der Stille ist es möglich, an der Evolution teilzuhaben und alle Dinge zu umfassen: Himmel, Erde und Menschheit sind alle darin eingeschlossen.

Die Menschen in der Welt reden zwar über Stille, aber sie vermögen nicht wirklich in die Stille einzutreten, weil sie die

Quelle der Stille nicht gefunden haben. Die Quelle der Stille liegt in der Leere. Alle Dinge und die Wandlungen, die sie durchlaufen, sind nur vorübergehende Zustände, die zuletzt zur Nichtdinglichkeit zurückkehren, um sich dann in die Leere aufzulösen. Solange der menschliche Geist nicht still und friedlich ist, werden Gedanken der Begierde zurückbleiben, die gewaltige Hindernisse für die Selbstkultivierung schaffen.

Sobald selbstsüchtige Begierden entstehen, wird der ursprüngliche Geist gestört und die ursprüngliche Energie blockiert; dann hat die Übung keine Wirkung. Lege die selbstsüchtigen Begierden ab, tritt körperlich und geistig in unbewegte Stille ein, und die ursprüngliche Energie wird sich kraftvoll erheben, während der ursprüngliche Geist voller Leben ist.

Die Methode, in unbewegte Stille einzutreten, besteht darin, die willkürlichen Gedanken an persönliche Begierden allmählich zu eliminieren. So werden die Hindernisse für das Wachstum von ursprünglicher Energie und ursprünglichem Geist weggefegt und der Pfad für ihre Entfaltung geebnet. Dieses Prinzip, das eine auszulöschen, um das andere zu beleben, ist die große Leistung der Stille. Auch wenn zehntausend Dinge von außen an ihm zerren, rührt sich der eigene Geist nicht, und man weiß nicht, warum. Wenn dann ursprüngliches Jing, Qi und Shen [Vitalität, Energie und Belebender Geist] voll sind, erreicht Stille den Gipfel und löst Bewegung aus. Sobald äußere Bewegung unzweifelhaft im Inneren gespürt wird, weiß man von selbst, wie sie zustande kommt. Die Kultivierung und Verlängerung des menschlichen Lebens werden ebenfalls auf diese Weise erlangt.

Hast du das Tor zum Dao erst einmal durchschritten, solltest du dieses Prinzip verstehen und es mit Eifer anwenden. Dann wird deine Arbeit von allein große Fortschritte machen.« Nach diesen Worten erhob sich der Großmeister und wünschte allen eine gute Nacht, denn es war schon ein Uhr morgens.

Am nächsten Tag standen alle in der Frühe auf, und die drei alten Männer zeigten Liping ein paar traditionelle Kampfkunsttechniken. Nach dem Frühstück gingen der Weggefährte der Unendlichkeit und der Weggefährte der Reinen Leere in die Berge, während der junge Lehrling allein mit dem Weggefährten der Reinen Heiterkeit zurückblieb.

Wang Jiaoming war Meister der inneren und der äußeren Kampfkünste und einst Ausbilder an einer Militärakademie gewesen. Von energischem und schroffem Wesen, war er zu seinen Schülern sehr streng und anspruchsvoll. Er rief Liping zu sich, um ihm folgendes zu erklären:

»Heute beginnst du eine neue Lektion. Da du die Phase der Besinnung hinter dich gebracht hast, wirst du nun die zweite Schranke überwinden: Du mußt lernen, mit überkreuzten Beinen in einem dunklen Raum zu sitzen.

In der Praxis der Drachentor-Schule legen wir ganz besonderen Wert auf ein solides Fundament, und das verlangt zunächst, daß wir es stabil machen. Diese Übung des Sitzens mit überkreuzten Beinen ist nicht nur eine wichtige Übung für Anfänger, sondern muß das ganze Leben lang praktiziert werden. Sie gehört zu jedem Schritt der Schulung; wenn du sie also richtig lernst, kannst du unbegrenzten Nutzen daraus ziehen.

Es gibt drei Arten des Sitzens mit überkreuzten Beinen. Die erste ist der natürliche Sitz, auch formloses Sitzen genannt. Die zweite ist das Sitzen mit einfach überkreuzten Beinen, der halbe Lotossitz, bei dem ein Fuß auf den gegenüberliegenden Oberschenkel gelegt wird. Die dritte ist das Sitzen mit doppelt überkreuzten Beinen, der volle Lotossitz, bei dem beide Füße auf die gegenüberliegenden Oberschenkel gelegt werden. Das natürliche Sitzen entspricht der Erde, der halbe Lotossitz der Menschheit und der volle Lotossitz dem Himmel. In Kombination mit den verschiedenen Handstellungen gibt es unzählige Positionen des Sitzens mit überkreuzten Beinen. Heute werde ich dir aber nur den natürlichen Sitz erklären.

Wenn du dich einmal gesetzt hast, sollst du den Oberkörper aufrecht halten, mit beiden Augen gerade nach vorn schauen und allmählich das Licht des Geistes sammeln. Die Zunge liegt am Obergaumen, die Lippen sind geschlossen und die Zähne liegen leicht aufeinander. Leg die Hände mit den Handflächen nach unten auf die Knie. Beruhige den Geist und meditiere ruhig, indem du nach und nach alle willkürlichen Gedanken ausschaltest.

In Inneren eines dunklen Raumes gibt es nur wenige Störungen, und deshalb eignet sich ein solcher Raum gut für diese Übung. Warum gehen wir nicht gleich dorthin?« Die Stimme des alten Meisters klang trocken und scharf, und als er seine Einführung beendet hatte, blickte er seinem jungen Schüler direkt in die Augen. Der Junge wußte, was das bedeutete – es blieb ihm nichts anderes übrig, als den Anweisungen seines Mentors aufs Wort zu folgen.

Diesmal holte sich Liping zuerst ein Bündel trockenes Heu und legte es auf den Boden des Schuppens, bevor er sich wieder einschließen ließ, um das Sitzen mit überkreuzten Beinen zu üben. Glücklicherweise hatte sein Lehrer ihn nicht mit sonstigen Anforderungen belastet, sondern ihm die Möglichkeit gelassen, sich selbst zurechtzufinden. Da er jung war und sich körperlich noch entwickelte, war Liping beweglich genug, um alle drei Arten des Sitzens praktizieren zu können. Jedoch konnte er sie nicht sehr lange durchhalten.

Nachdem Liping zwei Monate lang in diesem dunklen Raum geübt hatte, hatte er gelernt, sich an die Umgebung anzupassen, obwohl er immer noch nicht in die völlige Stille eintreten konnte. An diesem Tag hatte er im Verlauf des Sitzens ein paar Schwächeperioden, aber im großen und ganzen hielt er gut durch und machte beim Sitzen eine Vielzahl von Erfahrungen. Nach einigen Tagen des Übens hatte er bei dieser Praxis erhebliche Fortschritte gemacht.

Eines Tages rief der Weggefährte der Reinen Heiterkeit Liping zu sich, um ihn zu fragen, was er aus seiner Praxis gelernt hätte. Nachdem der Junge ausführlich über sein Vorgehen und seine Erfahrungen berichtet hatte, sagte er schließlich: »Ich kann willkürliche Gedanken einfach nicht aus meinem Gehirn vertreiben, und ich kann die Stille nicht erlangen. Bitte lehrt mich eine Methode, um damit umzugehen.«

Dies war genau das, was der alte Meister vorhatte. »Um willkürliche Gedanken loszuwerden«, begann er, »solltest du zunächst eine Art von formalem Urteil benutzen: Entweder erklärst du den Gedanken für recht, oder du erklärst ihn für falsch, oder du erklärst, daß er bis hierher gehen soll und nicht weiter. Halte nach dieser Entscheidung sofort inne und lasse nicht zu, daß die Grübelei ewig weitergeht. Dann werden willkürliche Gedanken sich wie von selbst auflösen, und auf diese Weise wirst du in die Stille eintreten.«

In den dunklen Raum zurückgekehrt, saß Wang Liping mit überkreuzten Beinen, richtete seinen Körper aus, regulierte seinen Atem und begann seinen Geist zu beruhigen. Wenn er nun von willkürlichen Gedanken bestürmt wurde, benutzte er diese Methode, um sie loszuwerden. Nachdem er die Übung mehrmals wiederholt hatte, fand er heraus, daß sie tatsächlich funktionierte. Liping fühlte sich glücklich. Im Verlauf des weiteren Übens nahmen die willkürlichen Gedanken von Tag zu Tag ab. Ihre Zahl verminderte sich immer mehr, während er mit der Übung des Eintretens in die Stille allmählich Fortschritte machte. Auch wenn er erst dreizehn Jahre alt war und wenig Erfahrung in weltlichen Dingen und relativ wenige Begierden hatte – deshalb war sein Geist viel reiner und unschuldiger als der eines normalen Erwachsenen –, mußte er trotzdem die willkürlichen Gedanken loswerden, die in seinem Gehirn auftauchten.

Nach siebenmal sieben Tagen im dunklen Schuppen hatte Liping eine Menge Erfahrung im stillen Sitzen gesammelt und eine wirkungsvolle Übung gelernt. Zu diesem Zeitpunkt hatte er fast die gesamte Übung der Besinnung bewältigt, und seine Wildheit war weitgehend gezügelt. In seiner alltäglichen Rede und seinem Betragen verhielt er sich nun eher wie ein Kind des Dao. Innerhalb weniger Monate schien er sich in eine andere Person verwandelt zu haben.

An den Werktagen ging Wang Liping weiter zur Schule, um seine normale Erziehung nicht zu vernachlässigen. Nach dem Unterricht besuchte er die Dao-Meister, um seine Praxis zu absolvieren. Zunächst machten sich Lipings Eltern Sorgen, als sie die Veränderung ihres Sohnes bemerkten, aber als sie den Grund dafür herausfanden, erkannten sie zu ihrer Freude und Erleichterung, daß die drei alten Männer von untadeligem Charakter waren: Sie heilten die Beschwerden des Jungen, lehrten ihn spirituelle Übungen und weihten ihn in das wahre Dao ein.

Nachdem Wang Liping insgesamt neunundvierzig Tage lang stilles Sitzen praktiziert hatte, riefen ihn die drei Meister zu sich. »Heute«, so eröffnete ihm der Weggefährte der Reinen Heiterkeit, »werden wir dir eine neue Aufgabe stellen. Sitze vier Stunden lang hier in diesem Raum! Wenn du damit fertig bist, kannst du nach Hause gehen.« Nachdem er schon sieben Wochen lang Sitzen im Dunkeln geübt hatte, dachte sich Liping, er hätte bestimmt kein Problem, nur vier Stunden lang zu sitzen. In der Meinung, es wäre nur ein Test, stieg er auf den erhöhten Meditationsplatz und setzte sich seinen Lehrern gegenüber in Lotosstellung. Nachdem er seine Haltung ausgerichtet hatte, schloß er die Augen und begann still zu sitzen.

Während der ersten Stunde saß Liping bewegungslos wie eine Statue aus Stein. Während der zweiten Stunde hielt er immer noch still. Danach mußte er jedoch seine Kräfte zusammennehmen und fragte sich immer wieder, wieviel Zeit wohl schon vergangen wäre; er wollte auf jeden Fall durchhalten, weil seine Lehrer dabeisaßen. Die Minuten krochen unendlich langsam dahin. Lipings Beine begannen einzuschlafen wie das erste Mal, als er mit überkreuzten Beinen stilles Sitzen geübt hatte. Seine schmerzenden Oberschenkel fühlten sich geschwollen an, aber seine Hüften konnten es noch aushalten, und so lange er seinen Rücken aufrecht hielt, ging es noch ganz gut. Nach einer Weile begannen ihm jedoch die Hüftknochen zu schmerzen, sein Bauch und sein Kreuz fingen an zu brennen, und er brach am ganzen Körper in Schweiß aus. Dikke Schweißtropfen rannen herab, während der Junge sich mit letzter Kraft mühte, aufrecht sitzen zu bleiben. Doch zuletzt verlor er das Bewußtsein und sackte zusammen.

»Setz dich aufrecht hin!« bellte Wang Jiaoming, der Weggefährte der Reinen Heiterkeit, wie ein Unteroffizier beim Exerzieren.

Der junge Lehrling kam wieder zu sich und setzte sich auf, aber seine Beine waren so taub, daß er sie nicht wieder überkreuzen konnte. »Nimm wieder die Lotosstellung ein!« verlangte sein Mentor aufs neue. Doch als Lipings Beine seinen Befehlen nicht folgen wollten, war guter Rat teuer. Die beiden Mentoren nahmen ein Seil und banden seine Hände und Füße so zusammen, daß er wieder in der richtigen Stellung saß und weiter im Lotossitz meditieren konnte.

Obwohl Liping noch ein Junge war, hatte er doch einen starken Willen. Seine Augen füllten sich mit Tränen, aber er hielt sie mit Gewalt zurück. Mit zusammengebissenen Zähnen setzte er die Übung des Sitzens fort. In späteren Jahren pflegten sich seine Augen wieder mit Tränen zu füllen, wenn er sich voller Dankbarkeit an die unermüdlichen Bemühungen, die unnachgiebige Strenge und die spirituelle Güte seiner daoistischen Lehrer erinnerte.

Nach sechsmonatiger strenger Übung beendete der junge Wang Liping die Übung der Besinnung. Nun konnte er den ganzen Tag und die ganze Nacht still sitzen, mit stabilem Körper und stillem Geist, innerlich und äußerlich gefeit gegen alle Störungen.

3 Den Lebensgeist sammeln

Der gesamte Verlauf von Wang Lipings Schulung läßt sich in neun Stufen einteilen. Nun begann er mit der zweiten Stufe seiner Ausbildung, bei der es darum geht, ›den Geist zu sammeln‹ und ›die Wesensnatur zu entwickeln‹. Die Übung auf dieser Stufe befaßt sich immer noch mit der Läuterung der inneren Essenz des Geistes, aber auf einem höheren und schwierigeren Niveau als bei der Besinnung. Die Anforderungen sind nun strenger und die äußeren Übungsbedingungen noch härter. Dadurch soll der Übende lernen, den Lebensgeist zu sammeln und die gesammelten Kräfte des Geistes zu benutzen, um subtile Veränderungen innerhalb des Körpers zu beobachten und außergewöhnliche Fähigkeiten im Bereich des Gewöhnlichen zu erlangen.

Für diese Übung setzten die Meister Wang Liping in eine Grube in der Erde. Die Grube war eng, dunkel, feucht und schlecht belüftet. Normalerweise würde man annehmen, daß ein solcher Ort nicht zum Üben geeignet ist, aber die drei Magier hatten einen tieferen Grund, warum sie diesen Platz für die innere Arbeit ihres Lehrlings ausgesucht hatten. Es ging ihnen nicht nur darum, ungünstige äußere Bedingungen zur Entwicklung außergewöhnlicher Charakterstärke zu nutzen, wie man wohl meinen könnte; für die Verwendung solch widriger Umstände gibt es auch positive Gründe.

Die tief in der Erde liegende Grube war dunkel und feucht. Da Erde und Tiefe in der Fünf-Elemente-Lehre beide dem Element Erde entsprechen, verdoppelt sich so die Energie der Erde. Schatten und Dunkelheit sind das Extrem von Yin; wenn Yin seinen Gipfel erreicht, entsteht Yang. Feuchtigkeit entspricht dem Element Wasser, der Quelle des Lebens. Sowohl in der ursprünglichen [apriorischen] als auch in der zeitgebundenen [aposteriorischen] Anordnung der Acht Trigramme des *Yijing*, des ›Buchs der Wandlungen‹, stehen Erde und Wasser unten. In dem Werk *Traditionelle Lehren über die Wandlungen* heißt es: »Vollkommen ist die schöpferische Basis der Erde; alle Wesen leben von ihrer Nährkraft, so wie diese mit dem, was sie vom Himmel empfängt, übereinstimmt. Die Erde ist massig und erhält die Wesen; ihre Kräfte sind grenzenlos, ihre Umarmung ist weitreichend, ihre Herrlichkeit ist gewaltig, so daß alle Dinge gedeihen.«

Im *Daodejing* [25] heißt es: »Das Dao aber richtet sich nach der Natur.« Laozi betont den Wert von stiller Leere und beständiger Zentriertheit, beides Tugenden, die der Erde zugeordnet sind. Im Trigramm für Wasser ist das Yang in der Mitte außen von Yin umgeben; das bedeutet »Yang in Yin getaucht, äußerlich leer, aber innerlich gefüllt.« In den *Traditionellen Lehren über die Wandlungen* steht: »Der Geist, der gefährliche Notlagen bewältigt, ohne den Glauben zu verlieren, kommt mit Festigkeit und Ausgeglichenheit erfolgreich weiter.«

Alle diese Dinge dürften Begründung dafür sein, daß die drei Magier eine Grube in der Erde benutzten, um Lipings Geist zu schulen.

Der junge Lehrling selbst hatte natürlich keine Ahnung, in welcher Absicht ihn seine Lehrer an diesen Ort gebracht hatten. Nachdem er in die Grube hinabgesprungen war, zündete er auf Anweisung seiner Mentoren in allen vier Ecken Räucherstäbchen an. Schnell füllte sich die kleine Höhle mit Rauch, und der Junge setzte sich, um seine innere Übung zu beginnen. Zuerst vermochte Liping reglos und ruhig zu sitzen, aber bald wurde der Rauch so dicht und hing zusammen mit den feuchtkalten Dämpfen so schwer in der Luft, daß ihm das Atmen schwerfiel.

Schließlich konnte er seine natürlichen Regungen nicht mehr unterdrücken und schrie: »Der Rauch erstickt mich!« Er hoffte, die Lehrer würden ihn aus der Grube lassen, aber Wang Jiaoming hatte ihn schon ermahnt, die Anweisungen genauestens zu befolgen und ja kein Theater zu machen. Also war ihm klar, daß er bestraft würde, wenn er nicht gehorchte, und so blieb ihm nichts anderes übrig, als den Anweisungen seines Mentors zu folgen.

Eingesperrt in der finsteren, feuchtkalten Grube und im dichten Rauch halb erstickend, fiel es Liping schwer, im Lotossitz zu meditieren.

Da er dachte, sein Mentor wäre fortgegangen, nachdem er ihn in der Grube eingeschlossen hatte, beschloß er, seine Position zu wechseln, um sich etwas zu entspannen. So lehnte er sich gegen die Wand der Grube und streckte die Arme und Beine. Doch gerade als er sich etwas wohler zu fühlen begann, verwandelte sich die Grube mit einem Schlag auf unglaubliche Weise direkt vor Lipings Augen. Plötzlich erschien sie ihm so groß wie eine Tempelhalle und von strahlendem Licht erfüllt. Und genau vor ihm thronten der Großmeister und seine beiden Mentoren, erhaben und feierlich wie Wesen aus dem Reich der Unsterblichen.

Das Gesicht des alten Großmeisters war rot angelaufen. Mit ernster Stimme sprach er: »Welche Frechheit! Ein unbedeutender kleiner Zwerg wie du erdreistet sich, vor uns den Narren zu spielen! Wie kannst du es wagen, uns hinters Licht zu führen? Seitdem du Schüler geworden bist, sollte dir deine Verpflichtung immer vor Augen stehen. Ganz gleich ob ein

Lehrer anwesend ist oder nicht, solltest du sie dir zu Herzen nehmen. Die Mittel und Wege, das Dao zu erlangen, werden von den Meistern mündlich weitergegeben, und du hast die Pflicht, sie mit deinem eigenen Körper ernsthaft zu praktizieren. Wie kannst du das Dao erlangen, wenn du dich so aufführst wie eben und die Gifte und pflichtvergessenen Neigungen in deinem Herzen nicht so schnell wie möglich beseitigst, deinen Geist sammelst und deine Natur entwickelst?«

Nach diesen Worten schloß der alte Meister die Augen. Einer der Mentoren hob drohend einen Stock, ließ ihn aber nicht auf Liping herabsausen. Der andere Mentor zog einen Strick hervor, beließ es aber dabei. Wang Liping kniete hastig vor den Meistern nieder und stammelte eine Entschuldigung, wobei er versprach, sich nie wieder so anmaßend zu verhalten. Als er sich wieder aufrichtete, sah er nichts mehr als das Innere der Grube – eng, dunkel, feucht und erstickend wie vorher. Aber er fühlte Schmerzen in den Handflächen und merkte, daß seine Beine fest gefesselt waren. Da erkannte er, daß der Großmeister und die beiden Mentoren ihn bereits bestraft hatten.

Tief beschämt begriff Liping jetzt, wie hoch entwickelt die Meisterschaft seiner Lehrer war. Es war ihm auch klar, daß sein Geist noch nicht gründlich gereinigt und er noch weit vom Dao entfernt war. Er würde sich nicht länger kindische Illusionen machen und stolz auf sein bißchen Wissen sein. Mit ganzem Herzen wollte er sich von nun an dem Dao widmen und zuerst einmal entschlossen an dieser Übung arbeiten – »den Geist sammeln und die Natur entwickeln« sowie »die Mitte bewahren, still und leer«.

Nachdem Wang Liping gelernt hatte, vier Stunden lang mit überkreuzten Beinen in der mit Rauch gefüllten Grube zu sitzen, begannen der Großmeister und die Mentoren schließlich, ihm eine zentrale Lehre der Drachentor-Schule zu übertragen: ›Die durch das klassische Magische Juwel zu erlangende Kunst der Inneren Übung mentaler Fähigkeiten‹. Während Liping von seinen Meistern lernte, bemühte er sich gleichzeitig darum, die neuen Techniken praktisch anzuwenden, und so führten ihn seine Anstrengungen allmählich auf den Pfad des Wahren Dao.

Diese Kunst zur Entwicklung mentaler Fähigkeiten gehört zu den traditionellen daoistischen Methoden der inneren Alchimie und bildet einen Teil der ›Erhabenen Lehre des Magischen Juwels‹. Sie basiert auf folgendem Grundprinzip: »Jemand von Geburt und Tod zu erretten, ist das erste; Wohlbefinden und langes Leben kommen später.« Zu den besonderen Merkmalen dieser Praxis gehören die Einbeziehung von Bewegung und Stille sowie die Kultivierung von Wesensnatur und Lebensenergie. Diese Kunst umfaßt viele Techniken, die einfach zu üben sind und ein vielfältiges und umfassendes Übungssystem für die Fähigkeiten des ganzen Menschen bilden. Die Lehre ist über lange Zeit von Eingeweihten gehütet worden; sie wurde ausschließlich im Gedächtnis bewahrt und nur mündlich weitergegeben, individuell vom Meister auf den Schüler übertragen, geheimgehalten und nicht öffentlich preisgegeben.

›Die durch das klassische Magische Juwel zu erlangende Kunst der Inneren Übung mentaler Fähigkeiten‹ ist in Drei Übungen und Neun Methoden eingeteilt. Die Drei Übungen sind die ›Drei Übungen zur Unsterblichkeit‹: Übungen im stillen Sitzen; Übungen mit äußeren Bewegungen, die sogenannten Austauschübungen; und Übungen im Schlafen, die nach Belieben praktiziert werden. Bei den Neun Methoden geht es um folgendes: mentale Fähigkeiten entwickeln, Krankheit anhalten, Krankheiten heilen, Bewußtsein übertragen, den Geist festigen, die Geburt regeln, den Tod regeln, die irdische Seele abschneiden und Bilder schauen.

Die ersten vier dieser neun Methoden tragen dazu bei, einem Menschen Glück zu verschaffen; die letzten fünf sind darauf ausgerichtet, den Menschen zu überwinden und zu kontrollieren. Zur vierten Methode, ›Bewußtsein übertragen‹, gehören auch Techniken zur Überwindung von Menschen.

Eines Tages riefen der Großmeister und die beiden Mentoren Wang Liping zu sich und begannen ihm die erste Methode der Alchimie des Magischen Juwels zu erklären, nämlich

›mentale Fähigkeiten entwickeln‹. Großmeister Zhang Hodao, der Weggefährte der Unendlichkeit, sprach:

»Diese Methode, mentale Fähigkeiten zu entwickeln, ist eine Übungsmethode in der Stille, die vor allem im Lotossitz praktiziert wird. Nachdem du inzwischen die Grundlagen des Sitzens mit überkreuzten Beinen gelernt hast, kannst du diese Methode üben.

Diese Methode ist ihrerseits wiederum in neun Schritte eingeteilt: 1. rückblickende Schau und Rückkehr zur Kindheit; 2. klare Unterscheidung von Wirklichem und Unwirklichem; 3. Geistesklarheit entwickeln; 4. den Weg kennen, den man gehen muß; 5. aufhören zu essen, um das Leben zu suchen; 6. neue Kleidung anziehen; 7. das Wirken der Natur durchschauen; 8. die Zeit umkehren; 9. Übung des zum Mond aufsteigenden Schauens. Heute wirst du deine Übung mit dem ersten Schritt beginnen: rückblickende Schau bis in die Kindheit.«

Obwohl er sich nichts anmerken ließ, war Wang Liping hoch erfreut: »Kein Wunder, daß ich lernen mußte, so lange still zu sitzen. Es gibt so viele Dinge zu üben!«

Nun fuhr Gu Jiaoyi, der Weggefährte der Reinen Leere, fort, wo der Großmeister aufgehört hatte: »Nachdem du beim Sitzen in die völlige Stille eingetreten bist, entsteht Bewegung, sobald die willkürlichen Gedanken beseitigt sind und die Stille ihr Extrem erreicht. Dann werden verschiedene Arten von Halluzinationen in deinem Gehirn auftauchen. Wenn du die Augen schließt, wirst du sehr lebhafte Bilder sehen: Vögel, die am Himmel fliegen; Tiere, die am Boden herumrennen und -hüpfen; Blumen, Pflanzen und Bäume auf den Wiesen; Menschen bei der Arbeit und anderen Tätigkeiten. Wenn diese Bilder erschienen sind, sind sie eigentlich keine Halluzinationen mehr. Denn das Gehirn beginnt, dir wirkliche Szenen, die du in der Vergangenheit gesehen hast, wieder zu präsentieren; es handelt sich also um Erinnerung.

Wenn gewöhnliche Menschen sich an vergangene Dinge erinnern, sehen sie diese nicht so deutlich und bildhaft vor sich. Nur nachdem die Praxis des Eintretens in die Stille gemeistert ist, ist es möglich, im Inneren des Gehirns so deutlich zu ›sehen‹. Allmählich sollte es dir gelingen, Dinge zu sehen, die vor langer Zeit geschehen sind, Dinge, die du mit der normalen Kraft der Erinnerung oder des Gedächtnisses niemals so einfach zurückrufen könntest. Du kannst immer weiter durch deine ganze Kindheit zurückgehen, weil dein Denken sich umgekehrt hat. Dies nennt man ›rückblickende Schau bis in die Kindheit‹. Wenn das Denken zurückgeht, nennen wir das Rückblick, aber in Wirklichkeit ist es eine Schau, ein klares Sehen von Bildern.

Habe keine Angst, wenn solche Bilder erscheinen. Du mußt ihnen auch erlauben, sich nach Belieben zu ändern. Es ist jedoch unbedingt nötig, sie genau zu betrachten und im Detail zu untersuchen. Du mußt unbedingt vermeiden, sie einfach wieder gehen zu lassen, ohne sie deutlich wahrgenommen zu haben. Also dann«, schloß der Mentor, »setze dich in dein Erdloch, bring deinen Geist zur Ruhe und schau, was für Bilder erscheinen.«

Wang Liping begab sich wieder zurück in seine Grube in der Erde. Nachdem er drei Räucherstäbchen entzündet hatte, setzte er sich auf ein Strohbündel und trat in den Zustand der Stille ein. Schon nach wenigen Tagen der Praxis hatte Liping erkannt, welche Vorteile die Ausführung dieser Übungen in der Grube mit sich brachte. Der Rauch der Räucherstäbchen war nicht mehr erstickend, sondern sorgte für eine entrückte Atmosphäre. Nachdem er eine Weile still meditiert hatte, fühlte Liping, wie sich sein ganzer Körper in Nichts auflöste. Im Inneren seines Gehirns wurde es völlig leer. Doch dann begannen auf einmal Bilder zu erscheinen, aber nicht von derselben Art wie die Bilder, die vorher bei der Übung des strukturierten Denkens in einem dunklen Raum aufgetaucht waren. Jene früheren Bilder waren bewußt im Geist entworfen worden; diese Bilder hier erschienen spontan – wirklich, deutlich und klar.

Wie sein Mentor ihn angewiesen hatte, empfand Liping keine Furcht, sondern betrachtete die Bilder genau. Er beobachtete, wie sie erschienen und sich veränderten, und er registrierte all dies in seinem Gedächtnis. Er hatte sich zuvor nicht vorstellen können, daß Raum und Zeit sich dermaßen verwandeln können: Der Raum wurde zu einem Trugbild, und die Zeit kehrte ihren Lauf um. Während er in der Stille meditierte, erlebte er tatsächlich die Erfahrung der ›rückblickenden Schau bis in die Kindheit‹.

Liping wußte nicht, wieviel Zeit vergangen war, aber zuletzt verblaßten und verschwanden diese Bilder. Da schloß er seine Übung ab und stieg aus der Grube. Draußen war es schon tiefe Nacht, und erst jetzt realisierte er, daß er vier Stunden lang geübt hatte. Während seines rückblickenden Schauens hatte er während dieser Zeit viele Orte und Ereignisse aus einem Zeitraum von mehreren Jahren gesehen. Als Liping seinen Lehrern über seine Erfahrungen während dieser Sitzung berichtete, erkannten sie, daß ihr Schüler wirklich begabt, aufrichtig und lernfähig war. Zufrieden forderten sie ihn auf, mit der Übung fortzufahren, um eine solide Stabilität zu erreichen.

Wang Liping widmete sich nach dieser Erfahrung mit noch größerem Eifer dem Studium des Daoismus. Als er eines Tages zum Sitzen in die Grube gestiegen war, entdeckte er, kurz nachdem er in die Stille eingetreten war und mit beiden Augen nach innen schaute, ganz unerwartet, daß er alles in seinem eigenen Körper von außen bis innen sehen konnte. Sein kindliches Herz war rein, und er verspürte keine Furcht, sondern nur ein Gefühl des Staunens. Ohne verwirrt oder erregt zu werden, fuhr er fort zu schauen und beobachtete jede Einzelheit.

Als Liping diese Übungssitzung beendet hatte, erstattete er den drei Meistern Bericht über seine innere Schau. Die alten Magier lächelten und warfen sich vielsagende Blicke zu, sagten jedoch kein Wort. Doch Liping merkte, daß sie ihm etwas über seine Erfahrung zu sagen hatten, und bat sie um einen Hinweis. Der Weggefährte der Reinen Leere sagte lachend: »Du hast beim stillen Sitzen weitere Fortschritte gemacht. Nun bist du schon auf der zweiten Stufe der Entwicklung mentaler Fähigkeiten angekommen, der ›klaren Unterscheidung von Wirklichem und Unwirklichem‹. Wenn du nach dem Eintreten in die Stille nach innen in deinen Körper schaust, kannst du seinen inneren Zustand in vollkommener Klarheit erkennen, auch wenn du die Augen geschlossen hältst und in totaler Finsternis sitzt. Wenn dies geschieht, solltest du niemals erschrekken oder ängstlich sein und in keinerlei Weise darauf reagieren. Du mußt alles mit absoluter Genauigkeit beobachten und unterscheiden: Sieh genau, wie viele Knochen in deinem Kopf sind, welche Form sie haben und wie sie miteinander verbunden sind. Welche Form haben deine inneren Organe? Welche Farbe? Haben sie irgendwelche Flecken? Wenn du diese Dinge klar erkennen und sie deutlich aufnehmen kannst, dann wird diese Übung sehr nützlich. Sie ist von grundlegender Bedeutung für die Diagnose und Heilung von Krankheiten. Manche Menschen mögen von außen gesund aussehen, aber wenn du den inneren Zustand ihrer Körper schauen kannst, weißt du, ob sie krank sind oder nicht. Außerdem siehst du, wo sich ihre Krankheit befindet, falls sie krank sind. Deshalb heißt diese Übung ›klare Unterscheidung von Wirklichem und Unwirklichem‹. Da du jetzt diese Stufe erreicht hast, solltest du weiterüben, indem du den Bau deines Körpers betrachtest und dir jede Einzelheit einprägst.«

Nach einem stillen Augenblick des Nachdenkens nahm der Großmeister den Faden wieder auf: »Wenn diese beiden Schritte abgeschlossen sind«, so begann er, »ist das Fundament deiner inneren Arbeit gefestigt; danach brauchst du ein besseres Verständnis für die Prinzipien der inneren Arbeit. Mit innerer Arbeit kultiviert man sowohl die Essenz als auch das Leben. Essenz-Übungen kultivieren Geist, Seele, Willen, Gewahrsein, Ruhe und Stabilität. Lebens-Übungen kultivieren Energie, Blut, Lebenskraft, Sehnen, Knochen und Haut. Zu den Methoden der Kultivierung gehören sowohl Stille als auch Bewegung. Sie sind Folgen einer festen Ordnung und einem Ziel, doch lassen sie sich an die natürlichen Bedingungen anpassen.

Die Gesundheitspraktiken der Drachentor-Schule basieren auf den alten Lehren der Langlebigkeit. Sie folgen den Prinzipien von Yin und Yang und sind auf das Kalendersystem abgestimmt. Yin und Yang sind die Konstanten des Himmels und der Erde; das Kalendersystem gibt der Gesundheitslehre eine Struktur.

Die innere Arbeit nach der Lehre des Magischen Juwels beinhaltet Aspekte, die mit Himmel, Erde und Menschheit in Verbindung stehen und dazu benutzt werden, äußeres Yin und Yang, die äußeren Fünf Elemente und die Acht Trigramme mit Yin und Yang, den Fünf Elementen und den Acht Trigrammen im Inneren zu vereinigen. Diese Arbeit ist die Basis für die Stabilisierung und Kultivierung von Essenz und Leben.

Himmel, Erde und Menschheit sind ein Universum, ein Makrokosmos; das menschliche Individuum ist ebenfalls ein Universum, ein Mikrokosmos. Alle Wandlungen im Makrokosmos, dem Universum in seiner Gesamtheit, beeinflussen den Mikrokosmos; das kleine Universum des Individuums und alle Wandlungen in diesem Mikrokosmos entsprechen den Wandlungen im Makrokosmos. Durch bestimmte Praktiken der inneren Arbeit, die nach dem Vorbild des Mondes auf seiner Kreisbahn um die Erde ablaufen, öffnet sich eine mikrokosmische Kreisbahn der Energie, welche die Drei Schranken in der Wirbelsäule durchdringt, das Himmelstor durchbricht, das Himmelsauge öffnet und durch die Drei Zinnoberfelder [Dantian] absteigt. Wenn sich die Öffnung des Himmelsauges auftut, ist innere Schau möglich.

Die Öffnung des Himmelsauges besteht aus drei Punkten auf einer Linie von außen nach innen, die sich verbinden, um das ›Höhere Elixier‹ zu bilden. Diese ›Öffnung‹ liegt zwischen den Augenbrauen; das ›Auge‹, das im allgemeinen als ›Nirvâna‹ bezeichnet wird, liegt im Inneren; und der ›Himmel‹, auch ›Himmelsspiegel‹ genannt, befindet sich dahinter. Die Öffnung ist von Natur aus immer offen; das Auge muß jedoch kultiviert werden, während der Himmelsspiegel ursprünglich vorhanden ist. Die Öffnung selbst nimmt keine Objekte wahr. Selbst wenn es geschlossen ist, nimmt das Auge Dinge wahr, wenn es zurück in den Himmelsspiegel schaut. Da dein Himmelsauge nunmehr geöffnet ist, bist du zu innerer Schau fähig und kannst daher erfolgreich Läuterung nach dem Muster der Sonnen- und Mondbahn praktizieren. Dies wird begleitet von ›äußerer Ausstrahlung innerer Energie‹, die kleine Tiere anlocken kann. Diese Praxis führt weiter zur

Arbeit auf der dritten Stufe der Entwicklung mentaler Fähigkeiten, der ›Entwicklung von Geistesklarheit‹.«

Während der Großmeister sprach, lauschte Wang Liping hingerissen in völliger innerer Stille, mit voller Aufmerksamkeit und darauf bedacht, kein einziges Wort zu überhören. Es gab jedoch immer noch einige Punkte, die er nicht behalten und verstehen konnte. Doch einer seiner Mentoren, der Weggefährte der Reinen Leere, ging diese Punkte einzeln mit ihm durch, bis Liping sie klar verstanden und im Gedächtnis behalten hatte.

Der Mentor erklärte: « Daß ich dir im voraus von der dritten Stufe, der ›Entwicklung von Geistesklarheit‹, erzählt habe, ist eine Vorsichtsmaßnahme. Was immer vor dir erscheinen mag, laß dich dadurch nicht erschrecken – du brauchst Klarheit und Nüchternheit des Geistes.

Auf den beiden vorhergehenden Stufen waren die Bilder, die vor dir auftauchten, allesamt in deinem Gehirn oder es handelte sich um Wahrnehmungen bei der inneren Schau. Auf dieser dritten Stufe strahlt nun die innere Energie nach außen, und deshalb kommen sensible kleine Tiere zu dir, die von der Energie angelockt werden und sich um dich scharen. Zu diesem Zeitpunkt darfst du dich auf keinen Fall rühren. Hab keine Angst und kümmere dich nicht um sie – laß sie einfach da sein! Obwohl die Tiere direkt zu dir herkommen, werden sie dir nichts tun. Wenn du deine Übung beendet hast, werden sie von selbst weggehen. Bei diesen kleinen Tieren handelt es sich meistens um Ratten, Wiesel und bestimmte Vogelarten. Sie sind recht klug und verfügen über eine ganz unglaubliche Sensibilität. Einige von ihnen schauen sogar in den Himmel, und verehren den Mond und nehmen dabei die Vitalität der Sonne und die Essenz des Mondes in sich auf. So praktizieren sie einige einfachere Übungsmethoden, nur indem sie der Natur folgen. Wenn du sie nicht reizt, werden sie dich nicht belästigen.«

Als er von diesen Dingen hörte, sagte Liping sich nachdenklich: »Wie ist die Welt doch voller Wunder! Wer hätte gedacht, daß diese kleinen Tiere, die uns Menschen so niedlich vorkommen, eine so ungewöhnliche Sensibilität besitzen.

Auch sie wissen, wie man die Geheimnisse der Natur ergründet, und hegen Gedanken an die Unsterblichkeit. Dies ist wirklich äußerst interessant!«

Nun kultivierte Wang Liping eine Zeitlang die ›klare Unterscheidung von Wirklichem und Unwirklichem‹. Als er den Bau seines Körpers in aller Klarheit geschaut hatte, praktizierte er als nächstes die Übung der äußeren Ausstrahlung. Tatsächlich kamen kleinere Tiere herbei, versammelten sich in seiner Nähe und kauerten sich neben ihn, so als hörten sie jemandem zu, der interessante Geschichten erzählte oder bezaubernde Lieder sang. Dem Rat seines Mentors folgend, achtete Liping nicht weiter auf die kleinen Tiere. In völliger Geistesklarheit setzte er seine Übung entschlossen fort. Wenn er die Übung abschloß, ging jedes der kleinen Tiere zurück in seinen Bau, ohne die anderen im geringsten zu belästigen. Jedesmal, wenn sich das vor seinen Augen abspielte, war es Liping zum Lachen zumute; und so machte er im Geist einen weiteren Schritt zum besseren Verständnis der Geheimnisse der Natur.

Sobald Liping die ersten drei Schritte bei der Entwicklung mentaler Fähigkeiten abgeschlossen hatte, erklärten ihm seine Mentoren den vierten Schritt: ›Den Weg kennen, den man gehen muß‹:

»Was bedeutet ›Den Weg kennen, den man gehen muß‹? Diese Übung setzt als Grundlage voraus, den Geist zu sammeln und die Essenz zu nähren, so daß keine willkürlichen Gedanken mehr auftauchen und man die Fähigkeit besitzt, nach innen zu schauen und nach außen zu strahlen; an diesem Punkt ist es notwendig, weiter voranzuschreiten, um das Denken auf einer höheren Stufe bewußt zu üben.

Das Denken auf dieser höheren Stufe ist weder das bewußte strukturierte Denken, das du im Dunkeln geübt hast, noch die Bilderwelt, die bei der inneren Schau auf den beiden ersten Stufen der Entwicklung mentaler Fähigkeiten gesehen wird. Bei dieser Übung wird vielmehr eine bestimmte Frage gestellt, das Ergebnis bestimmt und eine Lösungsmethode präsentiert.

Bei der Übung ›Den Weg kennen, den man gehen muß‹ geht es nicht um willkürliches Denken; zu Anfang ist es dabei ganz wichtig, das Thema oder den Brennpunkt festzulegen. Bevor du das Eintreten in die Stille gemeistert hast, ist dein Kopf voller willkürlicher Gedanken; selbst wenn du deinen Geist beruhigen möchtest, um über ein bestimmtes Problem nachzudenken, ist dies nur schwer durchführbar. Nachdem du aber das Eintreten in die Stille beherrschst, sind die willkürlichen Gedanken beseitigt und die Kraft deines Gehirns ist zehnmal, hundertmal, ja sogar tausendmal stärker als vorher.

Das vorgegebene Thema wird in dieser Übung nicht rückblickend behandelt, sondern vielmehr vorausblickend. Wenn die Probleme, die im Lauf des Lebens aufkommen, sich mit gewöhnlichen Mitteln nicht lösen lassen, aber doch eine Lösung erfordern, werden sie nun in dieser Übung angegangen, und es wird nach Lösungsmöglichkeiten gesucht. Diese Schulung der Geisteskraft oder des Denkens wird ›Den Weg kennen, den man gehen muß‹ genannt

Der ›Weg, den man gehen muß‹ bezieht sich auf ein unmittelbar anstehendes Problem, das einer Lösung bedarf; das ist natürlich nur als ein erster Schritt zu betrachten. Wenn es bei langjährigen und weiter reichenden Fragen darum geht, den Weg zu kennen, den man gehen muß, ist weitere Schulung erforderlich. Nichtsdestoweniger bildet der erste Schritt des Weges, den man gehen muß, das notwendige Fundament, das für die weitere Entwicklung von größter Bedeutung ist.

Bei der Methode der Entwicklung mentaler Fähigkeiten ist es das Hauptziel, sie zur Heilung und zur Unterstützung von Menschen einzusetzen; deshalb wird der Weg, den man gehen muß, vor allem beim Heilen eingesetzt. Wenn die Untersuchung bei Tag kein klares Krankheitsbild oder keine Therapie ergibt, wird diese Übung um Mitternacht ausgeführt, indem man das spezifische Problem betrachtet, um die Symptome genau zu untersuchen und einen Weg zur Heilung zu finden.«

Während Wang Liping die Unterweisungen seiner Lehrer Schritt für Schritt in die Praxis umsetzte, entwickelte sich die

Kraft seines Denkens ganz enorm. In dieser Hinsicht war er nun nicht nur seinen Altersgenossen, sondern auch vielen Erwachsenen überlegen. Nicht nur die Schulaufgaben waren eine Kleinigkeit für ihn, sondern er hatte auch keine Mühe, die wahren Probleme des Lebens in dieser Welt zu betrachten und zu bewältigen. Aber Liping war nicht nur intelligent, er war auch klug. Wenn er mit anderen zusammen war, ließ er sich bereitwillig im allgemeinen Strom treiben und hielt sein wahres Können verborgen, so daß alle Leute ihn für einen ganz normalen Jungen hielten.

Die drei alten daoistischen Magier begleiteten Lipings Entwicklung mit großer Aufmerksamkeit. Hundert Jahre menschlicher Entwicklung, so heißt es, festigen gerade einmal die Wurzeln. Obwohl Liping schon große Fortschritte beim Erlernen der inneren Übungen gemacht hatte, hatte er immer noch nicht begonnen, äußere Übungen zu lernen.

Bei den inneren und äußeren Übungen in ihrer fortgeschrittensten Form geht es vor allem um das Subtile und das Verfeinerte. Das Subtile ist das Dunkle, das unendlich Kleine, das Anzeichen eines Geschehens, der Schlüssel zu einer Sache. Das Verfeinerte ist das Minuziöse, das Tiefe, das Wesentliche. In dem Werk *Traditionelle Lehren über die Wandlungen* heißt es: »Die Wandlungen sind das Mittel, mit dessen Hilfe der Weise das Tiefe entdeckt und das Subtile erforscht.« An anderer Stelle heißt es dort auch: »Der Edle handelt, wenn er das Subtile bemerkt, ohne den ganzen Tag zu warten.« Und: »Edle Menschen erkennen das Subtile und das Offenbare, das Weiche und das Harte.« Bei Laozi [15] lesen wir: »Die alten Meister waren allwissend; ihr Wissen war eins mit den unergründlichen Kräften. Weil die Tiefe ihres Wissens unergründlich war, läßt sich ihre Persönlichkeit nur schwer beschreiben.« Und Guanzi sagte: »Das Denken erkennt nicht nur das Grobe; es blickt in das Subtile, und deshalb ist es die Grundessenz der Entwicklung.«

Um Subtilität und Verfeinerung zu erreichen, kommt es entscheidend auf die Kultivierung von Essenz und Leben an. Wenn man auch nur den kleinsten Fehler macht, wird man alles verfehlen. Wenn man nicht in das Subtile und das Verfeinerte blickt, kann man die erhabenen Sphären nicht erreichen. In der Absicht, Subtilität und Verfeinerung bei ihrem jungen Schützling zu fördern, unterzogen ihn die drei alten Meister deshalb nun einer ganz besonderen Schulung.

Zuerst wurde Liping aufrecht in eine große Holzkiste gestellt, die speziell für diese Übung gebaut worden war. Sie war etwas größer als er selbst, mit ein wenig Spielraum auf allen Seiten. Alle Innenwände der Kiste außer dem Boden waren jedoch mit zentimeterlangen Nägeln beschlagen. Um nicht von den Nägeln gestochen zu werden, mußte Liping in der Mitte stehenbleiben, ohne sich zu rühren. Als Liping in die Kiste gestiegen war, untersuchte er sie ganz genau. Die Fähigkeiten, die er beim stillen Sitzen während der letzten Monate entwickelt hatte, erlaubten es ihm, unbeweglich in der Mitte der Kiste zu stehen. Darum dachte er, daß diese Übung nicht so schwierig sein würde wie das lange Sitzen in der Lotosstellung – in der Tat schien es bequemer zu sein. Doch die alten Meister hatten sich noch eine zusätzliche Schwierigkeit einfallen lassen. Er hätte es sich nicht träumen lassen, aber nun machten seine Mentoren sich daran, die Kiste mitsamt Liping an einem Seil auf einen Baum zu hieven. Dort ließen sie die Kiste hängen, so daß sie im Wind schaukelte.

Dem Jungen blieb gar nichts anderes übrig, als seine volle Aufmerksamkeit zusammenzunehmen, denn er mußte sich total darauf konzentrieren, im Inneren der Kiste sein Gleichgewicht zu halten, um nicht von den Nägeln verletzt zu werden. Indem er die subtilen Beziehungen zwischen den Bewegungen des Windes, des Baums, der Kiste und seines eigenen Körpers sorgfältig erspürte, entdeckte Liping allmählich eine Art von Gesetzmäßigkeit. Daraufhin bedurfte es keinerlei körperlicher Anstrengung mehr; es genügte ihm, sich mit voller Aufmerksamkeit zu konzentrieren.

Nach zweimonatiger Übung hatte Wang Liping die Fähigkeit entwickelt, sogar die geringste Bewegung des Grases im Wind zu registrieren. Beim nächtlichen Üben in den Bergen konnte er sogar eine Ratte, die mehrere Meter entfernt vorbeihuschte, körperlich spüren. Sobald Liping diese Schranke überwunden hatte, verkleinerten die drei Meister die Kiste noch etwas, so daß Lipings Körper gerade noch hineinpaßte, ohne den geringsten Bewegungsspielraum zu haben. Um nicht gestochen zu werden, war er nun gezwungen, seinen Körper absolut still zu halten. Da er jedoch schon eine monatelange Grundschulung im stillen Sitzen und stillen Stehen hinter sich hatte, ging es bei dieser Übung lediglich um einen höheren Grad von Perfektion, und so gelang es Liping, diese Übung nach kurzer Zeit vollkommen zu meistern.

Die Lehrer pflegten seine Konzentration auch mit ›Schreckminen‹ zu testen, um seine Fähigkeit zu schneller Reaktion zu fördern. Einmal schlich Liping sich heimlich zu der Behausung der alten Meister, um herauszufinden, was sie gerade machten. Plötzlich ertönte ein Schrei wie ein Donnerschlag, der ihn mehrere Meter zurücktaumeln und die Haare auf seinem Kopf zu Berge stehen ließ. Aus dem Inneren des Schuppens ertönte die lachende Stimme des Weggefährten der Reinen Heiterkeit: »Du Schlingel! Was fällt dir ein, dich an unsere Tür zu schleichen?« Jetzt merkte Liping, daß die alten Daoisten ständig genau wußten, was er tat, und es wurde ihm klar, daß er von nun an lieber gut aufpassen und nicht leichtsinnig werden sollte.

Ein andermal, als Wang Liping zum Außenabort ging, hörte er jemand von unten schreien, als er über der Senkgrube niederkauerte. Anscheinend war jemand in die Grube gefallen. Gerade als Liping zurückrufen wollte, hörte er das Gelächter der alten Meister: »Schon wieder haben mich die drei Alten reingelegt«, dachte er und zügelte seinen Ärger. »Ich werde es euch heimzahlen! Wartet bloß ab!«

Wie sich zeigte, war es der Weggefährte der Reinen Leere, der ihm solche Streiche spielte. Seine Absicht war, Liping auf Trab zu halten und dafür zu sorgen, daß er im Alltagsleben jederzeit ein hohes Maß von Wachheit bewahrte und sich selbst bei Kleinigkeiten nicht achtlos verhielt. Nach solchen Tests erhöhte Liping jedesmal seine Wachsamkeit.

Eines Tages bemerkte Liping einen Reißnagel an der Wand und heckte selbst einen Streich aus, mit dem er sich an seinem alten Mentor rächen wollte: Er zog den Reißnagel aus der Wand und legte ihn auf das Bett des Weggefährten der Reinen Leere. Mit Unschuldsmiene beschäftigte er sich dann mit anderen Dingen und wartete in Ruhe ab, daß der alte Magier sich auf den Reißnagel setzen würde. Nie wäre ihm in den Sinn gekommen, daß er selbst derjenige sein sollte, der gestochen wurde. Doch als er an jenem Abend auf seinem Bett sitzend die inneren Übungen praktizierte, bekam er den Nagel zu spüren. So stark der Schmerz auch war, er wollte sich nichts anmerken lassen.

Als der Weggefährte der Reinen Leere merkte, daß Liping Schmerzen hatte, bemerkte er einfach ganz beiläufig: »Junges Bürschchen, du bist noch zu weich!«

Liping, der wohl wußte, was er meinte, erwiderte mit schmerzlichem Lachen: »Und du bist zu grausam!« Trotzdem brachten diese Spielchen zwischen Lehrern und Schüler Spaß und Abwechslung in das strenge Leben der spirituellen Schulung.

Der nächste Schritt bestand darin, innere Übungen in einem großen Tongefäß zu praktizieren. Wenn man das Gefäß auf den Kopf stellte, war es gerade groß genug, daß Liping sich mit gesenktem Kopf im Inneren zusammenkauern konnte. Das Gefäß wurde so über eine Senkgrube gestellt, daß nur am unteren Rand ein Spalt offenblieb. Das Wetter war zu der Zeit sehr warm, und wenn die Sonne hoch am Himmel stand, wurde es im Inneren des Gefäßes kochend heiß. Der Gestank aus der Senkgrube sowie die davon angelockten Fliegen und das Ungeziefer taten ein übriges, so daß Liping kurz davor war, sich zu erbrechen. Diese Methode sollte Liping in die Lage versetzen, sich unter allen Umständen voll und ganz zu konzentrieren. An einem so abgelegenen Ort in den Bergen war die Senkgrube vielleicht das beste Werkzeug zu diesem Zweck. Die drei alten Magier wußten sehr wohl, wie sie aus dem Gelände und den Gegenständen in ihrer Umgebung Nutzen ziehen konnten. So fanden sie auch hier alles Notwendige, um geeignete Umstände für daoistische Übungen zu schaffen.

Immer wenn der Ekel Liping in seinem Behälter übermannte und er es nicht mehr schaffte, in die Stille einzutreten und seine Praxis durchzuführen, klopfte es plötzlich an das Gefäß. Dann hörte er die rauhe, kräftige Stimme des Weggefährten der Reinen Heiterkeit, der ihn schalt: »Hör auf, an andere Dinge zu denken! Bleib bei deiner Übung!« Nach einer Weile kam sein Mentor wieder zurück, um ihn absichtlich aus der Fassung zu bringen, indem er mit einer Tonscherbe an dem Gefäß kratzte; er wollte sehen, ob das Kratzen Liping ärgerte. In der Überzeugung, daß diese Prüfung nicht streng genug sein könnte, schöpfte er außerdem etwas Jauche aus der Grube und ließ sie über das Gefäß laufen. Dadurch verstärkte sich der Gestank, und Maden begannen in das Gefäß hineinzukriechen.

Nun konnte Liping es nicht mehr aushalten, und er bat schreiend um Gnade. Er hätte jedoch besser daran getan, nicht um Mitleid zu betteln, denn das brachte ihn in nur noch größere Schwierigkeiten. Als er merkte, daß Liping sich nicht beruhigen konnte, schüttete sein alter Mentor Öl ins Feuer, indem er Jauche durch einen Spalt in das Gefäß leerte und den Jungen mit Unrat beschmutzte. Liping wußte nur zu gut, daß der Weggefährte der Reinen Leere der strengste von seinen Lehrern war und ihm im Verlauf der Schulung bisher kein einziges Mal Pardon gegeben hatte. So blieb ihm schließlich nichts anderes übrig, als alles schweigend zu ertragen.

Seit der Zeit, als er sich an seinem ersten Tag während der Isolierung in dem dunklen Schuppen blamiert hatte, indem er sich in die Hose machte, hatte Liping stets darauf geachtet, sich vor jeder Sitzung gut zu entleeren. Doch als er diesmal den Drang verspürte, sich zu erleichtern, konnte er nicht mehr aushalten. Er wollte das Gefäß umstürzen, um herauszukommen. Doch als sein Mentor Bewegung im Inneren des Gefäßes bemerkte, griff er sich einen Stock und stocherte damit in dem Gefäß herum, so daß er Liping an verschiedenen Körperstellen schmerzhafte Stiche zufügte. Liping konnte nicht heraus, aber er konnte seinen Drang auch nicht mehr zurückhalten. Da blieb ihm nichts anderes übrig, als sich im Inneren des Gefäßes zu entleeren. Sein Mentor, der genau wußte, was geschehen war, schalt ihn dafür, daß er seinen Übungsplatz beschmutzt hatte, und forderte ihn auf, alles wieder zu säubern. Liping wußte genau, daß die Verhaltensregeln keinen Ungehorsam zuließen. Da er sich ganz und gar dem Dao verschrieben hatte, mußte er wohl oder übel den Befehlen seines Lehrers gehorchen. So blieb ihm keine andere Wahl, als den Unrat mit seinen eigenen Kleidern aufzuwischen.

Nach einigen Tagen paßte Liping sich allmählich an die schwierigen Verhältnisse bei dieser Übung an, und sein Mentor kam auch nicht mehr, um ihn bei seiner Praxis zu stören. Der wirklich ungewöhnlich begabte Junge überwand auch diese Schranke, indem er die Kraft der inneren Stille dazu einsetzte, um Störungen, Gestank und Schmutz zu überwinden und so den Geist zu sammeln, die Essenz zu nähren und die Natur seines Geistes zu noch größerer Reinheit zu läutern.

Als die drei alten Magier entdeckten, daß ein nahe gelegener Friedhof sich zum Üben eignete, erweiterten sie die Methoden zur Sammlung des Geistes und zur Entwicklung der Wesensnatur um einen weiteren Schritt. Sie nannten die Übung ›den Geist befrieden und das Haus bewachen‹. Da diese Praxis ebenfalls ziemlich hart ist, riefen die drei Alten Liping zuerst zu sich, um ihn in ernsten Worten zu ermahnen: »Du hast nun schon eine Zeitlang das Dao kultiviert und große Fortschritte gemacht. Jetzt wollen wir eine neue Übung hinzufügen, um deinen Mut zu stärken und deine höhere Seele zu festigen. Traust du dir das zu?«

Wang Liping wußte nur zu gut, daß er jede Übung, die ihm aufgegeben wurde, zu absolvieren hatte. Ohne zu ahnen, worauf er sich da einließ, und ohne weiter nachzudenken, antwortete er mit ja. Der Großmeister sagte lachend: »Sehr gut! Diese Praxis wird allein in der Nacht auf einem Friedhof ausgeführt. Hast du den Mut dazu?«

»Das ist doch nicht schwer«, erwiderte der Junge.

Der Großmeister spürte, daß der Geisteszustand des Jungen günstig war, und erklärte ihm:

»Die Alten sagten, daß die Beziehung des Lebensgeistes

zum physischen Körper der Beziehung eines Herrschers zu seinem Land entspricht. Wenn die spirituelle Energie im Inneren ruhelos ist, verfällt der physische Körper äußerlich, so wie ein Land unten ins Chaos stürzt, wenn die Herrschaft oben schwach ist. Deshalb wissen die Gebildeten, daß der physische Körper von der spirituellen Energie abhängt, während die spirituelle Energie den Körper benötigt, um sich manifestieren zu können. Deshalb kultivieren sie die Wesensnatur, um die spirituelle Energie zu bewahren, und sie befrieden den Geist, um den Körper unversehrt zu erhalten. Wenn Körper und spirituelle Energie miteinander verbunden sind, dann ist sowohl für das Äußere als auch für das Innere gesorgt.

Die Menschen, die richtig leben, sind rein und offen, ruhig und heiter und frei von Selbstsucht und Begierden. Da sie ihren Geist nicht mit äußeren Dingen belasten, ist ihre spirituelle Energie von großer Reinheit. Vorurteilslos und unerschüttert, friedlich und unbesorgt bewahren sie diesen Zustand der Einheit, nähren ihn durch Harmonie, besorgen in vernünftiger Weise ihre täglichen Angelegenheiten und erreichen ruhigen Sinnes universale Einigkeit.

Nun hast du bereits erfahren, was die Sammlung des Geistes und das Nähren seiner Wesensnatur bewirken können, aber du hast die Festigung der höheren Seele [Hun] und die Stärkung der irdischen Seele [Po] noch nicht verwirklicht. Aus diesem Grund zeigen wir dir heute eine neue Übung zur Festigung deines Geistes.«

Liping nickte, denn er verstand im großen und ganzen, was ihm der Großmeister sagen wollte. Außerdem ging er einfach davon aus, daß er ohne Wenn und Aber einfach zu üben hatte, was immer die Meister ihn lehrten. Als die Nacht hereinbrach und alles zur Ruhe gekommen war, senkte sich Totenstille über den Friedhof. Der Mond war verschwunden, und schwarze Wolken verdeckten die Sterne am Himmel. Keine Menschenseele war an diesem verlassenen Ort zu sehen, außer den drei alten Magiern und ihrem jugendlichen Lehrling, die hier ihre inneren Übungen praktizieren wollten.

Die drei Alten hatten sich schon ihre Plätze ausgesucht und

sich gesetzt. Der Weggefährte der Reinen Heiterkeit forderte Liping auf, einen Platz für sich zu suchen und sich zu setzen. Er sollte vier Stunden lang meditieren und seine Meditation um ein Uhr in der Nacht abschließen. Also setzte Liping sich hin und begann sich zu sammeln. Ihm schien, daß diese Übung nicht besonders schwierig sein sollte, denn es sah so aus, als würden seine Lehrer in seiner Nähe bleiben. Was er nicht ahnte, war, daß die drei alten Magier schon im Dunkel der Nacht verschwunden waren: Zwei waren zu ihrem Quartier zurückgegangen, und nur einer war geblieben, um Liping aus der Entfernung zu beobachten. Es war der Weggefährte der Reinen Heiterkeit, und der hatte Liping schon manchen Streich gespielt.

Nachdem Liping in die Stille eingetreten war, begann sein Mentor alle möglichen gespenstischen Schreie auszustoßen oder wie ein Wolf zu heulen, um den Jungen bei seiner Übung zu erschrecken. Inzwischen hatte Liping jedoch eine gewisse Fertigkeit erlangt und ließ sich durch das grauenhafte, markerschütternde Gekreisch und Geheul nicht im geringsten aus der Fassung bringen. Seine Ohren hörten zwar alles, aber sein Geist lauschte nicht, und er fuhr unerschütterlich fort, seine innere Arbeit zu praktizieren.

Am Ende der Geisterstunde beendete Liping seine Übung. Als er die Augen öffnete und sich umschaute, stellte er fest, daß die drei alten Meister verschwunden waren. Ohne sich etwas dabei zu denken, drehte er sich um und machte sich auf den Rückweg. Plötzlich tauchte ein schwarzer Schatten auf, der ihm entgegenkam und wieder zurückwich – nicht zu weit entfernt, aber auch nicht zu nahe – und offenbar versuchte, ihm den Weg aus dem Friedhof abzuschneiden.

Liping fragte sich, ob er wirklich einen Geist vor Augen hatte. Doch selbst wenn es ein Geist ist, so dachte er, mir macht er keine Angst. Er ging einfach weiter, aber jetzt huschte der schwarze Schatten von einer Seite zur anderen, als wollte er ihn im Kreis herumführen. Da festigte Liping sich innerlich, ließ seine primäre Energie im Körper kreisen und stieß dann mit einem gewaltigen Schrei seinen rechten Arm wie ein Schwert nach vorn – direkt in den schwarzen Schatten.

Da verschwand der Schatten auf einmal, und Liping hörte ein kristallklares Lachen direkt neben seinem Ohr. Liping erkannte die Stimme seines Mentors, des Weggefährten der Reinen Heiterkeit, und sagte schnell: »Ihr testet mich ja immer noch!« Darauf erschien der Mentor, prahlte ein bißchen damit, daß er den Jungen zum Narren gehalten hätte, nahm ihn dann bei der Hand und führte ihn zurück.

Es stellte sich heraus, daß die Übung auf dem Friedhof viele Vorteile hatte. Nach einer gewissen Zeit spürte Liping, wie sich Yin und Yang in seinem ganzen Körper harmonisierten. Von reiner Energie erfüllt, meisterte er auch die Grundlagen für die Praxis der Festigung des Geistes und der Bewachung des Hauses. Wang Liping lernte, daß es mit Mut, Selbstbeherrschung und ruhigem Selbstvertrauen möglich ist, alles zur Stille, zu absoluter Stille, zu führen. »Sobald das Denken von selbst ruhig ist, ist der Geist ungestört; wenn der Geist ungestört ist, ist er für immer klar und still.« Sobald das Denken ruhig ist und der Geist Frieden findet, ist Leere die einzige Erkenntnis; diese Leere ist das Dao.

Während Wang Liping diese Übungen viele Male wiederholte, entwickelten sich seine Stabilität und Selbstbeherrschung weiter. Er ging auf dem nächtlichen Friedhof aus und ein, als ginge er durch eine Haustür; die vielen Toten, die hier begraben lagen, störten ihn nicht im geringsten. Von unerschütterlichem Geist und Gemüt, hatte er einen hohen Grad von Vervollkommnung erreicht.

Die drei alten Magier bildeten ein starkes Team, das seine ganze Kraft der Aufgabe widmete, den nächsten Linienhalter heranzubilden. Der Weggefährte der Reinen Heiterkeit war wirklich streng und unerbittlich, aber er hatte auch ein gutes Herz. Mit seinen über siebzig Jahren übte er jetzt wieder seinen alten Beruf als Exerziermeister aus. Tagsüber hielt er nach Plätzen Ausschau, die sich für Lipings Schulung besonders eigneten. Bei Nacht pflegte er Liping bei seinen Übungen anzuleiten und zu überwachen. Während er den Jungen unterwies und führte, stachelte er ihn auch an und half ihm weiter auf dem Weg zum neuen Linienhalter der Drachentor-Schule. Er behandelte Liping wie einen Sohn, ja ihre

Beziehung war sogar noch enger als die zwischen Vater und Kind.

Während seiner systematischen Schulung überwand Wang Liping eine Schranke nach der anderen; er hatte sich inzwischen sowohl bei den inneren als auch den äußeren Übungen eine solide Grundlage erarbeitet. Aus der Sicht gewöhnlicher Menschen waren seine Fertigkeiten bereits außergewöhnlich, aber die alten Magier wußten sehr wohl, daß ihr junger Lehrling sich immer noch in der unteren Sphäre der Dreifachen Welt bewegte und ziemlich weit von der mittleren Sphäre entfernt war.

4 Die Dreifache Welt kultivieren

In der volkstümlichen daoistischen Überlieferung ist Han Zhongli einer der Acht Unsterblichen. Sein Schüler Lü Dongbin, der ebenfalls zu den Acht Unsterblichen gehört, gilt als einer der größten und populärsten daoistischen Magier aller Zeiten. Es gibt ein Buch mit dem Titel *Annalen der Übertragung des Dao von Zhong an Lü*, das aus Dialogen zwischen diesen beiden Heroen der inneren Alchimie besteht. In diesem Text findet sich das folgende Gespräch zwischen den beiden Unsterblichen Han und Lü:

Lü fragte: »Was ist das Prinzip des Großen Dao, das schwer zu erkennen und zu üben ist?«

Zhongli sagte: »Da einfache, nur als Hilfsmittel gedachte Methoden schnell zu sichtbaren Ergebnissen führen, werden sie von weltlichen Menschen, die in ihrem ganzen Leben niemals erwacht sind, gern aufgegriffen. Ihre Verbreitung ist derart in Mode gekommen, daß das Große Dao Schaden nimmt.«

Lü fragte: »Ich kenne diese Hilfsmethoden bereits. Kann ich etwas über das Große Dao erfahren?«

Zhongli erwiderte: »Das Dao kennt im Grunde keine Frage; die Frage hat im Grunde keine Antwort. Wenn sich die wahre Energie teilt, ist es mit der absoluten Einheit vorbei. Dao erzeugt Eins, Eins erzeugt Zwei, Zwei erzeugt Drei. Eins steht für Substanz, Zwei für Funktion, Drei für Schöpfung und Evolution.

Substanz und Funktion sind nicht jenseits von Yin und Yang; sie werden durch deren Wechselwirkungen verursacht. Das Höhere, das Mittlere und das Untere sind die drei Grundlagen; Himmel, Erde und Menschheit verwirklichen gemeinsam das eine Dao. Dao erzeugt die zwei Energien, die zwei Energien erzeugen die drei Grundlagen, die drei Grundlagen erzeugen die Fünf Elemente, die Fünf Elemente erzeugen die zehntausend Wesen.

Unter allen Wesen sind die Menschen am klügsten und edelsten. Nur die Menschen forschen nach den Prinzipien aller Dinge und folgen der eigenen Natur. Indem der Mensch das Prinzip erkennt und seiner Natur folgt, erfüllt er sein Schicksal. Indem wir unser Schicksal erfüllen und unser Leben bewahren, handeln wir in Einklang mit dem Dao, um so gefestigt wie Himmel und Erde zu werden und wie sie ewig zu dauern.«

Lü sagte: »Himmel und Erde dauern ewig, aber die volle menschliche Lebensspanne beträgt nur hundert Jahre, und tatsächlich leben nur wenige bis siebzig. Wie kommt es, daß das Dao nur im Himmel und auf der Erde existiert, von der Menschheit aber weit entfernt ist?«

Zhongli erwiderte: »Das Dao ist nicht weit entfernt von den Menschen, aber die Menschen entfernen sich vom Dao, indem sie versuchen, das Leben zu nähren, ohne zu wissen, wie man das tut. Der Grund, warum sie das Wie nicht kennen, ist, daß sie den rechten Zeitpunkt für ihre Anstrengungen nicht kennen. Der Grund, warum sie den rechten Zeitpunkt nicht kennen, ist, daß sie das Wirken von Himmel und Erde nicht verstanden haben.«

Das ›Wirken von Himmel und Erde‹ bezieht sich auf die Gesetze, die das Universum regieren. Die Menschheit wird zwischen Himmel und Erde geboren. Ein menschliches Wesen ist ein Mikrokosmos, der durch den Makrokosmos beeinflußt und reguliert wird. Solange man die Naturgesetze, den richtigen Zeitpunkt und die passende Methode nicht kennt, gibt es keinen Erfolg beim Studium des Dao. Schleift man jedoch die veranlagungsbedingten Muster erworbener Gewohnheiten ab, dann wird die grundlegende Wesensnatur von selbst erscheinen. So soll man den wahren Geist bewahren, indem man den gewöhnlichen Geist verwirft. Worauf greift der wahre Geist zurück? Auf die Große Natur.

Wang Lipings Arbeit, den Geist zu sammeln, um seine Wesensnatur zu nähren, war innerhalb eines Jahres vollendet. Wang Liping ließ den dunklen Raum, die Erdgrube, die Holzkiste, das riesige Keramikgefäß und den Friedhof hinter sich, um fortan direkt mit der Großen Natur zu arbeiten. Nun begann für Wang Liping die Phase der intensiven Kultivierung der Dreifachen Welt unter der Obhut seiner drei alten Meister.

Alles im mittleren Bereich der Dreifachen Welt, der Sphäre von Himmel, Erde und Menschheit, ist ein Partner bei der Kultivierung, die zur Verwirklichung des Dao führen soll: Sonne, Mond, Planeten und Sterne; Berge und Flüsse; Blumen, Pflanzen und Bäume; Vögel und Tiere; Wind, Regen, Donner und Blitz; Hitze und Kälte; Frühling, Sommer, Herbst und Winter; Osten, Westen, Norden und Süden. Alles hat teil an Schöpfung und Evolution; alles birgt Subtiles in sich.

Die Sonne geht auf und unter; der Mond nimmt zu und ab; die Erde rotiert und Sterne ziehen ihre Bahn; der Frühling bringt Geburt, der Herbst bringt Tod, der Sommer bringt Wachstum und der Winter bewahrt; Gewässer trocknen aus und Felsen tauchen auf; Dynastien wechseln und Zeitalter vergehen. Himmel, Erde und Menschheit, die mittlere der drei Sphären, sind schwankend: Das eine nimmt ab, während das andere wächst. Sie leeren und füllen sich im Wechsel, mit zahllosen Veränderungen und Umwandlungen ohne Unterlaß.

Und dennoch bildet das alles ein einziges, vollkommenes System, in dem Gegensätze aus dem Ungleichgewicht zum Gleichgewicht streben und Ungleichgewicht im Gleichgewicht ausgleichen, um so regelmäßige und harmonische Bewegung zu erzeugen. Die Menschheit, die sich in der Mitte dieser Sphäre befindet, lebt und handelt in Übereinstimmung mit den Gesetzen der Großen Natur und ist vielfältigem Druck von seiten der Natur und der Gesellschaft ausgesetzt. Die Kräfte wirken nicht nur in verschiedene Richtungen, sie sind auch ungleichmäßig verteilt in der Zeit, und sie haben unzählige verschiedene Merkmale. Manche Menschen können sie mit ihren Sinnen wahrnehmen, andere nicht. Manche von diesen Kräfte sind heilsam für den menschlichen Körper, andere schädlich.

Die moderne Naturwissenschaft hat jene Kräfte, die der Sinneswahrnehmung zugänglich sind, genau erforscht, aber sie erkennt die Existenz von zahllosen unsichtbaren Kräften nicht an, deren Wirkung auf den menschlichen Körper sogar noch größer ist als die der wahrnehmbaren Kräfte. Diese Schwierigkeit gibt es in den alten Kulturen Chinas und bei vielen anderen Völkern nicht. Zunächst einmal akzeptierten diese Kulturen die Existenz solcher Kräfte; doch sie gingen noch weiter, indem sie diese Kräfte mit verschiedenen Methoden erforschten, erprobten und zu steuern lernten.

Ein hervorragendes Merkmal der traditionellen chinesischen Kultur ist ihre ganzheitliche Sicht, in der Himmel, Erde und Menschheit zu einer Einheit gefügt sind – eine Sichtweise, die Einseitigkeit und Vorurteile vermeidet. Der Daoismus ist eine der tragenden Säulen der traditionellen Kultur Ostasiens. Seine Methodik und die Weite der Wahrnehmung des Universums und des menschlichen Körpers, zu der sie führt, sind für den modernen Menschen wirklich erstaunlich. Heute kann es durchaus sein, daß die Menschen im Westen seinen Wert höher schätzen als die Chinesen selbst und in diesen Lehren ein leuchtendes Juwel menschlicher Zivilisation sehen.

Himmel, Erde und Menschheit bilden ein Kontinuum, eine Ganzheit, ein System, mit der Menschheit in ihrer Mitte. Das

Große Dao durchwirkt das ganze Universum als widerstandslose Harmonie, die sich selbst reguliert.

Über Tausende von Jahren haben sich die Daoisten an diesen Weg gehalten und ihn dazu eingesetzt, das Universum zu erkennen und den menschlichen Körper zu kultivieren und zu läutern; dabei haben sie der Nachwelt einen unerschöpflichen Schatz von Schriften hinterlassen.

Die drei alten Drachentor-Meister benutzten die Lehren ihrer spirituellen Ahnen, um ihren jungen Schüler Wang Liping auszubilden. Einer seiner Mentoren lehrte ihn nun eine Austauschübung aus der ›Alchimie des Magischen Juwels‹. Diese Austauschübung gehört in die Kategorie der äußeren Übungen; sie ist eine Weiterentwicklung von älteren Atemtechniken. Der Übende kombiniert harmonische körperliche Bewegungen mit streng geregelten Atemmustern, um dann mit Hilfe von Willen, Energie und dem System sensitiver Punkte im Körper Energien mit Pflanzen, Tieren, menschlichen Wesen und anderen Wesenheiten auszutauschen. Diese Technik heißt Austauschübung, weil sie den Übenden in die Lage versetzt, einen Zustand der Harmonie bei der Interaktion zwischen menschlichen Wesen untereinander und zwischen Menschen und anderen Wesenheiten zu erreichen.

Der Weggefährte der Reinen Heiterkeit begann diese Lektion, indem er sich mit Liping vor eine riesige Kiefer stellte. »Siehst du diesen Baum?« sagte er zu Liping. »Heute werden wir mit diesem Baum arbeiten. Es ist ein gewaltiger Baum. Er hat Jahre mit extremer Hitze und bitterer Kälte durchgemacht, er wurde vom Wind zerzaust und vom Regen gepeitscht. Seine Lebensenergie ist wirklich kraftvoll; sie birgt etwas Nützliches für unsere Praxis.

Im Körper gibt es verschiedene Bahnen des Energiekreislaufs, des Blutkreislaufs und der Abfallausscheidung. Auch dieser Baum hat seine Bahnen des Energiekreislaufs, des Wasserkreislaufs, der Nährstoffaufnahme und der Abfallausscheidung. Austauschübungen bestehen hauptsächlich aus Methoden, eine Aura von ätherischen Kräften auszustrahlen und zu absorbieren. Zur Arbeit mit einem Baum gehört der

Energieaustausch mit dem Baum, um ein Gleichgewicht von Yin und Yang und den Fünf Elemente im menschlichen Körper herbeizuführen.

Bäume haben verschiedene Grundfarben, die den Fünf Elementen zugeordnet sind. Die Grundfarbe dieser Kiefer ist grün; in bezug auf die Fünf Elemente entspricht das dem Element Holz. Im menschlichen Körper entspricht das der Leber. Wenn Menschen eine Leberkrankheit haben, so kommt das von einer Wasserschwäche. Wenn das Wasser schwach ist, kann das Holz nicht wachsen. Die Nieren regulieren das Wasser, und die mit Wasser assoziierte Farbe ist schwarz. Der zu Schwarz gehörende Baum ist die Zeder. Um Leberleiden zu heilen, muß man deshalb zuerst mit der Zeder arbeiten, um das Wasser in den Nieren aufzufüllen, und danach mit der Kiefer.

Leberleiden können auch von übermäßiger Feuerenergie herkommen, die einen Verlust von Holzenergie verursacht; deshalb ist die Kontrolle der Feuerenergie notwendig, um die Leber wirksam zu heilen. Leberleiden können ebenfalls von einem Übermaß an Metallenergie herkommen, das Spannungen in der Holzenergie verursacht. Um die Leber zu heilen, ist es deshalb auch notwendig, die Metallenergie zu kontrollieren. Auf jeden Fall ist es wichtig, den passenden Baum für die jeweilige Praxis zu finden. Nur dann kann man Yin und Yang und die Fünf Elemente im menschlichen Körper harmonisieren, um Krankheiten loszuwerden und den Körper zu stärken.«

Aus früheren Erklärungen des Großmeisters kannte Wang Liping bereits das System der Fünf Elemente mit den Zyklen ihrer gegenseitigen Erzeugung und Überwindung. Deshalb waren ihm die Ausführungen seines Mentors verständlich, und er wußte auch, was dieser mit einer ›Aura von ätherischen Kräften‹ meinte.

Der Weggefährte der Reinen Heiterkeit fuhr fort: »Es gibt neun Arten von Austauschübungen. Von heute an werden wir eine nach der anderen lernen. Schau, was ich mache!« Dann ging der Dao-Meister zu der großen Kiefer und stellte sich etwa einen halben Meter vor sie. Die Füße schulterbreit geöffnet und die Knie leicht gebeugt, stand der Mentor mit aufrechtem Oberkörper da. Er hob die Arme gerade, aber nicht steif gestreckt nach vor, die Handflächen zum Baum gewandt, die Körperseiten offen. Während er mit fast geschlossenen Augen geradeaus nach vorn schaute, beugte und streckte er langsam die Beine und bewegte sich so auf und ab. Dabei hielt er den Oberkörper aufrecht und ließ beide Hände langsam am Baumstamm auf und ab streichen.

Während er diese Bewegungen vorführte, erklärte er Liping: »Achte auf die Regulierung des Atems. Wenn du dich nach oben bewegst, atmest du ein, und wenn du dich nach unten bewegst, atmest du aus. So wie die körperlichen Bewegungen langsam ausgeführt werden, so muß auch die Atmung langsam, fein, tief, lang und gleichmäßig sein. Gleichzeitig solltest du dieser Kombination von Bewegung und Atmung bestimmte Vorstellungen hinzufügen. Die Aufmerksamkeit ist auf die Handflächen gerichtet, und du stellst dir den Baum, mit dem du arbeitest, als eine Säule aus grüner Energie vor. Stell dir vor, daß deine Handflächen eine Energiemasse von derselben Farbe ausstrahlen, während du sie mit der Energiemasse des Baums austauschst.«

Nun begann Wang Liping diese Übung nach dem Vorbild seines Lehrers auszuführen. Der alte Meister beobachtete ihn aufmerksam, wies ihn auf bestimmte Aspekte hin, auf die er achten sollte, und ließ Liping anhalten, wenn er an den Punkt gekommen war, wo er die Bewegungen richtig ausführen konnte und deutlich bestimmte Gefühle empfunden hatte.

Die Berge in jener Gegend mit ihren vielen Baumarten waren ein guter Platz für diese Übung. Jeden Morgen im Morgengrauen und jeden Abend zur Dämmerung praktizierte Wang Liping diese Übung während einer von seinem Mentor festgelegten Zeit, wobei er nacheinander mit verschiedenen Baumsorten übte. Dabei lernte er auch eine Anzahl verschiedener Stellungen. Wie immer nahm der Weggefährte der Reinen Heiterkeit die Schulung sehr ernst, und seine Anforderungen waren hoch. So beschloß er, diese Übung um eine zusätzliche Herausforderung zu erweitern. Er befestigte eine

Rolle am Baum, band einen Felsbrocken an ein Seil und ließ dieses über die Rolle laufen, so daß der Felsen genau über dem Kopf von Liping an dem Seil gehoben und gesenkt werden konnte. So war der Junge gezwungen, die Geschwindigkeit seiner Bewegungen mit stets aufrechtem Oberkörper entsprechend zu regulieren. Der alte Mentor senkte und hob den Stein so langsam, daß ein einziges Auf und Ab bis zu einer halben Stunde dauerte. Bei diesem Zeitlupentempo war die Bewegung viel anstrengender als stilles Stehen. Daß auch die Atmung diesem Rhythmus angepaßt werden mußte, machte die Übung noch schwieriger.

Innerhalb von vier Stunden führte Liping diese qualvollen Aufwärts- und Abwärtsbewegungen nur wenige Male aus. Allmählich brannten seine Knie vor Schmerz, seine Oberschenkel wurden zu Pudding und sein Kreuz wurde taub. Doch da hing dieser Stein über seinem Kopf, und der strengste seiner Lehrer ließ ihn nicht aus den Augen – also mußte er standhaft weitermachen, auch wenn es noch so hart oder schmerzhaft war. Als die Übungszeit vorbei war, waren Lipings Kleider schweißnaß und er vermochte sich nicht mehr auf den Beinen zu halten. Seinem Mentor tat dieser Anblick in der Seele weh – aber wie könnte er seinen Schüler ohne ein solches Training zu außergewöhnlichen Leistungen führen? Der betagte Dao-Meister mußte seinen jungen Lehrling zurück zu ihrer Behausung tragen.

Nachdem Liping sich an diese Übung unter dem Stein gewöhnt hatte, meisterte er die Abstimmung von Körper und Atem beim Energieaustausch mit dem Baum ganz hervorragend.

Da es der Wunsch der alten Meister war, Liping bei den Austauschübungen ein solides Fundament zu vermitteln, wechselten sie nun die Methode. Die drei alten Magier hatten eine äußerst günstige Stelle auf dem Berg entdeckt: einen kleinen Platz, auf dem fünf große Bäume von verschiedenen Arten standen – einer in jeder der vier Himmelsrichtungen und einer in der Mitte. Im Osten stand eine Kiefer, im Süden eine Paulownie (Kaiserbaum), im Westen eine Espe, im Norden eine Zeder und in der Mitte eine Weide. Es war ein glücklicher Umstand, daß sie in der natürlichen Anordnung der Fünf Elemente und der zugeordneten Richtungen standen, und deshalb war das der ideale Platz, um die Fünf Elemente im menschlichen Körper mit Hilfe der äußeren Fünf Elemente zu läutern.

Als die drei Meister diesen Platz entdeckten, blickten sie sich verblüfft an. Der Großmeister, der Weggefährte der Unendlichkeit, klatschte in die Hände und rief aus: »Dies ist ein Geschenk des Himmels!« Also spannten sie in etwa halber Mannshöhe ein grobes Netz zwischen den Bäumen auf und ließen Wang Liping unter dem Netz gehen, mit gebeugten Beinen und geradem Oberkörper, so daß sein Scheitel fast das Netz berührte und er sich weder ganz aufrichten noch zu tief bücken konnte. Nachdem Liping das zwei Monate lang geübt hatte, konnte er in diesem ›Pferdeschritt‹ zwischen den fünf Bäumen überall herumgehen. Er konnte sogar eine Schale mit Wasser auf seinem Kopf tragen, während er in schnellem Tempo herumsprang, ohne einen Tropfen zu verschütten, und die Wasserfläche glatt wie ein Spiegel blieb.

Wenn man sich an diesem besonderen Platz zwischen den fünf Bäumen bewegte, so brachte das die Fünf Elemente im menschlichen Körper mit den Fünf Elemente in den Bäumen in Übereinstimmung. Seine Mentoren ließen ihn auf bestimmten festgelegten Bahnen gehen, die auf den Wechselbeziehungen der Fünf Elemente beruhten, um die inneren Fünf Elemente mit Hilfe der äußeren Fünf Elemente zu harmonisieren. Die äußeren sollten dabei eine Art von Zug auf die inneren Fünf Elemente ausüben und sie so ins Gleichgewicht bringen, um Krankheiten zu beseitigen und das Leben zu verlängern. Durch die Variation der Bahnen und hinzukommende verschiedene Handstellungen mit passenden Atemmustern wurde es auch möglich, latente Fähigkeiten des menschlichen Körpers zu wecken und außergewöhnliche Kräfte zu entwickeln. So war Liping letztlich in der Lage, diesen gewöhnlichen Bäumen in der Welt der Natur ungewöhnliche Fähigkeiten abzugewinnen.

Bäume sind zwar die größten Pflanzen, aber so wie Bäume

nach den Fünf Elementen klassifiziert werden können, kann man das auch mit anderen Pflanzen tun, die ebenfalls Lebensenergie in sich tragen und sich für daoistische Übungen eignen. Je nach ihrer körperlichen Verfassung und ihrem Energiebedarf benutzen die Adepten spezifische Formen von Austauschübungen, um durch den Austausch zwischen Energiekörpern Lebensenergie zu absorbieren.

Wie die Pflanzen lassen sich auch die Tiere nach den Fünf Elementen einteilen, und Menschen können sich durch eine Beziehung mit ihnen kultivieren. Der Weggefährte der Reinen Leere gab ihm besondere Anweisungen für das Üben mit den einzelnen Spezies. Eines Tages rief er Liping zu sich und deutete auf einen Korb am Boden: »Da ist etwas im Korb. Schau es dir gut an!« Als Liping durch die Ritzen des Korbes schaute, sah er darin eine lange zusammengerollte Schlange liegen. Erschrocken wich er zurück. Da die Menschen in Nordchina nicht an den Anblick von Schlangen gewöhnt sind, fürchten sie sich bei deren Anblick. Liping wollte wissen, wozu die Schlange dienen sollte. Zum Üben, lautete die Antwort des alten Magiers.

Liping verstand nicht, was er meinte. Der Lehrer erklärte ihm, daß wechselseitige Kultivierung mit irgendeiner Art von Partner die subtilste Form von Austauschübung ist. In der Dreifachen Welt gibt es nichts, das nicht zum Objekt oder Partner wechselseitiger Kultivierung gemacht werden könnte. Die Schlange ist ein Tier, das gewöhnlich an schattigen, kühlen und feuchten Orten lebt; deshalb verkörpert sie extremes Yin. Wechselseitige Kultivierung mit einer Schlange macht es möglich, außerordentliche Fähigkeiten im menschlichen Körper zu entwickeln.

Als der alte Magier seine Erklärung beendet hatte, spitzte er die Lippen und stieß einen unheimlichen Laut aus, der dem Zischen einer Schlange glich. Die Schlange im Korb legte sich sofort ruhig und völlig unbeweglich auf den Boden. Er erklärte seinem Schüler, er brauche keine Angst vor der Arbeit mit dieser Schlange zu haben, und zeigte ihm eine Methode der wechselseitigen Kultivierung. Nach mehreren Tagen hatte

Liping außergewöhnliche Empfindungen beim Praktizieren mit der Schlange.

In einer mondhellen Nacht führte der Weggefährte der Reinen Leere Liping zur moosbedeckten Öffnung einer kleinen Berghöhle. Dort ließ der alte Meister seinen Schüler ein paar Schritte vor dieser Höhle stehen und begann dann bestimmte Zischlaute auszustoßen. Bald darauf kamen Schlangen aller Arten und Größen aus ihren Verstecken und glitten aus allen Richtungen auf den Höhleneingang zu. Liping sah, wie die Schlangen in der Nähe der Höhle anhielten; ihre Körper glänzten im kalten Mondlicht, während sie sich züngelnd auf dem Moosboden zusammenrollten. Ohne Furcht festigte Liping zuerst seinen Geist. Nachdem sein Mentor ihn angewiesen hatte, so zu üben, wie er es gelernt hatte, nahm Liping die richtige Stellung ein und begann mit der inneren Arbeit. Mit geschlossenen Augen verließ er sich ausschließlich auf seine innere Wahrnehmung, während er gemeinsam mit den Schlangen übte.

Als Liping die innere Übung aufnahm, begann ein gutes Dutzend Schlangen Liping zu umkreisen, alle in der selben Richtung. Sie folgten den Bewegungen seiner Hände und dem Kreisen seiner Energie – zuerst langsam, dann schneller, dann wieder langsamer. Schließlich begannen sie im Mondlicht schimmernd herumzutanzen und herumzutollen. Liping wechselte zu einer anderen Technik. Sofort hörten die Schlangen auf herumzutanzen und legten sich reglos auf den Boden, wo sie schließlich so ruhig lagen, daß sie wie tot aussahen.

Als Liping die Übung nach vier Stunden abschloß, kamen die Schlangen wieder zu sich und krochen davon, jede zurück auf dem Weg, auf dem sie gekommen war. Sein Mentor, der ihn die ganze Zeit beobachtet hatte, sah, daß Liping auch diese Praxis gemeistert hatte, und war sehr glücklich darüber.

Später lehrte der Weggefährte der Reinen Leere Liping verschiedene Methoden des Austauschs mit anderen Tieren, wie Dachsen, Wieseln, Ratten und so weiter. Liping übte jede einzelne Technik bei Nacht im Freien, bis er alle beherrschte. Alle Übungen mit kleinen Tieren werden bei Nacht praktiziert, weil solche Tiere reine Yin-Wesen und meistens Nachttiere sind. Diese kleinen Bündel an Vitalität besitzen eine Menge spiritueller Energie; manchmal kann man sie in ruhigen, windstillen Nächten sehen, wie sie den Mond verehren; manche verfügen auch über besondere Fähigkeiten, um latente Kräfte im Menschen zu wecken.

In einer klaren Mondnacht unterbrach der Großmeister, der Weggefährte der Unendlichkeit, die mitternächtlichen Übungen. Er führte die beiden anderen Magier und ihren jungen Lehrling den Berg hinab zu einem Hügel an einer Biegung des Flusses. Nachdem er diesen Hügel eine Weile betrachtet hatte, wandte er sich schließlich an seine Schüler: »Seht ihr die Energie dieses Hügels?« Die beiden Dao-Meister antworteten, sie könnten eine blaue, sehr kraftvolle Energie sehen.

Nun sagte der alte Meister zu Wang Liping: »Dieser Platz ist ganz besonders. Hier verschmelzen und vermischen sich Yin- und Yang-Energien. Wenn reine Energie über einem Berg aufsteigt, ist das die beste Bedingung für die Praxis der Läuterung. Laßt uns hier zusammen üben!« Dann gab er Liping eine ausführliche Beschreibung der Methode, mit Bergen zu praktizieren. Als er geendet hatte, begannen sie zusammen zu üben.

Wang Liping hatte bereits verschiedene Methoden zur Entwicklung mentaler Fähigkeiten gelernt und den kleinen Energiekreislauf gemeistert; sein Himmelsauge war geöffnet, und er hatte mit Erfolg verschiedene Arten der Austauschübung praktiziert. Als er in dieser Nacht mit dem Berg übte, konnte er nach zwei Stunden mit seinem Himmelsauge die blaue Energie aufsteigen sehen. Während er diese Energie zur eigenen Entwicklung einsetzte, nahmen die Kräfte in seinem Körper besonders schnell zu. Nachdem vier Stunden vergangen waren und die vier ihre Übung abgeschlossen hatten, berichtete Liping den alten Magiern, daß er diese blaue Energie wirklich gesehen und gewaltigen Nutzen aus dieser Arbeit gezogen hätte.

Eines Tages führte der Weggefährte der Reinen Heiterkeit Liping zu einem kleinen Teich, wo er schon eine breite Holzplanke vorbereitet hatte. Der Dao-Meister hieß Liping, sich mit überkreuzten Beinen auf die Planke zu setzen und schob diese dann vorsichtig ins Wasser hinaus, wo sie in der Mitte des Teichs allmählich zum Stillstand kam. Liping saß im Zustand der Stille auf der Planke und vertiefte seine innere Arbeit; den Anweisungen seines Mentors folgend, erreichte das Niveau seiner Übung nun eine neue Dimension.

Als der Dao-Meister nach vier Stunden sicher war, daß Liping den rechten Geisteszustand erreicht hatte, brachte er die Wasseroberfläche mit seiner Hand in Bewegung und ließ kleine Wellen zum Zentrum des Teichs laufen. Als die kleinen Wellen sich der Planke näherten, wurde Lipings Spiegelbild im Wasser zerstört – da fühlte er selbst einen Schauder in seinem Herzen und sein Körper geriet in Bewegung. Als die Wellen vorbeigelaufen waren, wurde die Wasseroberfläche wieder so glatt wie zuvor, und Lipings Körper und Geist kehrten in den früheren Zustand der Stille zurück. Mehrmals prüfte ihn der Dao-Meister auf diese Weise, und jedesmal konnte Liping die Wirkung der kleinen Wellen deutlich spüren. Nachdem er gesehen hatte, wie weit Lipings Fähigkeiten fortgeschritten waren, ließ er ihn die Übung beenden und ans Ufer paddeln. Der junge Lehrling erzählte seinem Mentor alles über seine Empfindungen auf dem Wasser, die er sich nicht zu erklären wußte.

Als sie zur Behausung der Magier zurückgekehrt waren, erhielt Wang Liping endlich eine Erklärung für das Prinzip dieser Übung. Da der Junge wechselseitige Kultivierung mit allen möglichen Dingen und Wesen praktiziert hatte, waren seine inneren und äußeren Fähigkeiten zusammengewachsen. Nunmehr waren die himmlische Yang-Seele [Hun] und die irdische Yin-Seele [Po] in seinem Körper gestärkt und sensibilisiert. In den Augen gewöhnlicher Menschen sind Schatten und Spiegelbilder etwas Unwirkliches, Dinge mit Form aber ohne Substanz, ohne Wert für den Menschen. Vom daoistischen Standpunkt aus haben diese ›unwirklichen Schatten und Spiegelbilder mit Form aber ohne Substanz‹ jedoch ebenfalls eine ätherische Kraft, die bei Kontakt im menschlichen Körper zu spüren ist.

Wer nicht durch innere Arbeit geläutert wurde, ist für diese Eindrücke nicht empfänglich; aber Adepten von hoher Vervollkommnung können solche subtilen Eindrücke ganz deutlich spüren. Das ist der Grund, warum Lipings Körper und Geist mit Unruhe reagierten, als sein Spiegelbild im Wasser zerstört wurde. Auf der Ebene der mittleren drei Sphären sind Schatten und Spiegelungen keine leeren Formen mehr; hier besitzen sie nicht nur Form, sondern auch Substanz. Wie Wang Liping später von seinem Mentor erfahren sollte, ist dieses Prinzip auch die Grundlage der Praxis, Krankheiten zu heilen, indem man am Schatten des Patienten arbeitet.

An diesem Punkt wiederholte Liping die ›Geistigen Kugeln der Acht Trigramme‹, eine Übung, die ihm sein Mentor schon früher beigebracht hatte, und übte sie immer wieder. Sobald er einen bis neun verschiedenfarbige Energiebälle aufgebaut hatte, wirbelten sie auf allen Seiten um seinen Körper – oben und unten, links und rechts. Wang Liping bestimmte die Positionen der Acht Trigramme und setzte eine genaue Ausrichtung und Reihenfolge fest. Dann lief er von einer Position zur nächsten, so leicht und schnell, daß er zu fliegen schien, wobei sein Oberkörper die ganze Zeit aufrecht und ausbalanciert blieb. Dabei verband er verschiedene Handstellungen und Atemmuster zu einem unendlich vielfältigen Fluß, während jene neun farbigen Kugeln in regelmäßigen Mustern auf allen Seiten um ihn herumrotierten.

Sobald er diese Fähigkeit erworben hatte, vermochte Wang Liping seine eigenen inneren Organe mental zu extrahieren, sie in der Luft herumwirbeln zu lassen, sie zu massieren und sie zurück in seinen Körper zu stecken. Diese Übung zur Stärkung der inneren Organe ist für eine gewöhnliche Person ohne die entsprechende mentale Schulung einfach unvorstellbar.

Während Liping die Dreifache Welt intensiv kultivierte, verfeinerten sich seine Fähigkeiten von Tag zu Tag. Der Weggefährte der Reinen Heiterkeit übertrug ihm außerdem Methoden der Übung beim Schlaf sowie den Natürlichen Energiekreislauf, die ebenfalls zu den Techniken der Alchimie des Magischen Juwels gehören.

Schlafübungen sind eine der drei Arten von daoistischer Arbeit, die im Ruhen ausgeführt werden. Der Übende befindet sich körperlich in schlafender Position, bleibt aber geistig aktiv, so daß er sogar im Schlaf üben kann. »Der Körper ist ruhig, aber der Geist ist in Bewegung«, heißt es. Der Wille bringt die Energie zum Fließen, und dadurch wird der Geist stabilisiert und der Körper gestärkt. Die Schlafpraxis wird in elf Formen eingeteilt; wenn man in jeder einzelnen Form einen gewissen Grad von Wirksamkeit erreicht hat, werden die Formen zu einem Gesamtsystem kombiniert, welches ein Gleichgewicht von Yin und Yang im ganzen Organismus erzeugt.

Die Methode des Natürlichen Energiekreislaufs ist eine der Hilfstechniken in der Alchimie des Magischen Juwels; sie wird auch Methode der natürlichen Energieaufnahme genannt. Es gibt keine Regeln für die Zeit und den Ort dieser Übung, aber am besten praktiziert man sie an der frischen Luft an einem Ort, wo es viele Blumen und Bäume gibt.

Die Grundtechnik dieser Arbeit ist natürliches Gehen, bei dem man Aufmerksamkeit und Atmung kombiniert. So macht man zum Beispiel drei Schritte mit jedem Einatmen und drei Schritte mit jedem Ausatmen. Wenn dieser Atemrhythmus natürlich geworden ist, steigert man die Übung auf jeweils sechs Schritte beim Einatmen und Ausatmen. Die Schrittzahl wird weiter erhöht, auf zwölf und dann auf vierundzwanzig Schritte bei jeder Atemphase. Doch sollte man so üben, daß sowohl das Gehen als auch das Atmen natürlich und locker bleiben.

Sobald man diese Technik beherrscht, wird eine neue Variante geübt. Nun macht man drei Schritte beim Einatmen, drei Schritte mit angehaltenem Atem, drei Schritte beim Ausatmen und drei Schritte bei angehaltenem Atem. Dieses Muster von Einatmen, angehaltenem Atem und Ausatmen wird unzählige Male wiederholt, während man im vorgegebenen Rhythmus geht. Wenn man diese Technik beherrscht, wird die Periode des Energiekreislaufs wieder verlängert: auf sechs Schritte beim Einatmen, sechs Schritte mit angehaltenem Atem, sechs Schritte beim Ausatmen und wiederum sechs

Schritte mit angehaltenem Atem. Anschließend wird dies weiter gesteigert, bis man in jeder Phase zwölf Schritte und zuletzt vierundzwanzig Schritte machen kann.

Beim Natürlichen Energiekreislauf wird nicht nur die Atmung mit dem Gehen koordiniert, sondern man fügt auch noch eine Vorstellung hinzu. Beim Einatmen stellt man sich vor, daß Atemenergie aus allen Richtungen durch die Haut absorbiert wird. Beim Ausatmen stellt man sich vor, daß Atemenergie aus dem ganzen Körper in alle Richtungen ausstrahlt. Beim Anhalten des Atems nach dem Einatmen stellt man sich den Körper als eine Einheit vor. Beim Anhalten des Atems nach dem Ausatmen stellt man sich vor, in den Wolken zu schweben. Den Anweisungen seines Mentors folgend, war Wang Liping bald in der Lage, sowohl im Gehen als auch im Schlafen zu üben und sich so mit Leib und Seele in kontinuierliche innere Arbeit zu vertiefen.

Eines Nachts erklärte der Großmeister Liping einige praktische Übungsprinzipien, die in ihrer Traditionslinie überliefert worden waren: »Unser erster Lehrer Wang Chongyang sagte, es gebe fünf Klassen von Unsterblichen. Gespenst-Unsterbliche sind nicht der Rede wert. Es ist auch nicht nötig, über menschliche Unsterbliche zu sprechen. Erd-Unsterbliche bleiben für immer in der Welt. Geist-Unsterbliche wechseln vom Sein zum Nichtsein; sie können auf unergründliche Weise verschwinden und erscheinen, verkörpern sich außerhalb des Körpers und können ihren Körper verdoppeln. Himmels-Unsterbliche haben einen noch höheren Rang als Geist-Unsterbliche.

Schüler des Dao sollten weder nach dem Mittelmäßigen noch nach dem Geringen streben. Sie sollten die Prinzipien des Allerhöchsten Einzigen Fahrzeugs – des erhabenen, allerhöchsten, sublimen Dao – studieren, das Yin und Yang des Himmels und der Erde klar erfassen und den schöpferischen Zyklus der Fünf Elemente tief begreifen. Das Prinzip von Yin und Yang ist von unvergleichlicher Größe; Himmel und Erde, Sonne und Mond sowie die Fünf Elemente – alles geht daraus hervor. Als sich das Absolute teilte, stieg klare Energie empor, die zu Bildern im Himmel wurde; trübe Energie sinkt herab und bildet Formen auf der Erde. Die Essenzen von Holz und Feuer erzeugen reines Yang; die Essenzen von Metall und Wasser erzeugen reines Yin. Himmel und Erde, Sonne und Mond entwickeln sich aus der Interaktion dieser bipolaren Energie.

Diese bipolare Energie ist im ganzen Himmel und auf der ganzen Erde unaufhörlich wirksam, überall endlos kreisend, und bringt alle Arten von Wesen hervor. So wird ein Menschenleben geboren aus einem Samen des Vaters und einem Ei der Mutter, der Yang-Energie der Sonne und der Yin-Energie der Erde, einer himmlischen Sonnen-Yang-Seele und einer irdischen Mond-Yin-Seele, einem feurigen Yang-Geist und einer wäßrigen Yin-Lebensessenz. So wirkt bei der Schöpfung eines menschlichen Körpers ein und dieselbe Energie wie bei der Geburt des Universums.

Deshalb sind Himmel und Erde der große Vater und die große Mutter der Menschen. Wer dies erkennt, läßt das Universum und all seine Wandlungen hinter sich, während alle, die dies verfehlen, im Ozean des Leidens inmitten der zehntausend Formen gefangenbleiben. Wer nicht von den Fünf Elementen eingeengt oder durch Yin und Yang gefesselt ist, wird Himmels-Unsterblicher von höchstem Rang genannt.

Diese Aussagen bringen den höchsten Plan zum Ausdruck. Aus Sicht der Menschen auf der Erde folgen die Bahnen von Sonne und Mond ununterbrochenen Kreisen, und jedes Gestirn hat seinen spezifischen Zyklus. In bezug auf die Sonne bedeutet das: Wenn die Sonne aufsteigt, erhöht sich die Wärme und die Energie heizt sich auf; dies wird durch Feuer symbolisiert. Wenn die Sonne sinkt, nimmt die Wärme ab und die Energie zieht sich zurück; dies wird durch Wasser symbolisiert. Wenn die Sonne auf ihrer Bahn am weitesten von der Erde entfernt ist, verteilt sich die Wärme und die Energie zerstreut sich; dies wird durch Holz symbolisiert. Wenn die Sonne auf ihrer Bahn der Erde am nächsten ist, sammelt sich die Wärme und die Energie fließt zusammen; dies wird durch Metall symbolisiert. Wenn die Sonne auf ihrer Bahn sich in mittlerer Entfernung von der Erde befindet, hält die Wärme an und die Energie ruht; dies wird durch Erde symbolisiert. Vom Frühling über Sommer und Herbst zum Winter und wieder zurück zum Frühling sind die Fünf Elemente so in der Bahn der Sonne inhärent und bilden den Zyklus des Jahres.

In bezug auf den Mond bedeutet das: Wenn der Mond untergeht, erhöht sich die Wärme und die Energie heizt sich auf; dies wird durch Feuer symbolisiert. Wenn der Mond aufgeht, nimmt die Wärme ab und die Energie zieht sich zurück; wird durch Wasser symbolisiert. Wenn der Mond auf dieser Seite der Erde steht, löst sich die Wärme auf und die Energie zerstreut sich; dies wird durch Holz symbolisiert. Wenn der Mond auf der anderen Seite der Erde steht, sammelt sich die Wärme und die Energie fließt zusammen; dies wird durch Metall symbolisiert. Wenn die Bahn des Mondes seitlich verläuft, hält die Wärme an und die Energie ruht; dies wird durch Erde symbolisiert. Auf diese Weise nimmt der Mond zu und ab, ab und zu; die Fünf Elemente sind der Bahn des Mondes inhärent und bilden ebenfalls einen Zyklus, den Zyklus des Monats.

Zur Alchimie des Magischen Juwels gehört die Nutzung der Korrespondenzen zwischen den inneren Fünf Elementen im menschlichen Körper und den äußeren Fünf Elementen der Sonne und des Mondes sowie den äußeren Fünf Elementen der Erde. Gemeinsam kultiviert man so die Sphären von Himmel, Erde und Menschheit und kehrt zurück von Neun zu Acht, von Acht zu Sieben, von Sieben zu Sechs, von Sechs zu Fünf, von Fünf zu Vier, von Vier zu Drei, von Drei zu Zwei, von Zwei zu Eins, um schließlich zum Absoluten zurückzufinden. Wenn das Absolute zu einer einzigen Sphäre geworden ist, dann ist die Alchimie des Magischen Juwels vollendet.«

Nachdem Wang Liping die Kultivierung der Dreifachen Welt einige Monate lang praktiziert hatte, führten die alten Magier ihn in das Allerhöchste Einzige Fahrzeug ein. Indem er ihren Anweisungen folgte – geheimen Methoden, die von den Begründern ihrer Tradition übertragen worden waren –, erfuhr Liping die Wandlungen der Fünf Elemente auf äußerst subtile Weise in seinem eigenen Körper. Er absorbierte die ursprüngliche Energie von Sonne und Mond, um die ursprüngliche Energie in seinem Körper zu vermehren, und er erfaßte nach und nach das Muster der Neun, Acht, Sieben, Sechs, Fünf, Vier, Drei, Zwei und Eins. An diesem Punkt seiner Schulung war die Arbeit, die er nun durchführte, von vorläufiger Art und bedurfte noch späterer Verfeinerung.

Als eines Abends der Vollmond aufging, suchte sich Wang Liping einen Ort mit üppigem, duftendem Pflanzen- und Baumbewuchs, um sich dort im Sitzen zu üben. Nachdem er Körper, Atmung und Vorstellung aufeinander abgestimmt hatte und in einen Zustand von Stille und Sammlung eingetreten war, betrachtete er mental den am Osthimmel aufsteigenden goldenen Mond. Er sah, wie der Mond immer näher und näher zu ihm heranschwebte und dabei allmählich immer größer und heller wurde, wie ein unglaublicher Energieball, der unzählige Strahlen ätherischen Lichts aussandte, die seinen ganzen Körper überfluteten. Liping hatte das Gefühl, sein eigener Körper hätte sich vollständig in Energie verwandelt und wäre materiell nicht mehr vorhanden – da war überhaupt nichts mehr in der Welt. Es gab nur ein gewisses Gefühl: das eines Körpers, der einer Masse von Energie glich, welche aufstieg, um in jene ungeheure Energiemasse des Mondlichts einzutauchen und zu vergehen. Raum und Zeit hatten aufgehört zu existieren.

Als ein blasses Licht im Osten schimmerte, wurden die Wolken über dem Horizont sichtbar und färbten sich von Schwarz über Grau zu Weiß. Darauf erschien am unteren Rand ein schmaler Streifen von blaßgoldenem Glanz. Auf einmal färbte sich der Himmel in tiefem Blau. Die Sterne verlöschten, der Mond war im Westen untergegangen, ein neuer Morgen war erwacht. Scharlachrotes Licht sprühte über den Osthimmel und kündigte den Aufgang der Sonne an.

Während die golden leuchtende Sonnenkugel über der Erde aufstieg, saß Wang Liping immer noch unbeweglich da. Er hatte den Sonnenaufgang schon gespürt. Er öffnete die Augen, um einen Augenblick lang direkt in die Sonne zu schauen; dann schloß er sie wieder, um spirituelles Licht in sich zu sammeln, das er nach unten lenkte, um eine goldene Sonne in seinem Inneren kreisen zu lassen. Während Liping im Licht der Morgensonne badete, war die kleine Sonne in seinem Körper so hell und lebendig wie ein neugeborenes Kind.

Mittlerweile war Wang Liping in der Lage, viele Tage und Nächte lang völlig reglos zu sitzen. Beim stillen Sitzen erforschte er die Bewegungsmuster und Positionswechsel der Himmelskörper ganz genau, um die damit einhergehenden Veränderungen in den subtilen Funktionen seines eigenen Körpers zu entdecken und allmählich zu sicheren Erkenntnissen zu gelangen. Wie er herausfand, entsprachen die Funktionen und Wandlungen im menschlichen Körper den Funktionen und Wandlungen von Himmel und Erde. Wenn es zu äußerer Bewegung kommt, erfolgt stets eine Reaktion im Inneren; wenn eine Reaktion erfolgt, kommt es zur Wahrnehmung; und Wahrnehmung führt zu Wissen. Aus der Perspektive gewöhnlicher Menschen hatte Liping bereits eine hohe Stufe der Vollendung erreicht, aber er war noch weit davon entfernt, den Anforderungen seiner alten Lehrer zu genügen. Er mußte noch weiter in der Erkenntnis fortschreiten, aber er sollte auch lernen, die Richtung seiner Entwicklung umzukehren und von der ›Neun zur Eins‹ zurückzugehen, um von der Vielfalt der Manifestationen letztlich zur Einheit in absoluter Stille zu gelangen und das Große Dao zu erreichen. Diese Methode der ›Umkehrung‹ bedarf langjähriger, intensiver Übung.

Während Liping die Dreifache Welt kultivierte, erklärten ihm seine Mentoren auch die Grundbegriffe der daoistischen Praxis und Gesundheitspflege. Für die Meister der daoistischen Gesundheitslehre sind Himmel und Erde die größten Dinge, und der Mensch ist das intelligenteste Wesen. Am wichtigsten für die Funktionen des menschlichen Körpers ist die Beziehung zu Sonne und Erde. Grob gesagt bestehen Himmel und Erde aus der Erde, dem Mond und der Sonne. Die Drehung der Erde dauert einen Tag und eine Nacht; in bezug auf die Korrespondenz mit den Körperfunktionen ist dies der Zyklus von Morgen und Abend. In dieser Hinsicht ist die Kreisbahn des Mondes um die Erde der kleinere Zyklus, die Kreisbahn der Erde um die Sonne der größere Zyklus. Diese Zyklen sind verschiedenartige Regelkreise für die Lebensfunktionen.

Selbst ungeschulte Menschen wissen genug darüber, um in Übereinstimmung mit den Zyklen von Himmel und Erde zu arbeiten und zu ruhen; dies nennt man Konformität. Geschulte Adepten leben in bewußter Übereinstimmung mit den Kreisläufen der Natur, indem sie die Yin- und Yang-Energien im Körper aufeinander abstimmen; dies ist Konformität, wie sie im Höchsten Fahrzeug des Daoismus praktiziert wird. Weit fortgeschrittene Eingeweihte benutzen die reinen Energien der äußeren Fünf Elemente, um reine Energie im Inneren des Körpers zu nähren, indem sie sich den natürlichen Abläufen entgegenstellen, um sich darüber zu erheben; so verbinden sie Wasser und Feuer, erzeugen und trennen Medizin, lassen das alchimistische Elixier kristallisieren und reifen, um auf diese Weise zu Unsterblichen zu werden.

In der ›Inschrift der Hundert Zeichen‹ des spirituellen Urahnen Lü Dongbin heißt es:

Willst du die Energie nähren,
Dann vergiß die Worte und wahre das Eine.
Beherrsche den Geist, tu das Nichttun.
In Aktivität und Stille
Wisse um die ursprüngliche Quelle.
Es gibt kein Ding; wen sonst suchst du?
Wahre Beständigkeit sollte den Menschen antworten;
Wer den Menschen antwortet, muß sich vor Wirrnis hüten.
Gerätst du nicht in Verwirrung,
Ist deine Natur von selbst gefestigt;
Ist deine Natur gefestigt,
So kehrt die Energie von selbst zurück.
Kehrt die Energie zurück,
Bildet sich spontan das Elixier
Im Tiegel, in dem du Wasser und Feuer paarst.

Yin und Yang steigen auf
Und folgen aufeinander in ununterbrochenem Wandel;
Überall lassen sie den Donnerschlag erschallen.
Weiße Wolken sammeln sich auf dem Gipfel,
Süßer Tau benetzt den Polberg.
Du hast selbst vom Wein des langen Lebens getrunken
Und streifst frei umher;
Wer könnte dich erkennen?
Du sitzt und lauschst der Musik der saitenlosen Zither
Und verstehst klar das Wirken des schöpferischen Wandels.
Die Gesamtheit dieser Verse
Ist eine Leiter, die geradewegs in den Himmel führt.

Als Wang Liping den kleinen Energiekreislauf, den Zyklus des Mondes, praktizierte, durchbrach die Energie dank innerer Konzentration und Fülle die drei Schranken an seinem Steißbein, in der Mitte der Wirbelsäule und am Hinterkopf. Als sie jedoch das ›Himmelstor‹ am Scheitelpunkt des Kopfes erreichte, benötigte er die Unterstützung eines Mentors. Um dieses ›Tor‹ herum befinden sich ständig vier flammend-helle Punkte, welche die Alten die ›vier großen Geister des Tores‹ nannten. Diese unerbittlichen Wächter machen es der reinen Energie im Körper schwer, an dieser Stelle durchzustoßen. Man braucht einen Meister, der diese vier großen Geister des Tores entfernt, bevor das Himmelstor geöffnet werden kann.

Das, was Liping bei dieser neuen Erfahrung am meisten beeindruckte, merkte er erst nach der Vollendung des kleinen Energiekreislaufs, als er im Inneren seines Körpers etwas Warmes und Feuchtes spüren konnte, das langsam seinen Rücken bis zum Kopf hochstieg, um dann von seinem Gesicht aus langsam nach unten zu fließen. Dieser ganze Vorgang dauerte genau einen Mondmonat, dem Zyklus des Mondes entsprechend, und vollzog sich ganz spontan und natürlich. Selbst wenn er für ein paar Tage und Nächte in einem dunklen Raum eingeschlossen war, konnte er genau bestimmen, an welcher Stelle seiner Bahn der Mond gerade stand und welcher Tag des Monats es war.

Die Erde umkreist die Sonne einmal in einem Jahr. Die alten Chinesen haben diesen Zyklus in vierundzwanzig Halbmonate und jahreszeitliche Energiephasen eingeteilt. Für daoistische Praktiken sind die vier wichtigsten Punkte des Jahres die Tagundnachtgleichen in Frühling und Herbst sowie die Sommer- und Wintersonnwenden. Himmel und Erde werden im Menschen abgebildet: Das Herz ist der Himmel, die Nieren sind die Erde, die Leber ist die Yang-Position, die Lungen sind die Yin-Position; Energie ist Yang, Flüssigkeit ist Yin. Bei der Wintersonnwende beginnt die Sonne, die den Süden durchläuft, sich nach Norden zu wenden; die Menschen auf der nördlichen Halbkugel nehmen dies als Gipfel des Yin und als Erwachen des Yang wahr, während die Nierenenergie im Körper zu wachsen beginnt. Bei der Frühlingstagundnachtgleiche steigt die Nierenenergie zur Leber auf. Bei der Sommersonnwende beginnt die Sonne, die den Norden durchläuft, sich nach Süden zu wenden; die Menschen auf der nördlichen Halbkugel nehmen dies als Gipfel des Yang und Erwachen des Yin wahr, wobei die Yang-Energie im Körper zum Herzen aufsteigt; dort erzeugt die angesammelte Energie Flüssigkeit, die dann nach unten zu fließen beginnt. Bei der Herbsttagundnachtgleiche erreicht die Flüssigkeit aus dem Herzen die Lunge, um bei der Wintersonnwende von dort aus wieder in die Nieren zurückzufließen.

An den entscheidenden Übergangspunkten der jahreszeitlichen Energien, den Tagen der Sonnwende und der Tagundnachtgleiche, untersuchte Wang Liping unter der sorgfältigen Führung und Kontrolle seiner Mentoren die subtilen Veränderungen in seinem Körper ganz genau.

Laozi [6] sagt: »Den unsterblichen Geist des Tales nennt man das mystische Weibliche; die Öffnung des mystischen Weiblichen nennt man die Wurzel von Himmel und Erde. Auch wenn es ungreifbar ist, existiert es doch; sein Gebrauch unterliegt keinerlei Einschränkung.« Diese Öffnung des mystischen Passes stellt die Verbindung zum kosmischen Raum her. In einer alten daoistischen Schrift heißt es, daß zwischen den Höhen des Himmels und den Tiefen der Erde 84 000 Meilen liegen; deshalb befindet sich das Zentrum von

Himmel und Erde in einer Höhe von 42 000 Meilen. Wenn der menschliche Körper Himmel und Erde im Kleinen ist und das Herz und der Nabel 8,4 Zoll auseinanderliegen, dann ist das Zentrum jeweils 4,2 Zoll von beiden entfernt. Diese Öffnung befindet sich genau in diesem Zentrum, in dem sich alle Energiebahnen treffen – eine leere Öffnung, in der eine winzige Perle in der Luft schwebt. Dies ist das wahre Zentrum des Universums im Körper, die Öffnung, wo die ursprüngliche schöpferische Energie gespeichert ist. Deshalb sagte Meister Chunyang: »Das mystische Weibliche, das mystische Weibliche, das wahre mystische Weibliche – es ist nicht im Herzen und nicht in den Nieren. Finde den Anfang des Lebens – den Ort, wo Energie empfangen wird. Wundere dich nicht, daß so das Wirken des Himmels offenbart wurde.« Dieses Zitat beweist, wie wichtig diese Öffnung ist.

5 Die Einnahme des Elixiers und Fasten

Indem Wang Liping die Dreifache Welt kultivierte, vergingen drei Jahre wie im Flug. Als die Meister des Drachentors sahen, wie gut sich ihr Lehrling entwickelt hatte, leiteten sie ihn zu noch erhabeneren Sphären. Zum ersten Mal in seinem Leben sollte Liping eine alchimistische Pille nehmen, und das führte zu einer der größten Erfahrungen seines ganzen Lebens.

Die alten Methoden der Gesundheitslehre und der Kultivierung wurden in innere Arbeit und äußere Mittel eingeteilt. Äußere Mittel beziehen sich auf die Einnahme besonderer Substanzen, eine Praxis, aus der sich im Lauf der Zeit die Alchimie entwickelte. Diese diätetischen Praktiken kamen in der Epoche der Streitenden Reiche auf, hatten ihre Blütezeit während der Qin- und Han-Dynastien und wurden besonders populär in der Wei- und Jin-Zeit. Der berühmte daoistische

Klassiker *Baopuzi* von Ge Hong (284–364) widmet dieser Praxis einen ganzen Abschnitt.

Äußeres alchimistisches Elixier wird hergestellt durch Läutern und Verbinden von Substanzen wie Blei und Quecksilber. Für Ge Hong war äußeres Elixier von großer Wichtigkeit, und sein enzyklopädisches Werk listet Dutzende von alchimistischen Rezepturen auf. Dazu schrieb er: »Wenn du spirituelle Unsterblichkeit schauen willst, mußt du dich auf das Wesentlichste beschränken: Essenz bewahren, Lebensenergie kreisen lassen und Elixier einnehmen. Das ist genug; mehr ist nicht vonnöten. Es gibt jedoch oberflächlichere und tiefere Formen dieser drei Dinge. Wenn du keinem erleuchteten Lehrer begegnest und dich nicht mit allen Kräften bemühst, kannst du nicht alles im Eilverfahren lernen.«

›Essenz bewahren‹ bezieht sich auf die ›Kunst des Schlafgemachs‹. Das Einnehmen von Elixier, das Kreisenlassen von Energie und das Bewahren von Essenz sind die drei wesentlichen Faktoren, um Unsterblichkeit zu erlangen.

Ge Hong erklärt auch ausführlich die Vorsichtsmaßnahmen bei der äußeren Alchimie: »Das alchimistische Elixier sollte auf einem besonderen Berg hergestellt werden, an einem unbewohnten Ort, mit nicht mehr als drei Personen in der Gruppe. Zuerst solltest du hundert Tage lang fasten und in parfümiertem Wasser baden; halte dich rein, halte dich fern von allem Unreinen, und meide die Gesellschaft gemeiner Menschen. Laß auch Menschen, die nicht an das Dao glauben, nichts davon wissen, denn wenn die spirituelle Arznei verleumdet und abgelehnt wird, wird sich das Elixier nicht entwickeln.« Weil besondere Berge von rechtschaffenen Geistern bewacht werden, sind solche Plätze gut geeignet, um alchimistisches Elixier herzustellen. Wenn die Daoisten sich in die Berge begeben, um das Elixier zu läutern, bestimmen sie zuerst einen verheißungsvollen Tag und nehmen einen Talisman mit sich.

Die Praxis, alchimistische Elixiere einzunehmen, muß wohl außergewöhnliche Wirkungen gehabt haben, denn sonst wäre sie kaum über so viele Jahrtausende gepflegt worden. Es gibt zahlreiche volkstümliche Legenden über die

Wunderwirkungen des ›Goldenen Elixiers‹ oder der ›Goldenen Pille‹, die in der Literatur noch weiter ausgeschmückt und übertrieben dargestellt wurden. Durch die Jahrhunderte gab es jedoch viele Menschen, die nach der Einnahme alchimistischer Elixiere den Tod fanden. Zinnober mag für den menschlichen Körper nützlich sein, aber er muß auf korrekte Weise geläutert, verarbeitet und eingenommen werden.

Auf der Grundlage tiefer Erfahrungen haben die Daoisten ein großes Wissen über die Herstellung und Einnahme alchimistischer Elixiere erworben; deshalb gehen sie beim Prozeß der Läuterung äußerst vorsichtig vor. In der Drachentor-Schule legt man zwar den größeren Wert auf die Kultivierung der inneren Alchimie [Waidan], benutzt aber trotzdem äußere Elixiere [Neidan], um die innere Arbeit zu fördern. Sowohl die Zubereitung als auch die Einnahme von Elixieren bedürfen der Führung durch einen erleuchteten Meister mit großer Erfahrung.

Unter der Obhut der drei alten Magier schluckte Wang Liping ein Körnchen des ›Goldenen Elixiers‹, das sie vom Laoshan mitgebracht hatten. Er nahm es auf leeren Magen, und als sich die Goldene Pille allmählich in ihm auflöste, verbreitete sie sich durch das Kreislaufsystem in seinem ganzen Körper. Auf Anweisung seiner Lehrer saß er mit überkreuzten Beinen und praktizierte die innere Arbeit; dabei sollte er das im Körper gelöste und verteilte Elixier mit Hilfe seiner inneren Kräfte aus dem Inneren an die Hautoberfläche bringen.

Die Nacht war friedlich. Die abgelegene Behausung der Magier lag in völliger Stille da. Umgeben von seinen drei Lehrern, übte Wang Liping ruhig unter dem schummerigen Licht einer einzigen Lampe. Der Gesichtsausdruck der alten Magier war feierlich. Alle drei und ihr Schüler arbeiteten an einer heiligen Aufgabe, einem großen Experiment.

Diesmal hatten die Mentoren Lipings Beine wieder mit einem Seil zusammengebunden, damit er in der Lotosstellung sitzen blieb – zum ersten Mal, seit er mit der Kultivierung der Dreifache Welt begonnen hatte. Das machte ihm den Ernst und die Gefahren seiner Aufgabe bewußt. In Anbetracht seines fortgeschrittenen Könnens wäre das Seil unter normalen Bedingungen überhaupt nicht mehr nötig gewesen. Mit gesammeltem Geist ließ Liping seine innere Energie kreisen und arbeitete nach der Methode, die ihm seine Lehrer vorgegeben hatten – in unerschütterlicher Festigkeit, während eine Stunde nach der anderen verrann.

So verging ein Tag. Als die toxischen Substanzen des Goldenen Elixiers allmählich zu wirken begannen, hatte Wang Liping ein Gefühl, als würde sein Inneres verbrennen. Es wurde ihm schwindlig, und sein Blick trübte sich. Zuletzt verlor er die Kontrolle und sackte bewußtlos zusammen, doch weil seine Beine zusammengebunden waren, blieb sein Körper in der Lotosstellung. Der Weggefährte der Reinen Heiterkeit goß kaltes Wasser über ihn aus, um ihn zu beleben, und half ihm auf. Alle drei Meister benutzten bestimmte Techniken, um ihrem Lehrling unmerklich zu assistieren. Wang Liping übte entschlossen weiter. So verging die Nacht.

Am zweiten Tag bemerkten die drei Magier, daß Lipings Haut sich allmählich verfärbt hatte – von fahl über rötlich zu dunkel. Aufgrund ihrer Erfahrung schlossen sie daraus, daß die Periode der Gefahr für Liping vorüber war, und atmeten erleichtert auf. Durch die Wirkung des Goldenen Elixiers waren die Giftstoffe aus Lipings Körper an die Hautoberfläche getrieben worden, und das hatte die Verfärbungen der Haut verursacht. Lipings Leben stand nicht länger in Gefahr, aber er durfte die Übung nicht einfach abschließen. Wenn er das zu diesem Zeitpunkt getan hätte, dann wären die Giftstoffe in seiner Haut auskristallisiert, und das hätte unter anderem zu Haarausfall am ganzen Körper geführt und die bereits geleistete Arbeit verdorben.

Obwohl Liping bereits über beträchtliche Kräfte und Fähigkeiten verfügte, hatte er nach diesem Raubbau an seiner inneren Energie die Grenzen der Belastbarkeit erreicht. Der brennende Schmerz in seinen Eingeweiden war zwar vergangen, aber nun überfielen ihn überall auf seiner Haut eine Vielzahl unerklärlicher Empfindungen, unerträglich, brennend und stechend, anschwellend und juckend. Er wollte sich überall kratzen, aber seine Mentoren befahlen ihm, stillzuhalten und sich nicht zu bewegen. So verging eine schwierige zweite Nacht.

Am Nachmittag des dritten Tages fühlte sich Lipings Körper allmählich leicht und entspannt an, und seine Hautfarbe zeigte erstaunliche Veränderungen: Die dunklen, rötlichen und blassen Färbungen waren einem gesunden rosigen Weiß gewichen, und jede Pore wurde zu einem kristallen leuchtenden Punkt, so daß seine Haut in hellem Licht erstrahlte. Das Goldene Elixier hatte seinen Kreislauf durch den Körper vollendet und alles war ausgeschieden worden. Die Wege der Energie in Lipings Körper, von außen nach innen, hatten sich alle vollständig geöffnet. Nach sorgfältiger Untersuchung des Jungen verkündete der Großmeister ein ausgezeichnetes Ergebnis. Alle waren darüber so glücklich, daß sie jubelnd herumtanzten und einander gratulierten.

Als nächstes führten die alten Magier Wang Liping in die Berge. Während sie über grasbewachsene Lichtungen in die Wälder gingen, zeigte sich ihnen ein außerordentlich schöner Abendhimmel. Sie beschlossen, mit Blick auf die Abendsonne in der frischen Bergluft Tiefatmung zu üben. Die alten Meister empfanden einen großen Seelenfrieden. Auch Lipings Gemüt war friedlich, und nun durfte er ein ganz neues Gefühl kennenlernen: Er brauchte Nase und Mund nicht mehr, um wie gewohnt zu atmen; ihm genügte eine leichte Bewegung des Unterleibs, und darauf strömte die Energie von Himmel und Erde aus allen Richtungen durch seine Poren in seinen Körper, rein und kühl, flüssig und angenehm, tief durchdringend. Als die Energie dann in seinem Körper kreiste, schien es ihm, als wäre er mit dem Universum verschmolzen.

Nach genauer Überprüfung von Wang Lipings Augen und Haut stellten die drei alten Meister fest, daß sein Körper innerlich und äußerlich eine fundamentale Verwandlung durchgemacht hatte. In ihren Augen waren somit die Bedingungen erfüllt, um ihren Lehrling in den vierten Schritt seiner Schulung einzuweihen: Verzicht auf Körnerfrüchte [Bigu].

Wang Liping war schon als Kind ungewöhnlich, weil er von Natur aus Vegetarier war, ohne je etwas über Vegetarismus gehört zu haben. Seine Nahrung war einfach und bestand aus Getreide und Gemüse. Doch da er inzwischen einige der Techniken und Fähigkeiten aus dem Bereich der Alchimie des Magischen Juwels beherrschte, war er in der Lage, Energie direkt aus der Natur aufzunehmen. Seine Lehrer hatten um ihr Quartier herum Getreide und Gemüse angepflanzt, und ihr Garten gab genug her, um sie zu ernähren. Wenn Liping in seine Übungen vertieft war, vergaß er manchmal tagelang, ans Essen zu denken. Als ihm seine Mentoren zu erklären begannen, wie man auf Getreide verzichten könnte, gewöhnte er sich ohne Schwierigkeiten daran. Er konnte jedoch nicht wissen, daß es mit dieser Praxis so viel auf sich hatte.

Nach daoistischer Auffassung gibt es drei schädliche Arten von ›Würmern‹ [sanchong] im menschlichen Körper: Die erste hängt zusammen mit materiellem Wohlstand, die zweite mit den fünf Geschmäckern, die dritte mit sexueller Lust. Außerdem gibt es drei ›Parasiten‹ im Körper: der eine im Gehirn, der zweite in der Brust und der dritte im Bauch. Diese drei sind ebenfalls schädlich für den menschlichen Körper. Da diese drei Parasiten von der Energie des Getreides leben, ist es notwendig, die Energieaufnahme aus Getreide zu beenden, wenn man sie loswerden möchte. Wenn man die drei ›Würmer‹ vernichten möchte, ist es ebenfalls notwendig, sich des Getreides zu enthalten.

Die Praxis des Verzichts auf Körnerfrüchte entwickelte sich in der Qin-Zeit aus einer alten Technik der Energieaufnahme. In seinen ›Elegien von Chu‹ schrieb der berühmte daoistische Dichter Qu Yuan (etwa 332–295 v. Chr.): »Ich esse sechs Energien und trinke den Nebel, gurgle mit dem ersten Sonnenlicht und schlucke Morgendunst. Indem ich die Reinheit des spirituellen Leuchtens bewahre, wird Lebensenergie absorbiert und grobe Verschmutzung ausgeworfen.«

Vom Ende der Han-Zeit an bis zur Zeit der Wei- und Jin-Dynastien blühten die Künste der spirituellen Unsterblichkeit, und daher wurden die Praktiken der Aufnahme von Energie und des Verzichts auf Körnerfrüchte sehr populär. In den Geschichtswerken der verschiedenen Dynastien finden sich zahlreiche Hinweise auf den Verzicht auf Körnerfrüchte.

In dem Kapitel über ›Traditionen der Methodologie‹ aus den *Annalen der späten Han-Dynastie* heißt es: »Mengjie konnte Dattelkerne essen und fünf oder zehn Jahre lang ohne Nahrung leben. Er vermochte auch seinen Atem gefrieren zu lassen und hundert Tage oder sogar ein halbes Jahr lang unbeweglich wie ein Toter zu bleiben.«

In den ›Inneren Kapiteln‹ [Neipian] des *Baopuzi* von Ge Hong heißt es: »Ich habe eine große Zahl von Menschen gesehen, die sich des Getreides enthielten, manche von ihnen über zwei oder drei Jahre lang. Ihr Körper war leicht, ihr Aussehen gut, und sie konnten Wind und Kälte, Hitze und Feuchtigkeit ertragen. Keiner war dick.« An anderer Stelle heißt es: »Da gibt es einen Menschen, der sich auf das Leben allein verläßt, der nur Energie zu sich nimmt und sich schon drei Jahre lang des Getreides enthalten hat. Er kann mit schweren Lasten auf Berge steigen und wird doch den ganzen Tag lang niemals müde. Von Zeit zu Zeit übt er sich im Bogenschießen, aber er redet kaum. Wenn er einmal spricht, vermeidet er es, seine Stimme zu erheben. Über seine Lebensweise befragt, antwortet er, man solle es unbedingt vermeiden, seine Essenz zu vergeuden und seinen Atem zu verschwenden, wenn man sich des Getreides enthält.«

Die Methode des Verzichts auf Körnerfrüchte, in welcher die drei Meister der Drachentor-Schule Wang Liping unterwiesen, wird in drei aufeinanderfolgende Übungsstufen eingeteilt. Auf der ersten Stufe wird kein Getreide gegessen, sondern nur genügend Obst und Gemüse, um die Lebensfunktionen zu erhalten. Diese Praxis reduziert die Belastung der Verdauungsorgane erheblich und reinigt die inneren Organe; sie muß mindestens zwei Monate lang, nach Möglichkeit aber länger durchgeführt werden. Auf dieser Stufe der Übung ging Liping zur Schule und war in gewohnter Weise aktiv. So pflegte er im Morgengrauen, mittags, abends und um Mitternacht an einen dicht bewaldeten Ort mit üppigem Bewuchs an blühenden Pflanzen zu gehen, um seine regelmäßigen Übungen durchzuführen und die wahre Energie in seinen inneren Organen zu stärken. Diese Stufe praktizierte er achtundneunzig Tage lang, also etwas länger als drei Monate. Danach fühlte er sich körperlich wohl und geistig klar.

Auf der zweiten Stufe wird gefastet – das heißt totale Nahrungsenthaltung –, nur morgens und abends wird ein Glas Wasser getrunken. Bei dieser Art des Fastens gibt es keinen Schmutz mehr im Körper und kaum noch Urin. Da der Geist rein ist, wird nun der Körper gereinigt. Man ernährt sich ausschließlich durch den Austausch von Energie mit der Natur und empfindet den eigenen Körper so, als wäre er in eine völlig neue Dimension eingetreten. Über fünfzig Tage lang machte Wang Liping unbeirrt mit dieser Übung weiter.

Nach Vollendung dieser beiden Stufen hatte Wang Lipings Körper einen rosigen Glanz und einen kristallenen Schimmer, so als hätte er gerade ein Bad genommen; sein Geist war klar, seine Seele erfrischt, alles war gründlich geläutert von innen bis außen. Die alten Magier waren hoch erfreut, ihren Schützling in dieser Verfassung zu sehen – wie ein neugeborenes Kind, sein Fleisch und Blut zu einem Körper so rein wie Eis und Jade geläutert, von den jahrelang angesammelten weltlichen Verunreinigungen völlig befreit. Vier Jahre hatten sie voller Hingabe damit zugebracht, dieses strahlende Juwel zu schaffen, und sich mit Leib und Seele der Aufgabe gewidmet, rohe Jade zu einem Edelstein zu schneiden und zu polieren.

Jetzt war Liping reif für den dritten Schritt: ›reduzierte Lebensfunktion‹. An dem Tag, als sie ihn in diese Praxis einführten, erklärten ihm die Magier: »Bleib einfach hier sitzen, ohne dich zu erheben und sogar ohne Wasser zu trinken. Konzentriere dich voll und ganz auf deine innere Arbeit.« Das geschah im Herbst 1966, als ganz China im Chaos versank. Die Meister schenkten der allgemeinen Unruhe keine Beachtung, aber sie mußten nun die wenige Zeit, die ihnen noch an diesem Ort vergönnt war, zum intensiven Üben nutzen. Jeden Tag goß einer der Mentoren morgens, mittags, abends und mitternachts etwas reines Wasser auf den Boden, um die Luft in dem Raum zu befeuchten. Diese geringe Menge an Wasserdunst sollte ausreichen, um Lipings Körper mit der nötigen Feuchtigkeit zu versorgen, während er wahre Energie absorbierte, um sein Leben zu nähren. Beide Mentoren wachten abwechselnd an seiner Seite.

So verging ein Tag und dann der zweite. Ein dritter Tag ging vorbei, dann ein vierter und ein fünfter. Liping saß wie eine Statue aus Stein, völlig unbeweglich, sein Geist so still wie der Tod. Sonne, Mond, Sterne und Planeten; Berge, Flüsse, Seen und Meere; Blumen, Pflanzen und Bäume; Eltern und Geschwister, Lehrer und Schulkameraden, der Großmeister und die Mentoren; die vier Jahreszeiten; Tag und Nacht; Norden und Süden; oben und unten; rechts und links; Wärme und Hitze, Kühle und Kälte; Geburt, Alter, Krankheit und Tod; Freude und Leid; Säure, Süße, Bitterkeit und Schärfe – alles, was er jemals in seinem Leben in dieser Welt gesehen, gehört, gefühlt oder gedacht hatte, alles entschwand aus Lipings Körper und Gehirn. Im Zustand tiefster Versenkung verlor er nach und nach jegliches Gefühl seiner selbst. Da waren keine Zeit und kein Raum mehr – alles war leer, ganz leer.

Zehn Tage vergingen. Wang Liping blieb unerschütterlich. Als der Großmeister und die Mentoren sahen, daß sein Gesicht rosig und feucht blieb und die übrigen Körperfunktionen richtig abliefen, waren sie sehr erleichtert. Die beiden Mentoren waren immer noch abwechselnd damit beschäftigt, Wasser auf den Boden zu gießen und ihren Schüler zu überwachen.

Fünfzehn Tage vergingen. Zwanzig Tage vergingen. Wang Liping sah völlig normal aus; wie ein Unsterblicher saß er friedlich da, geistig und körperlich ruhig und gefaßt. Die drei Magier beobachteten ihn aufmerksam.

Fünfundzwanzig Tage vergingen. In jener Nacht kam ein heftiges Gewitter mit Blitz und Donner auf. Als sich die Magier der ungewöhnlichen Veränderung in der Atmosphäre bewußt wurden, schlossen sie eilig die Fenster, wechselten in ihre daoistischen Gewänder, hielten ihre Ritualschwerter hoch, verbrannten Weihrauch und führten ein exorzistisches Ritual aus.

Auf mentalem Wege übermittelte der Großmeister eine spirituelle Botschaft an Liping: »Seit alters haben die Linienhalter der Drachentor-Schule der Schule der Vollkommenen

Wirklichkeit das Dao mit dem Geist gesucht und es in ihren Körper aufgenommen. Fasten und reduzierte Lebensfunktion bilden den Grenzpaß zwischen Leben und Tod. Als Linienhalter der Drachentor-Schule solltest du so handeln, wie es unsere alten Lehrer getan haben, dir Leben und Tod aus dem Sinn schlagen und deine eigene Zukunft nicht verderben.« In seiner Trance hatte Wang Liping die Vision eines verwirklichten Mannes, der ihm Unterweisungen gab. Während er seine Worte aufnahm, fuhr er fort, schweigend zu sitzen, Geist und Seele fest an ihre Behausung gebunden.

Der sechsundzwanzigste Tage verging. Der siebenundzwanzigste Tage verging. Der achtundzwanzigste Tage verging. In jener Nacht begann ein wilder Sturm zu toben. In der Berghütte brannte nur eine schwache Lampe. Die Atmosphäre war angespannt, die drei Magier saßen im Kreis um Liping herum, mit ihren Ritualschwertern in den Händen, ohne einen Gedanken an das Heulen des Sturms.

Plötzlich begann die Lampe zu flackern. Wang Liping kippte langsam um und sackte zusammen, seine Beine öffneten und streckten sich, beide Arme lagen schlaff an seiner Seite. Er sah vollkommen ruhig aus und regte sich nicht mehr.

Die Magier kontrollierten Lipings Puls und Atmung; beide hatten aufgehört. Sie wußten, daß er tot war. Sofort setzten sie sich in eine Schlachtformation, hielten ihre kostbaren Waffen senkrecht in die Höhe und vollzogen ein geheimes Ritual. Der Großmeister brachte zuerst Wind und Regen in dieser Gegend zum Erliegen und befahl den Geistern und den reinen Yin-Wesen, sich nicht störend zu nähern. Die beiden jüngeren Meister setzten ihre außergewöhnlichen Künste dazu ein, um einen Schutzschild um Lipings Körper zu erzeugen. Die drei Magier arbeiteten unablässig und hielten Tag und Nacht sorgsam Wache.

Schon zuvor hatte der Großmeister eine Gedenktafel für Wang Liping zu den Totentafeln der alten Meister gestellt und davor auf einem Altar in der traditionellen Geste des Respekts für die Toten Weihrauch verbrannt. Nach der Erfahrung des Fastens und der reduzierten Lebensfunktion war für

Liping selbst alles ganz leer geworden; in der Folge verschwand sogar das Fühlen an sich. Sein Körper hatte plötzlich zu schweben begonnen, und er war der vertrauten Dinge nicht mehr gewahr. Obwohl er erst kürzlich eine grauenvoll schmerzhafte Erfahrung gemacht hatte, war sie bereits in seinem Gedächtnis verblaßt. Er empfand nichts als Leichtigkeit und Fülle, in äußerstem Wohlbefinden.

Nun umgab ihn innerhalb eines Augenblicks absolute Dunkelheit – leer und still, offen und kalt. Er hatte das Gefühl, in einen Abgrund zu stürzen, und begann verzweifelt dagegen anzukämpfen, als wolle er aus dem Abgrund herausklettern. Aber weder Hände noch Füße fanden einen Halt; kraftlos trieb er dahin wie eine Feder im Wind.

Mit einem Mal blendete ihn ein heller Schein. Er erblickte eine von Licht überstrahlte Straße und begann ihr zu folgen. Leicht und luftig entlangschwebend, konnte er auf beiden Seiten der Straße grüne Berge mit rauschenden Bergbächen und einer Fülle von würzigen Gräsern und duftenden Blumen erkennen. Die Szenerie war ganz und gar friedlich, hell und frisch, ohne irgendeine Spur des Irdischen. Wang Liping hatte keine Ahnung, wohin seine Reise führte.

Plötzlich entdeckte er auf der Straße eine Gruppe von Gestalten, die auf ihn zukamen. Alle trugen altmodische Kleider und benahmen sich sehr gesittet. Lächelnd begrüßten sie Liping. Derjenige, der am ältesten aussah – ein alter Mann mit wehendem Silberbart –, trat lächelnd zu Liping und nahm in bei der Hand, um ihn zu einer Gruppe von Häusern im Schatten eines Bergwaldes zu führen. Alle Häuser waren einfach und sauber. Der Älteste bat Liping in ein Zimmer und bedeutete ihm, sich zu setzen. Die anderen Angehörigen der Gruppe kamen nacheinander höflich herein und nahmen auf geordnete Weise ihre Plätze ein.

Nun ließ der Älteste Tee und Wildfrüchte für Liping bringen. Dieser wies sie nicht zurück, denn er dachte bei sich, daß diese Stärkung genau seinem Wunsch entsprach. Er nahm den Becher hoch und trank, ohne dabei Wärme oder Kälte zu fühlen, nur die Empfindung eines Duftes, der seine Lungen und seine Brust badete. Dann nahm er sich ein Stück Obst und verzehrte es. Er hörte keinerlei Kaugeräusch beim Essen, sondern empfand nur die Frische und die Feinheit des Aromas der Frucht, die seine Milz erfüllten und seine Leber befeuchteten.

Alle waren erfreut, Wang Liping so munter zu sehen, aber der Älteste schien etwas auf dem Herzen zu haben: »Dein Leben muß noch ein ganzes Stück Weges weitergehen«, sagte er schließlich zu Liping. »Warum bist du jetzt hier?« Liping verstand nicht, was der alte Mann sagen wollte. Völlig versunken, fuhr er fort, Früchte zu essen.

Als er sah, daß Liping nicht antwortete, fragte der alte Mann nicht weiter. Statt dessen begann er, mit sich selbst als erstem, die Anwesenden vorzustellen. Als Liping den alten Mann sagen hörte, er sei sein Urahn, legte er das Obst auf den Tisch und stand auf, um sich ehrerbietig vor ihm zu verbeugen. Wie sich herausstellte, gehörten die anderen ebenfalls zu seinen Vorfahren. Liping verneigte sich wieder vor jedem einzelnen von ihnen.

Wang Liping fiel auf, daß er selbst noch sehr jung war. Er streifte an diesem Ort umher und besuchte die Häuser seiner Vorfahren und Verwandten, ja sogar die Häuser ihrer Freunde, als ob er sie bereits kennen würde. Doch wie könnte er früher jemals seine Vorfahren getroffen haben? Als er sie jetzt aber sah, war er glücklich, ohne recht zu begreifen warum. Liping hatte mehrere Jahre Läuterung praktiziert, sein Geist war frei, und nun hatte er diesen herrlichen Erholungsort erreicht. Aber wie könnte er ihn in der Vergangenheit je erblickt haben? In dieser Welt war alles schön und elegant; nicht nur die Szenerie, sondern auch die menschlichen Beziehungen. Die Siedlungen waren ordentlich angelegt, mit hübschen Gebäuden und Häusern. Die Menschen saßen alle in Muße herum, unterhielten sich oder spielten Schach.

Wang Liping hatte keine Ahnung, wieviel Zeit vergangen war. Er nahm lediglich wahr, daß er mit zahlreichen Menschen Umgang hatte und vieles von ihnen lernte. In irdischer Zeit gemessen entsprach seine Erfahrung mehreren Jahrzehnten. Während dieser Zeit bemerkte Liping so manches, was er nicht verstehen konnte: An diesem Ort mußte niemand arbeiten, keiner stritt sich oder hegte irgendeinen Groll; und obwohl er eine ziemlich lange Zeit hier verbrachte, war er niemals Zeuge einer Geburt oder eines Todesfalls, einer Krankheit oder des Alterns. Dies kam ihm wirklich sehr seltsam vor.

Als Liping eines Tages zwei Alten beim Schachspiel unter einer riesigen Kiefer zuschaute, erschien plötzlich der Älteste und nahm ihn bei der Hand: »Du mußt zurück. Du darfst hier nicht zu lange bleiben.« Dann kam eine Gruppe von Leuten, die Liping zurück zu jener leuchtenden Straße begleiteten und ihm dort Lebewohl sagten.

In der Dunkelheit hörte Liping ein durchdringendes Rauschen an seinem Ohr, und allmählich kehrten seine körperlichen Empfindungen zurück. Seine Augen öffneten sich langsam, und er sah im Dämmerlicht der Lampe die drei Drachentor-Meister völlig regungslos dasitzen, mit ihren erhobenen, fahl schimmernden Ritualschwertern. Rasch setzte er sich auf. Sein ganzes Erlebnis schien ein einziger langer Traum gewesen zu sein.

Als sie sahen, daß Liping ins Leben zurückgekehrt war, beendeten die drei Magier ihr Ritual und erhoben sich, um sich vor dem Himmel zu verneigen. Dann umarmten sie Liping mit Tränen der Freude und Erleichterung in den Augen. Erst als sie ihm über das inzwischen Geschehene berichteten, wurde Liping klar, daß er sich achtundzwanzig Tage lang im Zustand der reduzierten Lebensfunktionen befunden hatte und danach drei Tage und drei Nächte lang tot gewesen war, während die drei Magier an seiner Seite pausenlos Wache gehalten hatten.

Während Wang Liping ihrem Bericht lauschte, mußte er weinen, bis ein Strom von Tränen über seine Wangen floß.

ZWEITER TEIL

Wiedergeburt und Läuterung

6 Ins Leben zurückkehren

Nachdem sie viele Tage lang einen Kampf auf Leben und Tod geführt und zuletzt einen vollständigen Sieg davongetragen hatten, wurden die drei Magier und ihr Lehrling von einer Fülle widersprüchlicher Gefühle überschwemmt: Entbehrung und Mühe, Glück und Freude, Erschöpfung und Entspannung. Der Großmeister trocknete seine Tränen als erster. Er schöpfte persönlich eine Tasse heißes Wasser und gab sie Wang Liping zu trinken. Sofort fühlte Liping sich erfrischt und entspannt. Die alten Meister tranken ebenfalls heißes Wasser, damit ihre Körper sich von der Strapaze erholen konnten.

Nun führte der Weggefährte der Unendlichkeit Wang Liping zu einem behelfsmäßigen Altar, vor dem er ihn niederknien ließ, um die spirituellen Ahnen zu ehren. Als er sich erhoben hatte, sagte der Weggefährte zu ihm: »Schau, was auf dieser besonderen Gedenktafel geschrieben steht«, und deutete auf eines der Holztäfelchen auf dem Altar.

Bei näherem Hinschauen entdeckte Liping folgende Inschrift auf der Tafel:

In memoriam
Wang Yongsheng
›Linglingzi‹
Linienhalter der achtzehnten Generation
des Drachentor-Zweiges
der Schule der vollkommenen Wirklichkeit

Als er das las, war er zutiefst erschüttert – denn erst jetzt begriff er, daß er wirklich gestorben war. Er mußte an alles denken, was er gerade erst erlebt hatte, und es schien ihm, als stände alles noch lebhaft vor seinen Augen. Als er seinen Lehrern berichtete, was geschehen war, nickten sie alle zustimmend. Alle drei hatten früher dasselbe erlebt.

Als Erwachsener beschrieb Meister Wang seine Erfahrung später mit folgenden Worten: »Dies war die unvergeßlichste Erfahrung meines Lebens. Sie war so real, daß ich sie unmöglich vergessen kann. Alle Menschen in der Welt wissen von Geburt und Tod, aber die Menschen können sich nicht erinnern, was sie bei ihrer Geburt empfanden, und nur die Toten selbst haben erfahren, was man im Augenblick des Todes und nach dem Tod empfindet. Wenn Menschen jedoch gestorben sind, kehren sie nicht ins Leben zurück und können uns deshalb nichts über die Todeserfahrung erzählen.

Obwohl Geburt und Tod entscheidende Stufen im menschlichen Leben sind, hat die moderne Wissenschaft in diesem Bereich kaum Forschungen betrieben. Dagegen haben die alten Daoisten sich intensiv mit dieser Frage beschäftigt und eine umfangreiche Literatur zu diesem Thema verfaßt. Doch ist es unmöglich, aus diesen Schriften Nutzen zu ziehen und dieser wichtigen Angelegenheit auf den Grund zu gehen, wenn man seine Denkweise nicht gründlich verändert.

Ich selbst bin ein Mensch, der mehrmals gestorben ist, und durch diese erste Erfahrung bin ich zu gewissen Erkenntnissen gelangt. Was zum Beispiel die Frage von Zeit und Raum angeht, wie man sie gewöhnlich betrachtet, so bin ich zu ganz anderen Einsichten gelangt als die gewöhnlichen Menschen. Dadurch habe ich ein solides Fundament für meine spätere daoistische Schulung gewonnen.«

Außerdem bemerkte Meister Wang zu jener unvergeßlichen Erfahrung: »Der Augenblick des Todes war gewiß äußerst schmerzlich, und selbst als ich auszubrechen versuchte, fehlte mir die Kraft. Hätte ich noch Kraft besessen, so wäre ich natürlich nicht gestorben. Diese schmerzlichen Gefühle verflüchtigten sich jedoch sehr bald, gefolgt von einem schnellen Fließen der Zeit in umgekehrter Richtung und einer entsprechenden Verwandlung des Raumes. Alles, was ich je erlebt hatte, ganz gleich, ob ich mich vorher daran erinnern konnte oder nicht, erschien nun vor meinem inneren Auge.

Zuletzt kam eine Person und führte mich an einen mir völlig unbekannten Ort in einer wunderschönen Gegend, wo mich meine verstorbenen Verwandten erwarteten. Innerhalb von drei Tagen irdischer Zeit verbrachte ich dort mehrere Jahrzehnte. Nach meiner Rückkehr ins Leben konnte ich mich deutlich an alles erinnern, was ich dort erfahren hatte. Niemals zuvor hatte ich jene alten Leute von dort drüben gesehen, aber als ich sie meinen Eltern beschrieb, bestätigten sie ihre Identität. Mein Vater und meine Mutter waren sehr erstaunt, denn mein Bericht bewies ihnen, daß ich jene Leute tatsächlich getroffen hatte und nicht irgendwelche Geschichten erfand.«

Nachdem er ins Leben zurückgefunden hatte, war Wang Lipings Geist klar, obwohl er sich noch immer in einer Art von Trance befand. Als er sich umschaute, erschien ihm sein Raum klein und dunkel – wo ist da für die Menschen genug Platz zum Leben? Wie langweilig! Dann dachte er an die Masse von Menschen, die alle in einem solch gewaltigen und doch winzigen Raum leben, den ganzen Tag für ihren Lebensunterhalt arbeiten, für ihre Zukunft kämpfen und ihre Lebenskraft erschöpfen. Was sonst sollten sie tun? Wie langweilig!

Als sie den siebzehnjährigen jungen Mann wie betäubt und auf einmal so völlig verändert dasitzen sahen, wußten die drei Magier Bescheid: Er hatte gewisse Dinge begriffen und bestimmte Wahrheiten erkannt. Der Großmeister sagte zu ihm: »Nun bist du ein anderer Mensch, denn dein früheres Ich ist gestorben. Diese verstorbene Person hatte sich ernsthaft dem Dao zugewandt und sich ohne Zögern und Furcht mit ihrem ganzen Wesen um das Dao bemüht. Sie war jedoch immer noch ein Bürger der drei unteren Sphären; jetzt ist es deine Aufgabe, die Arbeit, die diese Person unerledigt ließ, zu vollenden. Deshalb solltest du mutig in die drei mittleren Sphären vordringen.«

Wang Liping hörte die mahnenden Worte des alten Meisters sehr wohl, aber vorerst war sein Gemütszustand noch schwankend. Vielleicht war im letzten halben Jahr zuviel von seiner wahren Energie verbraucht worden. Obwohl er wiedergeboren worden war und ›seine Knochen ausgetauscht‹ hatte, war seine Konstitution noch schwächlich, und er neigte zu Depressionen.

Es war eine Spätherbstnacht; ein kalter Wind blies durch Lipings offenes Hemd und zerzauste sein Haar. Ohne sich darum zu kümmern, wanderte der junge Mann ziellos umher. Der wolkenverhangene Himmel war pechschwarz. Liping hatte keine Ahnung, wohin er wanderte, und er machte sich auch keine Gedanken darüber. In einem Tal durchwatete er einen eiskalten Fluß, wobei seine Kleider bis zum Gürtel naß wurden. Unbekümmert ging er einfach weiter. Liping empfand keinerlei Angst, denn Leben und Tod waren ihm eins. Regen setzte ein, durchnäßte den jungen Mann von Kopf bis Fuß und ließ ihn frösteln. Wie aufregend! Zuletzt legte er sich ins Gras und fiel in tiefen Schlaf.

Im Lauf ihres Daseins erschöpfen die Menschen vielleicht die Kräfte eines halben Lebens in dem Bemühen, die sich selbst gesetzten Ziele zu erreichen; doch wenn sie dann am Ziel sind, überkommt sie ein Gefühl der Leere. Jeder macht Erfahrungen dieser Art, und in dieser Hinsicht war Wang Liping keine Ausnahme. Auf der Straße des Lebens war er schon weiter gelangt als die meisten Menschen; er hatte die Grenzen der Zeit überschritten; er hatte den Tod durchlebt; er hatte vieles erblickt, was in der Menschenwelt nicht zu sehen ist; und dann war er ins Leben zurückgekommen. Nichts konnte ihn mehr täuschen, und so hatte er wohl ein größeres Anrecht auf dieses plötzliche Gefühl der Leere und der Begrenzung des menschlichen Lebens als die meisten.

Wang Liping war jetzt ein lebender Toter. Er lebte und war doch gestorben; er war tot und lebte dennoch. Im Alter von nur siebzehn Jahren hatte er einen qualvollen Kampf auf Leben und Tod durchgestanden; er war gestorben und dann ins Leben zurückgekehrt. Nachdem er sich mit seinen Lehrern über seinen Sieg gefreut hatte, normalisierte sich die Lage; zurück im gewöhnlichen Leben beschäftigte ihn nur ein

Gedanke: Abneigung gegen die Monotonie dieser Existenz, ein Gefühl von Desinteresse und Langeweile.

Nun begann die fünfte Stufe der daoistischen Schulung von Wang Liping – die des ›lebenden Toten‹. Seine drei Meister, die all dies selbst durchgemacht hatten, wußten, daß der Zustand des lebenden Toten für die Seele sehr schmerzlich ist und man Zeit brauchte, um neue Kräfte zu gewinnen. Deshalb blieben sie möglichst in seiner Nähe und halfen ihrem Lehrling, allmählich wieder ins Lot zu kommen.

Während der nächsten beiden Monate war Liping wie ausgewechselt: Er redete kaum und benahm sich seltsam; ein Außenstehender hätte ihn für etwas verrückt halten können. Inzwischen war es Winter geworden, die Bäume waren kahl, und es wehte ein kalter Wind. Liping lief in einer zerlumpten alten Jacke herum, die er nicht einmal zuknöpfte. Das ganze Land befand sich im Aufruhr, und das Alltagsleben hatte weitgehend seine Ordnung verloren. Die Menschen in China waren mit sich selbst beschäftigt, und keiner dachte sich etwas dabei, wenn er Wang Liping in einem solchen Zustand sah.

Wang Liping hatte keine Vorstellung, wohin er ging. Manchmal saß er am Wegrand oder unter einem Hausdach, um einfach zu weinen, jämmerlich zu weinen. Manchmal ging er nach Hause zurück, ohne ein Wort zu sprechen. Wenn er etwas gefragt wurde, antwortete er oft so zusammenhangslos, daß niemand sich einen Reim darauf machen konnte.

Einmal schickte ihn seine Mutter zum Ölkaufen. Liping machte sich auf den Weg und stieg in den Bus, ohne eine Fahrkarte zu kaufen. Der Busschaffner bemerkte das heruntergekommene, sonderbare Aussehen des Jungen und behielt ihn im Auge. Nachdem er die Busroute mehrmals im Kreis abgefahren hatte, stieg er schließlich bei einem kleinen Lebensmittelladen unweit seines Elternhauses wieder aus. Vor dem Laden stand eine lange Schlange von Menschen, die alle warten mußten, bis sie ihre Ölration kaufen konnten. Liping stellte sich an die Spitze der Schlange, als hätte er die Wartenden überhaupt nicht wahrgenommen, und verlangte etwas Öl. Ein paar Leute, die schon einen halben Tag lang gewartet hatten, wurden ärgerlich und begannen mit ihm zu streiten.

Ein zufällig anwesender Wachmann wollte ihn wegziehen, aber Liping weigerte sich zu gehen. Als der Wachmann eine Pistole auf ihn richtete, wurde der junge Mann noch dreister. Schreiend klopfte er sich mit dem Ölkrug auf die Brust: »Schieß doch! Schieß mich doch gleich tot! Rebellisch oder rechtschaffen, tot oder lebendig – mir ist alles einerlei!«

Als die Leute ihn in diesem Zustand sahen, hörten sie auf, mit ihm zu streiten, ließen ihn sein Öl kaufen und weggehen, um nicht einen schlimmen Zwischenfall zu provozieren. In melancholischer Stimmung wanderte Liping wieder einen halben Tag lang irgendwo umher. Als er dann endlich nach Hause kam und seine Mutter das Öl haben wollte, wußte er gar nicht, was sie von ihm wollte, so als wäre er überhaupt nicht zum Einkaufen geschickt worden.

Lipings Mutter war bestürzt, ihren Sohn in einem derartigen Zustand zu sehen. So begab sie sich zu den ›alten Doktoren‹, um sie zu fragen, warum ihr Sohn so verändert wäre, und sie zu bitten, ihn zu heilen.

Großmeister Zhang Hodao erwiderte lachend: »Dein Sohn ist ganz in Ordnung. Er ist nicht krank. Wie könnte man Unsterblicher werden, ohne verrückt zu werden? Dein Sohn ist zu Höherem bestimmt; deshalb kannst du ganz beruhigt sein.« Da sie den Worten des alten Mannes vertraute, ließ Mutter Wang ihren Sohn einfach gewähren.

Doch seltsam genug: Obwohl Liping fast die ganze Zeit ziellos umherstreifte, ging er doch regelmäßig jeden Tag zu den drei alten Magiern. Und jeden Tag mußte er auf deren Geheiß der Gedenktafel für Wang Yongsheng, also für sich selbst, seine Ehrerbietung erweisen und um Hilfe bitten. Liping konnte nicht begreifen, warum er sich vor sich selbst verneigen und sich selbst um Hilfe bitten sollte; denn schließlich war er tot und doch noch am Leben.

Als er Lipings Verwirrung bemerkte, erklärte ihm der Weggefährte der Reinen Leere: »Du bist nun ein lebender Toter. Obwohl du lebst, bist du tot. Und obwohl du tot bist, lebst du noch. Nun bist du anders als die anderen Menschen. Alles, was du nun in dieser Welt noch brauchst, ist eine Schale Reis. Alles andere ist ein Geschenk. Hast du das begriffen?«

Da Liping den Sinn seiner Worte nicht verstand, mußte der Dao-Meister es ihm geduldig erklären:

»Es gibt drei Sphären in dieser Welt. Nach dem Tod gehen manche Menschen in die untere Sphäre und manche in die höhere Sphäre. Die höhere Sphäre ist tausendmal besser als die untere. Wenn du in die oberste Sphäre kommen willst, mußt du mit aller Kraft weiter üben und dich läutern. Später wirst du das alles von selbst verstehen.«

Auch wenn Liping ein Gefühl der Verstimmung nicht ganz unterdrücken konnte, folgte er weiterhin den Anweisungen seiner Meister und erwies Tag für Tag seiner eigenen Gedenktafel seine Verehrung. Als er eines Tages gerade das übliche Ritual vor seiner eigenen Totentafel vollzogen hatte, rief ihn der Großmeister zu sich und erzählte ihm von der Schulung ihres spirituellen Vorfahren Wang Chongyang, in der Hoffnung, den Jungen zum Erwachen zu inspirieren: »Meister Chongyang war achtundvierzig Jahre alt, als er die Initiation von Meister Chunyang empfing. Im folgenden Jahr begegnete er einem anderen verwirklichten Unsterblichen, der ihm mehrere esoterische Werke übertrug. Darauf begann er, das Dao ernsthaft zu kultivieren. Ein Jahr später hob er ein Grab aus, häufte einen Erdhügel auf und stellte eine Tafel mit seinem eigenen Namen auf: ›In memoriam Herr Wang‹. Dann nahm er seine Wohnung in dem Grab, das über drei Meter tief war, und lebte über zwei Jahre lang darin. Zum Gedächtnis an dieses Geschehen verfaßte er in dieser Zeit eine Sammlung von Gedichten unter dem Titel ›Der Lebende Tote‹.« Der alte Meister begann nun, einige dieser Verse zu rezitieren:

Ein lebender Toter – Wang Zhe ist wirklich seltsam;
Flüsse und Wolken, eine besonders glückliche Harmonie.
Sein daoistischer Name ist Chongyang,
Sein Spitzname ist ›Der in der Erde Begrabene‹.

Der Eingang zur Straße ins Leben ist nicht vergessen,
Doch zum Begräbnis mußt du eine Tafel aufhängen.

Du tust dies nicht, die Menschen um einen Gewinn zu
prellen,
Sondern führst ihnen damit vor Augen,
Daß auf Zusammenbau wieder die Auflösung folgt.

Lebender Toter, lebender Toter!
Den Tod im Leben finden ist eine gute Sache.
Im Grab ist Frieden und Stille.
Wahre Leere und umfassende Ruhe,
Weit entfernt vom Staub
Der gewöhnlichen Welt.

Da streift ein freier Mann umher,
Einfach, natürlich – er allein weiß, warum.
Er achtet auf den Geist und nährt die Energie,
Bewahrt vollständig seine wahre Essenz.
So läßt er seinen materiellen Körper
sich für ein Weilchen in der Welt ergehen.

Die Menschheit kann das Dao verbreiten,
Das Dao ist der Menschheit nahe;
Schon immer ist der Menschheit Dao
Das höchste Ziel gewesen.
Zerstreust du all die dunklen Wolken,
Legst du den Mond des Geistes frei,
Auf die komplexe Welt zu scheinen.

Wer kennt schon diesen Mann in einem Grab?
Er folgt einfach dem Lauf der Dinge,
Ist nicht gekünstelt und nicht voller Absichten.
Weiße Wolken führen ihn davon,
Den Gefährten von Wind und Mond;
Die Mühsal der Materie abwerfend
Entflieht er dem Staub der Welt.

Der alte Magier fuhr fort: »Meister Chongyangs Verse sind von wahrlich tiefem Sinn und klarem Ausdruck. Nun, da du selbst ein lebender Toter bist, solltest du verstehen, was er damit sagen wollte.« Bei dieser Unterweisung fiel es Liping wie Schuppen von den Augen. Sogleich verbeugte er sich vor den Meistern, um ihnen dafür zu danken, daß sie ihn das Dao lehrten. Nachdem er so seine Verpflichtung erneuert hatte, begann für ihn ein neues Leben des spirituellen Aufstiegs.

7 Das Dao praktizieren

Die sechste Stufe von Wang Lipings Schulung hieß ›das Dao praktizieren‹. Nun hatte er das Dao schon vier Jahre lang studiert, ein solides Fundament errichtet und sowohl bei der inneren als auch bei der äußeren Arbeit große Fortschritte gemacht. Trotzdem hatte Liping noch nicht mehr als die Fertigkeiten eines gewöhnlichen Sterblichen erworben. Jedermann kann lernen, diese Praktiken zu meistern, vorausgesetzt er folgt der rechten Methode und übt konsequent.

Wang Lipings Ausbildung war jedoch dem Studium gewöhnlicher Menschen in zweierlei Hinsicht überlegen: Zum einen hatte er das Dao zu studieren begonnen, als er noch sehr jung war. Liping war von Natur aus begabt und unschuldig, und das sind wichtige Voraussetzungen für die daoistische Schulung. In der Drachentor-Schule legt man großen Wert auf die zweifache Kultivierung von Essenz und Leben; mit Hilfe von inneren und äußeren Übungen und unter besonderer Betonung der inneren Arbeit wird dabei zuerst die Essenz und danach das Leben kultiviert. Besinnung und das ›Sammeln des Bewußtseins, um die Wesensnatur zu nähren‹ sind beides Techniken zur Kultivierung der Essenz, die einen erheblichen Einsatz von Zeit und Energie benötigen, bis der Übende eine solide Grundlagen erworben hat. Schon diese beiden ersten Schritte sind für die meisten Menschen schwer zu bewältigen, aber Wang Liping hatte beide sehr gründlich gemeistert.

Die zweite Voraussetzung, die Liping beim Studium des Daoismus begünstigte, war die Tatsache, daß er von erleuchteten Meistern persönlich unterwiesen wurde – drei Lehrern von großer Erfahrung und hoher Vollendung. Die Übertragung des Wissens und der Künste von drei Magiern auf ein einzelnes Individuum ist ein seltenes Ereignis in der Geschichte des Daoismus. Ohne solche günstigen Bedingungen wären die meisten Menschen nicht in der Lage, die Vorstufen zum Fasten in nur wenigen Jahren zu absolvieren.

Lipings bisherige Errungenschaften waren jedoch nicht mehr als vorbereitende Stufen zu den höheren Praktiken. Nach der Erfahrung des Sterbens war Wang Liping nun ein neuer Mensch, und die Dao-Meister waren jetzt bereit, mit ihm in ein neues Stadium der Schulung einzutreten. Als der Großmeister am zweiten Tag von Lipings neuer Lernphase sah, daß der Junge zwar äußerlich verrückt, aber innerlich nüchtern war, erklärte er ihm: »Wenn du den Grenzpaß zwischen Leben und Tod durchschritten hast, hast du zwar die gewöhnlichen Begrenzungen abgeworfen, bist aber immer noch weit vom Dao entfernt.

Das Dao wird in drei Fahrzeuge eingeteilt. Du solltest anfangen, Schritt für Schritt vom Niederen Fahrzeug aus zu praktizieren, vom Niederen zum Mittleren Fahrzeug und dann vom Mittleren zum Höheren Fahrzeug fortschreiten. Nur so wirst du große Erfolge erzielen.

Viele, die das Dao üben, tun dies des Morgens, aber schon zur Nacht überlegen sie es sich anders; sie tun es beim Sitzen, aber vergessen es, sobald sie aufstehen; sie genießen es für kurze Zeit, aber ermüden auf längere Sicht; sie beginnen voller Eifer, aber verfallen zu guter Letzt in Trägheit. Ihr Lernen hat kein klares Ziel, ihrer Arbeit mangelt es an Ernst, ihre Herzen sind nicht ruhig und ihr Geist ist nicht wahrhaftig. Obwohl sie jahrelang studieren, gelangen sie letztlich doch nicht ans Ziel; so behaupten sie dann, das Große Dao habe sich von der Menschheit abgewandt. In Wirklichkeit wendet sich das Große Dao von niemandem ab, sondern die Menschen kehren dem Dao den Rücken zu.«

Wang Liping hörte schweigend zu, während der Großmeister fortfuhr.

»Meister Chongyang grub sich selbst ein Grab, und ohne

einen Gedanken an Leben und Tod übte er das Dao zwei Jahre lang im Inneren dieses Grabs; so vollendete er eine große Arbeit. Du solltest jetzt einen Schritt voranschreiten und dabei wieder mit dem Bau des Fundaments beginnen. Das ist die wahre Praxis des Dao.«

Der Großmeister kam nun auf Wang Chongyangs Traktat *Fünfzehn Punkte zur Begründung einer Schule* zu sprechen und begann, mehrere entscheidende Abschnitte dieses Texts ausführlich zu erörtern.

Über das Sitzen

Sitzen bedeutet nicht, mit geschlossenen Augen einfach still dazusitzen. Zum wahrhaften Sitzen gehört es, daß der Geist die ganze Zeit unbewegt wie ein Berg ist – ganz gleich, was man tut, ob man ruht oder sich betätigt.

Versiegle die Vier Tore – Augen, Ohren, Mund und Nase – und laß keine äußeren Eindrücke in dein Inneres vordringen. Solange da noch der geringste Gedanke an Bewegung oder Stille ist, hat dies noch nichts mit dem zu tun, was ich stilles Sitzen nenne.

Menschen, die in diesem Sinne wirklich still sitzen können, mögen in der materiellen Welt körperlich präsent sein, aber ihre Namen sind bereits im Buch der Unsterblichen verzeichnet. Sie haben es nicht länger nötig, sich an andere zu wenden, denn das Jahrhundertwerk der Heiligen und Weisen im Körper ist vollbracht. Sie werfen ihre Hülle ab, um zur Wahrheit aufzusteigen; eine Pille des Elixiers ist bereitet, und der Geist schweift ungehindert durch die Weite des Universums.

Über das Beherrschen des Geistes

Wenn der Geist immer ruhig und klar ist, dunkel und still, nichts sieht und nicht zu fassen ist, weder innen noch außen, ohne die Spur eines Gedankens, so ist dies der stille Geist, der nicht beherrscht werden muß. Wenn sich der Geist hingegen äußeren Objekten zuwendet und Erregung aufkommt, wenn er über sich selbst stolpert, indem er nach irgendwelchen Bedeutungen sucht, so ist dies der verstörte Geist, der schnell unterbunden werden sollte. Laß ihn nicht gewähren und weiterbestehen, denn er wird deine spirituellen Eigenschaften schädigen und die Lebensessenz mindern. Was immer du tust, strebe stets danach, Sinneseindrücke, Gedanken und Gefühle zu überwinden, und du wirst frei von Kummer sein.

Über die Läuterung der Natur

Mit dem Ordnen deiner Natur ist es genauso wie mit dem Stimmen eines Saiteninstruments. Wenn die Saite zu straff gespannt ist, wird sie reißen; wenn sie zu locker ist, wird sie keinen Ton von sich geben. Wenn du ein Gleichgewicht zwischen Spannung und Lockerung findest, kannst du das Instrument benutzen.

Genauso verhält es sich beim Schmieden eines Schwertes. Wenn es zuviel hartes Metall enthält, wird es brechen; wenn es zuviel weiches Metall enthält, wird es sich verbiegen. Wenn es die richtige Mischung von harten und weichen Metallen enthält, kann das Schwert gegossen werden.

Wenn du dir beim Läutern deiner Natur diese beiden Prinzipien zu eigen machst, dann wird deine Natur von selbst sublimiert.

Der Großmeister gab Liping auch eine lebendige Überlieferung aus ›Meister Danyangs Dao-Reden vor der Versammlung von Chonyang auf dem Drachentor-Berg‹ weiter. Meister Danyang erklärt darin: »Du darfst deine alltäglichen Aufgaben nicht vernachlässigen. Diese alltäglichen Aufgaben sind zweifacher Art, äußerliche und innerliche. Zu den äußerlichen alltäglichen Aufgaben gehört: nicht nach den Fehlern der anderen suchen, nicht mit den eigenen Tugenden prahlen, nicht die Weisen und Fähigen beneiden, nicht in das Feuer der Unwissenheit fallen, nicht im Morast ordinärer Gedanken versinken, nicht nach dem Sieg über andere streben, nicht andere beurteilen und nicht über Vorlieben und Abneigungen reden.

Zu den inneren alltäglichen Aufgaben gehört es, weder Zweifel noch Verdacht aufkommen zu lassen und niemals aus den Augen zu verlieren, was in deinem Inneren vorgeht. Ob du dich auf Reisen befindest oder an einem Ort verweilst, in jedem Fall solltest du deinen Geist klären und das Begehren ausschalten, frei von Verwirrungen und Hindernissen, ungerührt und ungebunden, wahrhaft rein und klar, in Muße wandernd.«

Der Großmeister vermittelte Wang Liping außerdem die Regeln, die Meister Changchun, der Begründer der Drachentor-Schule, aufgestellt hatte:

»Das Leben in einer Einsiedelei bringt Klarheit und Offenheit, Kühle und Distanz, Freiheit und Gelassenheit. Die Essenz zu erkennen ist die Substanz; das Leben zu nähren ist die Funktion. Biegsamkeit ist der Normalzustand, Bescheidenheit ist der Charakter, Mitgefühl ist die Grundlage, und die geschickte Methode ist die Einweihung.

Seid in Gesellschaft von anderen immer demütig. Laßt keine weltlichen Gefühle aufkommen, wenn die äußere Umgebung still ist. In welcher weltlichen Mühsal ihr euch auch findet, arbeitet nach dem Maß eurer Kraft und geht dabei nicht zu weit. Vermeidet Übertreibung beim Essen und in der Kleidung. Sorgt für euren Unterhalt, aber legt keine übermäßigen Vorräte an. Ihr solltet nicht gierig nach den Notwendigkeiten des Lebens suchen. Wenn ihr ein regelmäßiges Einkommen habt, so verwendet den Überschuß, um bedürftigen Weggefährten zu helfen. Klammert euch niemals an Künstlichkeiten; seid immer rein und wahr. Von Verunreinigungen befreit, solltet ihr eure Pflichten ohne Murren erledigen. Jeder einzelne sollte sein eigenes Zimmer haben und dort seinen Geist klären und das Dao praktizieren. Organisiert euch so, daß jeder eine besondere Aufgabe erfüllt, oder wechselt euch dabei ab, während ihr gleichzeitig die wahre Essenz harmonisiert und läutert.

Vermeidet alles Zwanghafte bei der Erfüllung eurer Pflichten, und laßt das Urteilen und Streiten untereinander sein. Strebt unaufhörlich danach, euren Geist zu zähmen, den Egoismus loszuwerden, Ruhm und Ansehen zu vergessen, euch von Kopf und Körper zu lösen und ruhig und wunschlos zu sein. Wem immer ihr begegnet – Daoisten, Buddhisten oder Konfuzianern –, behandelt sie alle gleich. Seid nicht faul!«

Es gibt zahlreiche Regeln und Vorschriften für jene, die ins Dao eintreten wollen, und im wesentlichen geht es bei allen darum, wie man sich selbst beherrscht, wie man mit anderen umgeht und wie man sich in allen möglichen Situationen am besten verhält. Diese Bestimmungen sind geprägt von der Philosophie des Daoismus, nach der es in erster Linie darum geht, mit den Dingen in Übereinstimmung mit den Naturgesetzen umzugehen, dem Land und den Menschen zu helfen, die Ahnen zu ehren und die Lehrer zu achten, gute Werke zu tun, das Böse zu meiden, die Essenz zu pflegen und das Leben zu nähren, das Gewöhnliche zu transzendieren und zum Heiligen vorzudringen.

Liping war der Worte des Großmeisters eingedenk und beobachtete bei seinen täglichen Verrichtungen – ob im Gehen, Stehen, Sitzen oder Liegen – ganz genau, welche praktischen Wirkungen die Kultivierung der Essenz in seinem Körper hatte. Eines Tages hielt der alte Meister einen weiteren Vortrag über das Dao; diesmal sprach er über das ›Lied vom Erschließen der Bahnen‹ des Urahnen Lü Dongbin. Durch Rezitation dieses Gedichts aus dem Gedächtnis und seinen Kommentar führte der alte Magier Liping in einen Zustand, in dem es ihm so vorkam, als wäre die Goldene Pille bereits in seinem Inneren kristallisiert und er hätte in den Weltraum abgehoben. Das ›Lied vom Erschließen der Bahnen‹ endet mit den folgenden Versen:

Ruhm hat keinerlei Wert;
Das Dao ist das, was am edelsten ist:
Die berühmten Vorgesetzten, Herrscher und deren Berater,
Wie sie mit Gold am Gürtel und Jadeschmuck am Sattel
Auf stolzen Pferden reiten –
Sie alle sind nur wirbelnder Staub

Und dauern nicht länger als einen Augenblick.
Wirbelnder Staub, sprühende Funken vom Feuerstein –
Wie töricht es ist, seinen Geist daran zu hängen,
Als ob sie von Dauer wären;
Elendiglich leidend, heiß brennend,
Nicht mehr zur Umkehr zu bringen,
Gierig nach Gewinn und ringend um Ansehen –
Ein einziger brodelnder Kessel!
Wie ein brodelnder Kessel zu sein,
Für immer versunken in diesem Tumult,
Kommt daher, daß man das Dao verloren
Und das Wahre gründlich verfehlt hat.
Wer das Dornendickicht in seinem Geist beseitigt,
Dem will ich den himmlischen Mechanismus erklären.
Die Wissenschaft vom Leben muß übertragen werden,
Essenz erfordert Erwachen;
In den Stand des Weisen einzutreten,
Das Gewöhnliche zu transzendieren,
Es liegt an dir, das zu tun.
Nur wenige betreten die Bahn zu den reinen Himmeln,
die meisten rackern sich ab auf weltlichen Wegen.
Ich verkünde den Weisen und Guten:
Gebt anhaftende Aufmerksamkeit auf!
Die Mechanismen der Essenz und des Lebens
Sollten geschützt und bewahrt werden:
Fehlt dir einer davon, so ist das nicht gut;
Und wenn du dich an das Floß in den Wellen klammerst,
Wirst du den Weg gewiß verlieren.
Allein Essenz kultivieren und nicht zugleich das Leben
Ist das schlimmste Übel bei der Praxis.
Wenn du allein die ursprüngliche Essenz
Und nicht das Elixier kultivierst,
Bleibst du ein Schattengeist für immer,
Und kannst den Stand der Weisheit nicht erlangen.
Erreichst du die Quelle des Lebens,
Verfehlst jedoch die ursprüngliche Essenz,
So ist das, als wolltest du dein Antlitz betrachten,
Ohne im Besitz eines Spiegels zu sein –

Du bist ein Ignorant, langlebig wie Himmel und Erde,
Der nichts anzufangen weiß mit seinem Familienschatz.
Die doppelte Kultivierung von Essenz und Leben
Ist das Tiefstgründige von allem;
Gewaltige Wellen über dem Meeresgrund
Tragen das Schiff der Wahrheit.
Fängst du den wilden Drachen lebend ein,
Weißt du: Die Wissenden lehren nicht umsonst.

Während der alte Meister dasaß und einen halben Tag lang diesen Text rezitierte und erklärte, blieb Liping völlig reglos, ohne einen Muskel zu rühren, und nahm nicht einmal einen kleinen Schluck Wasser zu sich. Die beiden Mentoren saßen ebenfalls aufrecht und unbeweglich dabei; sie schienen dem Großmeister zuzuhören und waren doch offensichtlich in Kontemplation versunken.

Wang Liping, der jedes Wort aufmerksam aufnahm, gewann ein klares Verständnis dieser daoistischen Prinzipien. Er fragte sich jedoch, wie er sie in die Praxis umsetzen könnte. Als der alte Meister geendet hatte, sprach Liping ihn darauf an. Der Großmeister erwiderte: »Nicht so schnell! Höre die ›Geheimnisse in Drei Schriftzeichen‹ des Urahnen Lü:

Das Dao ist kein gewöhnlicher Weg;
Es ist die Wurzel von Natur und Schicksal,
Die Öffnung von Leben und Tod.
Davon zu reden heißt es einzuengen,
Es auszuüben ist fürwahr erhaben.
Die breite Masse liebt es nicht,
Die Leute lachen gern darüber.
Der große Schlüssel ist eine Sache der Umkehr.
Verachte nicht die Unreinheit,
Und stelle keine Vergleiche an.

Erlangst du es,
Siehst du sogleich die Wirkung;
Heiterer Friede von Himmel und Erde
Ist eins der Anzeichen.

Es wird von Mund und Geist übertragen,
Und wenn du selbst es in dich aufnimmst,
Dann ist das Dao dir bekannt.
Die Frische der Pflanzensprossen
Ist ein Zeichen des Ursprünglichen.
Finde den Punkt zwischen den Augenbrauen
Und übe so den Weg der Umkehr.
Die materiellen Dinge bestehen fort von selbst;
Wo Yin und Yang in Fülle sind,
Da herrscht das absolute Wunder.

Wenn du das Dao üben willst,
Dann laß die Leute sich das Maul zerreißen;
Dein Gemüt muß fest und unbeeindruckt sein,
Dein Geist, er darf sich nicht erschöpfen.
Wenn du nicht übst,
dann alterst du völlig umsonst;
Doch wenn das Wahre du erkennst,
Dann wirst du selbst als Alter wieder jung.
Wer selbst kein Kenner ist,
Der sollte nicht vom Wesentlichen sprechen;
Diese Lehre steht in Einklang mit dem Großen Dao.

Vitalität, Energie und Belebender Geist,
Die Elixiere der Unsterblichkeit,
Sind ganz und gar vollkommen in der Stille
Und werden in der Erleuchtung wirksam.
Auf einem Phönix reitend,
Hörst du den Ruf des Himmels.

Diesmal beschränkte sich der Großmeister aufs Rezitieren und gab keine weiteren Erklärungen, aber Liping verstand sehr wohl den Sinn dieser Verse. Besonders die Worte ›Vitalität, Energie und Belebender Geist‹ prägten sich ihm mit ungewöhnlicher Klarheit ein.

Der Großmeister schloß die Augen und nährte seinen inneren Geist. Einer der beiden Mentoren machte nun weiter und erklärte Wang Liping die einführende Technik, die ›Das Fundament errichten‹ genannt wird. Diese Praxis wird in drei Stufen eingeteilt, auf denen man mit Vitalität, Energie und Belebendem Geist arbeitet.

Auf der ersten Stufe ist es notwendig, das Untere Zinnoberfeld [Dantian] zu kultivieren. Da der Körper einer gewöhnlichen Person bereits Lecks aufweist, besteht hier die erste Aufgabe darin, die ursprüngliche Basis wiederherzustellen, indem man undichte Stellen schließt. Wenn die Vitalität voll ist und nicht ausläuft, dann geht es in den nächsten Schritten darum, Vitalität zu Energie, Energie zu Belebendem Geist und den Belebenden Geist zu leerer Offenheit zu läutern.

Die meisten Menschen glauben, wenn das Zinnoberfeld mit Energie angefüllt ist, dann wäre das schon die Kristallisation des Elixiers. In Wirklichkeit wissen sie nicht einmal, wo das Elixier erzeugt wird oder was die Goldflüssigkeit und die Jadeflüssigkeit sind. Sie befinden sich immer noch in den unteren drei Sphären von Personen, Geschehnissen und Dingen. Wang Liping hatte nun begonnen, die mittleren drei Sphären von Himmel, Erde und Menschheit zu kultivieren; seine anfängliche Aufgabe bestand aber auch hier darin, Vitalität, Energie und Belebenden Geist zu läutern, nur daß die Praxis jetzt auf einer höheren Ebene durchgeführt wurde.

Der Großmeister und die beiden Mentoren weihten Wang Liping nun in eine Geheimlehre der Drachentor-Schule ein, die unter der Bezeichnung ›Drei Übungen zur Unsterblichkeit‹ bekannt ist. Diese Lehre hat ihren Ursprung in der ›Erhabenen Lehre des Magischen Juwels‹, die von Zhongli Quan, dem Meister Zhengyang, verfaßt wurde. Im Vorwort seines Werks schreibt dieser Meister:

»In dem Streben, es den Weisen von ehedem gleichzutun, umfaßte mein Herz das Große Dao. Wie es das Schicksal so wollte, brach unerwartet ein Krieg aus, der die Zeiten gefährlich machte und die Welt ins Chaos stürzte. Also mußte ich zunächst Zuflucht an Flüssen und Seen, in Schluchten und Tälern suchen, um mein Leben zu retten.

Als ich jedoch Abstand gewann und meine wahre Natur

erkannte, richtete ich meinen Geist allein auf Klarheit, Reinheit und ätherische Läuterung.

Mit Eifer studierte ich alchimistische Traktate und suchte mehrfach Eingeweihte auf, aber sie sprachen nur von relativ unbedeutender Gesundheitspflege und sagten nichts über das Große Dao der wahren Unsterblichen. Da entdeckte ich im Inneren eines Steinwalls am Berg Zhongnan eine Schrift unter dem Titel ›Erhabene Lehre des Magischen Juwels‹ in dreißig Abschnitten. Ihr erster Teil, die ›Goldenen Verkündigungen‹, war vom Ursprünglichen Schöpfer verfaßt worden; der zweite Teil, die ›Jadeaufzeichnungen‹, stammten vom Ursprünglichen Kaiser; der dritte Teil, die ›Prinzipien der Wahren Quelle‹, waren vom Alten Meister übertragen worden.

Nachdem ich viel Zeit und Mühe aufgewandt hatte, um intensiv und tief nachzudenken, erkannte ich auf der Grundlage des regelmäßigen Auf- und Untergangs von Sonne und Erde und des Prinzips der Wechselbeziehung von Sonne und Mond, daß Yang in Yin und Yin in Yang enthalten ist. Flüssigkeit wird in Energie erzeugt; Energie wird in Wasser erzeugt. Dies ist auch das Prinzip der Wechselwirkungen zwischen dem Herzen und den Genitalien.

Den abstrakten Bildern von Objekten vergleichbar, ist Dao nicht weit von den Menschen entfernt. Verbinde dich mit dem Höhepunkt und dem Beginn des Yang-Zyklus, denn nur dann wirst du beweisen, daß die Alchimie ihre Gesetze hat; subtrahiere und addiere Morgen und Abend, dann wird der Feuerungsvorgang von selbst unfehlbar sein. Nicht aus rotem und schwarzem Blei entsteht die Große Medizin; allein die Goldflüssigkeit und die Jadeflüssigkeit bilden letztlich das regenerierende Elixier.

Wenn du vom Nichtsein ins Sein trittst, so tust du das in der Geistesverfassung eines Kriegers. Wenn du aus den Niederungen zu den Höhen aufsteigst, betrittst du allmählich das Reich ätherischer Verfeinerung. Bringe das Negative zum Verschwinden, indem du Blei gewinnst und Quecksilber hinzufügst; bringe das Positive zum Wachsen, indem du deine Knochen verwandelst und deinen Körper läuterst. Die Klarheit oder Trübung einer Wasserquelle erkennt man, wenn der Schlamm sich setzt; die Wahrheit oder Falschheit innerer Erfahrungen erkennt man, wenn man still sitzt und vergißt.

Da die tiefe Doktrin des mystischen Wirkens nur schwer in Worte zu fassen ist, habe ich die subtilen Prinzipien der ›Alchimie des Magischen Juwels‹ zusammengefaßt, damit andere sie nutzen können, um in den Stand der Weisheit einzutreten und das Gewöhnliche zu transzendieren. Insgesamt besteht sie aus den Lehren der Drei Fahrzeuge, und sie trägt den Titel ›Erhabene Lehre des Magischen Juwels‹.

Dies sind die Worte der Weisen über das Große Dao, und ich wage nicht, irgend etwas von meinen subjektiven Vorstellungen hinzuzufügen. Dies übergebe ich Lü Dongbin: Wenn du das Dao erlangt hast, sollst du es nicht länger verbergen, sondern der Nachwelt überliefern.«

Als Lü Dongbin zum Berg Zhongnan reiste, begegnete er Meister Zhengyang zum zweiten Mal, und die beiden erörterten die daoistischen Künste zum Nähren des Lebens. Ihre Gespräche wurden von Shi Jianwu aufgezeichnet, herausgegeben und verbreitet. Diese Sammlung, die in den *Daozang*, den Daoistischen Kanon, aufgenommen wurde, handelt von neunzig Fragen zu achtzehn Aspekten der daoistischen Wissenschaft und erläutert das Wesentliche der inneren Alchimie auf systematische Weise.

Zum Abschluß stellt Lü Dongbin dem Meister Zhengyang die Frage: »Nachdem ich nun von dir die Erklärung des großen Prinzips der ätherischen Abstraktion und der verborgenen Mechanismen des Universums vernommen habe, kenne ich die erhabenen Gesetze, aber wie steht es mit der Praxis? Ohne Anwendung gibt es keine Wirkung. Bitte sag mir, wie ich üben soll. Wie fange ich an, und wie soll ich arbeiten?« Als Antwort versprach Meister Zhengyang, die Erhabene Lehre des Magischen Juwels schriftlich zu überliefern, und so ist diese Lehre entstanden.

Die Erhabene Lehre des Magischen Juwels enthält verschiedene Methoden, die in drei Fahrzeuge, das himmlische, das irdische und das menschliche, untergliedert sind. Das Niedere Fahrzeug ist bestimmt für menschliche Unsterblichkeit und besteht aus vier Methoden zum Erlangen von Wohlbefinden und langem Leben: Dabei werden Yin und Yang vereint, Wasser und Feuer gesammelt und zerstreut, Drache und Tiger gepaart und das Elixier geläutert.

Das Mittlere Fahrzeug ist bestimmt für irdische Unsterblichkeit und besteht aus drei Methoden, um länger zu leben, ohne zu sterben: Der Fliegende Goldkristall-Talisman, das Regenerierende Elixier der Jadeflüssigkeit und das Regenerierende Elixier der Goldflüssigkeit.

Das Höhere Fahrzeug ist bestimmt für himmlische Unsterblichkeit und besteht aus drei Methoden, um das Gewöhnliche zu transzendieren und in die Heiligkeit einzutreten: die Quelle aufsuchen, inneres Schauen und transzendente Erlösung.

Die Erhabene Lehre des Magischen Juwels befaßt sich gründlich mit den Prinzipien der Praxis, aber im großen und ganzen erklärt sie relativ wenig zu konkreten Techniken. Nachdem Wang Chongyang diese Lehren empfangen hatte, stellte er eine Reihe von Übungsmethoden zusammen, die auf den Prinzipien des Magischen Juwels beruhen und direkt in die Praxis umgesetzt werden können. Dies sind die Drei Übungen zur Unsterblichkeit. Er übergab dieses Werk an Qiu Chuji, und so kam es, daß diese drei Übungen in der Drachentor-Schule im Geheimen überliefert wurden.

Die theoretische Basis der Drei Übungen zur Unsterblichkeit ist die Vorstellung von der Einheit von Natur und Mensch; dabei werden Yin und Yang sowie die Fünf Elemente des menschlichen Körpers am Yin und Yang sowie den Fünf Elementen der Himmelskörper ausgerichtet und eine Art dreidimensionaler Übungsmethode auf der Grundlage technischer Berechnungen entwickelt. Diese Methode schreitet von der Fläche zur Linie und zum Punkt voran und führt so schrittweise zur Meisterung des Höheren Fahrzeugs. Die drei Sequenzen von Unsterblichkeitsübungen bestehen aus Praktiken des stillen Sitzens, die mit Austauschübungen bei äußeren Bewegungsabläufen und mit Übungen im Schlaf kombiniert werden. Alle zusammen bilden in der Drachentor-

Schule das System der doppelten Kultivierung von Essenz und Leben, eine daoistische Übungsmethode, in der Bewegung und Stille vereint werden.

Bei den drei Übungen zur Unsterblichkeit bilden die ›Methoden der Hinführung zur Unsterblichkeit‹ die Grundlage für die Rückkehr zur Quelle und das Schließen undichter Stellen. Insgesamt gibt es zwölf solcher Methoden:

1. den Geist sammeln und still sitzen
2. den Körper harmonisieren
3. nicht sehen und nicht hören
4. sich sammeln in der Schau und innerlich hören
5. die gewöhnliche Atmung harmonisieren
6. den Geist in drei Stufen stabilisieren
7. die wahre Atmung harmonisieren
8. das Auslaufen verhindern
9. nach innen schauen und innen lauschen
10. den Geist einfrieren und schweigend wahrnehmen
11. auf den Atem lauschen und dem Atem folgen
12. den Geist nähren und das Energie-Baden

Bei der ganzen Methodik dieser Praxis geht es um die Arbeit mit der Stille, die Harmonisierung von Körper und Atmung sowie die Läuterung des Körperlichen und des Geistigen. Den Körper harmonisieren bedeutet, die Sitzmeditation zu beherrschen und die neun Hauptlecks der Erleuchtung zu schließen, so daß »die Augen nicht sehen, damit die Höhere Seele [Hun] in der Leber bleibt; die Ohren nicht hören, damit die Essenz in den Genitalien bleibt; die Zunge nicht spricht, damit die spirituelle Energie im Herzen bleibt; die Nase nicht riecht, damit die Niedere Seele [Po] in den Lungen bleibt; und die Glieder sich nicht rühren, damit der Wille in der Milz bleibt«.

Die Atmung harmonisieren bedeutet den wahren Atem mit dem gewöhnlichen Atem in Einklang bringen, so daß der wahre Atem in Gang gesetzt wird, wenn der gewöhnliche Atem zur Ruhe kommt. Die wichtigsten Methoden und Geheimnisse für diese Arbeit sind: »Atme Energie ein auf dem ganzen Weg hinter dem Unterbauch; atme Energie nicht hinter dem Herzen aus. Nimm das Universum in dich auf, indem du Energie mit gesammeltem Körper einatmest. Beim Ausatmen der Energie läßt du sie nach außen strömen, so daß sie in alle Richtungen ausstrahlt und eine Kugel bildet.«

Die Läuterung des Körperlichen folgt im Anschluß an das Nicht-Hören, das Nicht-Sehen und das Aktivieren der wahren Atmung. Dazu gehören inneres Schauen und inneres Lauschen, Lauschen auf den eigenen Geist, Lauschen auf den Geist des Dao, Lauschen auf den himmlischen Geist, Lauschen auf den Herzschlag und Lauschen darauf, wie die wahre Atmung der Bewegung der Himmelskörper und des Universums folgt. Sind die Fünf Elemente im eigenen Körper an ihren eigentlichen Platz zurückgekehrt, dann bestimmt man die Bahn der gegenseitigen Erzeugung der Fünf Elemente, um die Energie in der Stille innerhalb des Körpers zu steuern: von den Nieren zur Leber, von der Leber zum Herzen, vom Herzen zur Milz, von der Milz zu den Lungen, von den Lungen zu den Nieren, und immer wieder durch diesen ganzen Zyklus.

Beim Läutern des Geistes läßt man das Denken innerhalb des eigenen Körpers in das Universum eintreten, in die Poren und Energieöffnungen des ganzen Organismus, um zuletzt einen Zustand jenseits des Bewußtseins zu erreichen: »Bei der Läuterung des Geistes kommt es darauf an, den nicht-psychischen Geist zu läutern; der Geist, der nicht die Seele ist, ist der nicht-psychische Geist.«

Abschließend nährt man den Geist und praktiziert das Baden, um auf diese Weise die große Festigung zu erreichen. In dem Text ›Über das Vergessen‹ heißt es:

Die Dinge vergessend, kannst du dein Gemüt nähren.
Die Gefühle vergessend, kannst du deine Essenz nähren.
Die Stille vergessend, kannst du deinen Belebenden Geist nähren.
Die Sinnlichkeit vergessend, kannst du deine Vitalität nähren.
Die Begierden vergessend, kannst du deinen Körper nähren.

Den Körper vergessend, kannst du die Energie nähren.
Das Selbst vergessend, kannst du die Leere nähren.
Alles vergessend, kannst du das Dao nähren.

Es gibt auch einen Text über die ›Geheimnisse der Minderung‹, in dem es heißt:

Die Rede mindernd, kannst du deine Energie nähren.
Die Geschäfte mindernd, kannst du deinen Ruf nähren.
Das Hören mindernd, kannst du deinen Verstand nähren.
Das Denken mindernd, kannst du dein Gemüt nähren.
Die Begierde mindernd, kannst du deine Essenz nähren.
Die Aktivität mindernd, kannst du deinen Belebenden Geist nähren.
Die Begünstigung mindernd, kannst du deine Essenz nähren.

Ferner gibt es ein Werk über ›Die Geheimnisse der Energie‹:

Wenig redend, kannst du die innere Energie nähren.
Sinnliches Verlangen mindernd, kannst du die Lebensenergie nähren.
Einfach essend, kannst du die natürliche Energie nähren.
Die Flüssigkeiten kontrollierend, kannst du die Energie der Eingeweide nähren.
Ärger vermeidend, kannst du die Leberenergie nähren.
Den Appetit zügelnd, kannst du die Magenenergie nähren.
Die Gebärmutteratmung regulierend, kannst du die Lungenenergie nähren.
Das Grübeln mindernd, kannst du die Herzenergie nähren.
Die Vitalität am Ausfließen hindernd, kannst du die Sexualenergie nähren.
Durch achtsames Verhalten kannst du die spirituelle Energie nähren.

Bevor Wang Liping die Erfahrung des Fastens und des Sterbens gemacht hatte, hatten ihm die drei Magier schon zahlreiche Praktiken aus der Erhabenen Lehre des Magischen Juwels übertragen. Da er inzwischen eine höhere Stufe erreicht hatte, weihten sie ihn nun in die Drei Übungen zur Unsterblichkeit ein. Der Weggefährte der Reinen Leere erklärte ihm:

»Die Drei Übungen zur Unsterblichkeit haben ihren Ursprung in der Erhabenen Lehre des Magischen Juwels. Es handelt sich um eine Übungsmethode, bei welcher der menschliche Körper mit den Himmelskörpern und das Zeitliche mit dem Ursprünglichen in Einklang gebracht werden. Das ganze System wird eingeteilt in drei Fahrzeuge, zehn Tore und fünfundvierzig Stufen; da man dazu neun Jahre in Stille ›vor einer Wand sitzen‹ und ein Jahr ›in Energie baden‹ muß, dauert es bis zum Abschluß zehn Jahre.

Die vier Methoden des Niederen Fahrzeugs führen zum Erlangen von Wohlbefinden und Unsterblichkeit; es sind Übungen der menschlichen Unsterblichkeit, die insgesamt siebzehn Stufen umfassen. Die drei Methoden des Mittleren Fahrzeugs führen zu langem Leben ohne Sterben; es sind Übungen der irdischen Unsterblichkeit, die insgesamt sechzehn Stufen umfassen. Die drei Methoden des Höheren Fahrzeugs führen zur Transzendierung des Gewöhnlichen und dem Eintreten in den Stand der Weisheit; es sind Übungen der himmlischen Unsterblichkeit, die insgesamt zwölf Stufen umfassen.

Du hast die Übungen des Niederen Fahrzeugs bereits absolviert. Gegenwärtig bewohnst du einerseits zwar die unteren drei Sphären – aber andererseits tust du das auch nicht. Du solltest nun anfangen, die Übungen des Mittleren Fahrzeugs zu praktizieren, indem du mit Vitalität, Energie und Belebendem Geist arbeitest.«

Zu diesem Zweck lehrte der Weggefährte der Reinen Heiterkeit Liping nun eine fortgeschrittenere Basisübung. Vitalität, Energie und Belebender Geist wurden von den daoistischen Weisen auch als die ›Drei Blüten‹ bezeichnet. Bei Nacht wachsen diese drei Blüten in der Leber; bei Tag verweilen sie an drei Stellen: Vitalität in den Ohren, Energie im Mund und Belebender Geist in den Augen. Aus diesem Grund schadet zu langes Hören der Vitalität, zu langes Reden der Energie und zu langes Sehen dem Belebenden Geist.

Bei der Vitalität, von der hier die Rede ist, handelt es sich um formlose, aber substantielle Essenz. Beim Üben werden die Ohren versiegelt, die Augen geschlossen und der Mund zugemacht; Vitalität, Energie und Belebender Geist werden am Scheitelpunkt des Kopfes konzentriert. Dies nennt man ›die Drei Blüten am Gipfel sammeln‹.

Die Fünf Elemente im menschlichen Körper sollten mit Hilfe von Läuterungsübungen an bestimmte Stellen gelenkt werden. Wenn die Augen nicht sehen, befindet sich die Höhere Seele in der Leber. Wenn die Ohren nicht hören, befindet sich die Vitalität in den Genitalien. Wenn die Zunge nicht schmeckt, befindet sich der Belebende Geist im Herzen. Wenn die Nase nicht riecht, befindet sich die Niedere Seele in der Lunge. Wenn die Glieder sich nicht bewegen, befindet sich der Wille in der Milz. Wenn man die Energien der fünf inneren Organe dazu bringt, sich im ›Mystischen Paß‹ hinter der Stirn zu sammeln und zu verbinden, nennt man dies ›Rückkehr der fünf Energien zur Quelle‹.

Diese höhere Stufe der Grundlagenarbeit ist eine Methode, den menschlichen Körper zu kultivieren, um die drei Fundamente aufzufüllen. Vitalität in Energie umzuwandeln ist der ›erste Paß‹ der inneren Läuterung; wenn die grundlegende Vitalität, die grundlegende Energie und der grundlegende Belebende Geist vereint sind, gerinnen sie zu einer verfeinerten Form von Energie, in welcher Vitalität und Energie vereint sind. Dies wird auch die Große Medizin genannt.

Energie in Belebenden Geist umzuwandeln ist der ›mittlere Paß‹ innerer Läuterung. Hierbei wird die Große Medizin mit dem grundlegenden Belebenden Geist verbunden, um eine spirituelle Energie zu erzeugen, in dem die drei Fundamente koaguliert sind. Diese spirituelle Energie weilt in der Nirvâna-Kammer am Scheitelpunkt. Die Nirvâna-Kammer wird auch als Oberes Zinnoberfeld bezeichnet; ihre Öffnung befindet sich dort, wo die spirituelle Energie gespeichert ist.

Nachdem Wang Liping diese Techniken eine Zeitlang geübt hatte, schaute er mit dem inneren Auge einen hellen Fleck in der Nirvâna-Kammer am Scheitelpunkt. Auch die drei Magier bemerkten diesen hellen Fleck und wußten, daß sich der Spalt am Scheitelpunkt geöffnet und ihr Schüler damit die Grundlagenarbeit geleistet hatte. Deshalb begannen sie nun, ihn in die Kultivierung der ›Neun Kammern‹ oder ›Neun Paläste‹ im menschlichen Schädel einzuführen.

Das geschah vor Tagesanbruch, als die Sonne noch unter dem Horizont stand. Die Sterne funkelten am Firmament; gelegentlich huschte eine Sternschnuppe über den Himmel, um in einem Augenblick wieder zu verschwinden. Die fernen Berge waren nur als schwarze Silhouette zu erkennen. Ab und zu war aus weiter Ferne das Krähen eines Hahns oder das Bellen eine Hundes schwach zu hören. Die Menschenwelt war noch tief in Schlaf und Träume versunken. Doch auf dem Gipfel dieses Berges saßen die drei Magier und ihr Schüler bereits, die Augen fest auf einen hellen Himmelskörper am östlichen Horizont gerichtet.

Der Großmeister erklärte Wang Liping, dies sei der Merkur. Das ist ein Planet, der im allgemeinen nicht so leicht zu sehen ist, weil seine Umlaufbahn der Sonne näher ist als die der Erde; deshalb sieht man ihn nur manchmal vor Tagesanbruch oder in der Abenddämmerung über dem westlichen oder östlichen Horizont. Auf seiner Bahn am Himmel übt er einen stillen Einfluß auf die Erde und alle irdischen Dinge aus. »Schließ deine Augen sanft«, wies ihn einer der Mentoren an. »Vergiß dich selbst, und untersuche die äußerst subtilen Veränderungen, die der Planet in dir auslöst. Schau, wie dein Körper darauf reagiert und welche Veränderungen sich in der Nirvâna-Kammer in deinem Kopf abspielen.«

Auf diese Anweisungen hin trat Liping in die Stille ein. Wie in Trance sah er den Planeten auf sich zu schweben und immer näher kommen. Verschwommen und undeutlich lief ein äußerst feines Beben durch sein Nierensystem. Ein heller Punkt erschien flüchtig in seiner Nirvâna-Kammer. Dieser helle Punkt schien in rhythmischer Bewegung aufzutauchen und zu vergehen. Liping berichtete den alten Weisen, daß er die Präsenz des Merkurs tatsächlich ›gespürt‹ hatte. Auch sie konnten erkennen, daß eine der Kammern in seinem Kopf in

Bewegung geraten war. Sie erklärten ihm, daß der Merkur das menschliche Nervensystem beeinflußt.

In der Abenddämmerung färbte die letzte Glut der Sonne den Himmel über dem westlichen Horizont, bevor der Vorhang der Nacht sich herabsenkte. Allmählich erschien dort ein strahlender Himmelskörper – die Venus. In alter Zeit pflegten die Menschen diesen Planeten Abendstern zu nennen, wenn sie ihn in der Abenddämmerung sahen, und Morgenstern, wenn er im Morgengrauen erschien. Die Venus übt einen Einfluß auf die menschlichen Drüsen aus; im Kopf des Menschen befindet sich eine Öffnung, die der Venus zugeordnet ist.

Da war auch noch ein feuriger, roter Himmelskörper am Himmel zu erkennen – der Mars. Der Mars beeinflußt die Vitalität und die Körperkraft der Menschen, und am Scheitelpunkt gibt es einen Punkt, der ihm zugeordnet ist. Der Planet Jupiter hat einen direkten Einfluß auf die menschliche Leber. Die Leberfunktion schwankt je nach den Veränderungen in der Beziehung zwischen Erde und Jupiter. Und schließlich ist da noch ein Planet, der so langsam dahinzieht, daß man ohne kontinuierliche Beobachtung kaum feststellen kann, wie er seine Position verändert. Er leuchtet jedoch so hell wie die Sterne Altair und Vega. Dies ist der Planet Saturn, der auf das menschliche Verdauungssystem einwirkt.

Der Mentor forderte Wang Liping auf, still zu sitzen und sich zu sammeln, während er die Sterne betrachtete. Währenddessen sprach der Magier über Astronomie, um die Gedanken seines Lehrlings auf den Sternenhimmel zu lenken und so die Kultivierung des menschlichen Körpers mit den Bewegungen der Himmelskörper in Einklang zu bringen. Daoistische Bergeinsiedler praktizieren ebenfalls auf diese Weise. Bei Tag schauen sie die Landschaft und bei Nacht die Sterne. Über einen langen Zeitraum haben sie ein reiches Wissen über die Bewegungen der Himmelskörper gesammelt und Korrespondenzen zwischen den Bewegungen der Gestirne und den Funktionen des menschlichen Körpers entdeckt.

Im ersten Teil ›Einfache Fragen‹ des *Klassikers des Gelben Kaisers zur Inneren Medizin* gibt es eine ›Abhandlung über die Verbindung zwischen der Energie des Lebens und dem Himmel‹. Hier sagt der Gelbe Kaiser zu Beginn: »Schon seit Anbeginn war die Verbindung mit dem Himmel die Grundlage allen Lebens; diese Grundlage manifestiert sich in der Spannung zwischen Yin und Yang und zwischen Himmel und Erde ... Die Energie des Himmels ist in den Neun Regionen Chinas wirksam, in den neun Körperöffnungen ... den fünf inneren Organen und den zwölf Kanälen ... Sie alle sind von der Energie des Himmels durchdrungen.«

Später machten die Daoisten dank der Bemühungen vieler Generationen von Adepten bei der Kultivierung noch eine weitere Entdeckung. Sie fanden heraus, daß der menschliche Körper noch mehr Teile besitzt, die den Himmelskörpern – einschließlich der Erde – entsprechen. Dies war eine bedeutende Entdeckung für die Erforschung des menschlichen Körpers. Die spätere Verwendung des menschlichen Körpers, um die Geheimnisse der Gestirne und der Erde zu studieren, hatte eine ähnlich große Bedeutung. In einem Werk des Daoistischen Kanons mit dem Titel *Klassiker der Himmelsmechanik* heißt es: »Die neun Öffnungen entsprechen den neun Planeten am Himmel, den Neun Regionen Chinas und den neun Körperöffnungen.« Die Übungen, in welchen die Magier ihren Schüler jetzt unterwiesen, arbeiten nicht mit den neun großen leuchtenden Öffnungen am menschlichen Körper, sondern mit den neun verborgenen Öffnungen an der Schädeldecke.

Die Daoisten betrachten die Erde als ein Universum und den menschlichen Körper ebenso. So wie die Erde Längen- und Breitengrade hat, hat auch der menschliche Körper seine Längsmeridiane und Breitengrade. Die Frage nach möglichen Akupunkturpunkten auf den Längsmeridianen und Breitengraden der Erde ist auch von Wissenschaftlern schon hier und da gestellt worden; dies ist an sich schon ein großer Durchbruch im Bereich der Theorie. Während die chinesische Theorie und Anwendung der Längsmeridiane im menschlichen Körper inzwischen weltweit bekannt sind, haben die Daoisten die Theorie und Praxis der Breitengrade im menschlichen

Körper über lange Zeit geheimgehalten, so daß sie in der Welt völlig unbekannt geblieben sind. Als wir, die Autoren dieser Biographie, Meister Wang zum ersten Mal besuchten, erzählte er uns von der Existenz von Breitengraden im menschlichen Körper. Dieses Phänomen dürfte sicher das Interesse und die Aufmerksamkeit vieler Menschen in der ganzen Welt wecken, und das sollte zu größeren Fortschritten bei der Erforschung der Geheimnisse des menschlichen Körpers führen.

Die Erde hat eine Zentrallinie, den Äquator, und der menschliche Körper hat ebenfalls eine Zentrallinie. Die Daoisten teilen den menschlichen Körper in drei elixierbildende Segmente ein – das Obere, Mittlere und Untere Zinnoberfeld –, die allgemein bekannt sind. Wer Meditation praktiziert, weiß wohl, daß sich das Untere Zinnoberfeld im Unterbauch befindet, aber die meisten können seine Lage nicht genau bestimmen. Auch die daoistischen Adepten haben im Lauf der Zeit viele verschiedene Erklärungen zu diesem Punkt gegeben. Meister Wang ist durch seine persönliche Praxiserfahrung zu dem Schluß gelangt, daß der genaue Ort des Unteren Zinnoberfelds im menschlichen Körper je nach der geographischen Lage des Wohnorts schwankt. In China liegt das Untere Dantian drei bis vier Zentimeter unterhalb des Nabels; wenn man näher am Äquator wohnt, ist das Untere Zinnoberfeld näher am Nabel, während es sich vom Nabel nach unten entfernt, je weiter entfernt vom Äquator man lebt.

In Erweiterung dieses Vergleichs entspricht der menschliche Körper von Kopf bis Fuß der Erde vom Südpol zum Nordpol, obwohl die meisten Menschen gewöhnlich den Norden mit oben und den Süden mit unten gleichsetzen. Warum gibt es hier eine umgekehrte Beziehung in den Entsprechungen von Erde und menschlichem Körper? Nach Meister Wangs Erklärung ist bei normaler Position des Embryos im Uterus der Kopf unten und der Körper darüber, und das entspricht genau der Position der Pole bei der Erde – Südpol unten und Nordpol oben.

Aus diesen Zusammenhängen erklärt sich auch, warum es für die Daoisten so wichtig ist, bei ihren meditativen Übungen mit überkreuzten Beinen zu sitzen, und warum die volle Lotosstellung als beste Position gilt. Die Übenden sollen die Lage des Embryos im Mutterleib nachahmen, bei dem alle unteren Öffnungen und Durchgänge fest versiegelt und die leuchtenden Öffnungen nicht lecken; das soll die Entwicklung der Embryoatmung oder Gebärmutteratmung erleichtern und außerdem zur Freilegung der zehnten großen Öffnung in der Nabelgegend führen.

Eine weitere Funktion des Sitzens mit überkreuzten Beinen besteht darin, den Übenden in die Lage zu versetzen, das Vorhandensein von Längen- und Breitengraden im menschlichen Körper zu spüren. Ein daoistischer Spruch besagt: »Neun Jahre vor der Wand sitzen, Reifung in zehn Jahren; zwei Jahre in Energie baden, und du kehrst zum Ursprung zurück.« Das bedeutet, daß die Daoisten zwölfmal soviel Zeit, wie der Mensch im Mutterleib verbringt, aufwenden, um die ursprüngliche Energie zu läutern, die sich unter Normalbedingungen in der zeitlichen Welt ständig verbraucht.

Laozi [10] sagt: »Kannst du Vitalität und Bewußtsein als eins umfangen und sie daran hindern, sich zu trennen? Kannst du wie ein Säugling sein, indem du deine Energie sammelst und sie geschmeidig machst?« Verjüngung ist eines der Ziele der daoistischen Gesundheitspflege. Wenn die Menschen ein gewisses Alter erreicht haben, können sie zwar nicht mehr gänzlich zum Zustand der Kindheit zurückkehren, aber es ist möglich, einige der besonderen Eigenschaften dieses Zustands zu kultivieren. Zu diesen Eigenschaften gehört die Vollständigkeit der Längsmeridiane und Breitengrade, wie sie sich auf dem Körper eines Neugeborenen finden.

Die Existenz von Längsmeridianen im menschlichen Körper ist heutzutage eine weltweit bekannte Tatsache, auch wenn normale Menschen sie selbst mit Hilfe wissenschaftlicher Instrumente und den Methoden der westlichen Medizin nicht sehen können. Nur mit Hilfe von Methoden der inneren Arbeit ist es möglich, die Längsmeridiane auf dem menschlichen Körper mit dem Himmelsauge deutlich zu erkennen. Die Breitengrade des menschlichen Körpers sind genau so vorhanden wie die Längslinien; in Verbindung mit den Längsmeridianen bilden sie das Gesamtsystem von Energiekanälen und -linien im menschlichen Körper.

Die Existenz von Breitengraden ist ein tiefes Geheimnis; selbst unter Adepten der Selbstkultivierung wissen nur wenige um das Vorhandensein dieser Linien. Sobald man jedoch ihren Verlauf kennt, wird das Muster in der Anordnung der Akupunkturpunkte auf einen Blick verständlich. Dann ist es möglich, Hunderte von bereits entdeckten Punkten schnell zu behalten und die Lokalisierung und Funktion von bisher nicht erfaßten Punkten zu entdecken. Eine der historischen Aufgaben des Daoismus bestand darin, die Geheimnisse des menschlichen Körpers, die Geheimnisse der Himmelskörper sowie die Geheimnisse der Beziehungen zwischen Menschheit und Natur mit Hilfe der Methoden zur Kultivierung und Läuterung des menschlichen Körpers zu erforschen.

Auf dieser fortgeschrittenen Stufe seiner Praxis unter der Anleitung der drei alten Magier hatte Wang Liping dieselbe Aufgabe wie alle Wissenschaftler der Welt, doch benutzte er dabei andere Mittel und Wege. Im Lauf seiner Schulung machte Meister Wang eine bemerkenswerte Entdeckung: die Existenz von unvollständigen Energiekanälen im Körper. Einige davon haben einen Anfang, aber kein Ende; andere haben weder Anfang noch Ende – nachdem sie einen bestimmten Punkt erreicht haben, versickern sie unmerklich. In der Drachentor-Schule nennt man sie ›verhängnisvolle Bahnen‹. Im menschlichen Körper gibt es außerdem die sogenannten ›Tore des Todes‹ und die ›verbotenen Öffnungen‹, deren genaue Lokalisierung nur durch die Kraft innerer Arbeit bestimmt werden kann. Das Problem bei den ›verhängnisvollen Bahnen‹ besteht darin, daß es zu ernsten Erkrankungen oder in schweren Fällen sogar zum Tod führen kann, wenn ein ›Tor des Todes‹ oder eine ›verbotene Öffnung‹ gestört wird.

Gibt es auf der Erde ebenfalls vergleichbare verhängnisvolle Bahnen oder Tore des Todes? In diesem Zusammenhang denken wir vielleicht an das berüchtigte Bermuda-Dreieck. An der Verbindungsstelle von Atlantischem Ozean und Karibischem Meer liegt ein Gebiet, wo immer wieder Flugzeuge und Schiffe auf geheimnisvolle Weise verschwinden, so daß die Leute es auch ›Dreieck des Schreckens‹ nennen. Vom Standpunkt von Meister Wangs Theorie der Korrespondenz von menschlichem Körper und Erde gesehen, entspricht das Bermuda-Dreieck im Energiesystem der Erde einem Endkanal oder einer Öffnung des Todes im menschlichen Körper. Da diese Kanäle oder Öffnungen im menschlichen Körper keineswegs ständig offen oder geschlossen sind, ist es plausibel, daß es auch für das Bermuda-Dreieck Zeiten gibt, wo es geöffnet ist, und Zeiten, wo es geschlossen ist.

Bei einem unserer Besuche bei Meister Wang gab dieser gerade einen Kurs über daoistische Gesundheitspflege, der von über 1 400 Teilnehmern besucht wurde. Wir kamen gleich zur Sache: Wir beschrieben einen kleinen Kreis von 2,5 Zentimeter Durchmesser in der Kreuzgegend, den die Daoisten als ›Tor des Lebens‹ oder ›Tor des Schicksals‹ bezeichnen, und stellten Meister Wang die Frage, ob sich an dieser Stelle nicht ein Tor des Todes oder eine Todesöffnung befände. Meister Wang schien überrascht: »Woher wißt ihr das?«

»Wir sind darauf gekommen, als wir die Erde betrachtet haben.« Bei der Arbeit an diesem Buch hatten wir einen Globus vor uns auf den Tisch gestellt und ihn in den Pausen betrachtet, um unser Denken anzuregen. Noch ganz aufgeregt über unsere Entdeckung, fuhren wir fort, Meister Wang zu erklären, wie wir vorgegangen waren.

Nach Auffassung von Meister Wang ist der Nabel die Stelle, wo der Embryo mit Nahrung versorgt wird, denn im Uterus nimmt er durch den Nabel Nahrung aus der Plazenta auf. Daher müßte es einen entsprechenden Erdnabel geben, durch den die Erde mit Nahrung versorgt wird.

Wang Liping erzählte uns eine Begebenheit aus seiner Jugend. Einer seiner Lehrer hatte ihm erklärt: Wenn man von der zentralen Ebene Chinas aus direkt nach Süden geht, gibt es eine Linie, mit der man die Stelle, wo die Erde mit Nahrung versorgt wird, finden kann. Als wir das hörten, mußten wir sofort an die gewaltigen Ölreserven im Mittleren Osten denken. Könnte das nicht die Stelle sein, wo die Erde mit Nahrung versorgt wird? Im menschlichen Körper liegt der Nabel direkt gegenüber dem ›Tor des Schicksals‹ auf dem Rücken; im System der ›Sechs Linien der inneren Arbeit‹ heißt die Linie zwischen dem Nabel und dem Tor des Schicksals ›Linie der Lebensbewahrung‹. Welche Stelle auf der ›Rückseite‹ der Erde entspricht nun dem Mittleren Osten? Als wir den Globus drehten, fanden wir zu unserer Überraschung heraus, daß das Bermuda-Dreieck hinsichtlich der Längen- und Breitengrade dem Mittleren Osten entspricht.

Sollte zwischen diesen beiden Regionen eine Art mysteriöser Verbindung bestehen? Das Bermuda-Dreieck ist eine Todesöffnung auf der Erde. Wenn der menschliche Körper eine tiefe Beziehung zur Erde hat, folgt daraus, daß es mindestens eine Öffnung des Todes im Bereich des ›Tors des Schicksals‹ geben müßte. Meister Wang machte eine Zeichnung und erklärte uns, daß sich die neun Öffnungen des Todes im menschlichen Körper alle in diesem Bereich befinden und nach dem Muster der Neun Kammern im menschlichen Schädel angeordnet sind. Aus diesem Wissen könnte man schließen, daß die Todesöffnungen auf der Erde über einen größeren Bereich als das bekannte Bermuda-Dreieck verteilt sind.

Doch nach diesem Exkurs wollen wir den Faden unserer Geschichte wieder aufgreifen: Der junge Wang Liping begann also an diesem Punkt seiner Schulung mit den Übungen der irdischen Unsterblichkeit, der zweiten Stufe der Drei Übungen zur Unsterblichkeit. Das ganze Übungssystem besteht, wie schon gesagt, aus drei Fahrzeugen, zehn Toren und fünfundvierzig Stufen, die wir hier einmal systematisch darstellen wollen:

A. Das Niedere Fahrzeug

Es zielt auf menschliche Unsterblichkeit und besteht aus vier Methoden zum Erlangen von Wohlbefinden und langem Leben.

I. Vereinigung von Yin und Yang:
1. Yang-Embryo und Yin-Atmung
2. wahre Embryonalatmung
3. Wasser und Feuer paaren
II. Wasser und Feuer sammeln und zerstreuen:
1. absolute Einheit, die wahre Energie enthält
2. kleinere körperliche Läuterung
3. natürliche Unschuld und natürliche Reifung
III. Paarung von Drache und Tiger:
1. regenerierendes Elixier aussondern
2. den unsterblichen Embryo nähren
3. Klärung von Wasser und Feuer
4. das Zusammentreffen von wahrem Mann und wahrer Frau
5. Austausch von Energie ohne körperliche Veränderung
IV. Medizinisches Elixier kochen und läutern:
1. der Feuerungsvorgang
2. der kleinere Zyklus
3. der zyklische Feuerungsvorgang
4. Belebenden Geist sammeln, um Energie zu nähren
5. Energie sammeln, um den Belebenden Geist zu nähren
6. Yang läutern, um den Belebenden Geist zu nähren

B. Das Mittlere Fahrzeug

Es ist für irdische Unsterblichkeit bestimmt und besteht aus drei Methoden, um länger zu leben, ohne zu sterben.
V. Der Fliegende Goldkristall-Talisman an der Seite:
1. Lebenskraft zurückführen, um das Gehirn anzuregen
2. das Wasserrad anschieben
3. Verkehr von Drache und Tiger
4. Blei extrahieren und Quecksilber hinzufügen
5. Verjüngung
VI. Das regenerierende Elixier der Jadeflüssigkeit:

1. der Talisman der Jadeflüssigkeit zur Läuterung des Körpers
2. den unsterblichen Embryo baden
3. kleinere Wiederherstellung des Elixiers
4. größere Wiederherstellung des Elixiers
5. das Elixier der siebenfachen Umkehrung
6. das Elixier der neunfachen Umwandlung

VII. Das regenerierende Elixier der Goldflüssigkeit:

1. der Talisman der Goldflüssigkeit zur Läuterung des Körpers
2. das Feuer entfachen, um den Körper zu opfern
3. Goldblüten und Jadetau
4. Größere Klärung
5. Materielle Alchimie

C. Das Höhere Fahrzeug

Es ist für himmlische Unsterblichkeit bestimmt und besteht aus drei Methoden zur Transzendierung des Gewöhnlichen und dem Eintritt in die Heiligkeit.

VIII. Zur Quelle zurückkehren und Energie läutern:

1. innere Transzendenz
2. Energie läutern, um den Körper zu vervollkommnen
3. violettes Goldelixier
4. den Yang-Geist läutern
5. die Drei Blüten am Gipfel sammeln

IX. Inneres Schauen und Austauschen:

1. den Yang-Geist sammeln
2. das himmlische Feuer anzünden
3. das Gewöhnliche gegen das Unsterbliche austauschen
4. Paradies in der Welt und im Himmel

X. Transzendente Befreiung und Nachbildung der physischen Form:

1. den zweiten Körper betreten und verlassen
2. der spirituelle Unsterbliche wirft die Substanz ab
3. das Gewöhnliche transzendieren und in die Heiligkeit eintreten

Auf der Stufe der dreifachen Sphäre von Himmel, Erde und Menschheit machte Wang Liping die praktische Erfahrung der tiefen Beziehungen zwischen Menschheit und Natur, als er die Geheimnisse des menschlichen Körpers und des Universums erkundete. Indem er sich mit Leib und Seele in seine Praxis vertiefte, eröffneten sich ihm Dimensionen der Wahrnehmung, die sich nicht in Worten beschreiben lassen, und es offenbarten sich ihm die Mysterien von Himmel, Erde und Menschheit.

Auch unser Denken muß auf eine höhere Stufen gehoben werden, damit wir die tiefen Beziehungen zwischen Mensch und Universum ganz begreifen können. Gewöhnlich gilt allen Menschen die Erde als ihre Mutter. Aber wenn das lediglich bedeuten soll, daß die uns Leben und Nahrung schenkt, dann ist das kaum eine angemessene Feststellung. Die Erde und das Universum haben die Menschheit mit ihren Formen und Bildern genährt; der Mensch ist eine Miniaturerde und ein Miniaturuniversum. Die Mysterien des menschlichen Körpers, die Mysterien der Erde und die Mysterien des Universums müssen aus dieser Perspektive betrachtet werden. Aus dieser Perspektive sollten wir auch über die Beziehungen zwischen uns Menschen, der Erde und dem Universum nachdenken.

Eines Tages gaben die drei alten Magier Wang Liping interessante Erklärungen über die im menschlichen Körper gespeicherte Information. Sie führten ihn ein in die *Tabellen der Abbildung des Rückens*, ein berühmtes daoistisches Werk der Weissagung, dessen Name aus der Praxis abgeleitet ist, die im menschlichen Körper registrierte Information zu ›lesen‹.

Während der Tang-Dynastie lebten zwei Mathematiker mit Namen Li Chunfeng und Yuan Tianwang. Li Chunfeng war ein vielseitiger Gelehrter und ein Kalenderfachmann, der unter Kaiser Taizong (627–650) zum kaiserlichen Astronomen berufen wurde, weil seine Vorhersagen sich regelmäßig als richtig erwiesen hatten. Yuan Tianwang seinerseits war als hervorragender Physiognom in der Lage, den Charakter von Menschen mit unglaublicher Genauigkeit aus ihren körperlichen Merkmalen abzulesen. Li und Yuan taten sich zusammen und entwarfen Vorhersagetabellen, mit denen sich der Aufstieg und Fall von Dynastien und der Wandel der Epochen voraussagen ließ. Li und Yuan konnten gegenseitig auf ihren Rücken bestimmte Dinge ›sehen‹; durch Beobachtung der Informationen, die sie von ihren Rücken ablesen konnten, berechneten sie größere Ereignisse voraus. Sie überprüften die Ergebnisse ihrer Berechnungen, ordneten die Information zu sechzig Hexagrammen aus je acht Trigrammen und entwarfen auf diese Weise sechzig Orakeldiagramme in einer zeitgebundenen Anordnung. Dies sind die berühmten *Tabellen der Abbildung des Rückens,* die aus sechzig Abschnitten bestehen, zu denen jeweils ein Hexagramm-Symbol, ein Diagramm, eine Prophezeiung und ein Spruch gehören. Weil diese Prophezeiungen und Sprüche tiefgründig und die Diagramme und Symbole geheimnisvoll sind, ist dieses Buch für Uneingeweihte völlig rätselhaft.

Tatsächlich sind die *Tabellen der Abbildung des Rückens* ein Handbuch der Weissagung. Es gibt verschiedene Versionen dieses Werks, wobei die von Li und Yuan verfaßte Fassung dem Ziel dient, Tendenzen und Ereignisse in der Gesellschaft vorauszusehen. Bei dem Buch, das die alten Magier benutzt hatten, um einen Nachfolger zu ›orten‹, handelte es sich um eine ganz besondere Fassung dieses Werkes, die von den Linienhaltern der Drachentor-Schule von Generation zu Generation weitergegeben wurde. Theoretisch ist es möglich, seine eigenen Tabellen für andere Bereiche zusammenzustellen, aber natürlich wären solche neuen Tabellen in Inhalt und Niveau verschieden.

Bei ihrer Betrachtung des menschlichen Körpers untersuchen die Daoisten alle Körperteile sehr gründlich. Die Informationen, welche die Eingeweihten in verschiedenen Körperteilen ›sehen‹ können, zeigen nicht nur Krankheiten und Veränderungen in den inneren Organen oder den Bahnen der Himmelskörper an, sondern geben auch Hinweise auf die Entwicklung der Gesellschaft.

Die Version der *Tabellen der Abbildung des Rückens,* welche die alten Magier Liping zum Studium gaben, verzeichnet

Informationen, die auf dem Rücken zu finden sind. Diese Informationen beziehen sich sowohl auf die Vergangenheit als auch auf die Zukunft. In den Augen eines gewöhnlichen Menschen zeigt der Rücken nichts weiter als eine physische Struktur, aber eine tiefere Information läßt sich darauf nicht entdecken. Nur Eingeweihte, die sich durch innere Arbeit hoch entwickelt haben, können aus dem menschlichen Rükken Dinge ablesen, die anderen verborgen sind.

8 Auf Wanderschaft

Noch bevor die alten Magier den Laoshan verlassen hatten, wußten sie aus den *Tabellen der Abbildung des Rückens*, daß dem Land eine Periode des Chaos bevorstand. Sie ahnten jedoch nicht, wie chaotisch die Zustände tatsächlich werden würden. Das ›Kleine Rote Buch‹ – die sogenannte Mao-Bibel – schwenkend, schwärmten die Roten Garden über ganz China aus. Im Namen einer totalen Säuberung wurden alle möglichen Greueltaten verübt, und im ganzen Land schien es keinen Ort mehr zu geben, an dem man sich hätte verstecken können. Die Gesellschaft veränderte sich so radikal, daß selbst die Geister nichts ausrichten konnten!

Selbst in hohen Bergen und tiefen Tälern blieben die heiligen Stätten der Unsterblichen, die nur selten eines Menschen Fuß betreten hatte, buddhistische und daoistische Schulen, die mit niemandem im Wettstreit lagen und sich nicht in weltliche Angelegenheiten einmischten, sowie Tempel und Schreine der Läuterung und der Stille nicht von systematischer Zerstörung und politischer Säuberung verschont. Sogar das Mausoleum des Konfuzius wurde entweiht und der Wald um diese dem chinesischen Volk heilige Stätte abgeholzt.

Brigaden der Roten Garden aus über einem Dutzend Städten und Provinzen rotteten sich in einer Massenaktion zusammen und besetzten den Berg Wudangshan, eine der heiligsten Stätten des Daoismus. Mehrere tausend Rotgardisten drangen – rote Fahnen schwenkend – in den Shaolin-Tempel ein, die Wiege des Chan-Buddhismus. Auch am heiligen Berg Emeishan blieb kein Stein auf dem anderen. Das Kloster der Weißen Wolke [Baiyunguan] in Peking, eines der bedeutendsten daoistischen Zentren Chinas, lag in Trümmern. Auch der kostbare Schrein der Drei Reinen auf dem Berg Laoshan konnte nicht mehr als sicher gelten. Die drei alten Magier fühlten sich allmählich besorgt und ruhelos. Sie erkannten, daß sie sich rasch auf den Weg machen sollten, um dem drohenden Unheil zu entgehen.

Auch in Wang Lipings Heimatstadt begann es zu gären. Die drei alten Daoisten hatten in den Bergen im Westen der Stadt gelebt, um die Unruhe der Stadt zu meiden. Da sie sich versteckt hielten und sich den Anschein der Normalität gaben, hatten sie ihre außergewöhnlichen Fähigkeiten verborgen gehalten, außer wenn die einheimischen Bauern medizinische Hilfe brauchten. Die alten Meister waren äußerst geschickte Heiler und hatten deshalb das Wohlwollen der Leute gewonnen, aber da die Zeiten sich gewandelt hatten und man nie wissen kann, was in den Herzen der Menschen vorgeht, konnte die Bekanntheit ihrer ärztlichen Kunst sie nun in Schwierigkeiten bringen.

Im Laufe ihres langen Lebens hatten die drei alten Magier schon eine ganze Menge gesehen und durchgemacht: das Chaos der letzten Jahre der Qing-Dynastie, die Konflikte zwischen den Kriegsherren, den antijapanischen Widerstandskampf und den Bürgerkrieg zwischen Nationalisten und Kommunisten. Doch selbst in unruhigen Zeiten hatte es früher doch noch Orte der Ruhe, fern vom Lärm der Welt, gegeben. Stets war es möglich, tief in den Bergen Plätze zu finden, an denen man sich verbergen und das Dao kultivieren konnte. Jeder der alten Weisen besaß außerordentliche spirituelle Kräfte; auch wenn sie nicht in der Lage waren, die Welt als Ganzes zu ändern, so waren sie doch dazu fähig, sich selbst zu schützen. Aber nun war sogar ihr altes Nest auf dem Laoshan in Gefahr, weggefegt zu werden, und ihr bescheidenes Quartier außerhalb der Stadt war nicht mehr sicher.

Die Aufgabe, einen Nachfolger heranzubilden, war jedoch

über achthundert Jahre lang bis auf den heutigen Tag niemals vernachlässigt worden, und die drei alten Meister nahmen diese Verpflichtung überaus ernst. Der Schatz an Wissen und Weisheit mußte weitergegeben werden, so daß das Große Dao auch in Zukunft in der Welt gedeihen konnte. Die alten Meister erkannten, daß es an der Zeit war, zusammen mit ihrem Lehrling auf Wanderschaft zu gehen.

Damals war Wang Liping nicht weniger besorgt als die Dao-Meister. Von den ersten Tagen seiner Lehrzeit an war er angewiesen worden, alles aufzuschreiben, was er im Verlauf seiner Schulung lernte und erlebte. Diese Aufzeichnungen hätten zu einer wertvollen Quelle für spätere Generationen werden sollen. Doch im damaligen Klima des Mißtrauens und der Feindseligkeit hätte man der Anschuldigung, ein Reaktionär zu sein, kaum entgehen können, und es war ihm klar, daß es schwer sein würde, diese Aufzeichnungen vor der Zerstörung zu bewahren.

Wang Lipings Tagebuch mit den Aufzeichnungen über seine daoistische Praxis war das Ergebnis einer vierjährigen Fleißarbeit: Dutzende von Heften mit Zehntausenden von Schriftzeichen füllten einen großen Karton von zwei Fuß Länge, einem Fuß Höhe und einem Fuß Breite. Besonders sein Bericht über den Verlauf und die Erfahrung des Fastens, einschließlich der Teile, die auf Beobachtungen beruhten und von seinen Mentoren eigenhändig aufgezeichnet worden waren, aber auch seine persönlichen Erfahrungen und Visionen, die er aus dem Gedächtnis niedergeschrieben hatte, stellten ein äußerst wertvolles Quellenmaterial dar. Diese unter großen Mühen erworbene Materialsammlung hätte nicht nur für eine einzelne Person, sondern für das ganze Land und sogar für die Menschheit von Nutzen sein können.

Zu allem Unglück war Lipings Vater schon als reaktionärer Technokrat angeprangert worden, so daß Liping seine Notizen zu Hause nicht mehr sicher aufbewahren konnte. Weil es nun unumgänglich geworden war, diesen Ort zu verlassen, bereiteten sich die alten Magier auf die Wanderschaft vor, und da sie Lipings Aufzeichnungen nicht mitnehmen konnten, rieten sie ihm, seine Hefte zu verbrennen. Die Meister machten ihm klar, daß er auf jeden Fall verhindern müßte, daß dieses Material in die falschen Hände geriet; wenn die Lage später wieder sicher wäre, so erklärten sie ihm, könnte er seine Notizen wieder rekonstruieren. Dies wäre natürlich nicht mehr das Original, aber er könnte genug im Gedächtnis bewahren, um Menschen in die Lage zu versetzen, ein tieferes Verständnis des Dao zu erlangen.

Schweren Herzens verbrannte Wang Liping schließlich seine Hefte. Nun gab es nichts mehr, was ihn zurückhalten konnte, und er war bereit, sich mit den Magiern auf den Weg zu machen.

Reisen gehört zu den notwendigen Erfahrungen einer daoistischen Schulung. Lipings Reise hatte ganz andere Ziele als die gewöhnliche Art des Reisens, bei denen es für die meisten Menschen im allgemeinen nur um das Vergnügen am Ortswechsel und an neuen Eindrücken geht. Literaten und Ästheten reisen meistens in der Absicht, ihren Horizont zu erweitern, die Schönheiten der Natur aufzunehmen und fremde Länder, Menschen und Kulturen kennenzulernen.

Im Gegensatz dazu hat die daoistische Wanderschaft vor allem drei Ziele: Selbstkultivierung, Begegnungen mit verwirklichten Personen und Forschung. Selbstkultivierung bedeutet hier, daß man die lebendigen Energien verschiedener Berge und Flüsse in unterschiedlichen Regionen nutzt, um die wahre Energie in Inneren des eigenen Körpers zu entwickeln und so Tag für Tag Fortschritte bei der inneren Arbeit zu machen. Begegnung mit verwirklichten Personen bedeutet, in unzugänglichen Bergregionen wahre Menschen aufzusuchen. Forschung bedeutet, die natürlichen Gesetzmäßigkeiten von verschiedenen Umgebungen und Lebenssituationen zu erkunden, um überleben zu lernen. Daoisten gehen nicht auf Wanderschaft, bevor sie nicht einen gewissen Grad von Meisterschaft erreicht haben; das zeigt, wie bedeutsam die Rolle des Reisens im Leben eines daoistischen Adepten ist.

Der Aufbruch der drei alten Weisen und ihres jungen Lehrlings war nun unvermeidbar geworden; nachdem die politische Entwicklung diesen Punkt erreicht hatte, blieb den vier Daoisten nichts anderes übrig, als sich den Umständen zu fügen. Obwohl Liping bei weitem noch nicht an die Fähigkeiten der alten Meister heranreichte, war er trotz seiner Jugend schon zu einem lebenden Toten geworden. So war anzunehmen, daß die Härten einer Wanderschaft seine weitere Entwicklung befördern würden.

An diesem Punkt von Wang Lipings Biographie befinden wir uns in den späten sechziger Jahren, als eine gewaltige Flutwelle des Vandalismus über ganz China hinwegrollte. Die Herzen der drei alten Magier und ihres jungen Lehrlings waren von grenzenloser Trauer erfüllt.

Als die vier Daoisten sich auf den Weg machten, war es tiefe Nacht. Ein kalter Wind heulte unter einem von schwarzen Wolken verhangenen Nachthimmel. Nachdem sie den spirituellen Adepten von Himmel und Erde ihre symbolische Ehrerbietung erwiesen, die Gedenktafeln ihrer spirituellen Ahnen versteckt und ihre Gerätschaften eingesammelt hatten, machten sie sich in der Dunkelheit der Nacht still und heimlich auf den Weg, nur das Allernötigste bei sich tragend. Der sechsundachtzigjährige Großmeister, der Weggefährte der Unendlichkeit, rüstig und schnell zu Fuß, übernahm die Führung. Der Weggefährte der Reinen Heiterkeit und der Weggefährte der Reinen Leere folgten ihm mit Wang Liping. Zusammen verschwanden die vier in der Finsternis und glitten davon ins Unbekannte.

Ohne anzuhalten, schritten die Lehrer und ihr Schüler rüstig aus. Mit Hilfe ihrer daoistischen Gehtechniken konnten die alten Magier so schnell laufen, daß Liping trotz seiner Jugend kaum mithalten konnte. Als sie den Jungen ganz außer Atem sahen, hielten die alten Männer an und sagten ihm, er sollte vorausgehen, während sie eine Pause machen wollten. Sie wiesen ihn an, in ungefähr zwei Stunden unter einem großen Baum an der Straße auf sie zu warten. Liping dachte bei sich, daß dem Großmeister und den beiden Mentoren, die ja schließlich alte Männer waren, ein bißchen Ausruhen nicht schaden könnte. Also ging er vor, um dann an der Straße auf sie zu warten. Da er mit zügigem Schritt allein durch die Dunkelheit wanderte, hatte er in zwei Stunden gut fünfzehn Kilometer zurückgelegt, als er einen riesigen Baum an einem Berghang bemerkte. Doch als er auf den Baum zuging, um sich dort zu setzen und ein wenig auszuruhen, hörte er plötzlich ein Lachen: »Du lahme Ente! Wir drei haben uns hier schon eine ganze Weile ausgeruht!« Liping war verlegen und beschämt. Da waren die drei alten Magier ja schon!

Nachdem sie ihren jungen Lehrling zum Sitzen aufgefordert hatten, erklärte ihm der Weggefährte der Reinen Leere: »Wenn du über Land wanderst, ist es unerläßlich, eine bestimmte Art von Gehtechnik zu üben. Sonst vergeudest du beim Gehen nur Zeit und Energie. Bei deiner Art zu gehen wäre jeder nach der Überquerung von einigen wenigen Bergen völlig erschöpft und unfähig weiterzugehen. Obwohl es sich bei dieser Gehtechnik um eine Form von äußerer Arbeit handelt, solltest du zuerst über eine praktische Grundlage in innerer Arbeit verfügen. Dann kannst du deine Aufmerksamkeit und deinen Geist einsetzen, um deinen Körper anzuheben und leicht wie eine Feder zu machen. Nur so kannst du dich schnell wie ein Blitz bewegen. Wenn du dieser Arbeit noch die Austauschtechniken und den natürlichen Kreislauf hinzufügst, dann kannst du nach jeweils fünfundzwanzig, fünfzig und hundert Kilometer zu Fuß eine Weile sitzen, deine Beine strecken, deine Muskeln entspannen, deine Energie kreisen lassen und deinen Geist nähren. Auf diese Weise kannst du immer weitergehen, ohne zu ermüden.«

Der Weggefährte der Reinen Heiterkeit lehrte Liping ein paar praktische Techniken, die Liping unterwegs immer wieder übte, um so allmählich die Kunst des Gehens zu lernen. Der Mentor erklärte ihm außerdem Methoden der Orts- und Richtungsbestimmung. Auf der Ebene des Niederen Fahrzeugs bestimmt man die Richtung in bezug auf Mond und Sterne, und man bestimmt den Ort in bezug auf landschaftliche Merkmale wie Berge, Flüsse, Felsen, Bäume, Häuser und so weiter. Auf der Ebene des Mittleren Fahrzeugs wird es möglich, sogar in einer pechschwarzen Nacht Ort und Richtung genau zu bestimmen. Bei dieser Methode setzt man beim Ruhen den kleinen Energiekreislauf im Körperinneren in Gang, um die Position des Mondes festzustellen; danach öffnet man das Himmelsauge und betrachtet die Landschaft in allen Richtungen, um den Ort zu bestimmen. Wenn man die Ebene des Höheren Fahrzeugs erreicht hat, ist nichts von alledem nötig; man folgt einfach seinem intuitiven Gefühl, das nichts anderes ist als der Ursprüngliche Geist.

Die drei Ebenen von Himmel, Erde und Mensch beziehen sich auf alle Erscheinungen und Dinge. Je höher du voranschreitest, desto tiefer wird die Methodik und desto einfacher ihre Struktur. Deshalb heißt es, daß das Dao ungekünstelte Einfachheit ist. Für die vier Daoisten bestand der erste Zweck ihrer Reise darin, Unheil und Chaos zu vermeiden und einfach Frieden und Sicherheit zu finden. Wann immer sich unterwegs eine Gelegenheit bot, zeigten die drei alten Magier Liping eine praktische Übung. Wenn sie zum Beispiel an einem ruhigen Platz rasten konnten, erläuterten die Meister ihm gewöhnlich die Klassiker und rezitierten aus verschiedenen Texten. Dabei führten sie Wang Liping Schritt für Schritt zu einem tieferen Verständnis der daoistischen Philosophie.

Als die einmal Rast machten, rutschte Wang Lipings ›Kleines Rotes Buch‹ aus seiner Mütze, doch er wollte es nicht aufheben. Einer seiner Mentoren ermahnte ihn: »Heb das Buch lieber auf und stecke es zurück an seinen Platz. Das ist jetzt unser lebensrettendes Amulett, unser Paß!« Weil Liping das nicht begriff, fuhr sein Mentor fort: »In den unteren drei Sphären braucht jedermann einen Schutztalisman, denn die Leute können ihr Schicksal nicht kontrollieren und sind nicht Herr über sich selbst. Da wir jetzt durch die unteren drei Sphären reisen, haben wir uns auf dieses Objekt, dieses Kleine Rote Buch, zu verlassen, um verborgen zu bleiben. Wenn du die mittleren drei Sphären erreicht hast, bist zum Meister deines Geschicks geworden und benötigst diesen Schutztalisman nicht länger.«

Im Verlauf ihrer Wanderung mieden die drei Magier und ihr junger Lehrling die Städte und suchten sich ihren Weg durch abgelegene Gegenden und Dörfer. Wenn sie hungrig und durstig waren, ließ Wang Liping die drei alten Meister ausruhen und machte sich auf, Trinkwasser und etwas zu essen zu suchen. Manchmal gaben sich Liping und die alten Daoisten als Flüchtlinge aus, die vor der Hungersnot flohen, und zogen bettelnd von Dorf zu Dorf. Wenn das Wetter zu kalt wurde, suchten sie sich einen Platz, an dem sie sich vor Kälte und Schnee schützen konnten. Auf diese Weise vergingen bei ihrer Wanderschaft mehrere Monate wie im Flug.

Als sie eines Tages an den Fuß eines Berges gelangten, bemerkten die vier Reisenden, daß es schon spät war und zu regnen drohte. Der Großmeister schlug vor, in der Nähe einen Platz zum Übernachten zu suchen. Als sie die Gegend absuchten, entdeckten sie schließlich eine winzige Siedlung mit etwa einem Dutzend Häusern, die sich an einen Berghang schmiegten. Es war eine ruhiges, einfaches Dorf; die meisten Häuser waren aus Steinen gemauert und mit Stroh gedeckt. Der Sitz der Kreisverwaltung und die nächste Garnison waren weit entfernt, der Weg über die Bergpfade war mühsam, und nur selten verirrte sich einmal ein Parteikader hierher. Obwohl die Dorfbewohner zu einer Volkskommune gehörten, lebten sie wie früher in Großfamilien zusammen und die Alten hatten immer noch das Sagen.

In der Dorfmitte war ein kleiner ebener Platz, auf dem ein Mühlstein unter einem großen Baum lag. Dies schien der Versammlungsplatz der Dorfgemeinschaft zu sein. Dort angekommen legten die drei alten Magier ihre Bündel auf den Mühlstein und setzten sich, während Wang Liping sich umschaute. Bald lief eine neugierige Kinderschar zusammen. Da nur selten Fremde in dieses abgelegene Bergdorf kamen, war das Erscheinen dieser vier Männer eine Sensation. Als sie sahen, wie arm dieses Dorf war, wie zerrissen die Kleider seiner Bewohner und wie hungrig die Kinder ausschauten, waren die drei alten Daoisten von Mitleid gerührt. Als die Schar der Kinder wuchs, vergaß der Weggefährte der Unendlichkeit die Müdigkeit und schlug dem Weggefährten der Reinen Heiterkeit vor, Liping solle die Leute mit einer Vorführung unterhalten.

Der Weggefährte der Reinen Heiterkeit war einverstanden;

er fand einen Gong mit einem Riß und schlug ihn scheppernd an. Das brachte das ganze Dorf auf die Beine – selten gab es hier so etwas Aufregendes. Die Alten stützend und die Kleinsten tragend, drängten sich die Dörfler neugierig um die vier Fremden, um zu sehen, was für eine Art von Vorführung sie geben würden.

Der Weggefährte der Reinen Heiterkeit legte die Hände wie ein Marktschreier um den Mund und bedankte sich lautstark bei allen für ihre Freundlichkeit. »Wir sind auf der Flucht vor dem Hunger und haben nichts Besonderes zu bieten. Wir haben nur ein paar einfache Kunststücke gelernt, um uns einen Bissen zu verdienen.«

Ohne weitere Aufforderung stellte Wang Liping sich in die Mitte des Platzes, verbeugte sich tief und dankte allen für ihre Freundlichkeit. Dann stellte er sich im Zustand höchster Wachheit in Positur, so ungemein würdevoll, ja fast furchteinflößend, daß alle erschraken, denn sie hatten ihn nur für einen unbedeutenden Schüler gehalten. Zuerst gab er eine kleine Kampfkunstdemonstration mit einem Feuerwerk von Fußstößen, Schlägen und Beinarbeit und absolvierte danach eine bestimmte Form, die alle Zuschauer erstaunte und anhaltenden Beifall auslöste.

Allmählich wurden seine Bewegungen wieder ruhig; dann nahm er langsam eine andere Position ein, so als hielte er einen Ball, den er über seinen ganzen Körper rollen lassen wollte. Nach kurzer Zeit erschien tatsächlich etwas in seinen Händen: Es sah aus wie ein Hühnerei, das Licht ausstrahlte. Völlig verblüfft starrten die Leute Liping mit aufgerissenen Augen an und fragten sich, ob sie noch richtig sähen. Aber der feurige Ball wollte nicht verschwinden; statt dessen wurde er immer größer und leuchtete immer schöner, wie ein regenbogenfarbiger Ball, der in Wang Lipings Händen tanzte.

Als Wang Liping nun einen besonderen Schritt ausführte, begann der farbige Ball um seinen Körper zu kreisen. Die begeisterten Dorfbewohner schrieen Beifall, und während sie noch darüber staunten, schüttelte Wang Liping schnell seine Hände und verwandelte den Ball auf einmal in drei Bälle. Nun hatte er in jeder Hand einen Ball, und der dritte hing vor ihm auf Bauchhöhe. Dann rotierten die drei Bälle um ihn herum, so als würde farbiger Brokat seinen Körper einhüllen, mit einem Geräusch wie das Flüstern des Windes. Die Zuschauer waren hingerissen.

Ein Augenblick später wirbelten plötzlich neun Bälle herum, umkreisten den Körper des Jungen, auf vertikalen und horizontalen Bahnen, was die Zuschauer in ungläubiges Staunen versetzte. Selbst die alten Magier nickten und lächelten unmerklich, als sie Lipings Demonstration sahen.

Plötzlich hielt Wang Liping inne, und die neun farbigen Bälle verschwanden im Handumdrehen. Er ließ die Hände langsam sinken, öffnete die Augen und schloß die Vorführung ab. Alle Anwesenden tobten vor Begeisterung. An diesem Abend waren ihnen wirklich die Augen aufgegangen!

Der Leser wird schon gemerkt haben, daß Wang Liping mit den ›Geistigen Kugeln der Acht Trigramme‹ gespielt hatte, einer Technik, die er früher gelernt hatte. Das Wunderbare an diesen Kugeln ist nicht die Schönheit ihres Anblicks, die einfache Dorfbewohner beeindrucken mag, sondern ihre besondere Funktion – ›den Körper zu verteilen‹. Sobald ein farbiger Ball erscheint, ist der Körper des Übenden bereits in den Ball hinein verlagert, auch wenn dieser ›Körper‹ unsichtbar bleibt. Während die Leute zusahen, wie Liping den leuchtenden Ball manipulierte, massierte er in Wirklichkeit ein bestimmtes Organ seines Körpers.

Die ›Geistigen Kugeln der Acht Trigramme‹ haben noch eine weitere erstaunliche Funktion, denn sie können dazu benutzt werden, ›wahre mentale Eindrücke‹ über weite Entfernungen zu senden. Weil das ›Selbst‹ im Ball ist, ist der Ball ein Hologramm; alles, was im Selbst ist, ist auch im Ball, der – wie das Selbst – Leben, Denken und Spiritualität besitzt. Für gewöhnliche Sterbliche ist das nicht zu begreifen. Die ›Information‹, von der die modernen Menschen sprechen, und die ›wahren Eindrücke‹, von denen die Alten sprachen, sind nicht dasselbe; da sie sich nicht einmal auf derselben Stufe der Realität befinden, sollten sie nicht verwechselt werden. ›Eindruck‹ ist hier das Schlüsselwort, das die belebte Welt von der unbelebten und das Universum der unteren drei Sphären von dem der mittleren drei Sphären trennt.

Nach Wang Liping trat der Weggefährte der Reinen Heiterkeit vor, um den Dörflern eine kleine Vorführung zu geben und die allgemeine Begeisterung wach zu halten. Mit größtem Staunen sahen die Dorfbewohner, wie kraftvoll seine Kampfkunsttechniken waren. Ein paar junge Leute brachten ihm einen großen Felsblock, um zu sehen, ob der alte Mann ihn spalten konnte. Als er ihren Enthusiasmus bemerkte, weigerte er sich nicht. Zuerst machte er ein paar große Schwünge, sammelte die Energien seiner inneren Organe und ließ dann die rechte Hand mit einem lauten Schrei kraftvoll niedersausen. Krachend zersplitterte der Fels in hundert Stücke. Den Zuschauern verschlug es die Sprache. Die jungen Leute, die den Felsen hergebracht hatten, untersuchten die Hand des alten Daoisten und stellten fest, daß sie wie die Hand eines normalen Menschen aussah und nichts Ungewöhnliches daran zu bemerken war. Dieser sechsundsiebzigjährige Alte war immer noch in der Lage, die Leute so zu verblüffen, daß sie den Mund nicht mehr zubrachten.

Auch Liping war tief beeindruckt von den unglaublichen Kräften seines Mentors. Er wußte nur zu gut, wie gefährlich seine Hände sein konnten, denn früher hatte der alte Mann ihn beim Training einmal voll getroffen. Trotz des Schutzpolsters, das er damals getragen hatte, war der junge Liping mehrere Meter nach hinten geschleudert worden und hatte einen Rippenbruch erlitten. Damals hatte der Großmeister gemeint, daß Liping dank seiner Polsterung noch Glück gehabt hätte, denn bei einem normalen Mensch hätte ein solcher Schlag tödlich wirken können.

Die Dorfjugend drängte sich um den Weggefährten der Reinen Heiterkeit, doch als nun ein alter Mann erschien, wichen sie respektvoll zurück: »Es ist schon spät geworden. Warum lassen wir die Männer nicht ausruhen und essen. Geht jetzt alle nach Hause!« Nach diesen Worten begrüßte er die vier Fremden und lud sie höflich ein, die Nacht in der Scheune der Produktionsbrigade zu verbringen. In der einfachen Scheune befand sich nichts als ein paar landwirtschaftliche Geräte, aber Platz zum Schlafen gab es genug. Ein paar Kinder, die ihnen bis hierher gefolgt waren, brachten Heu und streuten es auf den Boden. Der Dorfälteste nahm eine Lampe von der Wand, zündete sie an und stellte sie auf eine Steinplatte in der Mitte des Raums. Dann setzten sich alle und begannen sich zu unterhalten.

Es dauerte nicht lange, bis einzelne Dorfbewohner herbeikamen, um Essen, Reiskuchen und Gemüsesuppe für die Gäste zu bringen. Der Dorfälteste entschuldigte sich für die Einfachheit der bescheidenen Mahlzeit und forderte die Reisenden zum Essen auf. Die Dao-Meister zierten sich nicht, denn seit vielen Tagen hatten sie nichts Richtiges mehr zu essen bekommen. Später schickten etliche der Dorfbewohner den vier Daoisten auch etwas Reiseproviant oder einige kleine Münzen. Doch die forderten jeden auf, der gekommen war, seine Gaben wieder mit nach Hause zu nehmen. So blieb dem Dorfältesten nichts anderes übrig, als alle zu bitten, nach Hause zu gehen und die Gäste ruhen zu lassen. Ein heftiges Gewitter zog auf; die vier Daoisten löschten die Lampe und meditierten noch eine Zeitlang, bevor sie sich schlafen legten. Der Regen dauerte eine ganze Weile.

Nach einigen Stunden Schlaf standen die daoistischen Meister und ihr Schüler in aller Frühe auf, um zu meditieren. Als sie ihre innere Arbeit beendet hatten, war es draußen bereits hell. Sie traten ins Freie, um in der frischen Morgenluft einige Qigong-Übungen zu machen. Da sahen sie den Dorfältesten herbeikommen. Der Weggefährte der Unendlichkeit ging ihm entgegen, und nachdem die beiden sich freundlich begrüßt hatten, sagte er: »Wir haben euch viel Arbeit gemacht, und ihr habt uns so gut aufgenommen, daß wir nicht wissen, wie wir euch für eure Freundlichkeit danken können.«

Der Dorfälteste erwiderte: »Das war doch nicht der Rede wert, mein Bruder. Sobald man heutzutage aus dem Haus tritt, stößt man auf alle möglichen Nöte und Schwierigkeiten. Hier in diesem einfachen Bergdorf haben wir Gästen wirklich nichts zu bieten. Ich befürchte, daß wir euch schlecht behandelt haben. Ich habe mir die ganze Nacht Sorgen gemacht, weil ich nicht wußte, ob ihr wegen des undichten Scheunendachs nicht naß geworden seid.«

Zur Erleichterung des Dorfältesten erwiderte der Weggefährte der Unendlichkeit, daß das Dach nicht undicht wäre und sie gut geschlafen hätten. Als er bemerkte, daß der alte Mann immer wieder besorgt auf den wolkenverhangenen Himmel blickte, wußte der Meister, was den Mann beschäftigte. Der Dorfälteste seufzte. Nach längerem Schweigen erklärte er schließlich: »Hier in den Bergen haben wir nur wenig gutes Ackerland. Unser Lebensunterhalt hängt ganz und gar von der Natur ab. Zur Zeit ist der Weizen reif und sollte geerntet werden, aber das Wetter ist so verregnet, daß wir nicht wissen, was wir machen sollen.«

Der Weggefährte der Unendlichkeit sagte: »Mach dir deshalb keine Sorgen, verehrter jüngerer Bruder. Geh und sag allen Dorfbewohnern, daß sie ihre Sicheln holen und mit der Ernte anfangen sollen.« Am Tonfall seiner Stimme merkte der Dorfälteste, daß der Dao-Meister es ernst meinte. Also drehte er sich um und ging zurück ins Dorf.

Der Weggefährte der Unendlichkeit schickte die beiden anderen Meister zusammen mit Liping an einen abgelegenen Ort außerhalb des Dorfes; sie sollten dort ein besonderes Ritual ausführen. Die drei ließen sich auf der Kuppe eines Hügels nieder, und der Weggefährte der Reinen Heiterkeit erklärte Liping: »Du mußt darauf achten, daß diese Wolken Regen und Blitze mit sich bringen. Wenn man dieses Ritual zum Anhalten des Regens durchführt, besteht die Gefahr, von einem Blitz getroffen zu werden. Deshalb kommt es vor allem darauf an, Blitze zu vermeiden. Die Energie des Blitzes gehört in die Kategorie Feuer, die dem Herzen im menschlichen Körper entspricht. Die Methode, den Blitz zu vermeiden, besteht darin, das Herz im Augenblick des Blitzes zu verschließen und jegliche Verbindung zwischen dem Feuer des Blitzes und dem Herzen abzuschneiden. Rezitiere innerlich die folgende Formel, und die elektrische Energie des Blitzes wird gestoppt. Inzwischen bist du zum Herrn von Himmel und Erde geworden. Du bist der König. Der Blitz ist der Minister und muß dir gehorchen.«

Damit machte der Weggefährte der Reinen Heiterkeit eine Bewegung mit der Hand. Plötzlich vibrierte sein ganzer Körper, und ein eigenartiger Strom von Lauten kam aus seinem Mund. Gleichzeitig fuhr ein Blitz herab, gefolgt von fernem Donnergrollen. Der Dao-Meister deutete mit beiden Händen in die Richtung des Blitzes und machte eine sanft streichelnde Bewegung. Die Wolken am Himmel begannen sich zu teilen und ein Streifen blassen blauen Himmels tat sich auf. Der Weggefährte der Reinen Heiterkeit forderte Liping auf, seine innere Energie zu aktivieren, um mit Hilfe seines inneren Universums das Universum außerhalb seines Körpers zu steuern. Er sollte das innere Universum völlig öffnen, die Geistenergie zu den Wolken aufsteigen lassen und die Hände benutzen, um über die Stelle zu streichen, wo sich Geist und Wolken trafen.

Nun begannen die dichten Wolken langsam zu brodeln, und der helle Streifen öffnete sich weiter. Der Weggefährte der Reinen Heiterkeit hob ebenfalls die Hände, um zusammen mit den anderen ein Dreieck zu bilden, dessen Spitze auf den Himmel zeigte. Die Wolken wurden nach außen geschoben, wie eine Schafherde, die sich in alle Richtungen zerstreut. Die Lichtung in der Mitte wurde immer größer und heller. Nach kurzer Zeit waren die grauschwarzen Wolkenmassen in Richtung Horizont weggeweht. Das Zentrum des Himmels war ungewöhnlich hell geworden und leuchtete in tiefem, wunderschönem Blau. Als die dunklen Wolken verflogen waren, zeigte sich endlich die goldene Sonne im Osten und tauchte die Berge in strahlendes Licht.

Die vier Daoisten badeten im Licht der Sonne, ihre Lebensgeister in einem Zustand ungewöhnlicher Wachheit. Innerhalb einer halben Stunde hatten sie einen wolkenverhangenen, düsteren Himmel in eine strahlende neue Welt verwandelt. Liping war unbeschreiblich glücklich – an diesem Tag hatte er wirklich etwas gelernt!

Auf dem Rückweg zum Dorf erklärte ihm sein Mentor, der Weggefährte der Reinen Heiterkeit, daß es nicht sonderlich schwer wäre, Regen zum Anhalten zu bringen. Wenn weit und breit keine einzige Wolke zu sehen wäre, bräuchte es jedoch eine höhere Stufe der Meisterschaft, um es regnen zu lassen. Harmonie mit dem Gesetz der Natur und Unterwerfung unter das Dao der Natur sei ein immer und überall gültiges Prinzip, das auch für die Beherrschung höherer Kräfte, zum Beispiel das Regenmachen oder das Anhalten von Regen, gelte. Ein solches Eingreifen sei nur zulässig, wenn es den Menschen Nutzen brächte; auf keinen Fall dürfe so etwas willkürlich oder aus unzulässigen Gründen geschehen.

Als er sah, daß die Wolken zurückwichen und der Himmel mit erstaunlicher Geschwindigkeit aufklarte, war der Dorfälteste noch mehr überzeugt, daß diese vier Reisenden keine gewöhnlichen Sterblichen waren. Er führte die Dorfbewohner zur Scheune, um den Daoisten zu danken, doch die waren spurlos verschwunden. Während seine Gefährten das Ritual durchführten, hatte der Großmeister nämlich schon alle ihre Sachen und ein wenig von dem Proviant, den ihnen die Dorfbewohner geschenkt hatten, zusammengepackt und wartete auf einem Bergpfad auf die drei anderen. Dann zogen sie mit unbekanntem Ziel weiter.

Seine Lehrer hatten Liping oft erklärt, daß für alle Adepten des Dao nicht die Stufe ihres eigenen Könnens das Wichtigste ist. Es geht ihnen vielmehr darum, Gutes zu tun, den Wesen zu helfen und das Dao im Auftrag des Himmels zu erfüllen. In diesem Sinne ist es wichtiger, den Charakter zu kultivieren als das Leben. Ohne Erwartung von Belohnung Gutes zu tun führt dazu, innere Kräfte aufzubauen; wenn diese Kräfte wachsen, wächst auch die Meisterschaft. Nachdem sie den Regen vertrieben hatte, war den Magiern klar, daß die Dorfbewohner herbeikommen würden, um ihnen zu danken. Deshalb zogen sie es vor, gleich aufzubrechen, um die Bauern nicht unnötig zu stören und von der Feldarbeit abzuhalten.

9 Die Fünf Künste

Während der Wanderjahre nutzten die drei alten Meister jede Gelegenheit, ihren Lehrling zu unterweisen und ihm das Dao zu übertragen. Für Wang Liping hatte nun die siebte Stufe seiner daoistischen Schulung begonnen, auf der es darum geht, ›Wissen zu entwickeln‹. Auf dieser Stufe werden hauptsächlich die sogenannten Fünf Künste studiert – fünf verschiedene traditionelle Disziplinen oder Fertigkeiten, nämlich Heilkunst, Körpertraining, Physiognomik, Wahrsagerei und Prophezeiung.

Diese Fünf Künste sind aus den Erfahrungen und dem Wissen entstanden, das die Alten bei ihren Bemühungen um Überleben, Anpassung und Harmonie gewonnen hatten. Im Lauf der Geschichte wurden sie von den Daoisten, die sie in den Bergen kultivierten und die ihre Entdeckungen mit Hilfe einer geheimen Symbolik festhielten, immer weiter entwickelt. Jede dieser Künste ist getränkt vom Schweiß und Blut vieler Generationen, und in jeder hat sich die Erfahrung und das Wissen von Jahrhunderten kristallisiert. Wenn es gelänge, durch ihre äußere begriffliche Schale zu ihrem reinen Kern vorzudringen, könnten sich diese Künste zu einem großen Segen für die Menschheit entwickeln.

Die vier Daoisten wanderten immer noch in allen vier Himmelsrichtungen durch China. Bei Tag waren sie unterwegs, bei Nacht rasteten sie. Eines Tages gelangten sie an einen abgelegenen Ort in den Bergen, wo sie eine klare Quelle fanden. Sie setzen sich ans Wasser, wuschen den Staub der Straße ab und ruhten sich aus. Plötzlich durchfuhr den Weggefährten der Unendlichkeit ein leichter Schauer. Er blickte auf und sagte er zu seinen Gefährten: »Habt ihr nicht auch ein Stöhnen gehört?«

Die beiden jüngeren Dao-Meister, die ebenfalls etwas gehört hatten, waren bereits aufgestanden, um den Lauten nachzugehen, gefolgt von Wang Liping. Sie bahnten sich ihren Weg durch dichtes Gras und Schlingpflanzen und kletterten über Felsen bis auf einen Grat, von dem aus sie tief unten in einer Schlucht einen stöhnenden Mann liegen sahen. Der Mann war anscheinend zum Brennholzsammeln in die Berge gestiegen und dabei in die Schlucht abgestürzt.

Sie kletterten zum ihm hinunter; er war etwa fünfzig Jahre alt, dunkelhäutig und abgemagert, und seine Kleidung war von Flicken übersät. Sein rechtes Bein war schon grünlich verfärbt und vereitert, und die Augen waren ihm bereits zugefallen. So lag er hilflos stöhnend am Boden. Der Weggefährte der Reinen Leere untersuchte die Verletzung des Mannes sorgfältig und stellte fest, daß er sich nicht etwa bei einem Sturz verletzt hatte, sondern von einer Schlange gebissen worden war. Sofort zog der alte Daoist eine Silbernadel aus der Tasche, hielt sie in der rechten Hand und richtete sie zum Himmel aus. Er zwirbelte sie einige Male zwischen den Fingern, sammelte seinen Geist und seinen Blick auf die Nadel, um sie dann blitzschnell in das Bein des Mannes zu stechen.

Wang Liping erschrak, als er seinen Mentor so heftig zustechen sah; er hatte nicht erwartet, daß der Weggefährte der Reinen Leere die Nadel fünf Zentimeter über dem Bein anhalten würde. Dort ließ er sie dann vibrieren und beobachtete dabei die Reaktionen im Körper des Holzfällers. Als nächstes punktierte er einen Kreis über dem Bein und führte die Nadel anschließend über dem Bein nach unten, während er sie leicht zwischen seinen Fingerspitzen vibrieren ließ. An bestimmten Stellen hielt er inne, um die Nadel zu zwirbeln und dann wieder energisch weiterzumachen. Manchmal ließ er die Nadel wie ein Boot auf kurzen, heftigen Wellen hüpfen und führte sie dann wieder weiter.

Als die Nadel die Kniescheibe des Verletzten umkreiste, vibrierte sie besonders heftig. Der Dao-Meister ließ sie wirbeln, steigen und sinken, um sie dann mit einer Bewegung weiterzuführen, als wolle er einen widerspenstigen Strom bewußt dazu zwingen, der Bahn der Silbernadel zu folgen. Als die Nadel die Stelle des Schlangenbisses erreicht hatte, ließ der Dao-Meister sie leicht über der Wunde vibrieren. Er schloß die Augen, richtete alle Kräfte seines Körpers und Geistes auf die Nadelspitze und murmelte eine magische Formel. Dann zog er die Nadel ganz plötzlich blitzschnell nach oben, und schwarzes Blut begann aus der Wunde zu spritzen. Kurz darauf öffnete der Holzfäller die Augen und hörte auf zu stöhnen.

Der Weggefährte der Reinen Leere richtete sich auf, steckte die Silbernadel wieder in die Tasche und erklärte dem Mann beruhigend: »Alles wird wieder gut. Das Gift ist ausgetrieben.«

Nun beugte sich Wang Liping vor, hielt seine Handflächen über das verletzte Bein des Holzfällers und übte mit seiner inneren Kraft Druck nach unten aus, um die Heilung des Mannes zu beschleunigen. Da der Dao-Meister bereits die Punkte versiegelt hatte, die den Energiefluß über dem Knie regeln, und das Gift bereits ausgeschieden war, genügten ein paar Schübe von Lipings innerer Kraft, um das schwarze Blut zum Ausströmen und frisches rotes Blut zum Fließen zu bringen. Die Schwellung ging zurück, und nach einer Weile konnte der Holzfäller sogar wieder aufstehen und gehen. Mit Tränen in den Augen wollte der Mann sich in Dankbarkeit niederwerfen, aber der alte Daoist ließ das nicht zu. Er nahm etwas Medizin aus seiner Tasche und gab sie dem Holzfäller, bevor dieser seiner Wege ging.

Wang Liping stand immer noch da, wie vom Donner gerührt und in Gedanken verloren über die einzigartige Kunstfertigkeit, mit der sein Mentor die Silbernadel geführt hatte. Der Weggefährte der Reinen Leere gab ihm einen leichten Schlag auf den Rücken: »Was ist los mit dir? Komm schnell, laßt uns zurückgehen!« Erst jetzt kam Liping zu sich und eilte mit seinen beiden Lehrern zurück.

Der alte Dao-Meister hatte natürlich gemerkt, daß Wang Liping über die Silbernadel nachdachte, und begann deshalb auf dem Rückweg, ihn über deren Gebrauch aufzuklären.

Liping erfuhr, daß der Meister drei besondere Silbernadeln besaß. Die erste hieß die Yin-Nadel, die zweite die Yang-Nadel und die dritte Große Langgeformte Nadel. Die Nadeln waren wie jede gewöhnliche Akupunkturnadel von Handwerkern angefertigt worden. Das Ungewöhnliche an ihnen war jedoch, daß auch sie einer Kultivierung und Läuterung unterworfen worden waren und dadurch ganz andere Eigenschaften gewonnen hatten als normale Akupunkturnadeln. Auch wenn er die Nadeln nicht benutzte, nahm der Dao-Meister die Nadeln manchmal aus der Tasche und übte sich darin, im Einklang mit Himmel, Erde, Sonne und Mond die wahren Energien des Universums in ihren Spitzen zu sammeln. Wenn er sie dann bei bestimmten Gelegenheiten benutzte, verfügten sie über außergewöhnliche Kräfte.

Die Methoden für den Gebrauch der Nadeln waren ebenfalls vielfältig und anspruchsvoll. Es gibt Methoden für große, kleine und lange Nadeln; Methoden der Hautakupunktur, der Zonenakupunktur, der Totalakupunktur, der Unendlichen Akupunktur und so weiter. Bei der Heilung des Holzfällers hatte der Meister gerade seine spezielle Methode der Unendlichen Akupunktur benutzt. Dabei wird die Nadel, ohne den Patienten zu berühren, auf Distanz geführt; auf diese Weise kann sie vielerlei Funktionen ausführen und spontan über Meridiane, Kanäle und Punkte gleiten, um auf diese Weise die Punkte und Energiebahnen zu stimulieren. Würde die Nadel in die Haut gestochen, dann reichte eine einzige Nadel nicht zur Behandlung aus; da ferner jede Nadel an einem bestimmten Punkt gestochen werden müßte, könnte sie nicht frei schweben und die Manipulation der Energie wäre eingeschränkt.

Die Arbeit mit der Nadel beginnt mit einer Testnadelung, mit der man die Qualität und Intensität der Energien im Körper erspürt. Heilsame Energien sind friedlich und ruhig, während ungesunde Energien turbulent sind.

Das Innere von Akupunkturpunkten wird in drei Schichten unterteilt – eine himmlische, eine irdische und eine menschliche. Es ist notwendig, deutlich zu unterscheiden, in welcher Schicht welche Energien fließen. Manchmal fließt die heilsame Energie in der himmlischen Schicht, während die ungesunde Energie in der irdischen Schicht auf versteckte Weise aktiv ist. Wenn diese nicht deutlich unterschieden werden, ist es nicht möglich, die Nadeln richtig zur Heilung einzusetzen. Hat man die heilsame Energie aufgefunden, dann wird sie in Übereinstimmung mit ihrem eigenen Impuls zum Fließen gebracht; hat man ungesunde Energie aufgespürt, dann wird sie an Schlüsselpunkten gestoppt und dann ausgetrieben.

Als Wang Liping seinen Mentor so dozieren hörte, dachte er bei sich: »Kein Wunder, daß man den alten Meister den besten Akupunkteur der Welt nennt.« Akupunktur und Moxibustion können nur dann als spirituelle höhere Künste gelten, wenn sie auf diesen Grad von Meisterschaft gegründet sind. Als die drei an ihren Rastplatz zurückkamen, erklärte der Weggefährte der Reinen Leere dem Großmeister, daß sie einen Mann, der von einer Schlange gebissen worden war, gefunden und behandelt hätten. Der Großmeister äußerte sich zufrieden und hieß die drei Platz nehmen, damit sie sich ausruhen und erfrischen konnten.

Während Liping sich stärkte, gab der Weggefährte der Unendlichkeit ihm weitere Unterweisungen über Medizin und Heilung zu. Bei einem Schlangenbiß, so erklärte der Großmeister, ist es zuerst notwendig, festzustellen, ob die Schlange giftig war oder nicht. Der Biß einer ungiftigen Schlange hinterläßt im allgemeinen sechs kleine Wunden – vier oben und zwei unten. Die meisten Giftschlangen hinterlassen dagegen vier Wunden; außerdem kommt es an der Bißstelle zu brennenden Schmerzen, Lähmungserscheinungen und starker Eiterbildung.

Schlangen beißen gewöhnlich in die Hand oder den Fuß; die Schwellungen breiten sich im allgemeinen nach oben aus, begleitet von Symptomen wie Sehstörungen und Atemnot, Schwindelanfällen und Erbrechen, schwachem Puls und hohem Fieber. Zur Heilung ist es zuerst notwendig, den Weg des Gifts mit Hilfe innerer Kraft zu versiegeln und anschließend das Gift herauszupressen. Medizinische Präparate können ebenfalls mit Erfolg verwendet werden; dazu eignen sich unter anderem ›Notfallpulver‹ und ›Jadeessenzpulver‹. Die darin enthaltenen Kräuter und Substanzen werden in genau abgemessenen Dosen benutzt; bei der Behandlung sollte man analytisch – und nicht nach einem festgelegten Schema – vorgehen.

Nach ihrer Rast machten sich die drei Meister und ihr Lehrling wieder auf den Weg. Die alten Weisen hatten Lipings großes Interesse für die Heilkunst bemerkt, und so sprachen sie unterwegs fortan von den Bergen, wenn sie auf Berge stießen, vom Wasser, wenn sie ans Wasser kamen, vom Heilen, wenn sie auf Krankheiten stießen, und von Arzneien, wenn sie Heilpflanzen sahen. An vielen Stellen entdeckten sie eine große Zahl von Heilpflanzen, deren Gebrauch sie Liping ausführlich erklärten.

Als die vier Reisenden eines Tages durch einen dichten Bergwald wanderten, machten sie Halt, um ihre Beine ruhen zu lassen. Es war um die Mittagszeit, und da weit und breit keine menschliche Behausung zu sehen war, ging der Weggefährte der Reinen Leere zusammen mit Wang Liping in die Wälder, um nach wilden Früchten zu suchen. Da es noch früh am Tag war und sie es nicht eilig hatten, nahm sich der Großmeister Zeit, um Liping noch mehr über chinesische Medizin und Kräuterkunde zu erzählen.

Der Meister erklärte, daß die medizinische Wissenschaft in China nicht von der Kräuterkunde zu trennen ist. Da die Menschen sich gewöhnlich von verschiedenen Getreidesorten ernähren, sind sie anfällig für Krankheiten. Es gibt zahlreiche Heilmethoden, aber Kräuterpräparate sind das am häufigsten benutzte Mittel. Im ältesten Handbuch der Pharmakologie, dem *Klassischen Arzneibuch des Shennong* [Shennong bencao jing], werden 365 medizinische Substanzen aufgelistet – ihre Zahl entspricht der Zahl der Tage im Jahr. Diese medizinischen Substanzen werden in Kräuter, Getreide- und Reissorten, Früchte, Hölzer, Insekten, Fische, Tiere und Mineralien eingeteilt; ferner unterscheidet man Substanzen höherer, mittlerer und niederer Art.

Es gibt 120 Sorten medizinischer Substanzen von höherer Art. Unter der Bezeichnung ›herrschende Arzneien‹ dienen sie dazu, das Leben zu nähren und die Lebensspanne zu verlängern. Sie können ohne Schaden über einen längeren Zeitraum eingenommen werden. Es gibt ebenfalls 120 Sorten medizinischer Substanzen von mittlerer Art. Unter der Bezeichnung ›leitende Arzneien‹ eignen sie sich dazu, die Wesensnatur zu nähren, Mängel auszugleichen und Krankheiten zu heilen. Sie sollten nicht über längere Zeit eingenommen werden. Schließlich gibt es ebenfalls 120 Sorten medizinischer Substanzen von niedriger Art. Sie werden ›dienende Arzneien‹ genannt, sind meist giftig und müssen mit Vorsicht eingenommen werden, wenn man damit heilen will. Natürlich existieren viele Regeln und Vorschriften für die Zubereitung und Mischung medizinischer Substanzen.

In der Ming-Zeit widmete Li Shizhen (1518–1593) sein ganzes Leben der medizinischen Forschung und verfaßte das berühmte *Große Arzneibuch* [Bencao gangmu] auf zweiundfünfzig Schriftrollen; dieses Werk umfaßt 1892 medizinische Substanzen, eingeteilt in sechzig Kategorien unter sechzehn Rubriken. Dieses Buch wurde zum klassischen Quellenwerk der chinesischen Kräuterkunde; es ist umfassend, aber nicht weitschweifig; detailliert, aber aufs Wesentliche beschränkt. Ein Beispiel: Im Abschnitt über Wasser werden zweiundvierzig Arten von medizinischen Substanzen angeführt, eingeteilt in himmlisches Wasser und irdisches Wasser. Dazu gehört zum Beispiel auch ›Schnee vom Jahresende‹, der süß, kühl und frei von Giftstoffen ist; in einem dicht verschlossenen Gefäß hält er sich an einem schattigen, kühlen Platz jahrzehntelang, ohne zu verderben. Schnee vom Jahresende eignet sich zur Behandlung von Gemüse und Körnern, denn er tötet Insekten. Dieses Wasser kann das Braugerät von grünen Fliegen befreien; wenn man Früchte darin aufbewahrt, kann es verhindern, daß diese von Würmern befallen werden. Es kann alle möglichen Giftstoffe auflösen und jahreszeitlich bedingte Epidemien, Übelkeit, Kindesfieber, Krämpfe, Anfälle und so weiter heilen. Es wirkt auch bei Gelbsucht, aber dazu muß es etwas erwärmt werden. Wenn man die Augen damit wäscht, kann Schnee vom Jahresende sie von Rötungen befreien. Wenn man damit Tee oder Reisbrei zubereitet, vertreibt es Fieber und löscht Durst. Bemerkenswerte Wirkungen hat es ferner, wenn man es bei Hautausschlägen anwendet.

Die Verwendung von Wasser zur Heilung von Krankheiten folgt natürlichen Gesetzen. Menschen, die an Durchfall und Erbrechen leiden, können mit Yin-Yang-Wasser behandelt werden. Yin-Yang-Wasser ist einfach zuzubereiten: Es besteht je zur Hälfte aus Quellwasser und gekochtem Wasser. Nach den *Historischen Aufzeichnungen* behandelte der große Arzt Hua Tuo (141–203) einmal eine Frau mit hartnäckigem Fieber. Er setzte sie in eine Steinwanne und übergoß sie mit kaltem Wasser. Da zu jener Zeit Winter war und große Kälte herrschte, hielten die Leute es für seltsam, die Frau mit kaltem Wasser zu übergießen. Nachdem sie siebzigmal übergossen worden war, zitterte der halb erfrorene Körper der Patientin unkontrollierbar. Aber nach dem achtzigsten Guß strömte ein warmer Dampf aus dem ganzen Körper der Frau. Nach dem hundertsten Übergießen half Hua Tuo ihr aus der Wanne, rieb sie kräftig ab, wickelte sie warm ein und ließ sie ruhen. Nach einer kurzen Weile brach sie am ganzen Körper in Schweiß aus, und bald war das Fieber verschwunden. Dies ist eine Art von Kur, die gewöhnliche Ärzte niemals riskieren würden.

Die vier Daoisten wußten später nicht mehr genau zu sagen, wie viele Tage sie gebraucht hatten, um die dichten Bergwälder zu durchqueren. Doch Liping konnte sich sehr wohl daran erinnern, daß ihm die drei Meister in jener Zeit die Grundzüge von mehreren medizinischen Klassikern erklärt hatten, und jeder hatte ihm außerdem seine eigenen besonderen Künste übertragen. Sie lehrten ihn auch noch über hundert Geheimrezepte, die er auswendig zu lernen hatte und nicht ohne weiteres preisgeben durfte. Alles, was er damals von seinen Meistern lernte, bewahrte Liping im Gedächtnis und erreichte so eine hohe Stufe der Meisterschaft in der Heilkunst.

Inzwischen war es Spätherbst geworden, und man spürte den Winter herannahen; das farbige Bild der weiten Herbstlandschaft wurde immer blasser. Wang Liping trug nun einige neue Schätze in seiner Reisetasche: seltene Kräuter, die sie unterwegs gesammelt hatten, sowie frisch präparierte Pillen und Pulver. Auch wenn er keine großen Mengen an medizinischen Substanzen besaß, waren seine Präparate wegen ihrer Seltenheit von hohem Wert. Die vier hatten beträchtliche Zeit und Mühe aufgewandt, um diese Arzneien zu sammeln und zuzubereiten, aber sie dachten nicht daran, sie zu verkaufen oder umzutauschen. Diese Arzneien waren zur Heilung von Menschen in Notfällen und in Notzeiten bestimmt.

Als sie eines Tages auf einem Bergpfad um eine Biegung kamen, stießen sie auf eine Gruppe von Menschen, die sich mühsam dahinschleppten. Als sie näher kamen, stellten sie fest, daß alle blaß und elend aussahen und in Lumpen gehüllt waren, wie Menschen, die vor einer Hungersnot fliehen. Auf die Fragen des Großmeisters antwortete einer der Männer, sie hätten in einer nahe gelegenen Siedlung gelebt, deren Bewohner von einer Epidemie befallen worden und jeden Tag zu Dutzenden gestorben wären. Diese Gruppe war nun auf der Flucht, in der Hoffnung, der Epidemie zu entgehen und vorübergehend irgendwo Zuflucht zu finden. Der Mann riet den vier Reisenden, einen Umweg zu machen und jene Siedlung zu meiden.

Darauf entgegnete der Großmeister lächelnd: »Wir brauchen keine Umwege zu machen. Bitte kehrt mit uns zurück! Wir werden die Krankheit heilen.« Die Leute schauten ihn zweifelnd an. In ihrer Mitte befand sich eine junge Frau mit einem kleinen Kind auf dem Arm. Es war ganz blaß, seine Lippen waren blau angelaufen, seine Augen waren geschlossen, und sein Atem ging nur noch schwach. Die Frau warf dem Großmeister einen flehentlichen Blick zu. Der streckte seine Hand aus, um den Kopf des Kindes sanft zu reiben, und sagte beruhigend: »Der Kleine ist ganz in Ordnung. Geh nach Hause, und gib ihm zu essen; dann geht's ihm wieder besser!«

Zuerst wollte die Frau ihm nicht glauben, doch dann bemerkte sie, daß sich die Gesichtsfarbe ihres Kindes besserte und das brennende Fieber nachließ. Auf einmal öffnete das Kind die Augen und schrie: »Mama, Hunger!« Völlig verblüfft wollte die Frau sich zum Dank vor dem Großmeister niederwerfen, aber Wang Liping hielt sie zurück. Auch die anderen Leute waren verblüfft. Sie reihten sich auf, um den vier Reisenden zu ihrem Dorf zu folgen, wobei sie sich die ganze Zeit Gedanken darüber machten, wer diese vier Fremden wohl sein könnten.

Das Dorf lag verlassen da; keine Menschenseele war im Freien zu sehen; man hörte weder einen Hahn krähen noch einen Hund bellen. Das einzige, was den vier Daoisten auffiel, waren weiße Papierstreifen, die an manchen Türen hingen und im Herbstwind flatterten. Nachdem der Weggefährte der Reinen Leere einen Blick ins Innere eines Hauses geworfen hatte, teilte er dem Großmeister mit, daß es sich hier zweifellos um Cholera handelte und sofortige Notfallmaßnahmen erforderlich wären.

Ohne sich einen Augenblick der Ruhe zu gönnen, forderten die vier Daoisten den Mann, der sie ins Dorf geführt hatte, auf, alle Dorfbewohner, die noch gehen konnten, in der Versammlungshalle zusammenzurufen und die Kranken auf Bahren herbeitragen zu lassen. Wang Liping ging voraus, um die Halle zu säubern und alle Fenster fest zu schließen. Der Weggefährte der Reinen Leere holte seine Silbernadel hervor, schloß die Augen und begann, mit der Energie zu arbeiten. Der Weggefährte der Reinen Heiterkeit trug Brennholz zusammen und häufte es in der Mitte des Raumes auf. Der Weggefährte der Unendlichkeit ließ sich Papier und Tusche bringen. Auf dem Boden sitzend, entwarf er einen Talisman, nahm ihn dann in die Hand, legte die Hand auf die Brust, schloß die Augen und aktivierte den Talisman, indem er eine magische Formel rezitierte.

Als alles vorbereitet war, versammelte sich das ganze Dorf in der Halle. Der Weggefährte der Reinen Leere ließ alle im Kreis um den Holzstoß sitzen; wer nicht aufrecht sitzen konnte, legte sich mit dem Blick nach innen auf den Boden. Auf Anordnung des Weggefährten der Unendlichkeit verteilte Wang Liping zuerst ein Körnchen einer medizinischen Pille an alle Liegenden und zündete dann den Holzstoß an. Da das Holz nicht trocken war, qualmte es beim Brennen ziemlich stark. Der Weggefährte der Unendlichkeit warf seinen Talisman ins Feuer.

Nachdem die Türen fest geschlossen waren, erfüllte allmählich ein erstickender Qualm die Halle, der die Leute zu immer heftigerem Husten reizte. Als ein paar sich auch noch übergeben mußten, drohte ein allgemeines Chaos auszubrechen. Rauch und Gestank erfüllten den Raum mit üblen Gerüchen, während das Husten, Würgen und Stöhnen der Leute einen wahren Tumult verursachte.

In der Dunkelheit hielt der Weggefährte der Reinen Leere seine Silbernadel in beiden Händen hoch und führte damit in der Luft eine Energiefeld-Massenbehandlung durch. Dabei stach er im Geist die Nadel in bestimmte Punkte, so daß alle Patienten gleichzeitig die Wirkung verspürten. Als er seine magische Behandlung beendet hatte, begann der Weggefährte der Reinen Heiterkeit der ganzen Versammlung eine Energiefeld-Massage zu geben, die ebenfalls von allen Patienten im Raum deutlich gespürt wurde.

Nach ungefähr einer Stunde beruhigte sich die Halle; Husten, Würgen und Stöhnen hatten aufgehört. Die Sitzenden begannen sich besser zu fühlen, während die Liegenden sich nach und nach aufsetzten. Allen ging es wesentlich besser.

Nun forderte der Weggefährte der Unendlichkeit Wang Liping auf, Türen und Fenster wieder zu öffnen, damit Licht und Luft hereinströmen konnten. An die Dorfbewohner gewandt, sagte er: »Ihr könnt jetzt alle aufstehen und nach Hause gehen. Ein paar Tage lang sollt ihr ausruhen und nur wenig essen, dann werdet ihr wieder zu Kräften kommen.«

Die Dorfbewohner schauten einander an und glaubten sich in eine Traumwelt versetzt. Doch als sie aufstanden und sich auf den Heimweg machten, merkten sie zu ihrem Erstaunen, daß alles ganz wirklich war. Doch als die Leute nach den vier Fremden suchten, stellte sich heraus, daß sie schon ihre wenigen Sachen gepackt hatten und aufgebrochen waren. Der Mann, der sie zum Dorf geführt hatte, schrie ihnen nach, sie sollten doch warten; und die junge Mutter mit dem kleinen Kind rief ihnen ihren Dank mit lauter Stimme hinterher. Die vier Reisenden gingen jedoch unbeirrt weiter; nur der junge Wang Liping wandte sich um und winkte allen zum Abschied zu. Unter Tränen winkten die Dorfbewohner zurück.

Nachdem sie das Dorf hinter sich gelassen hatten, setzten die Daoisten mehrere Tage hintereinander eine geistige Fernmassagetechnik ein, um die Schwerkranken im Dorf zu heilen. Zur übergroßen Freude und Dankbarkeit des ganzen Dorfes erholten sich auch diese Patienten schnell.

Dieser Bericht über die Heilung der Choleraepidemie muß noch in einem Punkt ergänzt werden: Als der Weggefährte der Reinen Heiterkeit sich am Anfang mit den Dorfbewohnern in die Halle setzte, wendete er eine Kunst an, die als ›Der nahtlose Mantel der Natur‹ bezeichnet wird. Das bedeutet, daß er zuerst das ganze Dorf in ein gewaltiges Feld innerer Energie einhüllte. Nachdem der Großmeister den Talisman bereitet und der Weggefährte der Reinen Leere mit seiner Nadel gewirkt hatte, führte er mit der Kraft der Feldwirkung eine heilende Fernmassage durch. Bei der gleichzeitigen Behandlung einer ganzen Gruppe von Kranken hatten die drei Weisen verschiedene Objekte mit Form und Substanz benutzt, um formlose und doch konkrete Wirkungen zu übertragen und so ihre Aufgabe schneller zu vollenden.

Die drei Meister hatten in den vielen Jahren ihrer Heiltätigkeit nur selten erlebt, daß nahezu die gesamte Bevölkerung eines Dorfes auf einmal von Cholera befallen wurde. Da waren so viele Kranke, und die Symptome waren so ernst, daß es keinen Spielraum für eine zögernde Haltung gab. Sie mußten alle Patienten zusammenrufen und ihre sämtlichen Heilkünste auf einmal anwenden, wie Medikamente, Talismane, Akupunktur und Massage.

Einen Talisman auf Papier zu zeichnen, darin innere Kräfte zu aktivieren und ihn dann zu verbrennen, um Krankheiten zu bannen, wird ›zeremonielle Moxibustion‹ genannt. Es gibt viele Arten von Talismanen: Rezepttalismane, Sonnen- und Mondlichttalismane, Talismane der Fünf Elemente sowie Talismane von Himmel, Erde und Mensch und Talismane des Universums.

Es ist nicht wahr, daß ein Talisman schon in dem Moment wirksam ist, wo er fertiggemalt ist. Er muß erst aktiviert und wirksam gemacht werden. Dies geschieht mit Hilfe besonderer Methoden, die ein hohes Niveau von innerer Energie erfordern. Um zum Beispiel einen Sonnen- und Mondlichttalisman zu aktivieren, ist es notwendig, zu lernen, Energie zu sammeln und sie auf den Talisman zu übertragen. Was die verschiedenen Arten von Talismanen auf höheren Ebenen angeht – wie die Talismane von Himmel, Erde und Mensch –, sind sie schon jenseits der mittleren drei Sphären und erfordern zu ihrer Aktivierung die Nutzung und Entfaltung von Kräften auf den entsprechenden höheren Ebenen.

Diese höheren Kräfte sind für gewöhnliche Sterbliche nicht wahrnehmbar, und es gibt viele Menschen, die deren Existenz an sich bezweifeln. Ferner gibt es Menschen, die zwar an ihre Existenz glauben, sie aber für unbegreifliche Mysterien halten. Wie verhält es sich nun wirklich? Diese Art von Kräften existiert, wie das Anhalten des Regens und die Vertreibung der Cholera durch die drei Meister belegen.

Die chinesische Medizin hat ihren Ursprung im schamanischen Heilen. Im Altertum bildeten Heilen und Schamanismus eine Einheit; im Laufe der Geschichte haben sie sich auseinanderentwickelt. Für manche Leute war dies ein Fortschritt, aber andere sind der Ansicht, daß diese Entwicklung auch einen gewissen Rückschritt beinhaltet. Welche von diesen beiden Ansichten ist richtig? Auch wenn es anscheinend keine einfache Antwort auf diese Frage gibt, ist eines sicher: Wenn man die chinesische Medizin vom Gesamtkontext der traditionellen chinesischen Kultur abtrennt, wenn man sie von ihren traditionellen Wurzeln in den Lehren von Yin und Yang und den Fünf Elementen abschneidet und ihr das pragmatische Fundament der inneren Arbeit entzieht, dann hat sie ihre lebendige Quelle verloren.

Erfahrung war unerläßlich für die Entwicklung der chinesischen Medizin; in der westlichen Medizin gibt es zudem einige Elemente, die etwas zur Erklärung der Entwicklung der chinesischen Medizin beitragen können. Jedoch könnten weder Erfahrung noch westliche Medizin allein das Fundament für die chinesische Medizin abgeben – das wäre eine Verwechslung von Wurzel und Ästen.

Die chinesische Medizin wird – ebenso wie die Erfahrung überhaupt – nach daoistischer Lehre in die drei Stufen der Dreifachen Welt eingeteilt. Die Erfahrung, von der die gewöhnlichen Menschen sprechen, geht nicht über den

Bereich der unteren drei Sphären hinaus. Wenn die chinesische Medizin auf diese Stufe beschränkt bliebe, würden ihre Entwicklungsmöglichkeiten erheblich eingeschränkt. Die daoistische Medizin kennt jedoch keine solche Begrenzung; sie erweitert den Bereich der Erfahrung, um die mittleren und oberen drei Sphären einzubeziehen und die dort verfügbaren Techniken und Kräfte zu nutzen.

Die Vorbedingung, ohne die diese höheren Methoden und Energien nicht genutzt werden können, ist die persönliche Kultivierung und die innere Arbeit des Heilers. In diesem Punkt sind daoistische Heilkunst und Schamanismus eins und damit der üblichen chinesischen Medizin überlegen, ganz zu schweigen von der verwestlichten chinesischen Medizin. Diese Prämisse ist das ursprüngliche Fundament und die eigentliche Tradition der chinesischen Medizin, und nur unter dieser Voraussetzung kann es noch weitere Fortschritte geben.

Hier ein einfaches Beispiel: Vor einigen Jahren hielt Meister Wang einen Vortrag vor Professoren von verschiedenen Hochschulen für traditionelle chinesische Medizin. Als er seinen Zuhörern erläuterte, auf welche Weise die Pulse in die Stufen von Himmel, Erde und Menschheit eingeteilt sind und wie man einen ›fließenden Puls‹ spüren kann, verstanden die Anwesenden natürlich die Prinzipien. Sie hatten von ihren eigenen Lehrern davon gehört, aber da sie nicht wußten, wie die verschiedenen Pulse zustande kamen, hatten sie diese speziellen Pulsarten weder praktiziert noch benutzt, und sie waren unfähig, sie auf der oberen Stufe des Himmels zu finden. Meister Wang erklärte ihnen, daß es unmöglich ist, solche Pulse mit Hilfe gewöhnlicher Methoden zu finden. Sie hätten hundert Zeichen, so fuhr er fort, mit äußerst feinen Abweichungen. Ohne innere Arbeit könne man nicht verstehen, was in den klassischen medizinischen Texten stehe, geschweige denn es praktisch anwenden.

Diese Bemerkungen gelten auch für die normalen Heilmethoden. In der chinesischen Medizin vermeidet man es möglichst, dem Patienten zusätzliche Schmerzen zu bereiten. Allein durch Beobachtung äußerer Symptome ist der Arzt in der Lage, Beschwerden zu diagnostizieren, Heilmittel zu verordnen und Behandlungen durchzuführen. Im Gegensatz dazu kann die westliche Medizin heutzutage ohne Instrumente kaum einen Schritt tun; bei Beschwerden der inneren Organe oder unter der Hautoberfläche greift die westliche Medizin zur Biopsie oder zur exploratorischen Chirurgie, um eine genaue Diagnose aufzustellen; auf diese Weise fügt sie dem Patienten noch mehr Leid zu. Der Schulmedizin fehlt das ganzheitliche Bewußtsein, und sie ist auch nicht in der Lage, dialektisch vorzugehen: Wenn der Kopf weh tut, wird eben der Kopf behandelt; wenn der Fuß weh tut, eben der Fuß – und das unabhängig von den Nebenwirkungen der dabei angewandten Methoden und Medikamente. Oft genug kommt es vor, daß eine neue Krankheit auftritt, wenn die alte Krankheit beseitigt worden ist. Die Vorgehensweise der Schulmedizin mag zwar fortschrittlich erscheinen, ist in Wirklichkeit aber eher primitiv.

Daoistische Heilmethoden gehen aufs Einfache zurück, indem sie direkt in die Quelle der Beschwerden schauen und die Ursache direkt beseitigen – mit außergewöhnlich guten Resultaten. Wenn gewöhnliche Menschen Zeugen solcher Heilungen werden, halten sie das oft für ein Wunder, aber in Wirklichkeit ist daran nichts Besonderes. Meister Wang behauptet, er könne eine Krankheit nur durch Hinschauen erkennen, während gewöhnliche Ärzte den Puls fühlen und Untersuchungen durchführen müssen. Selbst wenn der Patient nicht anwesend ist, kann Meister Wang Krankheiten ›sehen‹.

Warum legt der Daoismus solchen Wert auf das Fundament persönlicher Selbstkultivierung? Dafür gibt es gute Gründe: Erstens kann die Essenz der alten Kultur nicht erfaßt werden, ohne den Geist zu läutern und auf eine hohe Stufe zu heben. Zweitens können viele Techniken ohne ein hohes Maß an innerer Kraft nicht wirksam eingesetzt und außermenschliche Energien nicht genutzt werden. Drittens ist der natürliche Körper des Universums nach dem Prinzip der Einheit von Natur und Mensch in steter Entwicklung begriffen, und das gilt ebenso für den menschlichen Körper, der dem Universum entspricht. Wenn neue Probleme entstehen, ist es notwendig, daß die Menschen späterer Zeiten sie erforschen und zu lösen versuchen. In der Medizin bedeutet das: Wenn die Natur bestimmter medizinischer Substanzen sich verändert, dann müssen sich die Methoden ihrer Mischung und Verschreibung ändern, damit ihre Heilwirkung bewahrt wird. Dies ist eine Aufgabe für die Ärzte zukünftiger Generationen.

Zusammenfassend läßt sich feststellen, daß die Entwicklung der chinesischen Medizin von ihrem kulturellen Hintergrund und insbesondere von der traditionellen Naturphilosophie nicht zu trennen ist. Sie ist auch untrennbar verbunden mit der Kultivierung innerer Kraft durch die Ärzte selbst. Ferner sollte sie auch aus der Erfahrung und der westlichen Medizin lernen. Diese drei Faktoren sind allesamt notwendig, aber es ist wichtig, das Grundlegende vom Ergänzenden zu unterscheiden, um nicht die Wurzel zugunsten der Zweige zu vernachlässigen und so die Ordnung der Dinge auf den Kopf zu stellen.

10 Jenseits von Raum und Zeit

Wenn wir hier von der Überschreitung von Raum und Zeit sprechen, so meinen wir in diesem Zusammenhang lediglich, daß das Denken die Grenzen von Zeit und Raum übersteigt. Die daoistische Methode der Transzendierung von Raum und Zeit ist das Studium der traditionellen Künste der Divination, der Physiognomik und der Wahrsagerei, die sich alle mit Vorhersage und Vorauswissen beschäftigen.

Spricht man von Vorhersage, dann akzeptieren die Menschen diesen Begriff im allgemeinen, ohne der Frage nachzugehen, ob Vorhersagen zutreffen oder nicht. Wenn wir dagegen von Divination, Physiognomik und Wahrsagerei reden, werden die Leute diese Begriffe kaum akzeptieren, weil sich in ihrem Kopf bereits die Vorstellung eingenistet hat, daß es sich dabei um Aberglauben handelte. Wenn mit Hilfe dieser

Methoden relativ gute Ergebnisse oder genaue Vorhersagen erzielt werden, halten die Leute das für Zufall, ohne sich zu fragen, wie dieser Zufall zustande kommen könnte.

Solch eine Einstellung hindert uns daran, die Schätze der traditionellen Kultur zu heben. Sobald wir jedoch diese Hindernisse beseitigen und unsere Einstellung ändern, wird unser Blick so klar, daß wir die tief in der Erde vergrabenen Juwelen erkennen können. In Wirklichkeit sind diese Schätze Werkzeuge. Warum sollten wir diese Werkzeuge zur Vorhersage nicht anwenden, solange sie nützlich sind? Warum sollten wir sie aufgeben, wenn ihr Gebrauch nicht im Widerspruch zum Großen Dao steht?

Vorhersage ist für das menschliche Leben und die Gesellschaft unentbehrlich. Vorhersage und Vorauswissen mögen größer oder kleiner, tiefer oder seichter, gröber oder detaillierter sein und sich je nach Zeit, Ort und Inhalt unterscheiden. Dennoch sind Voraussage und Vorherschau als Grundlage für geeignete Maßnahmen gültige Aspekte menschlicher Weisheit.

Derartige Prognosen erfordern ein Verständnis für die Naturgesetze, nach denen Geschehnisse und Erscheinungen ablaufen. Ein Beispiel: Jedermann weiß, daß die Sonne einige Stunden nach ihrem Untergang im Westen im Osten wieder aufgehen wird, und daher kann jeder Vorkehrungen treffen, um Tagesarbeit bei Tageslicht und Nachtarbeit zur Nachtzeit auszuführen. Wenn es jedoch um den Zeitpunkt von Sonnen- oder Mondfinsternissen geht, kann man sie nicht ohne wissenschaftliche Instrumente berechnen, und erst auf dieser Grundlage lassen sich Vorhersagen machen. Dies alles fällt in den Rahmen des gesunden Menschenverstands. Gewöhnliche Menschen werden aber kaum etwas akzeptieren, das darüber hinausgeht.

Was zum Beispiel macht eine relevante Information aus? Ist es möglich, ein paar Münzen zu werfen und daraus abzulesen, was geschehen wird? Was haben diese Geschehnisse mit den Münzen zu tun? Wie ist es möglich, das Geschick einer Person aus Gesicht, Händen und Rücken abzulesen? Wie kann man das ganze Leben eines Menschen aus dem Zeitpunkt seiner Geburt vorhersagen? Die meisten modernen Menschen würden dazu sagen, daß derartige Informationen entweder zu weit auseinanderliegen oder grundsätzlich irrelevant sind. Die traditionelle chinesische Kultur hat jedoch ihre eigene Philosophie, und diese philosophische Basis, nämlich die Einheit von Natur und Mensch, ist in der Moderne niemals ernsthaft auf die Probe gestellt worden.

Auf der Stufe der ›Entwicklung von Wissen‹ lehrten die drei alten Magier Liping viel Neues und verwandten dafür viel Zeit und Mühe. Da Wang Liping nach seiner Todeserfahrung zwar noch ein Bewohner der unteren drei Sphären war, sich aber trotzdem schon von den gewöhnlichen Menschen in diesen Sphären unterschied, waren die Praktiken und das Wissen, die ihm die Magier nun vermittelten, nicht dieselben wie zuvor. Die Inhalte und ihre Übertragungsmethoden waren auf einer höheren Stufe angesiedelt. Wenn wir diesbezüglich gewisse Sachverhalte verstehen wollen, müssen wir unser eigenes Denken auf eine entsprechend höhere Stufe anheben.

Bei einer bestimmten Gelegenheit fragte der Großmeister Liping, ob er das 21. Kapitel des *Daodejing*, das ihm der Meister früher beigebracht hatte, aufsagen könnte. Liping begann, aus dem Gedächtnis zu rezitieren: »Um das Erscheinungsbild der Großen Tugend zu manifestieren, muß man einzig dem Dao folgen. Als ein Ding ist das Dao abstrakt und unfaßbar; unfaßbar und abstrakt, sind doch Bilder darin; abstrakt und unfaßbar, ist da doch etwas. Dunkel, verborgen, findet sich Vitalität darin. Diese Vitalität ist ganz wirklich; und es findet sich Information darin. Von alter Zeit bis heute ist sein Name das Nichtverschwindende; daraus erkennt man alle Anfänge. Woher ich weiß, daß alle Anfänge so sind? Eben daraus.«

Der Großmeister fragte ihn: »Verstehst du, was das bedeutet?«

Wang Liping antwortete: »Nicht genau. Bitte, erklärt es mir!«

Der alte Magier erklärte: »Das Dao ist ohne Substanz und ohne Form, und doch durchdringt es alle Materie und Form.

Himmel, Erde, Menschheit und alle Dinge sind eins im Dao. Da alle Dinge Dao in sich schließen, kann man der Spur ihrer Entwicklung folgen. Wie sollten wir dabei vorgehen? Alle Dinge haben ihre Bilder: Die Dinge sind Yang, die Bilder sind Yin; das eine ist das Gegenstück des anderen. In allen Wesen gibt es eine Lebensessenz, die Information enthält. Die Methoden, den Wandel im Universum zu beobachten, heißen: Information erfassen und Bilder erfassen. Direkt in die Lebensessenz der Wesen und in die Information in dieser Lebensessenz zu schauen, ist die Methode des Höheren Fahrzeugs. Bilder erfassen, um Dinge zu beobachten, also Yin mit dem Yang zu vergleichen, ist die Methode des Mittleren Fahrzeugs. Gewöhnliche Menschen beobachten die Wandlungen in den Dingen auf der Grundlage von Erfahrung; dies ist die Methode des Niederen Fahrzeugs.«

Darauf erklärte der Großmeister ihm ausführlich die Methoden des Höheren und Mittleren Fahrzeugs und lehrte ihn der Reihe nach eine Methode nach der anderen. Sämtliche Methoden der Fünf Künste basieren auf einer Reihe wichtiger Elemente: Himmel, Erde und Menschheit; Yin und Yang; Holz, Feuer, Erde, Metall und Wasser. Aus diesen Elementen leitet sich das System der ›Himmlischen Stämme‹ und der ›Irdischen Zweige‹ des chinesischen Kalenders sowie die Acht Trigramme und die Neun Kammern ab. Unter allen Elementen sind Yin und Yang die wichtigsten.

Bei Laozi [42] heißt es: »Aus dem Dao entsteht die Ein-heit. Aus der Ein-heit erwächst die Zwei-heit. Aus der Zwei-heit erwächst die Drei-heit. Aus der Drei-heit erwachsen die zehntausend Dinge. All die zehntausend Dinge tragen in sich das Yin und umfangen das Yang, deren aufstrebende Kräfte sich in Harmonie vereinen.«

Die ›zwei‹ sind Yin und Yang; die ›drei‹ sind Himmel, Erde und Menschheit. Himmel, Erde und Menschheit enthalten ebenfalls die Fünf Elemente, welche jeweils einen Yin- und einen Yang-Aspekt haben.

Als das ursprüngliche Chaos [Wuji] anfänglich in Erscheinung zu treten begann, war da nichts als einfache, undifferenzierte und unbewegte Energie; die Energie enthielt Yin und

Yang und war sowohl trübe als auch klar. Die klare Energie wirbelte nach links und stieg auf, um Wasser zu bilden; als sie ihren Höhepunkt erreicht hatte, wandelte sie sich zu Feuer. Die trübe Energie wirbelte nach rechts und sank nach unten, um Metall zu bilden; als sie ihren Höhepunkt erreicht hatte, wandelte sie sich zu Wasser. Im Nabelpunkt des Auf- und Absteigens zwischen Yin und Yang, in der Nabe der auf- und der absteigenden Bewegung, wurde die zentrierte Energie zu Erde. Also sind Yin und Yang die beherrschende Ordnung aller Dinge, die Eltern der Evolution, der Ursprung des Gebärens und Tötens, der Sitz der spirituellen Erleuchtung.

Was die Zehn Himmlischen Stämme und die Zwölf Irdischen Zweige des chinesischen Kalenders angeht, so bilden sie in Verbindung mit den Fünf Elementen den Sechzig-Jahre-Zyklus. Diese Stämme und Zweige sind alle in Yin und Yang unterteilt. Sie haben Entsprechungen in Raum und Zeit, die für die Berechnungsmethoden bei der Vorhersage von Bedeutung sind.

Die Acht Trigramme werden aus räumlichen und zeitlichen Veränderungen in den Positionen der gebrochenen Yin-Linien und der festen Yang-Linien konstruiert. Drei Linien bilden ein Trigramm, sechs ein Hexagramm. Die drei Linien eines Trigramms repräsentieren Himmel, Erde und Mensch, wobei je nach Position zwischen Yin- und Yang-Linien unterschieden wird. Dasselbe gilt entsprechend für die sechs Linien eines Hexagramms. Durch Permutation der Acht Trigramme erhält man die vierundsechzig Hexagramme, mit deren Hilfe die zehntausend Dinge dargestellt werden.

Mit ›Neun Kammern‹ bezeichnet man eine bestimmte räumliche Anordnung der Acht Trigramme in den vier Haupt- und vier Nebenrichtungen um ein Zentrum.

Mit Hilfe dieser Grundwerkzeuge der Berechnung und auf der Grundlage ihrer gegenseitigen Erzeugung und Erweiterung werden die natürlichen Gesetze bei der Evolution der zehntausend Dinge untersucht; dabei geht man von der Gegenwart aus, um die Vergangenheit zu überprüfen und die Zukunft auszumachen.

Für die Vorhersage sind zwei Diagramme von großer

Bedeutung: das eine ist das Diagramm der Fünf Elemente, das andere ist das Diagramm der Acht Trigramme und der vierundsechzig Hexagramme. Das Diagramm der Fünf Elemente ist sehr einfach, aber äußerst bedeutungsvoll. Himmel, Erde, Mensch und alle Dinge und Wesen sind darin enthalten – alle können mit Hilfe dieses Diagramms beschrieben werden. Es bildet einen wesentlichen Bestandteil der traditionellen chinesischen Kultur.

Die fundamentalen Beziehungen zwischen den Fünf Elementen sind gegenseitige Erzeugung und gegenseitige Überwindung. Mit Hilfe dieser Beziehungen kann man die Wandlungen und Entwicklungen in Himmel, Erde, Mensch und den zehntausend Dingen besser verstehen. Durch Verwendung von Bildern zur Klassifizierung der Dinge – Bilder, welche die natürlichen Gesetze der Evolution des Universums und aller Dinge in Form eines einfachen Diagramms enthalten, indem sie alles auf Yin und Yang sowie die Fünf Elemente reduzieren – werden Einfachheit und Klarheit mit Erhabenheit und Tiefe kombiniert.

Die Acht Trigramme sind ebenfalls ein einfaches Diagramm, aber ihre Permutationen zu den vierundsechzig Hexagrammen sind äußerst komplex. Es gibt zahlreiche Ordnungssysteme für die Acht Trigramme und die vierundsechzig Hexagramme; eines davon ist das *Yijing*. Das System des *Yijing* entwickelt sich vom Einfachen zum Komplexen und dann vom Komplexen zurück zum Einfachen; so ist es möglich, das Komplexe mit Hilfe des Einfachen anzuwenden, mit endlosen Möglichkeiten der Wandlung und der Evolution. Die Diagramme der Fünf Elemente und der Acht Trigramme sind Werkzeuge, um mit Hilfe von Bildern und Symbolen Vorstellungen zu klären und das Dao zu erfassen; die Tiefe ihrer Funktion liegt im Geist.

Ohne die Lehre von Yin und Yang und den Fünf Elementen ist die chinesische Medizin, eine der Fünf Künste, nicht zu verstehen. Daß die chinesische Medizin seit Jahrtausenden erfolgreich angewendet wird, ist ein Beweis für die Übereinstimmung dieser Lehren mit dem Dao. Wie die chinesische Medizin basieren auch die Künste der Divination, Physiognomik und Wahrsagerei auf denselben Prinzipien; sie stammen aus derselben Quelle und haben alle einen bestimmten Nutzen für die Menschen.

Die Methoden der Physiognomik basieren auf den Symbolen von sichtbaren Dingen, die in Klassen angeordnet werden und mit deren Hilfe man herausfinden will, welche Dinge den Ereignissen und Erscheinungen auf tieferen Ebenen zugrunde liegen oder wie die Wandlungen und Entwicklungen in Raum und Zeit verlaufen.

Himmel, Erde, Mensch, alle Erscheinungen und alle Wesen haben Form und Substanz, und sie alle haben folglich auch ihre Bilder und Zeichen. Die Menschen beobachten gewöhnlich nur die Oberfläche der Dinge, ohne darüber nachzudenken, was ihre Zeichen bedeuten, welche Information sie bieten, wie sie sich entwickelt haben und wie sie sich verändern werden. Physiognomik oder das Beobachten von Zeichen erfordert gute Augen und ein aktives Gehirn. Dieses aktive Gehirn bedarf außerdem der Führung durch Philosophie. Eine richtige Philosophie wird das Denken in die richtige Richtung leiten; eine verkehrte Philosophie wird das Denken in die Irre führen.

Im alten China gab es eine Zahl von äußerst erfahrenen Physiognomen. Jiu Fanggao gilt zum Beispiel als einer der besten Experten aller Zeiten für die Beurteilung von Pferden. Es wird berichtet, daß er direkt bis in die Knochen eines Pferdes hineinschauen konnte. Bai Luo war ein anderer berühmter Experte für die Beurteilung von Pferden; er schrieb sogar ein Buch über dieses Thema, das leider verlorengegangen ist. Auf ländlichen Viehmärkten gibt es immer Männer, welche die Merkmale von Pferden und Ochsen ›lesen‹ können. Wenn ihnen Nutztiere vorgeführt werden, untersuchen sie zuerst die Schlüsselpunkte und das Alter des Tieres, um dann eine Bewertung abzugeben. In gewissem Sinn sind sie alle Physiognomen, die sich lediglich im Niveau ihres Könnens unterscheiden.

Wenn man den Maßstab niedrig ansetzt, ist jeder ein Physiognom; jeder bewertet wichtige Personen, Ereignisse und Sachverhalte aller möglichen Arten und trifft eine Auswahl.

Wie könnten wir das tun, ohne Erscheinungen zu untersuchen und Zeichen zu betrachten? Wenn man zum Beispiel heiraten will, muß man schauen, wer am besten zu uns passen würde. Selbst wenn man nur zum Einkaufen auf den Markt geht, muß man sich – unabhängig davon, ob man etwas über das Produkt weiß oder nicht – zuerst das Produkt anschauen und mit dem Gesehenen zufrieden sein, bevor man sich zum Kauf entschließt. Doch damit bewegt man sich noch auf einer niedrigen Stufe und kann nicht als wirklicher Physiognom, als Spezialist auf diesem Gebiet, bezeichnet werden.

So gesehen ist die Kunst der Physiognomik überaus praktisch und keineswegs geheimnisvoll. Natürlich haben die Leute immer noch ein negatives Bild; deshalb betrachten sie die Physiognomik als eine Art von Aberglauben und verzichten so auf etwas sehr Nützliches.

Es gibt zahlreiche Arten von Physiognomik; ein Zweig davon beschäftigt sich mit der Analyse der menschlichen Merkmale und Zeichen. Dies ist nicht auf die Gesichtszüge beschränkt, sondern jeder Körperteil kann »gelesen« werden. Bei der traditionellen Physiognomik sind im allgemeinen jedoch fünf Zweige am besten entwickelt; diese befassen sich mit den Merkmalen des Gesichts, der Hände, der Füße, des Rückens und des Kopfes.

In der Song-Zeit lebte einst ein hervorragender Physiognom mit Namen ›Hanfgekleideter Eremit‹, und eine traditionelle Methode der Physiognomik wurde nach ihm benannt. Meister Chen Bo lernte die Physiognomik vom Hanfgekleideten Eremiten, der seine Kunst – ohne sich der Sprache zu bedienen – direkt an Chen übertrug. Später verfaßte Chen die ›Ode an die spirituellen Wunder‹, die ›Ode an den goldenen Schlüssel‹ und das ›Lied des silbernen Löffels‹. Chen Bos Berichte über seinen Lehrer, den Hanfgekleideten Eremiten, befassen sich ausführlich mit der Physiognomik.

Die Kunst der Physiognomik ist ein wichtiger Teil der chinesischen Medizin. Der *Klassiker des Gelben Kaisers zur Inneren Medizin* [Huangdi neijing] teilt die Menschen im Hinblick auf Yin und Yang in fünf Typen ein: Menschen mit großem Yin, Menschen mit kleinem Yin, Menschen mit großem Yang, Menschen mit kleinem Yang und Menschen, bei denen Yin und Yang im Gleichgewicht sind. Weiter wird erklärt, daß die Menschen nach den Fünf Elementen unterschieden werden können und sich aus der Kombination der Fünf Elemente und der fünf Yin-Yang-Typen insgesamt fünfundzwanzig Menschentypen ergeben. Um die Vorhersage des Auftretens von Krankheiten und ihre Heilung einfacher zu machen, werden die Körpertypen in Beziehung zu den Jahreszeiten gesetzt. Deshalb ist die Physiognomik für die Heilkünste sehr nützlich.

Die Kunst der Wahrsage-Physiognomik stammt aus derselben Quelle, aber sie ist bei der Analyse der Körperteile sogar noch genauer. Ihre Funktion besteht darin, menschliche Angelegenheiten vorauszusagen, wie zum Beispiel die Hauptereignisse eines individuellen Lebens oder die Entwicklungstendenzen und Veränderungen im Lauf der Jahre. Die traditionelle Gesichtsphysiognomik teilt zum Beispiel die Mittellinie des menschlichen Gesichts in dreizehn Positionen ein, und das ganze Gesicht wird in zwölf Zonen gegliedert: Leben, Geld, Geschwister, Besitz, Kinder, Bedienstete, Frauen, Krankheit und Unglück, Bewegung, Beruf, Segen sowie Aussehen. Ferner gibt es noch andere Methoden, das Gesicht zu analysieren, wobei Augen, Ohren, Nase und Mund besonders genau untersucht werden. Falten, Muttermale, Brauen, Augen, Ohren, Nase, Mund, Lippen, Zunge, Haare, Form, Farbe, Knochen, Fleisch, Stimme, Stimmung und Geist werden alle in großer Ausführlichkeit behandelt.

Aus moderner wissenschaftlicher Sicht kann man sagen, daß die traditionelle chinesische Physiognomik bei ihren Forschungen in diesem Bereich sehr gründlich vorgegangen ist. Auch vom philosophischen Standpunkt aus läßt sich feststellen, daß die traditionelle chinesische Physiognomik keine simple und willkürliche Erfindung darstellt, sondern tief durchdrungen ist von der überlieferten chinesischen Vorstellung der Einheit von Natur und Mensch sowie den Lehren von Yin und Yang und den Fünf Elementen. Was jedoch die praktische Anwendung angeht, so gibt es sehr große Unterschiede. Unter den Physiognomen gibt es viele Quacksalber, die nicht mehr als ein oder zwei Dinge über diese Kunst wissen: Sie lesen Gesichter, ohne diese Disziplin tiefer studiert zu haben, und führen die Leute im Grunde an der Nase herum. Einige Leute verdienen so ihren Lebensunterhalt. Trotzdem gibt es natürlich ausgesprochene Experten in dieser Kunst; sie können in den Gesichtern von anderen Menschen lesen und sehr genaue Aussagen über diese Menschen machen.

In seiner ›Ode an die spirituellen Wunder‹ erklärte der Hanfgekleidete Eremit, daß es am schwierigsten ist, mit Hilfe der Physiognomik zu bestimmen, ob jemand lange leben oder früh sterben wird. Denn diese Frage betrifft nicht allein die menschliche Ebene und läßt sich nur auf spiritueller Ebene mit Gewißheit beantworten.

Als die Drachentor-Meister Wang Liping in Physiognomik unterwiesen, lehrten sie ihn nicht nur, Gesichter zu lesen, sondern auch Hände, Füße, Unterleib, Rücken und Kopf; es gibt für jeden Körperteil eine Kunst der Physiognomik. Die von den drei Meistern gelehrten Künste unterschieden sich von gewöhnlicher Physiognomik in zweierlei Hinsicht: erstens in der detaillierten Behandlung jedes einzelnen Körperteils, und zweitens in der Praxis der Analyse, der eine Synthese zu folgen hatte. Ein strittiger Punkt, den man an einer Stelle entdeckt hat, muß an einer anderen Stelle überprüft werden; daraus wird dann ein Gesamtbild zusammengesetzt, bevor man ein Urteil fällt.

Was die Handphysiognomik angeht, so konzentrieren sich die meisten Physiognomen auf die Handflächen oder die Form der Hand. Die von den alten Magiern an Wang Liping vermittelte Methode ist wesentlich umfangreicher. Die Hand wird nicht nur auf der Vorderseite und der Rückseite vom Handgelenk bis zu den Fingerspitzen untersucht, sondern in fünf Stufen von außen nach innen beurteilt – Erscheinung, Haut, Fleisch, Knochen und Mark. Auf der Oberfläche des Handrückens zum Beispiel untersucht man Poren sowie vertikale und horizontale Muster, um daraus die Beziehungen der betreffenden Personen zu ihren Vorfahren zu erkennen. Dies ist kein gewöhnliches Verfahren der Physiognomik, und diese Muster sind für die Augen gewöhnlicher Sterblicher nicht sichtbar. Nur Menschen mit hochentwickelter und tiefer innerer Kraft sind in der Lage, mit solcher Genauigkeit und Scharfsinnigkeit zu sehen.

Unter den Fünf Künsten ist die Heilkunde für die Menschen am einfachsten zu verstehen und zu akzeptieren; darauf folgen Physiognomik und Körpertraining, während Divination und Prophezeiung schwer zu begreifen sind.

Körpertraining bezieht sich ganz allgemein auf Methoden der körperlichen Entwicklung und in engerem Sinne auf Kampfkunst. Da sowohl die harten äußeren Kampfkünste als auch die weichen inneren Disziplinen einem festen System folgen, sind die Leute leicht davon zu überzeugen.

Um besser verstanden und akzeptiert zu werden, müssen sich Heilkunde, Physiognomik und Kampfkunst auf der Ebene der unteren drei Sphären von Personen, Geschehnissen und Dingen natürlich mit der Wissenschaft vereinbaren lassen. Sobald man jedoch diese Stufe überschreitet, um sich auf die Ebene der mittleren drei Sphären zu erheben, werden die Leute unsicher. So erscheinen zum Beispiel die Akupunktur der Unendlichen Nadel, Fernmassage und Heilung durch Talismane für gewöhnliche Sterbliche als unbegreifliche Geheimnisse. Weil die Fähigkeit, bis zu den Knochen zu sehen, einer Stufe der Praxis entspricht, die normalen Physiognomen verschlossen bleibt, halten die meisten Leute dies für völligen Unsinn. Normale Kampfkünste arbeiten einfach mit Muskelkraft und Technik, während die authentische Beherrschung von innerer Kraft in Verbindung mit dem Einsatz geheimer Techniken zu Wirkungen führt, die für gewöhnliche Stärke und Geschicklichkeit unerreichbar bleiben; deshalb fällt es den meisten schwer, das zu akzeptieren.

Doch sobald wir beginnen, über Divination und Prophezeiung zu reden, werden die Menschen besonders argwöhnisch und ungläubig. Für die meisten Menschen ist Prophezeiung gleichbedeutend mit zufälliger Koinzidenz, und niemand erfaßt die Unausweichlichkeit der Beziehungen. Das Denken gewöhnlicher Menschen macht an dieser Grenze halt.

Divination und Prophezeiung sind beides Künste der Voraussage. Voraussage oder Vorhersage ist etwas, das die Menschen in ihrem Alltag ständig benutzen. Man könnte behaupten, daß es Voraussage gibt, solange es Denken gibt; aber die Methoden der Voraussage, die Theorien und die Resultate sind natürlich verschieden.

Die traditionelle chinesische Kunst der Prophezeiung wird vor allem dazu eingesetzt, um Entwicklungstendenzen im Leben eines Menschen vorherzusagen, während Divination in erster Linie dazu dient, bevorstehende Ereignisse in einer bestimmten Zeit und an einem bestimmten Ort oder ein sich gerade anbahnendes Ereignis vorherzusagen.

Die theoretische Grundlage der Prophezeiung ist die traditionelle chinesische Vorstellung der Einheit von Natur und Mensch sowie die Lehren von Yin und Yang und den Fünf Elementen. Da für diese Kunst die Entwicklung eines individuellen Menschenlebens als Miniatur der Entwicklungen im Universum gilt, bestimmt die Entwicklung des Universums die Entwicklung des menschlichen Lebens. In diesem Punkt stimmen die Ansichten von Wissenschaft und Prophezeiung überein. Wenn wir jedoch bei dieser allgemeinen Aussage stehenblieben, gäbe es keine Prophezeiung und keine Kontroverse zwischen Wissenschaft und Prophezeiung.

Auf dieser Grundlage gingen die Weisen des alten China dieser Frage nach, um herauszufinden, wie das menschliche Leben mit der Entwicklung des Universums zusammenhängt und wie man die Ereignisse eines ganzen Lebens vorhersagen könnte. Eines der Verfahren, das die alten Chinesen zur Beantwortung dieser Fragen entwickelten, ist die sogenannte ›Vier-Säulen-Methode‹ der Kalkulation. Bei diesen Berechnungen geht man von der Geburtszeit und dem Geburtsort der Person aus und entwirft eine Anzahl verschiedener Modelle des Wandels und der Entwicklung, um damit vorauszusagen, welchen Weg die Person in ihrem Leben verfolgen sollte. An diesem Punkt kommt es dann zu einer Kontroverse zwischen Wahrsagerei und Wissenschaft: Für die Wahrsagerei erscheint es möglich, diese Art von Dingen vorherzusagen, während derartige Vorhersagen für die Wissenschaft nicht fundiert sind.

In den wirtschaftlich entwickelten Ländern des Westens, wo das Niveau der zivilisatorischen Entwicklung relativ hoch ist, sind wissenschaftliche Vorstellungen tief in den Köpfen der Durchschnittsbürger verwurzelt. Aber der Wissenschaft ist es nicht möglich, auf zahlreiche Fragen im Bereich des konventionellen Wissens eine Antwort zu finden. Einige Intellektuelle haben bereits gemerkt, daß die Wissenschaft in einer Krise steckt, und beginnen in anderen Kulturen nach Weisheit außerhalb des konventionellen Wissens zu suchen, um Antworten auf diese Fragen zu finden. Die Wahrsagerei stellt einen der Zugangswege dar, die dabei erkundet werden.

Obwohl das wissenschaftliche Denken in China schon ziemlich großen Einfluß hat, ist der Einfluß der traditionellen Kultur nach wie vor sehr stark, da das Erziehungswesen nicht sonderlich entwickelt ist. So gibt es unter der Bevölkerung noch viele Menschen, die an Wahrsagerei glauben. Dies ist der gegenwärtige Stand der Dinge; es erübrigt sich, festzustellen, daß Wahrsagerei – ganz gleich, von welchem Blickpunkt aus man sie betrachtet – keine Sache ist, die man billig verkaufen sollte.

Die chinesische Wahrsagerei wird im allgemeinen auf die Zeit der Streitenden Reiche zurückgeführt, aber die ›Vier-Säulen-Methode‹ wurde erst während der Tang- und der Song-Zeit in eine systematische Form gebracht. Die entscheidende Rolle spielten dabei Li Wuzhong aus der Tang-Zeit und Xu Ziping aus der Song-Zeit. Li ging bei seinen Berechnungen von Jahr, Monat und Tag der Geburt aus; Xu fügte dem als vierten Faktor noch die Geburtsstunde hinzu.

Im traditionellen chinesischen Kalender werden Jahr, Monat, Tag und Stunde allesamt nach dem System der Himmlischen Stämme und Irdischen Zweige bestimmt. Diese vier Zeitpunkte werden horizontal angeordnet; dabei stehen die Himmlischen Stämme oben und die Irdischen Stämme unten und bilden sozusagen vier Säulen. Da sich so insgesamt acht Schriftzeichen ergeben, wird dies auch als Methode der Wahrsagerei nach der ›Acht-Zeichen-Kalkulation‹ bezeichnet.

Da die Himmlischen Stämme und Irdischen Zweige sowohl die Zeit als auch den Ort repräsentieren sowie Yin und Yang und die Fünf Elemente in sich enthalten, beinhalten sie die komplexen Wechselbeziehungen im Himmel, auf der Erde und im Menschen. Da diese acht Zeichen vom wissenschaftlichen Standpunkt aus Qualität und Quantität bestimmen, können sie dazu benutzt werden, Extrapolationen auszuführen.

Die ›Acht-Zeichen-Kalkulation‹ der Wahrsagerei, auch als ›Zipings Wahrsagetechnik‹ bekannt, ist eine bestimmte Art von Berechnungsrahmen; die ›Sternanordnungs-Kalkulation‹ ist ein anderes, ziemlich kompliziertes Verfahren, bei dem Sternsymbole kreisförmig angeordnet werden, um dadurch mit gewisser Genauigkeit den Verlauf eines Menschenlebens vorauszusagen.

Zu der Wahrsagekunst, die Wang Liping von den drei Magiern lernte, gehörte es auch, verschiedene Arten von Vorhersagewerkzeugen gleichzeitig einzusetzen. Nach den Worten seiner Mentoren ist Wahrsagerei eine Methodik, mit deren Hilfe die Alten den Menschen verstanden. Jedermann hat ein Schicksal; Schicksal ist Geburt, Alter, Krankheit und Tod; Schicksal ist das Auf und Ab des Individuums in der Gesellschaft. Soziale Veränderungen folgen Gesetzen, die sich aufzeigen lassen; auch die Entwicklungen im Leben eines Individuums folgen Gesetzen, die sich aufzeigen lassen. Einige von diesen Veränderungen haben eine Form, andere sind formlos. Das Problem, das die Wahrsagerei erforschen muß, lautet: Wie kann man das erfassen, was Form besitzt, um das Formlose zu erkennen, um die Gegenwart zu sehen und die Zukunft vorherzusagen.

Die Sternanordnungs-Kalkulation und die anderen Methoden erfordern eine sorgfältige Lesung. Mit Hilfe der Vier-Säulen-Methode kann man die Höhepunkte eines Menschenlebens, das Geschick einer Person im Verlauf von mehreren wichtigen Stufen der Entwicklung und Veränderung bestimmen. Mit Hilfe der Sternanordnungs-Kalkulation werden die Positionen von Sonne, Mond und Erde zur Zeit der Geburt ebenso wie die Winkel und Ausrichtungen der fünf Hauptplaneten zur Erde festgestellt; durch Berechnung dieser Verhältnisse in einem zukünftigen Jahr kann man die wichtigen Ereignisse jenes Jahres und den Einfluß jener Ereignisse auf das Leben einer bestimmten Person vorhersagen.

Sowohl Konfuzianer als auch Daoisten verehren das *Yijing*, das berühmte ›Buch der Wandlungen‹. Die Konfuzianer schätzen die philosophischen Prinzipien, die in diesem Werk zum Ausdruck kommen. Über einen Zeitraum von mehr als zwei Jahrtausenden sind einige tausend konfuzianische Kommentare zum *Yijing* verfaßt worden, von denen sich die meisten mit den philosophischen Grundlagen befassen. Die Daoisten schätzen die Werkzeuge und Methoden der Erkenntnis, die das *Yijing* ihnen bietet, und benutzen es in praktischer Weise.

Als die drei alten Magier Liping in den Gebrauch des *Yijing* einführten, folgten sie einer daoistischen Tradition, nach der dieses Buch in zweiundsiebzig Kategorien eingeteilt wird, die allesamt auf dem grundlegenden Gerüst der vierundsechzig Hexagramme beruhen. Dazu gehören die Wandlungen der Pflanzen, die Wandlungen der Tiere, die Wandlungen der Menschen und so weiter. Alle Geschehnisse, alle Dinge und Wesen können nach den vierundsechzig Hexagrammen klassifiziert werden, um so ihre Entwicklungen und Wandlungen zu beobachten und vorauszusagen. Man sollte die Acht Trigramme und die vierundsechzig Hexagramme als eine Art Hologramm des Universums betrachten, in dem die Evolution aller Dinge nach den gleichen Naturgesetzen abläuft.

Ein besonderes Merkmal der Verwendung der Acht Trigramme, wie sie Wang Liping von seinen Mentoren lernte, besteht darin, ihre Anordnung als Kugel zu betrachten und nicht, wie gewöhnlich, als ebene Fläche. Himmel und Erde sind dabei die Extreme und können deshalb entfernt werden; die verbleibenden sechs Trigramme entsprechen oben und unten, links und rechts, vorn und hinten und bilden so eine dreidimensionale Struktur. Alle Dinge und alle Wesen, alle Entitäten, die Form besitzen, sind von dieser ›Kugel‹ nicht zu trennen.

Die Yijing-Methode der drei daoistischen Meister hatte noch eine weitere Besonderheit: Wenn man eine Sache mit Hilfe eines Hexagramms vorhersagen wollte, richtet man Fragen über diese Sache an das Hexagramm; dadurch entsteht eine Gastgeber-Gast-Beziehung, die richtig bestimmt werden muß, um eine korrekte Antwort zu erhalten. Das Hexagramm ist der Gastgeber, das Ich ist der Gast; wenn der Gast den Gastgeber über etwas befragen will, ist es notwendig, die vierundsechzig Hexagramme nach außen zu bringen, so daß sie eine große Kugel um das Ich herum bilden. Dies ist die korrekte Beziehung. Wenn man das Ich als Gastgeber betrachtet, und die vierundsechzig Hexagramme im eigenen Kopf aufgestellt werden, dann sind die Antworten auf die Fragen alle subjektiv, alle im eigenen Kopf – wie ist es dann möglich, die Dinge richtig zu befragen?

Wenn man die Hexagramme zur Divination benutzt, besteht eine Schwierigkeit in den sogenannten ›gebrochenen Wandlungen‹. Dabei handelt es sich um ein Grundhexagramm und ein gewandeltes Hexagramm, die zusammen auftreten und der Interpretation bedürfen. Interpretation erfordert Lernen, Erfahrung und die Kraft assoziativen Denkens, damit man unzulässige Antworten ausscheiden und plausible Antworten auswählen kann.

Es gibt noch weitere Systeme der Divination, einschließlich der wohlbekannten ›Verborgenheit im Tor des Glücks‹, eine der geheimen Künste der traditionellen chinesischen Kultur. Da diese Technik der Divination sehr tief ist, kann man sie unmöglich ohne einen erleuchteten Führer und persönliche Unterweisung lernen, denn sonst läßt sie sich nicht wirklich nutzbar machen. Deshalb haben seit alter Zeit viele den Namen dieser Kunst gekannt, aber nur wenige haben sie gemeistert. Wer in der Lage war, diese Technik zu verwenden, war immer eine große Persönlichkeit in der Geschichte, ein Mensch, der mit ihrer Hilfe große Taten vollbrachte.

Das Grundgerüst der ›Verborgenheit im Tor des Glücks‹ stellt ebenfalls ein universales Hologramm dar: Es umfaßt Himmel, Erde, Mensch und Geister in einer bestimmten Anordnung und beobachtet die verschiedenen Beziehungen von Yin und Yang und den Fünf Elementen; dadurch lassen sich Glück und Unglück zu bestimmten Zeiten und Orten bestimmen und die Handlungen der Menschen leiten. Dieses System, das sich mit den Fragen von Notwendigkeit und Unvermeidlichkeit befaßt, ist durchdrungen von der Philosophie der Einheit von Natur und Mensch. Wenn Menschen sich an Umstände, deren Auftreten vorhergesagt werden kann, anpassen sollen, handelt es sich um eine Frage von Notwendigkeit und Unvermeidlichkeit und nicht von Koinzidenz.

In der chinesischen Wahrsagerei gibt es ferner ein populäres Buch unter dem Titel *Spirituelle Kalkulationen auf dem Eisenbrett*, von dem zahlreiche verschiedene Versionen existieren. Dieses Buch mit seinem komplexen Aufbau ist ein Kompendium von Wissen, Techniken, Begriffen und Methoden, das zahlreiche Facetten der traditionellen chinesischen Künste der Vorhersage umfaßt. Manche Aussage in diesem Buch sind sehr elegant, andere wiederum fast primitiv formuliert. Die Befragungsmethode ist überaus kompliziert, und ohne gründliche Ausbildung in klassischer Literatur und Geschichte ist die kryptische Ausdrucksweise nur schwer verständlich. Aus diesen Gründen sind die *Spirituellen Kalkulationen auf dem Eisenbrett* zwar weithin bekannt, aber man findet nur selten Menschen, die sie wirklich benutzen können.

Während die drei alten Weisen Wang Liping in jeder von diesen Künsten zur ›Entwicklung von Wissen‹ unterwiesen, machten sie ihm auch deutlich, daß all diese Künste in Übereinstimmung mit dem Dao verwendet werden sollten: um den Menschen zu helfen; um das Dao zu fördern; um das Dao mitzuteilen. Die Künste sind im Grunde nebensächlich, das Dao ist der eigentliche Kern. Wenn man das Dao kultiviert, öffnet sich der Geist, und es ist nicht mehr schwer, die Techniken zu lernen. Wenn das Dao erhaben ist, sind die Techniken ebenfalls erhaben – dieses Prinzip wird bei der Arbeit auf höheren Ebenen immer offensichtlicher.

Wang Liping wußte, was seine Lehrer von ihm verlangten.

Auch wenn er die Künste mit großem Interesse lernte und darauf viel Zeit und Mühe verwendete, wich er niemals von der Essenz des Dao ab. In späterer Zeit sollte Liping Gelegenheit haben, die Wahrheit in den Unterweisungen seiner Lehrer durch eigene Erfahrungen zu bestätigen. Wenn er sich mit ernstlich erkrankten Patienten beschäftigt oder einmalig schwierige Fälle behandelt, unterweist ihn ein hoher Meister im Traum und zeigt ihm, wie sich bestimmte Krankheiten behandeln lassen. Zu diesem Zeitpunkt besaß Wang Liping bereits die Fähigkeit der spirituellen Kommunikation.

11 Bewußt träumen und den Geist läutern

Nach der ›Entwicklung von Wissen‹ begann für Wang Liping die achte Stufe seiner Schulung, ›den Geist läutern‹. Bei Erreichen dieser Stufe sind Vitalität, Energie und Belebender Geist bereits auf ein höheres Niveau sublimiert worden. Besonders der Ausdruck Energie [Qi] hat hier eine andere Bedeutung, denn in jeder der verschiedenen Sphären versteht man unter Qi etwas anderes.

So wirft zum Beispiel im Licht alles einen Schatten. Ist dieser Schatten nun leer oder substantiell? Auf der Stufe der unteren drei Sphären von Personen, Geschehnissen und Dingen sagen die Leute, er sei leer; wenn man den Schatten stört, hat das keine Wirkung auf den entsprechenden festen Gegenstand. Tatsächlich hat jedoch eine Beeinträchtigung des Schattens eine Wirkung; nur haben Personen, Geschehnisse und Dinge kein Empfinden dafür, weil sie nicht sensibel genug sind. Auf der Stufe von Himmel, Erde und Mensch ist es aber nicht mehr so: Hier wird der Schatten als substantiell wahrgenommen. Der Schatten einer Person entspricht hier in spezifischer Weise jedem einzelnen Körperteil; wenn Energie mittlerer Stärke oder ein Objekt auf den

Schatten einwirkt, entspricht das einer Einwirkung auf den Körper der Person.

Als Liping sich im Verlauf der Kultivierung der Dreifachen Welt bis zu diesem Punkt entwickelt hatte, hatte er zum Beispiel eine körperliche Empfindung, wenn sein Mentor sein Spiegelbild im Wasser zerstörte. Diese Art von Empfindung kann erst dann wahrgenommen werden, wenn die innere Arbeit ein ziemlich fortgeschrittenes Stadium erreicht hat. Wenn nun also auf einer noch höheren Stufe eine Nadel den Schatten eines bestimmten Körperteils durchbohrt, so ist das genau so, als stäche eine Nadel in den Körper der Person. Gewöhnliche Menschen fühlen dabei überhaupt nichts, aber in Wirklichkeit hat die Nadel eine Wirkung verursacht; so wirkt die Heilung durch Akupunktur an einem Schatten. Um Wang Lipings Geschichte auch weiterhin folgen zu können, sollte der Leser also seine Denkweise ändern. Wenn man nämlich fortfährt, die ursprüngliche Bedeutung eines bestimmten Begriffs über einen gewissen Punkt hinaus anzuwenden, wird er seinen Sinn verlieren.

Nun begannen die drei Magier, Wang Liping im bewußten Träumen zu schulen. Vom Standpunkt gewöhnlicher Menschen aus ist ein Traum etwas, das Form besitzt, aber keine Substanz. Wenn sie schlafen gehen, haben sie unkontrolliert alle möglichen seltsamen Träume, von denen sie die meisten gleich wieder vergessen. Manche Träume hinterlassen tiefere Eindrücke, aber die Menschen verstehen im allgemeinen nicht, was sie bedeuten.

Für die Magier und Wang Liping sind Träume jedoch etwas anderes als für gewöhnliche Menschen. Einfach gesagt, auf der Stufe von Personen, Geschehnissen und Dingen haben Träume Form, aber keine Substanz; aber auf der Stufe von Himmel, Erde und Mensch haben Träume sowohl Form als auch Substanz. Auf dieser Stufe träumen die Menschen nicht mehr passiv, sondern aktiv; sie führen im Traum bestimmte Aufgaben aus. Um diese Stufe zu erreichen, ist es notwendig, in der inneren Arbeit mit Vitalität, Energie und Belebendem Geist weit fortgeschritten zu sein. Die drei Magier zeigten Wang Liping nun, wie er diese Drei Schätze in spezifischer Weise zum bewußten Träumen nutzen konnte.

Zu Beginn erklärten ihm die Magier, daß man zwei Arten von Geist unterscheidet: den Yin-Geist und den Yang-Geist. Der Yin-Geist ist die niedere Seele, der Yang-Geist ist die höhere Seele. Liping hatte das Gefühl, nicht richtig zu verstehen, was sie damit meinten, also bedrängte er sie Tag für Tag, ihm ausführlichere Erklärungen zu geben. Zu Beginn seiner Schulung hatten die Magier ihr Wissen großzügig über ihren Lehrling ausgeschüttet. Als sie später jedoch sahen, daß Liping auf dem rechten Weg des Dao war, begannen sie sich rar zu machen. Wenn er wollte, konnte er jedoch immer einen von ihnen finden und fragen. Alle drei lehrten zwar dasselbe, aber jeder hatte seine individuelle Eigenheiten.

Wie übt man nun, auf der Ebene von Himmel, Erde und Mensch bewußt zu träumen? Es gibt in diesem Bereich zwei Arten von Träumen: Die eine Art läuft innerhalb des Körpers ab und gleicht formal gesehen den Träumen gewöhnlicher Menschen. Sie unterscheidet sich von diesen jedoch darin, daß man den Inhalt des Traums kontrollieren kann. So kann man sich zum Beispiel ein besonderes Thema vornehmen, eine Frage, über die man nachdenken möchte, oder eine, auf die man eine Antwort sucht. Dann legt man sich schlafen, und die Antwort wird im Traum erscheinen.

Von Meister Wang wissen wir, daß er sich nie einen Entwurf für seine Vorträge, ja nicht einmal Notizen macht, wenn er Vorträge hält oder Übungssitzungen leitet. Jeden Tag meditiert er mehrere Stunden lang; wenn er dann morgens um drei oder vier Uhr zu Bett geht, bestimmt er zuerst ein Thema – zum Beispiel das, was er in seinem Vortrag am nächsten Tag sagen will – und praktiziert dann bewußtes Träumen. Der Inhalt seines Vortrags kommt ihm dann im Traum. Gewöhnlich schläft er nur zwei oder drei Stunden. Nach dem Aufstehen ist sein Verstand vollkommen klar, und er könnte sofort mit seinem Vortrag beginnen. Über das, was er in seinem Traum gesehen hat, könnte er ohne Unterbrechung stundenlang, ja sogar einen ganzen Tag oder länger reden, ohne das Thema zu erschöpfen.

Die zweite Art von Traum ist im Grunde kein richtiger Traum. Diese Träume gehen über das hinaus, was gewöhnliche Menschen als Traum bezeichnen. Hier geht es um den Yang-Geist und seine ›äußeren Reisen‹. Der Übende muß eine hohe Stufe der Kultivierung erreicht haben, damit Yin-Geist und Yang-Geist durch eine Öffnung austreten und außerhalb des Körpers auf Reisen gehen können.

Wie wird diese zweite Art des Träumens praktiziert? Nach Meister Wang haben ihn die Meister gelehrt, jeden einzelnen der Drei Schätze, Vitalität, Energie und Belebenden Geist, zum Führer zu machen. So kann der Belebende Geist die Vorhut bilden, mit Vitalität als Führer und Energie als treibender Kraft. Auch Vitalität könnte die Vorhut bilden, mit dem Belebenden Geist als Führer und Energie als treibender Kraft. Schließlich könnte auch Belebender Geist die Vorhut bilden, mit Energie als Führer und Vitalität als treibender Kraft.

Wenn zum Beispiel der Yin-Geist auftaucht, manifestiert sich Form, falls der Belebende Geist der Führer ist, die Vitalität den Belebenden Geist umhüllt und Energie die Vitalität umhüllt. Falls der Belebende Geist der Führer ist, Energie den Belebenden Geist umhüllt und Vitalität sich außerhalb befindet, manifestiert sich keine Form. Die Manifestation von Form wird ›die Kunst, den Körper zu reproduzieren‹ genannt; sie kann auch geübt werden, wenn man nicht träumt. Auch das Nichtmanifestieren von Form kann praktiziert werden, wenn man nicht träumt. Beim Träumen wird im allgemeinen der Yin-Geist projiziert und nicht der Yang-Geist.

Bei der zweiten Art des bewußten Träumens, bei welcher der Geist projiziert wird, um durch Raum und Zeit zu reisen, haben Träume sowohl Form als auch Substanz, und es ist nichts Leeres oder Illusorisches an ihnen.

Nach Meister Wangs praktischer Erfahrung kann man menschliche Träume, soweit wir sie zur Zeit kennen, in zwei Hauptkategorien einteilen: Die eine ist spontanes Träumen, das die Menschen nicht kontrollieren können. Die zweite ist kontrolliertes Träumen, das von den Menschen beeinflußt und zu einem nützlichen Werkzeug gemacht werden kann. Die erste Art ist das Träumen gewöhnlicher Menschen; die zweite ist das Träumen von denjenigen, die zur Stufe von Himmel, Erde und Mensch fortgeschritten sind.

Normale Träume sind schon seit alter Zeit erforscht worden. Im 20. Jahrhundert hat man sich intensiv mit Träumen beschäftigt, wobei der Westen in diesem Bereich einflußreiche Denker hervorgebracht hat wie etwa Freud und Jung. Was ungewöhnliche Träume angeht, gibt es über die Jahrhunderte vergleichsweise wenig relevante Literatur und noch weniger angemessene Forschung. Dies ist einer der Hauptgründe dafür, warum die Menschen bei der Wahrnehmung ihrer Träume keine großen Fortschritte gemacht haben. Für Meister Wang stellt die daoistische Traumtheorie und -praxis die grundlegende Natur der Existenz des Universums auf einer höheren Stufe dar.

Träume werden hier zuerst einmal in passive und aktive eingeteilt. Bei passiven Träumen kann es sich um den individuellen Ausdruck des Unbewußten handeln oder sie können von äußeren Einflüssen stimuliert werden; sie sind jedoch auf keinen Fall das Ergebnis des subjektiven Willens des Träumenden. Dann gibt es da noch Vitalität, Energie und Belebenden Geist; hat man diese Drei Schätze kultiviert und geläutert, dann lassen sie sich kontrollieren und bewußt verwenden. Sie lassen sich sogar dazu einsetzen, bei gewöhnlichen Menschen die ungeläuterten Formen von Vitalität, Energie und Belebendem Geist auf eine Art und Weise zu kontrollieren, daß Träume erzeugt werden. Passives Träumen beinhaltet aktives Träumen: Für einen normalen Menschen ist es passiv, für den fortgeschrittenen Adepten ist es aktiv.

Bei den aktiven Träumen gibt es ebenfalls zwei Arten. Die erste Art ist die gerade erwähnte, bei der man seine eigenen inneren Kräfte dazu einsetzt, um eine andere Person im Traum zu beeinflussen. Bei der anderen Art handelt es sich um Träume, bei denen man sich ein Thema vornimmt, um dann im Traum die Antwort zu finden. Der zweite interessante Aspekt der daoistischen Traumtheorie betrifft die Tatsache, daß sich in Träumen die zeitlichen und räumlichen Verhältnisse ganz gewaltig ändern. In den Träumen gewöhnlicher

Menschen hat der Raum etwas Schwebendes und alle Bilder sind so substanzlos wie Wolken, Wasser und Luft. Sie wechseln von einer Szene zur nächsten und sind schwer zu fassen. Es gibt zwar so etwas wie ein Zeitgefühl, aber es ist sehr ungenau. Das ist beim aktiven Träumen, wie es von Meister Wang praktiziert wird, völlig anders. Die Szenen beim Träumen gleichen so sehr der Wirklichkeit, daß sie sich kaum davon unterscheiden lassen. Man könnte sogar behaupten, daß es keinen Unterschied gibt und man davon ausgehen kann, daß der Träumende tatsächlich anwesend ist.

Hier stoßen wir auf eine bedeutsame Kontroverse: Was ist die grundlegende Natur von Träumen? Der moderne westliche Traumforscher Freud glaubte, daß Träume Ausdruck unbewußter psychischer Aktivität sind. Auf der unteren Ebene von Personen, Geschehnissen und Dingen ist das eine bedeutende Leistung in der Traumtheorie. Aber die Daoisten bleiben nicht auf dieser Stufe stehen; ihnen liegt daran, diese Fragen gründlicher zu untersuchen, und das führt uns wieder zurück zu Vitalität, Energie und Belebendem Geist.

In ihrem Wesen hängen Träume nicht nur mit Belebendem Geist, sondern auch mit Energie und Vitalität zusammen. Dies trifft nicht nur auf das Träumen der gewöhnlichen Menschen zu, sondern auch auf das Träumen der geschulten Adepten. Das hängt damit zusammen, daß Träumen ein Bewußtseinszustand ist, in dem Vitalität, Energie und Belebender Geist zusammenwirken. Seine Manifestationsform in Raum und Zeit ist extrem fließend und frei. Auf diese Weise benutzen daoistische Adepten Träume, um mentale Kräfte zu erwecken, mit anderen Personen in Verbindung zu treten und die Schranken von Raum und Zeit zu überschreiten.

Ein dritter Aspekt der Traumtheorie ist die Frage nach der Bedeutung von Träumen – eine Frage, mit der man sich im Lauf der Geschichte am meisten beschäftigt hat. Auf der Grundlage der Vorstellung von der Einheit von Natur und Mensch erklären die Daoisten das Wesen von Träumen in Begriffen von Gleichgewicht oder Ungleichgewicht von Vitalität, Energie und Belebendem Geist, wobei sie sowohl passiven als auch aktiven Träumen eine tiefe Bedeutung zuerkennen.

Was für die Hexagramm-Symbole des *Yijing* gilt, gilt auch für Träume: Wo ein Ding ist, da ist auch ein Bild; wo ein Bild ist, da ist auch eine Struktur; wo eine Struktur ist, da ist auch eine Ursache. Diese Ursache ist nicht offenbar, sondern verborgen. Träume drücken sich in bewegten Bildern aus, nicht in abstrakter Sprache; Bilder veranschaulichen die Beziehung zwischen Mensch und Universum sehr viel direkter.

Die Ausdrucksmöglichkeiten in abstrakter Sprache sind allzuoft begrenzt. Das wird besonders deutlich, wenn Worte und Begriffe durch starre kulturelle Vorstellungen ›eingefroren‹ sind. Da Traumzustände nicht durch Raum und Zeit eingeengt sind, verfügen sie über eine ungeheure Wandelbarkeit und sehr viel größere Freiheit des Ausdrucks. Weil die Menschen normalerweise von der weitgehend kulturell bedingten unmittelbaren Lebenswirklichkeit eingeschränkt sind, befinden sich ihr Lebensgeist und ihr physischer Körper oft in einem Zustand der Unterdrückung, und daher sind Träume für sie ein Weg der Befreiung.

Ein vierter Aspekt der Traumtheorie ist die Deutung von Träumen: Für Daoisten ist die Bedeutung von aktiven Träumen selbstevident; das heißt, sie bedürfen keiner Interpretation. Was passive Träume angeht, so bedarf es keiner Interpretation, wenn die Bedeutung offensichtlich ist, während die Träume mit versteckter Bedeutung auf der Grundlage ihrer Bilder erklärt werden müssen. Die Werkzeuge der Interpretation haben mit den Quellen des Träumens – Vitalität, Energie und Belebender Geist – und der Lehre von Yin und Yang und den Fünf Elementen zu tun. Um Träume wirklich verstehen zu können, kommt es darauf an, das Denken von der Stufe der Personen, Geschehnisse und Dinge auf die höhere Stufe von Himmel, Erde und Mensch zu heben.

Das aktive oder bewußte Träumen, bei dem man Träume in anderen Personen auslöst und Zeitreisen unternimmt, ist in Wirklichkeit kein ›Träumen‹, sondern eine ›Projektion des Geistes‹. Die Voraussetzung für die Projektion des Geistes ist, daß man eine genügende Menge an Vitalität, Energie und Belebendem Geist besitzt und sie hinreichend kultiviert hat, so daß sie ihre Wirksamkeit ungehindert entfalten können. Was Liping bei den drei Meistern lernte, war im Grunde eine Methode zur Kultivierung der Drei Schätze.

Der Yin-Geist gleicht einem Säugling: Zuerst muß er langsam genährt werden und sich im Mutterleib entwickeln; danach wird er in die Nirvâna-Kammer im Gehirn geführt. In der Phase seines Heranwachsens muß der Yin-Geist sorgsam beschützt werden. Besonders wichtig ist es, auf klimatische Veränderungen zu achten und nicht zu versuchen, den Geist bei schlechtem Wetter nach außen zu projizieren. Das ist genauso wie bei einem Baby, das den Körper der Mutter erst verlassen kann, wenn es voll entwickelt ist, aber als Neugeborenes noch so hilflos ist, daß es genährt und sorgfältig behütet werden muß, damit es gesund heranwachsen kann. Wenn es kräftig geworden ist, kann es stehen und laufen lernen und darf allmählich auch umhergehen.

Wenn man das Projizieren des Geistes übt, sollte sich der Geist anfangs nur in unmittelbarer Nähe bewegen und schnell wieder zurückgerufen werden. Später läßt man den Geist auch draußen agieren und auf derselben Route, die er beim Hinausgehen genommen hat, auch wieder zurückkehren. Wenn der Yin-Geist nach langer Schulung kraftvoll geworden ist und frei aus- und eintreten kann, darf man ihn etwas weiter reisen lassen und kann ihn auch mehrmals am Tag nach außen projizieren. Da es sich schließlich um das Reisen von Vitalität, Energie und Belebendem Geist handelt, bewegt sich der Geist mit der Geschwindigkeit der Gedanken, nachdem seine Fähigkeiten einmal entwickelt wurden. Durch verschiedenartigen Einsatz von Vitalität, Energie und Belebendem Geist ist es möglich, Form zu manifestieren oder nicht; darin liegt das Geheimnis der ›Kunst, den Körper zu reproduzieren‹.

Nachdem Wang Liping selbst gelernt hatte, seinen Geist zu projizieren, machte er dieselben Erfahrungen wie nach seinem Fasten, einschließlich der reduzierten Lebensfunktion und des Sterbens. Das wiederholte sich mehrmals, aber nun gab es zwei Unterschiede zu seiner ersten Todeserfahrung: Erstens erlitt er nicht dieselben extremen Schmerzen wie damals im Augenblick des Todes; und zweitens konnte er während seiner Vision andere nicht nur sprechen hören, sondern auch mit ihnen reden. Die Visionen, die Wang Liping bei solchen Gelegenheiten schaute, glichen so sehr mythologischen Fabeln, daß sie für den gewöhnlichen Verstand nicht zu begreifen wären.

12 Schatzsuche in den Bergen

Ehe sie sich versahen, waren auf der Wanderschaft der drei Meister mit ihrem Lehrling über Berge und Flüsse, bei Sommerhitze und Winterkälte, beinahe zwei Jahre vergangen. Im Herbst 1968 war Zhang Hodao, der Weggefährte der Unendlichkeit, achtundachtzig Jahre alt; Wang Jiaoming, der Weggefährte der Reinen Heiterkeit, war achtundsiebzig und Gu Jiaoyi, der Weggefährte der Reinen Leere, sechsundsiebzig.

In so fortgeschrittenem Alter haben gewöhnliche Sterbliche meist kaum noch ›Benzin im Tank‹, und ihre Bewegungen sind steif geworden. Nur wenige bewahren sich ihre körperliche Gesundheit so lange, und die meisten sind größeren Belastungen nicht mehr gewachsen und müssen es in ihren späten Jahren etwas langsamer angehen lassen. Wie könnten sie den Hunger, das ungeschützte Leben unter freiem Himmel und all die Strapazen auf einer solchen Wanderschaft ertragen? Aber die alten Weisen hatten Körper und Geist mit dem Dao verschmelzen lassen. Zwar hatten sie sich auf Wanderschaft begeben, um dem Chaos der Kulturrevolution zu entfliehen, aber sie hatten sich in diesen schweren Zeiten doch noch ihre kindliche Unschuld bewahrt. Sie schwammen in der Großen Natur wie übermütige Fische im Wasser und schienen trotz aller Entbehrungen nicht zu leiden, sondern sich sogar noch zu amüsieren.

Auch wenn ihre Kleidung abgerissen war, hatten ihre Gesichter einen kräftigen rötlichen Glanz, und ihre geistige Verfassung war noch viel außerordentlicher. Wenn sie sich in der Gesellschaft gewöhnlicher Menschen befanden, erkannten selbst völlig unsensible Personen an ihrem Ausdruck und ihrer Ausstrahlung, daß es sich bei diesen vier Männern um Menschen handelte, die das Dao verwirklicht hatten.

Die Aufgabe der drei alten Meister war klar: Sie hatten ihren Lehrling weiterzuführen und ihm Schritt für Schritt das Wissen und die Praxis ihrer Tradition zu vermitteln. Wegen der besonderen Zeitläufte konnten sie Wang Liping nicht auf die übliche Weise im Dao schulen. So blieb ihnen nichts anderes übrig, als jede Gelegenheit zu ergreifen, die sich ihnen im Verlauf ihrer Wanderschaft bot, um Liping auf seinem Weg weiterzubringen.

Wenn es ihnen unterwegs in der Wildnis gelang, etwas zu essen zu finden, aßen sie sich satt; wenn es nichts zu essen gab, durfte keiner das Wort ›Hunger‹ in den Mund nehmen. Alle waren sich darüber im klaren, daß jeder, der von den anderen bei einer solchen Regung ›ertappt‹ wurde, verpflichtet war, für alle etwas Eßbares zu suchen. Zunächst begriff Liping nicht, daß auch dies eine Art von mentaler Schulung war. In seiner jugendlich unbekümmerten und gesprächigen Art war er stets der erste, der damit herausplatzte, daß er hungrig wäre. So fiel ihm letztlich immer wieder die Aufgabe zu, weite Wege zu gehen und sich den Kopf darüber zu zerbrechen, wie er für alle etwas zu essen finden könnte.

Oft genug kam es vor, daß es nicht genug Essen zu verteilen gab und keine Methode geeignet schien, das wenige gleichmäßig aufzuteilen. Unter solchen Umständen legten die vier Wanderer das Essen in ihre Mitte und saßen im Kreis darum herum, während jeder den anderen seinen eigenen Vorschlag vortrug. Wenn alle damit einverstanden waren, teilten sie die Nahrung auf die vorgeschlagene Weise. Wenn ihre Meinungen jedoch auseinandergingen und keiner verzichten wollte, setzten sie ihr Palaver fort.

Im Lauf der Zeit begriff Liping, daß es nicht so schwer war, auf der Straße um Almosen zu betteln. Es kam aber offenbar darauf an, nicht in die ›Falle‹ zu gehen und dadurch zu vermeiden, mit dieser lästigen Aufgabe betreut zu werden. Schon allzu oft hatte er in diesem Wettbewerb der Geistesgegenwart verloren. Doch nach und nach begann auch Liping, sich den Kopf zu zerbrechen und zu überlegen, wie er seine Lehrer in eine Falle locken könnte.

Als der Weggefährte der Reinen Leere einmal in einem Moment der Unaufmerksamkeit von den drei anderen ›ertappt‹ worden war, mußte er losziehen, um für alle etwas zu essen zu besorgen. An diesem Tag mußte er wirklich weit gehen, bis er schließlich mit ein paar Klößen aus Getreide und Gemüse zurückkehrte. Alle nahmen nun Platz und begannen darüber diskutieren, wie die Klöße aufgeteilt werden sollten. Seinen weißen Bart streichend, ergriff der Großmeister zuerst das Wort: »Ich bin der Älteste von allen; weil ich nicht mehr so kräftig bin wie ihr, steht mir etwas mehr zu.«

Als nächster ergriff Liping das Wort: »Ich muß noch wachsen, deshalb brauche ich ein bißchen mehr. Ihr drei Alten solltet euch gut um einen kleinen Jungen wie mich kümmern!«

Darauf entgegnete der Weggefährte der Reinen Leere mit Nachdruck: »Ich mußte heute wirklich sehr weit gehen. Diese Klöße waren nicht einfach aufzutreiben. Nach dem Prinzip von Lohn nach Leistung steht mir die eine Hälfte zu und ihr drei könnt euch dann die andere teilen.«

»Was redest du da?« Der Weggefährte der Reinen Heiterkeit war nicht bereit, so schnell einen Rückzieher zu machen. »Ich habe in der Zwischenzeit auf deinen Rucksack aufgepaßt; deshalb bin auch ich an deiner Leistung beteiligt. Laßt uns also die Klöße in drei Portionen aufteilen: Jiaoyi und ich bekommen zwei, und der Großmeister und Liping können sich den Rest teilen.«

Als der Großmeister bemerkte, daß die drei anderen nicht auf das Stichwort ›alt‹ eingingen, erschien ihm eine weitere Debatte nutzlos. So gab er nach und schlug vor: »Was haltet ihr davon, alles gleichmäßig unter uns aufzuteilen?«

»Nein, nein!« lehnten die drei anderen entrüstet ab. »In gleiche Teile aufzuteilen ist am langweiligsten und völlig unsinnig.« Aber keiner konnte einen zwingenden Grund dafür finden, die Nahrung auf andere Weise zu verteilen.

Als er bemerkte, daß sie sich in eine Sackgasse verrannt

hatten, präsentierte der Großmeister einen neuen Vorschlag: »Nun gut, hören wir auf, uns zu streiten! Ich habe eine gerechte Methode gefunden. Wenn ihr einverstanden seid, wollen wir es so machen!«

»Bitte, sag uns, wie dein Vorschlag aussieht.«

»Wir legen die Klöße hierher und jeder schnappt sich mit dem Mund, was er kriegen kann. So hat jeder die gleiche Chance. Ist das nicht eine gerechte Lösung?«

»Prima!« stimmten die anderen zu.

Der Großmeister ging zu einem Felsen und legte die Klöße oben auf einen Felsen. Nun reckten sie alle ihre Hälse, um die Klöße mit den Zähnen zu erwischen. Die Klöße waren nicht besonders groß, und statt einen zwischen die Zähne zu bekommen, erreichten sie nur, daß sie immer wieder mit den Köpfen zusammenstießen. Der erste, der aufgab, war der Weggefährte der Reinen Leere: »Es ist sinnlos. Ich halte das nicht mehr aus. Macht ihr anderen doch weiter!«

Der Großmeister lachte: »Hab ich mir's doch gedacht! Dir ist die Haut an deiner Stirn wichtiger! Aber mir geht es um die Klöße!« Unter großem Gelächter verschlang jeder einen Kloß. Schließlich gab auch der Weggefährte der Reinen Heiterkeit auf, so daß nur noch zwei Wettbewerber übrig blieben. Der Großmeister nahm den letzten Kloß und teilte ihn mit Liping.

Da bemerkte der Weggefährte der Reinen Heiterkeit, daß der Weggefährte der Reinen Leere sich ins Gebüsch geschlagen hatte, und dachte sich, daß es wohl einen Grund dafür geben müßte. Als er sich von hinten an ihn heranschlich, entdeckte er, wie der Weggefährte der Reinen Leere gerade dabei war, eine Süßkartoffel zu verspeisen. Ohne ein Wort schnappte sich der Weggefährte der Reinen Heiterkeit die Süßkartoffel, brach sie in zwei Hälften und teilte sich die Beute mit dem Weggefährten der Reinen Leere.

Ein einzelner Kloß und eine Süßkartoffel reichen kaum aus, um einen Mann satt zu machen, aber das Teilen der Nahrung machte solche ›Mahlzeiten‹ wirklich spannend. So kam es draußen in der Wildnis immer wieder vor, daß die Waldlichtungen in den Bergen vom Gelächter der Daoisten widerhallten.

So verging die Zeit in einfacher, ungekünstelter Atmosphäre, frei von den Einschränkungen und Konventionen des gesellschaftlichen Lebens. Die Meister und ihr Lehrling verbrachten ihre Zeit damit, Ränke zu schmieden und sich gegenseitig auf witzige Art und Weise Fallen zu stellen, um ihre Achtsamkeit zu schärfen und ihre Intuition zu entwikkeln. Und jedesmal, wenn einer von ihnen in die Falle ging, freuten sich die anderen wie kleine Kinder.

Im Grunde waren diese drei alten Weisen unschuldig wie große Kinder, die nie ganz erwachsen geworden waren. So chaotisch die Zeiten in China auch sein mochten, in der Welt der vier Daoisten gab es weder Zwang noch Unterdrückung, weder vorwärts noch rückwärts, weder rechts noch links und keinen Unterschied zwischen Norden, Süden, Osten oder Westen. Ihr Geist war hell wie die Sonne und klar wie der Mond, ihre Gedanken glichen treibenden Wolken und fließendem Wasser – ungetrübt, durchscheinend rein, zutiefst authentisch, natürlich und spontan, dynamisch und aktiv, heiter und unbefangen. In ihren Herzen waren das Dao des Himmels, das Dao der Erde und das Dao des Menschen in eins verschmolzen.

Die Lehrzeit auf der Wanderschaft blieb für Wang Liping unvergeßlich und bildete den zweiten Höhepunkt seines Lebens. Während dieser Zeit erklärten ihm die drei Meister die Bewegungen und das Wirken der Himmelskörper, die Prinzipien und Muster des gesellschaftlichen Wandels, die Techniken der Divination, der Heilkunst, der Physiognomik, der Prophezeiung und der Kampfkunst sowie die Kunst, den Geist nach außen zu projizieren und bewußt zu träumen.

Während Liping sich bemühte, die Drei Übungen zur Unsterblichkeit aus der Erhabenen Lehre des Magischen Juwels zu praktizieren, übertrugen ihm die drei Magier auch ihre außergewöhnlichen individuellen Fertigkeiten.

Endlich begriff Liping seine Lebensaufgabe: Es war seine Pflicht, den Lehren seiner Meister gerecht zu werden und seine eigene Berufung ehrenhaft zu erfüllen. Er hatte eine tiefe Einsicht in das Prinzip der Einheit von Himmel, Erde und

Mensch erlangt und Mittel und Wege gewonnen, um den Geist des Menschen, den Geist des Himmels und den Geist des Dao zu vereinen. In den Augen der alten Dao-Meister war ihr Schützling allmählich vom Kind zum Erwachsenen herangereift. So wanderten die daoistischen Meister und ihr Schüler immer weiter – miteinander redend und lachend, im Herzen unberührt von den Wirrungen der Welt, inspiriert von der Verschmelzung ihres Leibes und ihrer Seele mit der Großen Natur.

Eines Tages gelangten sie an eine Autostraße in den Bergen, auf der ab und zu ein Lastwagen vorbeibrauste. Da hob der Großmeister einen Fuß hoch und deutete auf seine durchgelaufenen Schuhe. Die beiden Mentoren verstanden, was er im Sinn hatte, und gaben ihm wortlos zu verstehen, daß sie bereit waren. Wang Liping schaute gerade einem Lastwagen nach, der um eine Kurve verschwand. Als er sich umdrehte, sah er einen weiteren Lastwagen näher kommen. Als dieser Lastwagen an ihnen vorbeifuhr, sprangen die drei alten Magier mit einem gewaltigen Satz auf seine Ladefläche. Nach einem Moment der Verblüffung und des Zögerns begann Liping, so schnell er konnte, hinter ihnen her zu rennen. Der Lastwagen war schon einige Dutzend Meter weiter, und die alten Männer standen lachend hinten auf der Ladefläche.

Liping merkte, daß die drei Alten ihn wieder einmal ausgetrickst hatten. Doch in einem wahren Ausbruch von Energie ließ er seine inneren Kräfte aufsteigen; wie ein Blitz jagte er über hundert Meter hinter dem Lastwagen her und sprang schließlich leichtfüßig auf. Die drei Alten kugelten sich vor Lachen.

Da der Lastwagenfahrer ganz auf die enge Bergstraße konzentriert war, merkte er nichts von dem, was sich hinter ihm abspielte. Doch als er plötzlich jemanden lachen hörte, begann er sich zu wundern. Diese Straße durch die Berge war nur wenig befahren, und Reisende waren hier kaum anzutreffen. Der Fahrer konnte auch keinen Menschen sehen. Wo kam das Lachen dann her? Anscheinend ganz aus der Nähe. Sollte jemand auf dem Lastwagen mitfahren? Ein Blick in den Rückspiegel zeigte ihm, daß sich tatsächlich Leute auf seiner Ladefläche befanden, sogar alte Männer – wie seltsam! Der Fahrer hielt an, um sich seine blinden Passagiere anzuschauen. Doch als er aus dem Führerhaus ausgestiegen war und nach hinten kam, mußte er erstaunt feststellen, daß keine Menschenseele mehr zu sehen war.

Er fragte sich, was zum Teufel sich da abspiele, als plötzlich eine Stimme sagte: »Danke, daß wir mitfahren durften!« Als er sich umdrehte, sah er vier Männer – drei alte und einen jungen – vor seinem Lastwagen stehen, mit erhobenen und zusammengelegten Händen zum Zeichen des Dankes. Als sie gemerkt hatten, daß der Lastwagen bremste, hatten die vier Daoisten nämlich ihre Fähigkeit, sich unsichtbar zu machen, benutzt und waren abgesprungen; deshalb hatte der Fahrer sie zunächst nicht gesehen. Der Fahrer wollte sie über ihr Woher und Wohin befragen, doch sie waren schon einen Abhang hinaufgestiegen und verschwunden.

So reisten die Meister und ihr Lehrling immer weiter, bis sie die Ausläufer des Huashan erreichten. Schon von weitem sahen sie diesen gewaltigen Berg mit seiner ungewöhnlichen Atmosphäre majestätisch und grandios wie ein Riese aus der Ebene aufragen und mit seinem Haupt die Wolken berühren. Der Huashan – der ›Blumenberg‹ – ist berühmt für seine steilen Felswände. Der Berg hat fünf Gipfel: Der Ostgipfel heißt Morgensonne, der Westgipfel Lotosblüte, der Südgipfel Landende Wildgans, der Nordgipfel Fünf Wolken und der Mittelgipfel Jadeprinzessin. Diese fünf Gipfel bieten einen herrlichen Anblick: Mit ihren senkrecht aufsteigenden Klippen und messerscharfen Felsgraten sind sie äußerst schwierig zu besteigen. In einem berühmten Gedicht über den Huashan heißt es:

Höher ist allein der Himmel –
Kein andrer Berg kann sich vergleichen.
Du hebst den Blick, und die rote Sonne ist nah;
Du schaust dich um, und die Wolken sind unter dir.

Auch die Lage des Huashan ist einmalig: er liegt genau auf der Trennlinie zwischen dem östlichen und dem westlichen Teil

Chinas, den zwei natürlichen Wirtschaftsräumen des Landes. Die Daoisten wissen die einzigartigen Eigenschaften des Huashan zu schätzen. Sie haben nicht nur die Lage dieses Berges untersucht, sondern auch das erforscht, was sich um ihn herum sammelt und ihn umkreist: Energie in Form von Wind. Über die Zeitalter hinweg war der Huashan für daoistische Adepten der rechte Ort, um ihr Qi und die Energie des Windes zu kultivieren. Das war auch das Hauptziel von Wang Liping und seinen Lehrern.

Die vier Daoisten stiegen einen steilen Bergpfad hinauf. Die erste Welle der Großen Proletarischen Kulturrevolution war inzwischen vorüber, und der Vandalismus der Roten Garden hatte überall deutliche Spuren hinterlassen. Auf dem Berg waren nur wenige Pilger anzutreffen; viele der berühmten Kultstätten lagen in Trümmern, und Unkraut begann auf den zerbrochenen Ziegeln und Backsteinen zu wuchern. Lipings Lehrer, die den Huashan früher schon mehr als einmal besucht hatten, waren tief bestürzt über diesen Anblick.

Die Daoisten und ihr Schüler nahmen die steilste und gefährlichste Route auf den Berg. Eine steinerne Treppe führt fast senkrecht nach oben, mit einer Eisenkette als einziger Absicherung; ihre Stufen sind so schmal, daß ihre Breite nur für eine Person reicht. Die Treppe ist so steil, daß die untere Person auf die Fußsohlen der voraussteigenden sehen kann. Wenn man den Blick nach unten richtet, hat man das Gefühl, auf einer vom Himmel herabhängenden Leiter zu stehen, und wird unweigerlich von Angst gepackt.

Auf halber Höhe machte einer seiner Lehrer Liping auf eine Anzahl von kaum sichtbaren Höhleneingängen an einem entfernten Gipfel aufmerksam. Er erklärte ihm, daß es sich hier um den Ort handelte, an dem Hao Datong, einer der Sieben Erleuchteten des Nordens, der Weggefährte der Ewigen Wirklichkeit, nach Erkenntnis gestrebt und das Dao verwirklicht hatte. Hao Datong hatte sich einst zum Huashan zurückgezogen und hier eine Höhle in eine Felswand gehauen, um an jenem Ort das Dao zu kultivieren. Als die Höhle endlich fertig war, erschien ein anderer Daoist mit einem Meditationskissen und erklärte ihm, daß er keinen Platz zum Sitzen hätte und sich diese Höhle gern ausleihen wollte. Obwohl er die Höhle für sich selbst gegraben hatte, überließ Hao Datong sie dem anderen und ging weiter, um eine neue Höhle in den Berg zu schlagen.

Doch als diese zweite Höhle fertig war, kam ein weiterer Adept mit dem Wunsch, sie für seine Zwecke zu benutzen. Hao Datong gab seine Höhle auch diesmal auf und machte sich auf, um für sich die nächste Höhle zu suchen und zu graben. So unglaublich es auch klingen mag – dasselbe wiederholte sich nach Fertigstellung der dritten, der vierten, der fünften und der sechsten Höhle. Tag für Tag, Monat, für Monat, Jahr für Jahr fuhr Hao Datong unermüdlich fort, Meditationshöhlen in die Felswand zu schlagen, doch jedesmal, wenn er eine neue Höhle fertig hatte, erschien ein neuer Adept mit dem Wunsch, sie benutzen zu dürfen. Als er endlich die zweiundsiebzigste Höhle vollendet hatte, hatte dieser Meister das Dao erlangt und volle Verwirklichung erreicht.

Die vier Reisenden machten bei einem zerstörten Pavillon Halt. Der Großmeister erklärte Liping, daß dieser sogenannte ›Schachpavillon‹ vor tausend Jahren Schauplatz einer berühmten Schachpartie zwischen Chen Bo und dem ersten Kaiser der Song-Dynastie gewesen war. In der Hoffnung, Chen Bo zu schlagen, setzte der Kaiser zwei Provinzen als Pfand. Doch dann war es der Kaiser, der die Partie verlor. Allerdings verspürte Chen Bo nicht den Wunsch, kaiserlicher Beamter zu werden, und begnügte sich statt dessen mit der Bitte, die Bauern dieser beiden Provinzen von der Steuerlast zu befreien. Freudig gewährte ihm der Kaiser diesen Wunsch. Chen Bo selbst blieb auf dem Huashan, um das Dao zu kultivieren; er erwarb sich einen besonderen Ruf als Meister der Meditation im Schlaf.

Der Plankenpfad ist der furchterregendste Platz des Huashan. Auf halber Höhe einer gewaltigen senkrechten Bergwand hat man eine Reihe kleiner Löcher in den Fels gebohrt, in die kurze Holzbalken gesteckt sind. Auf diese wurden dann schmale Holzplanken gelegt – und so entstand der Plankenpfad des Huashan. Aus der Ferne sieht dieser Pfad aus wie ein schmaler Gürtel, der um den Bauch der gewaltigen Felswand gelegt wurde. Blickt man von diesem Pfad aus nach oben, sieht man nichts außer überhängenden grünen Klippen, die den Himmel verdecken und den Atem des Pilgers vor Schrecken zum Stocken bringen.

Noch beängstigender ist der Blick nach unten: Unter den Füßen des Wanderers wogt der Wolkennebel bald dick, bald dünn auf und ab – so als stünde man inmitten einer aufgewühlten See. Ein einziger Fehltritt, und der Wanderer stürzte in den tiefen Abgrund in den sicheren Tod.

Als Wang Liping und seine Lehrer im späten Frühling zum Huashan gelangten, war dort gerade die Jahreszeit, zu der die Winde aus allen Richtungen sich um den Berg sammeln – die rechte Zeit, um Qi und Windenergie zu kultivieren. Bevor die vier Daoisten gegen Abend den Plankenpfad erreichten, pfiffen ihnen die Winde um die Ohren und eine Welle Kaltluft nach der anderen schlug ihnen ins Gesicht. Als sie gerade über einen riesigen Felsblock kletterten, der mitten im Korridor des Windes stand, schlug ihnen eine gewaltige Sturmböe entgegen, die Sand und Kiesel durch die Luft wirbelte. In den tiefen Schluchten zu ihren Füßen schienen sich zahllose wilde Drachen zu winden, zu wirbeln und zu tanzen. Der Wirbelwind schleuderte den Sand und die Steine mit solcher Gewalt gegen die Felswände, daß selbst im Heulen des Sturms ein solches Getöse entstand, als würde eine Explosionswelle durch die Luft donnern.

Im späten Frühling standen die Wildblumen im südlichen Vorgebirge des Huashan in voller Blüte, und die Bäume hatten sich in Smaragdgrün gekleidet. Jenseits des nördlichen Bergkamms fingen Bäume und Pflanzen aber erst an zu grünen, und die neuen Knospen öffneten sich nur langsam. Der Nordkamm des Huashan bildet eine Art natürliche Schranke, an der die warme, feuchte Luft aus dem Süden aufgehalten wird; deshalb stauen sich hier die Energien des Frühlings und gelangen nur mühsam über die Berge nach Norden. Da der Huashan genau am Ende von zwei großen Bergketten liegt, bildet er eine natürliche Passage, durch die ein breiter Strom von feuchtwarmer Luft nach oben aufsteigen und das

Leben der nördlichen Regionen mit Feuchtigkeit nähren kann.

Der Himmel hat fünf Elemente, sechs Energien [die Energien von Morgendämmerung, Mittag, Abenddämmerung, Mitternacht, Himmel und Erde], acht Winde [aus allen Haupt- und Nebenrichtungen]. Die Frühlingsenergie läßt Pflanzen und Bäume sprießen; das Element Holz ist dem Wind zugeordnet. Der Süden steht mit Feuer in Verbindung; der Südwind ist voller feuriger Energie, und seine feurige Natur muß gezügelt werden, damit er warm, aber nicht brennend heiß wird und so Yin im Yang enthalten ist. Wenn die feuchtwarme Luftströmung aus dem Süden eine Weile zwischen den fünf Gipfeln des Huashan herumwirbelt, verliert sie so viel von ihrer brennenden Hitze, daß sie klar und kühl geworden ist, bevor sie den Huashan hinter sich läßt. Die aufgenommene Feuchtigkeit sorgt nun dafür, daß alles wachsen und gedeihen kann.

Als die vier Daoisten den Plankenpfad betraten, schlug ihnen der Bergwind von oben entgegen; mit aller Kraft an die Felswand geklammert, kämpften sie sich weiter. Es begann schon zu dunkeln; eine schmale Mondsichel hing über ihnen am nächtlichen Himmel. In der weiten Runde ragten pechschwarze Berggipfel auf; in der Tiefe gähnte ein bodenloser Abgrund. Der Wind schlug auf die Felswand, wirbelte herum und prallte mit solcher Stärke zurück, daß er die Wanderer von den Planken zu reißen drohte. Von Zeit zu Zeit heulte auch ein kalter Wind aus der Tiefe herauf, der sie fast in die Luft riß.

Der Großmeister ging an der Spitze: Er schien in der Luft zu schweben. Flink wie ein Berglöwe bewegte er sich behende von einer Planke zur anderen. Liping, der hier zum ersten Mal Erfahrungen mit den Rhythmen der Lüfte am Huashan machte, kämpfte mit den wechselnden Winden aus allen Richtungen, um nicht den Halt zu verlieren. Die beiden anderen Meister bewegten sich so leichtfüßig über die Planken, als spazierten sie auf ebener Erde.

Am Ende des Plankenpfads gelangten sie wieder an eine ebene Stelle. Hier ließ die Kraft des Windes plötzlich nach, und es wehte nur eine sanfte, entspannende und angenehme Brise. Dies war der richtige Platz zum Sitzen und Meditieren. Die beiden Mentoren erklärten Wang Liping die Methoden der Atem- und Energiearbeit, die er an diesem besonderen Ort brauchte, um richtig praktizieren zu können. Liping folgte ihren Anweisungen und merkte bald, daß er ganz neue Erfahrungen machte und sich ihm hier ein neuer Himmel und eine neue Erde auftaten.

Die Meister zeigten ihm, wie er mit den Energien des Huashan arbeiten und die Winde herbeirufen konnte, und sie übertrugen ihm verschiedene esoterische Praktiken und geheime Belehrungen. Zuletzt zeigte der Großmeister Liping eine geheime Methode, die ihn dazu befähigte, auf der Spitze des Hauptgipfels sitzend zu meditieren und den Wandel der Winde und Wolken über dem ganzen Land zu beobachten.

Der Südgipfel, die ›Landende Wildgans‹, ist der Hauptgipfel des Huashan. Als die drei daoistischen Meister und ihr Lehrling diesen Gipfel bestiegen hatten, war es schon tiefe Nacht – über ihnen funkelten die Sterne und in der Stille der Nacht tauchte der Mondschein die Bergketten in magisches Licht. Der Nachthimmel war kristallklar und völlig wolkenlos; die tiefer liegenden Gipfel glichen einer Lage feiner Seide. Gruppen von Bäumen schienen in ein düsteres Leuchten gehüllt zu sein; je weiter entfernt, desto verschwommener und unbestimmter sahen sie aus.

Auf dem Südgipfel gibt es einen von einer Quelle gespeisten kleinen spiegelglatten Teich, die sogenannte Taishang-Quelle. Mond und Sterne scheinen in den Tiefen dieser Quelle zu versinken. Am Rand des Wassers sitzend, wurden die drei Meister und ihr Schüler eins mit den Gestirnen, den Bergen und den Flüssen, den Pflanzen und den Bäumen, der reinen und klaren Quelle. Unverzüglich dehnten die das ›Feld‹ ihres inneren Universums aus, bis es allmählich den gesamten Huashan umschloß.

Im Zustand der Entrückung bemerkte Wang Liping, wie die Gipfel allmählich vor seinen Augen entschwanden. Vor ihm dehnte sich auf einmal eine glatte Fläche von strahlend hellem Wasser aus, aus der ein Stück festes Land auftauchte. Nun hatte er ein Gefühl, als würde er nach oben in den Himmel entschweben. Als er nach unten blickte, breiteten sich überall unter ihm Gewässer von unterschiedlichster Gestalt und Ausdehnung aus. Zwischen den verschiedenen Wasserflächen lagen – teils im Licht, teils im Dunkel – massige Blöcke, die in verschiedenfarbigem Licht leuchteten – golden und gelb, grau und weiß, karminrot und regenbogenfarben. An manchen Stellen schienen sich tiefe, dunkle Höhlen aufzutun.

Nun entfaltete sich ein anderes Bild vor seinen Augen – ferne Ebenen am Fuß des Berges, nicht sehr klar, sondern nur undeutlich zu erkennen. Es war ein Schlachtfeld aus fernen Zeiten: Auf der einen Seite rückte eine blockförmige Schlachtformation kraftvoll und energisch voran. In den Linien schienen Fahnen zu flattern, Pferde zu wiehern und Schwerter aufzublitzen. Auf der Gegenseite befand sich eine riesige Armee, in unruhiger Bewegung wie eine Meeresflut, ohne reguläre Uniformen, mit Stöcken und Hacken bewaffnet, in einem Zustand großer Erregung – das Ganze wirkte tragisch und unheilvoll.

Als die beiden Armeen aufeinanderstießen, sah Wang Liping, wie Krieger und Pferde in der vordersten Linie niedergemacht wurden und wie immer neue Männer und Rösser aus den hinteren Linien nachrückten. Nach Beginn der Schlacht löste die Blockformation sich auf, während die wilde, buntgemischte Flut auf der anderen Seite unaufhaltsam vorwärtsdrängte und dem Gegner hart zusetzte. Staub wirbelte auf, so daß das Kampfgeschehen nicht mehr deutlich zu sehen war. Doch konnte Liping immer noch das Geschrei der Kämpfer und das Wiehern der Pferde, das Klirren der Schwerter und den Aufprall der Speere hören. Und es dauerte nicht lange, bis die Blockformation einbrach und von der wilden Flut der Gegenseite überrollt wurde.

Für ein paar Augenblicke hatte er sogar den Eindruck, als würden Soldaten und Reittiere in der Luft kämpfen; einige standen zuletzt auf dem Kopf und huschten vorüber wie flüchtige Schatten in endlos wechselnden Formen. Als dann ein klarer Wind zu wehen begann, lösten sich all diese Bilder und Visionen schnell wieder auf.

Aus unbestimmtem Dunkel tauchte jetzt eine andere Szene auf, mit grünen Bergen, glänzenden Flüssen, zwitschernden Vögeln und duftenden Blumen. Im Halbschatten eines Bambushains neben einer gluckernden Quelle erschien die Ecke eines Dachs, mit aufragendem Gesims und farbig bemalten Balken. Dunkler Rauch stieg mit beißendem Gestank in die Luft. Am Berghang standen riesige alte Glyzinienbäume von betörender Schönheit, mit ganz verknoteten und verdrehten knorrigen Ästen. Unter den Glyzinien ruhte in tiefem Schlummer ein Mann von vornehmem Aussehen; er trug altertümliche Kleidung, hatte langes, ungekämmtes Haar und hielt einen Fächer in der Hand. So hatte er schon tausend Jahre lang geschlafen.

Nach gut zwei Stunden beendeten die vier Daoisten ihre nächtliche Sitzung. Nun sahen ihre Augen wieder nichts als die strahlenden Sterne am klaren Himmel und den natürlichen Teich, wie zuvor spiegelglatt und ungetrübt. Wang Liping stand immer noch im Bann der Bilder, die er gerade geschaut hatte, und ein unbeschreibliches Gefühl durchströmte sein ganzes Wesen.

Der Großmeister wandte sich an ihn: »Hast du den alten Meister Chen Bo gesehen?«

Wang Liping antwortete: »War er der schlafende Unsterbliche unter den Glyzinien?«

Der Großmeister lächelte und schwieg, doch Liping verstand und dachte nur »Sieh an!«.

Durch systematische Schulung in den fortgeschrittenen Methoden des Daoismus hatte Wang Liping nun eine neue Stufe erreicht, auf der sich das Universum, wie er es sah, fühlte und begriff, von der Welt der normalen Menschen deutlich unterschied. Wenn gewöhnliche Menschen an einen neuen Ort kommen, nehmen sie lediglich recht oberflächlich von dieser neuen Umgebung Notiz. Die meisten werden sich mit einer wissenschaftlichen Routineuntersuchung der Flora und Fauna, des Klimas, der Gewässer- und Bodenqualität begnügen, um festzustellen, ob der Platz sich zum Wohnen, Arbeiten, für Studium, Erholung, Konstruktion, Industrie, Bergbau und so weiter eignet. Wang Liping würde dagegen viel weiter gehen und seinen Körper als Instrument einsetzen, um den Himmel und die Erde zu sondieren; auf diese Weise könnte er noch weitaus subtilere Elemente erfassen, um den Einfluß dieses Ortes auf den menschlichen Organismus und seine Funktionen zu bestimmen. Nur so könnte er schließlich entscheiden, für welche Art von Betätigung sich dieser Ort am besten eignete. Hierin zeigt sich der Unterschied zwischen den Menschen, die zur Sphäre von Himmel, Erde und Mensch aufgestiegen sind, und denjenigen, die in der Sphäre der Personen, Geschehnisse und Dinge verharren.

Nachdem die daoistischen Meister und ihr Lehrling ihre nächtliche Sitzung auf dem Südgipfel des Huashan abgeschlossen hatten, begannen sich schon bald die Umrißlinien der fernen Berge und der nahe gelegenen Wälder im ersten Morgenlicht abzuzeichnen. Unbeschreiblich würdevoll und friedlich traten die Berge ins Morgenlicht. Auf dem Gipfel des Berges stehend, spürten die vier nicht den geringsten Lufthauch.

An diesem grandiosen Schauplatz, umgeben von einer phantastischen Berglandschaft, kam dem Weggefährten der Unendlichkeit ein Gedicht aus der Song-Zeit in den Sinn:

Die ganze Nacht hat kalter Wind
Die blaue Dunkelheit gerüttelt.
Als dann die Luft zur Ruhe kam,
Rieselte feiner Schnee,
Und alles strahlte wie der Jadereine Himmel –
Im klaren weißen Licht rezitiere ich
Den Klassiker des Gelben Hofes.

Als die vier Daoisten auf dem Mittelgipfel des Huashan, der ›Jadeprinzessin‹, anlangten, nahmen sie sich Zeit, um hier vor Sonnenaufgang zu meditieren und in tiefer Stille die feinen Veränderungen an den vier umgebenden Gipfeln zu beobachten. Liping brachte seinen Geist zur Ruhe und lauschte aufmerksam. Er schien zu hören, wie der Berg in einem äußerst feinen Pulsieren atmete. Obwohl ringsum völlige Stille herrschte, waren doch ohne Unterlaß stumme Kräfte am Wirken und Wandeln. Himmel und Erde waren sich ganz nah, Mensch und Berg tief verschmolzen; und inmitten dieses Friedens stand alles im Universum in einer Art von mystischer Verbindung, in einem wortlosen Dialog, in dem das Schöne und das Häßliche, das Gute und das Schlechte zugleich in Erscheinung traten. Während er dies spürte, erfaßte und begriff, sollte Wang Liping in diesem Zustand des Friedens und der Stille Veränderungen von so gewaltiger Natur schauen, daß sie Himmel und Erde ins Chaos stürzen könnten.

Alle Gipfel in der Runde waren in einen schwachen Dunst gehüllt, der sich langsam bewegte und wie Wolken oder Nebel, wie Rauch oder ein Leuchten nach oben schwebte. Beim Aufsteigen dieses Dunstes empfand Liping ein reines, heiteres Gefühl von Klarheit und Frische. Als der Dunst noch höher stieg, wurde er zuerst allmählich trübe und verschwommen und dann dunkel und dicht. Als er sich noch weiter über die Bergeshöhen hinaus erhob, erglühte der nunmehr dunklere und dichtere Dunst plötzlich in dunkelrotem, blauem und violettem Licht. Trotz vollkommener Windstille schien diese abwechselnd helle und dunkle Dunstwolke, die den Gipfel umhüllte, von etwas verfolgt zu werden – einem wilden Chaos unzähliger Formen, hüpfend und springend, sich zusammenziehend und zusammenballend, einwickelnd und umhüllend, aufwühlend und aufsteigend, wirbelnd und rollend, sich streckend und dehnend.

Ein Frösteln ließ Wang Lipings Herz erzittern. Der Weggefährte der Unendlichkeit hatte das Schauspiel lange Zeit beobachtet; er schloß die Augen und sah besorgt drein. »Die vier Formen sind nicht mehr in Harmonie. Die Atmosphäre des Berges verheißt nichts Gutes. Es wird noch lange dauern, bis sich das Chaos im ganzen Land beruhigt«, erklärte der Weggefährte der Reinen Leere. Der Weggefährte der Reinen Heiterkeit fragte Wang Liping: »Bist du zu einer Deutung gekommen?« Liping nickte bestätigend, denn er verstand, was sein Lehrer meinte.

In diesem Augenblick wurden die Stille und der Friede der frühen Morgenstunde von einem langgezogenen Pfiff zerrissen. Schwarze Rauchwolken speiend, donnerte ein Zug am Fuß des Berges vorbei. Die Nacht auf dem Huashan war zu Ende. Im Osten begann sich der Himmel karminrot zu färben, und alles trat deutlich ins Licht. Ein Wolkenmeer von unendlicher Weite wogte sanft auf und ab; der blutrote Sonnenball schob sich über die Naht zwischen Himmel und Wolken, ein Gefühl tragischer Schönheit vermittelnd.

Der berühmte alte Tongguan-Paß wurde sichtbar; der endlose Gelbe Fluß machte eine scharfe Windung nach Osten. Selbst der gewaltige Gelbe Fluß konnte die Wirren der Welt nicht wegspülen. Dieser strategisch wichtige Paß, der im Lauf der Geschichte so viel Elend und Not erlebt hatte, stand immer noch treu an seiner Seite.

Nachdem er den Wind der vergangenen Nacht und den Dunst des Morgens geschaut hatte, kam dem Weggefährten der Unendlichkeit – beim Anblick dieser Berge und Gewässer, inmitten dieser herrlichen Landschaft, beim Gedanken an den Lauf der Zeit – wieder ein altes Gedicht in den Sinn, das die Unbeständigkeit der menschlichen Gesellschaft und die Höhen und Tiefen der weltlichen Geschäfte beklagt:

Dicht gedrängt stehn hohe Gipfel,
Wilde Wellen tosen in der Tiefe;
Berg und Strom umgeben
Die alte Straße über den Tongguan-Paß.
Zögernd richtet sich mein Blick
Zur Westhauptstadt im Tal –
Herzzerreißend dieser Ort,
Den hundert Heere überquerten;
Unzählige Hallen und Paläste
Zu Staub sind sie zerfallen.
Wenn sich das Reich erhebt,
Muß es der Landmann leiden;
Und wenn das Reich versinkt,
Muß es der Landmann leiden.

Nachdem der Großmeister diese Verse rezitiert hatte, machten sich die vier Wanderer auf den Abstieg vom Huashan.

Vom Huashan aus zogen die Dao-Meister und ihr Lehrling an den nördlichen Ausläufern des Qinling-Gebirges entlang, die sich fächerförmig nach Westen ausbreiten. Sie vermieden besiedelte Gebiete und benutzen einsame Pfade, die nur selten durch ein Bergdorf führten. Die Dorfbewohner, denen sie dabei begegneten, waren alle einfach und natürlich, so wie die Menschen aus alter Zeit. Als sie durch diese Gegend wanderten, kamen dem Weggefährten der Unendlichkeit unwillkürlich jene alten Zeiten in den Sinn, da ihr spiritueller Ahn Changchun hier das Dao kultiviert und gelehrt hatte.

Einige Tage später erreichten die Meister und ihr Schüler den Gipfel des Zhongnan-Berges, der auch als Südberg oder Erdklumpen-Berg bezeichnet wird. In alter Zeit hatte man diesem Berg verschiedene Namen gegeben. Als einer der Hauptgipfel des Qinling-Gebirges gehört er für die Daoisten zu den sogenannten ›Reichen Erden‹, die sich gut für bestimmte Praktiken eignen. Wie in Changchuns Buch *Die Reise in den Westen* beschrieben, beginnt dieses Gebirge im fernen Khotan in Zentralasien und endet hier in China; deshalb heißt es Zhongnan, ›im Süden endend‹. In diesen Bergen liegen zahlreiche Orte von großer Schönheit wie die Goldblüten-Höhle und die Jadequellen-Höhle, die Sonnenklippe und die Mondklippe. Die Meister Zhongli, Lü Dongbin, Liu Haizhan und Wang Chongyang kultivierten alle an diesem Ort das Dao.

Wenn man vom Zhongnan-Berg weiter nach Westen reist, gelangt man zum Louguandai, dem ›Turmobservatorium‹, in der Präfektur Zhouzhi, einer der berühmtesten Stätten des Daoismus. Der Überlieferung nach war dies der Sitz eines Grenzhüters während der Herrschaft von König Kang in der Zhou-Dynastie. Er errichtete einen Turm, von dem aus er die Gestirne und die Wettererscheinungen beobachtete. Dieses sogenannte Turmobservatorium wurde später das erste Kloster in der Geschichte des Daoismus; im Lauf der Jahrhunderte ist die Anlage immer wieder instand gesetzt worden.

Über Laozi berichtet das klassische Geschichtswerk *Historische Aufzeichnungen*: »Laozi kultivierte das Dao und seine Kraft, indem er lernte, im verborgenen zu leben und frei von

Namen und Bezeichnungen zu bleiben. Nachdem er lange Zeit in Zhou gelebt und den Verfall der Zhou-Dynastie miterlebt hatte, zog er schließlich von dannen. Am Grenzpaß angelangt, forderte ihn der Grenzhüter auf: ›Da du bald aus der Welt entschwinden wirst, bitte ich dich, mir ein Buch zu hinterlassen.‹ So schrieb Laozi in mehr als fünftausend Schriftzeichen das berühmte *Daodejing*, ein Werk in zwei Teilen über den Weg [Dao] und seine Kraft [De]. Dann ging er davon, und niemand weiß, wohin es ihn verschlug.«

Deshalb gilt in der daoistischen Tradition Louguandai, das Turmobservatorium, als der Ort, an dem Laozi, der Urvater des Daoismus, das Buch *Daodejing*, den König der Klassiker, zu Papier gebracht und der Welt übergeben hat. Das Buch *Daodejing*, das auch einfach nach seinem Autor *Laozi* genannt wird, besteht aus zwei Teilen; der erste Teil trägt den Titel ›Das Buch vom Dao‹, der zweite ›Das Buch von der Tugend‹. Das ganze Werk besteht aus einundachtzig Kapiteln. Der Stil dieses Werks ist von vollkommener Einfachheit, doch die Prinzipien, die darin offenbart werden, sind überaus umfassend und tiefgründig. Durch historische Dokumente ist belegt, daß dieses Buch bereits vor der Qin-Dynastie weite Verbreitung gefunden hatte und viele berühmte Philosophen diesen Text gekannt und verarbeitet haben mußten. In späteren Zeiten verbreitete sich der Einfluß von Laozis Buch immer mehr; Staatsmänner, Strategen, Philosophen, Naturgelehrte, Dichter und Ärzte hatten alle Kenntnis von Laozi und seinem Buch, und das traf auch auf alle anderen Chinesen zu – vom Herrscher bis zu den Bauern.

Alle, die des Lesens kundig waren, studierten es und begriffen, daß jedes Wort und jeder Satz von tiefer Weisheit zeugte; selbst Analphabeten fanden geistige Nahrung in den Sprichwörtern, die aus dem *Laozi* stammen. Intuitiv erfaßten die Menschen die Gesetze der natürlichen Schöpfung und Entwicklung und erwarben ein grundlegendes Verständnis dessen, was es bedeutet, ein Mensch zu sein. Das Buch *Laozi* ist ganz und gar verschmolzen mit der Essenz der chinesischen Kultur und tief verwurzelt in den Herzen aller Chinesen.

So schrieb der moderne Schriftsteller Lu Xun (1881–1936): »Chinas Wurzeln liegen gänzlich im Daoismus.«

Ein Autor namens Zhang Musheng veröffentlichte 1946 eine neue Untersuchung über das Buch *Laozi;* in seinem Vorwort zur Neuauflage im Jahr 1988 schrieb er: »China besitzt zwei Bücher, die größte Beachtung verdienen: das eine sind die *Gespräche* des Konfuzius, das andere ist der daoistische Klassiker *Laozi.* Diese beiden Werke sollte jeder Gebildete lesen, und man muß kein Fachmann sein, um sie zu verstehen. Dies ist deshalb so wichtig, weil die *Gespräche* des Konfuzius die gewöhnlichen Regeln des gesellschaftlichen Lebens und der menschlichen Angelegenheiten erörtern, während das *Laozi* von den zugrundeliegenden höchsten Prinzipien handelt. Das erste Buch befaßt sich mit der Art und Weise, wie die Dinge sind; das andere stellt die Frage, warum die Dinge so sind, wie sie sind. Wenn wir uns als Mitglieder der Gesellschaft mit Aufgaben wie Selbstentwicklung, Familienleben, planvoller Regierung und Weltfrieden befassen, sollten wir nicht nur wissen, wie die Dinge sind, sondern auch, warum sie so sind; nur dann können wir uns als verstandesklare und kultivierte Menschen betrachten. Die *Gespräche* des Konfuzius und das *Daodejing* des Laozi erfüllen diese beiden Hauptzwecke, und deshalb sollten sie für uns Pflichtlektüre sein.«

Der Grund, aus dem alle Daoisten das *Laozi* so hoch verehren, besteht darin, daß dieses Werk die tiefsten Prinzipien für die Evolution des Universums, die Entwicklung des Individuums und die Ordnung der Gesellschaft erklärt. In der Epoche der Streitenden Reiche verfaßte ein gewisser ›Mann auf dem Fluß‹ den ersten Kommentar zum *Laozi;* da er großen Wert auf Selbstkultivierung und physische Gesundheit legte, wurde dieser Kommentar zu einem Klassiker der daoistischen Gesundheitspflege.

Wang Liping und seine drei Lehrer verneigten sich ehrfürchtig vor der Gedenktafel für den Alten Meister Laozi im Inneren des daoistischen Heiligtums und rezitierten das gesamte *Daodejing* am traditionellen Ort seiner Entstehung.

In den nahe gelegenen Bergen liegt eine geräumige Höhle unter einer Felswand. Der Großmeister erklärte Wang Liping, dies sei die Höhle des Vorfahren Lü Dongbin. Lü Dongbin, dessen Vorname Yan war, erhielt den Titel ›Meister des Reinen Yang‹. Er ist einer der Acht Unsterblichen des chinesischen Volksglaubens. In seiner Jugend studierte er die Lehren des Konfuzianismus und des Moismus. Nachdem er bei der Beamtenprüfung gescheitert war, begab er sich auf Wanderschaft. In der Hauptstadt Changan begegnete er Meister Zhongli Quan, der ihn zehnmal prüfte, bevor er ihn in den lebensverlängernden Künsten des Daoismus unterwies. Später traf er den ›Verwirklichten Meister des Bitteren Bambus‹, der ihm die Methode der Vereinigung von Sonnen- und Mondenergien übertrug. Nach längerer Zeit reiste er schließlich zum Zhongnan-Berg, wo er Meister Zhongli zum zweiten Mal begegnete und von ihm die Alchimie des Goldelixiers lernte. Im Alter von fünfzig Jahren verwirklichte er das Dao. Selbst im Alter von über hundert Jahren hatte er immer noch ein jugendliches Aussehen und einen behenden Gang bewahrt.

In dieser Bergeshöhle in der Nähe des Louguandai versenkte sich der Urahn Lü in die Übung des Dao: Er führte seinen Geist zur Vollendung und läuterte seine Energie, suchte die Erkenntnis der verborgenen Muster und erlangte zuletzt einen Körper aus reiner Yang-Energie. Er entwickelte zahlreiche neue Methoden der praktischen Kultivierung. Einige von diesen Praktiken bilden einen Teil der esoterischen Tradition der Drachentor-Schule, doch eine große Zahl ist nicht überliefert worden. Urahn Lü faßte seine Erkenntnisse in verschiedenen Schriften zusammen, die er an vier besonderen Orten verbarg.

Der Urahn Lü war auch Meister Huolong begegnet, der ihn in einer Schwertübung, der sogenannten ›Flucht in den Himmel‹, unterwies. Urahn Lü formte diese Schwerttechnik um zu einer Methode, um »psychische Beschwerden, sinnliche Begierden sowie Habgier und Haß zu durchschneiden«. Die materielle äußere Alchimie [Waidan] gestaltete er zu innerer Arbeit [Neidan] um; der Pfad zur Erlangen des Dao bestand für ihn in der mitfühlenden Befreiung der Gesellschaft. So schrieb er einst: »Wenn die Menschen ihrer Nation gegenüber loyal, in der Familie respektvoll, ihren Freunden treu, zu ihren Untergebenen menschlich, ehrlich zu sich selbst und frei von Heuchelei sind, dazu wirklich altruistisch, natürlich und bescheiden, indem sie ihre Tugenden verbergen, dann werden ihre Mitmenschen sie lieben und die Geistwesen sie respektieren. In diesem Augenblick sind sie nicht verschieden von mir; selbst wenn sie mir nicht von Angesicht zu Angesicht begegnen, können sie mich dennoch erblicken.«

Die Methode des Natürlichen Energiekreislaufs, die ein wichtiger Teil der Alchimie des Magischen Juwels ist, wurde vom Vorfahren Lü auf seiner Reise zum Zhongnan-Berg entdeckt. Wer diese Methode des Natürlichen Energiekreislaufs praktizieren will, muß Bewußtsein, Belebenden Geist, Energie, Vitalität und Aufmerksamkeit im Augenblick sammeln und in einem regulierten Bewegungsablauf die Läuterung des Universums innerhalb des eigenen Körpers vornehmen. Bei dieser Methode bewahrt der Übende eine lockere, ruhige und natürliche Gehhaltung, bei der Aufmerksamkeit und Gedanken, Bewußtsein und Belebender Geist eine Einheit bilden. Das Selbst ist ein Universum; während das Universum zehntausend Wandlungen durchläuft, treten alle Wesen unweigerlich in Aktion, und jede Tätigkeit erzeugt eine Wirkung. Während sich der Körper bewegt, sammelt die Aufmerksamkeit ein und läßt wieder frei; man sucht Stille in der Bewegung, erzeugt Belebenden Geist in der Stille, während Bewußtsein und Belebender Geist, Atem und Aufmerksamkeit sich in ätherisch flüchtiger und flüssiger Weise verbinden.

Die Technik des Gehens bei der Methode des Natürlichen Energiekreislaufs ist verschieden von der Art und Weise, wie gewöhnliche Menschen gehen. Wenn solche Menschen gehen, ist ihre Aufmerksamkeit nicht gesammelt; Bewußtsein und Belebender Geist sind nicht auf den Körper gerichtet, und deshalb sind Bewußtsein, Belebender Geist, Aufmerksamkeit, Atem und Bewegung nicht richtig miteinander verbunden. So kann auch keine wirksame innere Arbeit geleistet werden: Das Bewußtsein ist zerstreut, der Belebende Geist fliegt davon, und die Energie wird nutzlos vergeudet.

In China gibt es einen bekannten Spruch: »Mach hundert Schritte nach jeder Mahlzeit, und du wirst neunundneunzig Jahre alt.« Doch dieses Ziel läßt sich nur erreichen, wenn der Geist ähnlich wie bei der Meditation entspannt ist, und diese Praxis für längere Zeit regelmäßig durchgeführt wird. Beim Natürlichen Energiekreislauf kommt es entscheidend auf die enge Koordination von Bewegung, Bewußtsein, Belebendem Geist, Energie und Vitalität an. Besonderer Wert wird dabei auf die Vereinigung des Mikrokosmos mit dem Makrokosmos und das Erreichen höherer Ebenen durch systematisch aufgebautes und geregeltes Üben gelegt.

Wer die Praxis des Natürlichen Energiekreislaufs beherrscht, ist in der Lage, das mikrokosmische Feld seines Körpers zusammen mit seiner Aura auszudehnen oder zusammenzuziehen, um sie mit dem Feld des natürlichen Universums und der Aura aller Wesen zu verbinden und auf alle möglichen Weisen einzuwirken; dabei wirken Bewußtsein, Belebender Geist, Aufmerksamkeit, Atem und Bewegung zusammen, und das Universum des menschlichen Körpers und das Universum der Himmelskörper verschmelzen zu einer Einheit.

Ein Adept, der diese Praxis gemeistert hat, kann ätherische Substanzen von allen Wesen absorbieren und projizieren, um in anderen Wesen Krankheiten zu erkennen und zu heilen, Botschaften zu übermitteln, Führung zu geben und Energie in bestimmte Bahnen zu lenken. Ferner vermag er auch geläuterte Energie einzusetzen, um andere zu beeinflussen und sie bei ihrer inneren Arbeit voranzubringen.

Kopfarbeiter haben im allgemeinen keine Kontrolle über ihren eigenen Belebenden Geist oder Willen, ihre Vitalität oder Körperfunktionen. So zerstreut sich zuletzt ihre Vitalität, ihre Energie vermindert sich und ihr Belebender Geist schwindet dahin. Mit Hilfe der Methode des Natürlichen Energiekreislaufs ist es möglich, Bewußtsein und Belebenden Geist zu vereinen, den Belebenden Geist anzuregen und dem Bewußtsein Spiritualität [die Qualität des Belebenden Geistes] zu verleihen. Wenn das Bewußtsein gelöst ist, ist der Belebende Geist präsent; und wenn der Belebende Geist präsent ist, greift das Bewußtsein auf ihn zurück. Wenn die Vitalität voll ist, gedeiht der Belebende Geist; wenn der Belebende Geist gedeiht, kehrt die Energie in ihn zurück.« Auf diese Weise kann man seine Ziele erreichen: die Atmung harmonisieren und den Geist nähren, das Gehirn stärken und die Intelligenz verbessern, Krankheiten beseitigen und die Gesundheit bewahren, seine Jahre verlängern und die Lebensspanne ausdehnen.

Die Methode des Natürlichen Energiekreislaufs ist in drei Fahrzeuge und neun Methoden – oder drei Teile und neun Praktiken – eingeteilt. Mit Hilfe der Übungen des ersten Teils sollen Krankheiten beseitigt, das Leben verlängert und Gesundheit und Wohlbefinden erlangt werden. Dieser Teil setzt sich zusammen aus drei Praktiken: Atmung in Kombination mit Gehen, Atem anhalten beim Gehen und Substanzen im Gehen absorbieren.

Im zweiten Teil geht es darum, die Rückkehr aller Dinge zur Wurzel und die Unsterblichkeit des Universums zu verwirklichen. Auch dieser Teil setzt sich zusammen aus drei Praktiken, die alle im Gehen ausgeführt werden: Substanzen ausstoßen, Energie aussenden und Energie in bestimmten Mustern ordnen.

Der dritte Teil besteht aus Übungen mit dem Ziel, in Anpassung an die jeweiligen Verhältnisse sowohl mit Hilfe konventioneller Methoden als auch unter Einsatz unkonventioneller, esoterischer Methoden Meisterschaft in der Integration von Natur und Mensch zu erreichen. Dieser Teil setzt sich wiederum zusammen aus drei Praktiken im Gehen: Energiekanäle schließen und öffnen, ätherische Übertragung und sich unsichtbar machen.

Auch dies ist ein Weg der Entwicklung, der zu immer höheren Stufen fortschreitet und die drei Stufen von Himmel, Erde und Mensch umfaßt. Geburt und Tod, Tod und Geburt, Rückkehr zur Ewigkeit – das waren zu allen Zeiten die Hauptthemen daoistischen Forschens und Strebens.

Als Individuum hat man keinerlei Möglichkeit, sich seine

Geburt auszusuchen oder sie zu kontrollieren, und offensichtlich kann man nichts tun, um dem unausweichlichen Tod zu entfliehen. Im Zeitraum zwischen Geburt und Tod – den wir ›Leben‹ nennen – scheint das Gehirn klar und wach zu sein und über eine gewisse Autonomie zu verfügen. In Wirklichkeit ist das Bewußtsein aber dem Einfluß zahlreicher fremder Kräfte unterworfen; angesichts dieser Kräfte ist es letzten Endes instabil, schwach, kraftlos und unfähig, das Geschick zu meistern.

Der Mensch existiert zwischen Himmel und Erde, das Leben verläuft zwischen Geburt und Tod. Geburt und Tod sind die beiden Extreme des menschlichen Lebens; sie sind die kürzesten und unbekanntesten Abschnitte des Lebens, denn die Menschen machen die meisten Erfahrungen während ihres Lebens und besitzen darüber das größte Wissen. Die Daoisten bemühen sich jedoch gleichermaßen um die Erforschung von Geburt, Leben und Tod. Die Tiefe und Breite ihrer Forschungen sind für gewöhnliche Menschen nicht nachvollziehbar.

Warum werden die Menschen geboren? Warum wird eine bestimmte Person zu einer bestimmten Zeit und in einer bestimmten Umgebung geboren? Welche Art von Wandlungen geschehen im Augenblick der Geburt, und welchen Einfluß haben diese Wandlungen auf das anschließende Leben?

Warum sterben die Menschen? Was empfinden sie im Moment des Todes? Welche Art von Wandlungen ereignen sich dabei? Existieren die Menschen in irgendeiner Form nach dem Tod? Ist der Tod das absolute Ende des Individuums?

Dies ist die Frage von Geburt und Tod.

Können die Menschen nach dem Tod ins Leben zurückkehren? Wenn sie nur für ganz kurze Zeit tot waren, ist es vielleicht möglich, sie wiederzubeleben. Aber wie ist es, wenn man über ein bis zwei Jahre oder ein bis zwei Jahrzehnte tot ist – ist es dann noch möglich, ins Leben zurückzukehren? Wenn die Menschen gestorben sind und ihr ursprünglicher physischer Körper nicht mehr existiert, können sie in anderer Form ins Leben zurückkehren? Kann es so etwas geben?

Dies ist die Frage von Tod und Geburt.

Ist es für die Menschen möglich, nicht zu sterben? Oder wenn wir sterben müssen, ist es möglich, das Leben noch etwas zu verlängern? Ist es gar möglich, die Grenzen einer individuellen Lebensspanne zum Beispiel um ein, zwei oder drei Jahrhunderte oder sogar noch länger zu überschreiten? Ist Leben jenseits von Raum und Zeit möglich?

Dies ist die Frage von Geburt, Tod und Leben.

Diese Fragen beziehen sich auf die unteren drei Sphären. Doch woher kommt der Mensch, wenn wir aus Sicht der mittleren drei Sphären fragen? Ist die Menschheit zum Untergang bestimmt? Wo liegt das zukünftige Ziel des Menschen? Und von noch höherer Warte betrachtet – wie steht es um Geburt und Tod von Erde oder Sonnensystem? Und wie steht es um Geburt und Tod des Universums?

Wenn wir die Reichweite dieser Fragen noch um einen weiteren Schritt ausdehnen, ist es nicht mehr möglich, sie im Rahmen des gewöhnlichen menschlichen Wissens zu beantworten, und deshalb betrachtet man sie als unsinnig. Die Daoisten jedoch akzeptieren solche Einschränkungen nicht; sie stellen nicht nur weitaus tiefere Fragen, sondern bedienen sich ihres eigenen Körpers als Versuchslabor, um Antworten auf diese Fragen zu finden.

Die Daoisten sind fest davon überzeugt, daß das philosophische Fundament ihrer Lehre, die Einheit von Natur und Mensch, absolut wahr und richtig ist. Sie glauben, daß die universalen Wahrheiten und die Mittel zu ihrer Wahrnehmung, wie sie in den klassischen Büchern *Laozi* und *Yijing* dargestellt sind, frei von Irrtum sind. Dies hat den Daoisten große Weisheit und Tapferkeit verliehen.

Unabhängig von der möglichen Entwicklung der Gesellschaft sind – vom menschlichen Standpunkt aus betrachtet – Himmel und Erde immer noch Himmel und Erde, Sonne und Mond immer noch Sonne und Mond; die Ewigkeit findet sich mitten in der Wandlung. Geburt ist ein ewiges Geheimnis, das uns beunruhigt und die Menschen in alter Zeit ebenfalls beschäftigt hat. Der Tod ist ein unfaßbares Gespenst, das uns genauso verfolgt wie die Menschen in alter Zeit. Heutzutage verwenden wir allerlei Instrumente, um die Fragen von Geburt und Tod zu untersuchen. Dagegen benutzen die Daoisten den menschlichen Körper, um den menschlichen Körper zu erforschen, und setzen natürliche Methoden ein, um die Natur zu erforschen. Welcher von diesen Ansätzen entspricht wohl eher der Natur des menschlichen Körpers und des Universums?

Wir können uns jetzt nicht mehr in den Mutterschoß zurückversetzen, um noch einmal die Geburt zu erfahren. Jeder von uns hat jedoch die Empfindungen in der Phase vom Embryo bis zum Kleinkind erfahren. Diese Empfindungen sind ganz bestimmt im Gedächtnis gespeichert, dann aber aus unerklärlichen Gründen vergessen worden. Diese Erinnerungen könnte man wecken, wenn es eine geeignete Methode dafür gäbe. Ist das möglich? Die Daoisten haben ihre eigenen Untersuchungen zu dieser Frage angestellt, und sie haben ihre eigenen Antworten darauf gefunden.

Was den Tod angeht, so sind es zwei völlig verschiedene Dinge, zu wissen, daß er unausweichlich ist, und ihn tatsächlich zu erfahren. Um diese Erfahrung zu machen, gibt es keine andere Möglichkeit, als zu sterben.

Und genau das hat Lü Dongbin getan: Er führte ein großartiges, furchtloses Todesexperiment durch. Und der Tod erschloß ihm die großen Wahrheiten des Universums. Der Tod verlieh ihm große Weisheit.

Lü Dongbin hatte sich das Ziel gesetzt, den Prozeß der Kultivierung zu erfassen, mit dessen Hilfe man – nachdem man durch den Tod gegangen ist – klar in die Tiefen des Universums blicken und es so umwandeln kann, daß es sich kontrollieren läßt. Er leitete seine Schüler auf die Suche nach den Mysterien des Universums und des menschlichen Lebens und führte dabei mit ihnen heroische Experimente mit teilweise tragischen Ergebnissen durch. Von dreitausend Schülern starben achthundert, so hoch waren die Verluste. Die Ergebnisse waren jedoch von allergrößtem Wert, und die daraus entwikkelten praktischen Methoden wurden systematisch geordnet und von den Meistern der Drachentor-Schule über achthundert Jahre lang ohne Unterbrechung in geheimer Übertragung weitergegeben. Jene achthundert Pioniere sind heute namenlos, aber ihre Erben haben ihr Opfer niemals vergessen.

Allerdings ist es der Drachentor-Schule nicht gelungen, die Frage von Tod und Wiedergeburt endgültig zu beantworten. Als Wang Liping nach dem Fasten tatsächlich starb, hatten der Großmeister und seine Lehrer keine vollständige Kontrolle darüber, ob er ins Leben zurückkehren würde oder nicht. Wang Liping selbst hat nicht den geringsten Zweifel, daß sich das Sterben lohnt, solange es den Menschen in die Lage versetzt, etwas zu begreifen. Durch Fasten und Sterben, die Begegnung mit dem Tod und die anschließende Rückkehr ins Leben sowie den Anfang des Aufstiegs aus den unteren drei Sphären zu den mittleren drei Sphären beginnt der Aufstieg in eine gänzlich neue Dimension. Die Übungsmethode ist die vom Vorfahren Lü begründete Kunst der inneren Alchimie. Ein wichtiges Element dieser Praxis ist die Kultivierung der ›Sechs Linien der inneren Arbeit‹ im menschlichen Körper.

Als die alten Daoisten den menschlichen Körper erforschten, gingen sie aus von dem, was Form und Substanz besitzt, schritten weiter zu dem, was Form aber keine Substanz besitzt, bis sie schließlich das erforschten, was weder Form noch Substanz besitzt. Medizinisches Wissen entwickelte sich aus dem Schamanismus: Nach dem Vorbild des Träumens entwickelten die Alten die Vorstellung von der Existenz geheimnisvoller Welten innerhalb und außerhalb des menschlichen Körpers – Welten ohne Form, ohne Substanz, von unergründlicher Tiefe. Im Lauf der Zeit wurde es zu einer heiligen Aufgabe, die Mysterien des menschlichen Körpers und des Universums zu entschlüsseln.

Die chinesische Medizin zeichnet sich dadurch aus, daß sie – auf der Grundlage der Lehre von Yin und Yang und den Fünf Elementen – das Vorhandensein von Energiekanälen [Meridianen] entdeckt hat. Selbst mit modernen wissenschaftlichen Methoden ist es schwierig, die Existenz dieser Energiekanäle nachzuweisen. Doch die Daoisten können diese Kanäle mit Hilfe von zwei Methoden sehen: zum einen mit der inneren Schau, die dann möglich wird, wenn man eine bestimmte Stufe der Kultivierung erreicht hat; zum andern durch Einnahme eines alchimistischen Elixiers, nachdem man durch innere Arbeit ein solides Fundament innerer Kraft geschaffen hat. Mit Hilfe dieser beiden Methoden ist es möglich, das Netz der Linien und Meridiane auf der Körperoberfläche deutlich wahrzunehmen.

Im Verlauf seiner Schulung nahm Wang Liping dreimal ein alchimistisches Elixier ein. Seine erste Erfahrung damit ist bereits früher beschrieben worden. Das zweite Mal geschah das in der Absicht, das Netz der Energiekanäle mit seinen Linien und Meridianen experimentell sichtbar zu machen.

Im menschlichen Körper gibt es sechs Linien der inneren Arbeit: Die Lotlinie vom Scheitel des Kopfes zum Genitalbereich wurde von Meister Chongyang ›Linie der Trennung‹ genannt. Bei Menschen, die ohne die Anleitung eines erleuchteten Meisters innere Arbeit praktizieren, kommt es leicht zu Verzerrungen, die sich auf dieser Linie manifestieren. Wenn solche Menschen vom Element Feuer überwältigt werden und sich dann dämonisch verhalten, zeigt sich auch dies auf dieser Linie.

Die Linie vom Akupunkturpunkt Baihui am Scheitelpunkt, dem Punkt des ›Hundertfachen Zusammentreffens‹, zum Perineum, dem tiefsten Punkt des Rumpfes am Damm, wird ›Linie der Reflexion‹ genannt. Zu Beginn des Übens verläuft diese Linie vor der Wirbelsäule, um sich dann allmählich ins Innere der Wirbelsäule zu verlagern. Die Linie der Reflexion wurde in alter Zeit auch als Zentrales Gefäß bezeichnet. Mit Hilfe dieser Linie praktizieren die Adepten innere Schau. Sie ist manchmal verborgen und manchmal sichtbar; bei Menschen mit reiner und tiefer innerer Kraft ist sie sichtbar, wenn sie benutzt wird, und verborgen, wenn sie nicht benutzt wird.

Ferner gibt es noch zwei Gefäße auf beiden Seiten der Wirbelsäule, die als linkes und rechtes Gefäß bezeichnet werden.

Die horizontale Linie, welche die drei Punkte ›Himmel, Auge und Öffnung‹ verbindet, verläuft im Kopf; sie heißt

›Linie der Essenz‹. Die Öffnung des Himmelsauges wurde ursprünglich ›Herz des Himmels‹ oder auch ›Stamm des Himmels‹ genannt. Unmittelbar nach der Geburt haben die Menschen eine Fuge zwischen den Augenbrauen; wenn sie später erwachsen werden, bleibt davon nur ein kleines Loch übrig. Dieses Loch ist individuell verschieden: manchmal, manchmal kurz. Die Öffnung befindet sich vorn am Kopf, das Auge in der Mitte und der Himmel auf der Rückseite. Die Öffnung kann mit Akupunkturnadeln behandelt werden, der Himmel kann reflektieren, und das Auge ist die Nirvâna-Kammer. Die ›Linie der Essenz‹ endet an der ›Schranke des Jadekissens‹ am Hinterkopf.

Die Linie vom Solarplexus zur mittleren Wirbelsäule heißt ›Linie der Kraft‹.

Die Linie, die vom Zentrum im Nabelbereich nach hinten verläuft, heißt ›Linie der Lebensbewahrung‹. Zur Rechten und Linken dieser Linie befinden sich die beiden Nieren; dies ist der Bereich um das ›Tor des Lebens‹.

Bei der Praxis läßt sich ferner eine Linie ziehen, die von einer Stelle etwa drei bis vier Zentimeter unterhalb des Nabels nach innen zum Steißbein verläuft; sie wird als ›Linie der Lebenspflege‹ bezeichnet.

Dort, wo die Linie der Essenz, die Linie der Kraft und die Linie der Lebenspflege durch den Körper verlaufen, befindet sich ein Zinnoberfeld. Dabei handelt es sich um das Obere, das Mittlere und das Untere Dantian. Die drei Linien laufen durch die Zinnoberfelder hindurch und treffen auf die drei Schranken. Bei der Praxis der Läuterung arbeitet man mit diesen drei Linien; wenn das Qi darauf in Bewegung gerät, kann es die drei Schranken leicht durchbrechen.

Unterhalb dieser Linien befinden sich zwei helle vertikale Linien, die für die innere Schau sichtbar sind; die vier genannten horizontalen Linien sind zwar verborgen, aber tatsächlich vorhanden. Außerdem gibt es noch zwei Linien im Raum, und zwar am Rand des äußeren Universums.

Auf der Stufe von Personen, Geschehnissen und Dingen haben die Menschen eine Obere, eine Mittlere und eine Untere Mysteriöse Schranke. Die Obere Mysteriöse Schranke ist die Öffnung für das Himmelsauge, die auch Öffnung der Ahnen genannt wird; dies ist der Ort, durch den Belebender Geist und Energie aus- und eingehen. Die Fünf Patriarchen der Nördlichen Schule nannten dies die Polarstern-Öffnung. Diese Öffnung zwischen den beiden Augen und den Augenbrauen wurde in alter Zeit durch drei Punkte, die für die Sonne, den Mond und den Polarstern standen, dargestellt. Mit seinen dreitausend Schülern arbeitete Urahn Lü genau an diesem Punkt, der Öffnung des Himmelsauges.

Urahn Lü sagte: »Die Öffnung des Himmelsauges ist das höchste Mysterium, die einzigartige Öffnung, der Weg, das Innere und das Äußere zu verbinden. Die Weisen öffnen sie, die Toren schließen sie. Wer sie öffnet, lebt lange; wer sie schließt, dessen Leben endet früh.«

Wenn die Läuterung die Stufe von Himmel, Erde und Mensch erreicht, gibt es überall mysteriöse Schranken. Auf der höheren Stufe von Universum, Raum und Zeit befindet sich die ›Öffnung des Himmelsauges‹ nicht länger im Inneren des Körpers und doch nicht außerhalb davon; sie öffnet sich spontan, wenn sie gebraucht wird. Urahn Lü sagte: »Was immer du siehst, das ist sie nicht. Wenn du begehrst, was nicht irgend etwas ist, dann kommt es zu einem ständigen Öffnen.«

Die Öffnung des Himmelsauges ist das Tor, über den das Licht des Belebenden Geistes ein- und ausgeht. Wenn Menschen spontan Halluzinationen, Visionen und Intuitionen haben oder wenn sie bewußt bestimmte Gedankenbilder konstruieren, stellt sich ihnen vielleicht die Frage, ob solche unberechenbaren, unfaßbaren Gedanken im Gehirn in irgendeiner Weise stabilisiert werden können, um sie kontrollierbar zu machen. Bei ihren Forschungen und Praktiken sind die Daoisten diesen Fragen nachgegangen. Mit Hilfe bestimmter Praktiken gewinnen sie Kontrolle über die Bewertung dieser Bilder im Gehirn und projizieren sie dann nach außen, um sie genau zu beobachten und zuletzt wieder nach innen zurückzuholen. Diese Projektion und das Zurückholen erfolgen durch das Öffnen des Himmelsauges.

Die Übungsmethode für das Öffnen des Himmelsauges

heißt auch die ›Linie der Essenz ziehen‹. Dabei geht man folgendermaßen vor: Nachdem man beim stillen Sitzen das Bewußtsein gesammelt, den Körper ausgerichtet und den Atem reguliert hat, hebt man den Kopf und blickt nach vorn, um dann mit Hilfe des Lichts des Belebenden Geistes entfernte Visionen anzuziehen und nach innen in die ›Öffnung‹ zu leiten, und von dort über das ›Auge‹ weiter zum ›Himmel‹. Dann benutzt man wiederum das Licht des Belebenden Geistes, um alles so schnell und so weit wie möglich bis zum äußersten Horizont nach außen zu projizieren. Dieser Vorgang wird zweimal wiederholt; zuletzt wird das Licht im Himmel gesammelt. Der Himmel wird auch der Spiegel des Irdischen genannt und ist eine Art von spiegelnder Oberfläche, die das Licht des Belebenden Geistes reflektiert.

Danach kann man bewußtes strukturiertes Denken praktizieren, indem man sich gezielt eine Szene, ein Objekt oder etwas Schönes und Angenehmes ausdenkt. Das so entworfene Gedankenbild besitzt Form, aber keine Substanz. Darauf schließt man die Augen und schaut geradeaus, um dieses Bild tatsächlich durch die Öffnung nach außen zum Auge und zum Himmel zu projizieren, indem man es mit geläuterter Energie antreibt. Zu Beginn dieser Praxis scheint nichts zu passieren: Da ist weder Form noch Substanz, ja überhaupt nichts zu sehen. Allmählich beginnen dann jedoch Bilder zu erscheinen. Mit zunehmender innerer Kraft werden diese Bilder immer vollständiger, deutlicher und konturierter. Sie lassen sich auch in die Ferne oder in die Nähe verschieben und vergrößern oder verkleinern. Obwohl Bilder vorhanden sind, wird man nichts finden, wenn man sie zu fassen sucht.

Nachdem die Linie der Essenz gezogen und die Öffnung des Himmelsauges entwickelt ist, ist es möglich, sowohl Formen als auch Licht zu absorbieren und zu projizieren. Da nun Gedanken und Geist aus dem Gehirn nach außen ins Universum außerhalb des Körpers gesandt werden können, erweitert sich der Aktionsradius von Geist und Gedanken ins Unendliche. An diesem Punkt ist die Fähigkeit, die äußere Welt mit den Sinnen wahrzunehmen, nicht mehr dieselbe wie zuvor; wer diese Techniken beherrscht, kann Dinge wahrnehmen, die den fünf Sinnesorganen gewöhnlicher Menschen nicht zugänglich sind. Durchdringende Schau und Innenschau sind Beispiele für Fähigkeiten, die durch diese Art von Schulung entwickelt werden. Wenn die Übenden diese Stufe erreicht haben, ist die von ihnen wahrgenommene Welt völlig verschieden von der Welt der normalen Sterblichen; und das gilt auch für ihre Denk- und Sprechweise. Die Art und Weise, wie daoistische Adepten das Universum sehen, ist reicher, umfassender und tiefer als bei gewöhnlichen Menschen, und ihre Wahrnehmung kommt der fundamentalen Natur der Dinge wesentlich näher.

Auf dieser Stufe erkennen die Adepten, daß es im Universum tatsächlich vier Seinsweisen gibt, die sich abwechseln. Da gibt es Existenz mit Form und Substanz, Existenz mit Form, aber ohne Substanz, Existenz mit Substanz, aber ohne Form und Existenz, die weder Form noch Substanz besitzt. Nach daoistischer Auffassung ist das Universum der normalen Menschen eng begrenzt auf den Wahrnehmungsbereich der fünf Sinne; auch wenn sie die Grenzen der wahrnehmbaren Welt mit Hilfe moderner wissenschaftlicher Instrumente sehr weit ausgedehnt haben, bleibt diese Welt dennoch auf diese engen Grenzen beschränkt.

Gedanken können von einem form- und substanzlosen Zustand in einen Zustand mit Form, aber ohne Substanz umgewandelt werden. Sie lassen sich sogar so weit transformieren, daß sie Form und Substanz besitzen.

Ohne Sprache, Schrift oder andere Medien zu benutzen, können Gedanken mit Hilfe des Geisteslichts projiziert werden. Auf diese Weise kann die Wahrnehmung die Grenzen von Raum und Zeit überschreiten.

Nach der Überlieferung der Drachentor-Schule wurde der Weg des bewußten Aufstiegs zu dieser Stufe durch Kultivierung des menschlichen Körpers vor mehr als achthundert Jahren zu einem vollständigen System ausgearbeitet; dabei blieben außergewöhnliche Fähigkeiten, die sich spontan durch den menschlichen Körper manifestieren können, unberücksichtigt.

Die menschliche Zivilisation entwickelt sich weiter, aber

während sie in gewisser Hinsicht Fortschritte macht, fällt sie in anderer Hinsicht zurück. Menschen späterer Epochen haben die Menschen früherer Zeiten nicht unbedingt in allen Bereichen übertroffen. Zhang Guo, einer der Acht Unsterblichen, demonstrierte seine tiefe Einsicht in das Muster dieser Entwicklung: Er pflegte nämlich umgekehrt auf seinem Esel zu reiten, so daß er statt nach vorn nach hinten schaute. Dadurch wollte er zum Ausdruck bringen, daß es sein Ziel war, von Menschen der Vergangenheit mit höherem Wissen und größerer Vollkommenheit zu lernen.

Wang Liping praktizierte stilles Sitzen in der Höhle des Urahnen Lü, um die genaue Lage des Unteren Dantian im menschlichen Körper zu bestimmen. Nach mehreren Tagen der intensiven Beobachtung spürten alle vier, wie die ›Linie der Lebenspflege‹ langsam nach oben stieg und etwa vier Zentimeter unterhalb des Nabels stehenblieb. Als sie früher praktiziert hatten, hatte sich das Untere Dantian etwas tiefer befunden. Liping wunderte das nun nicht mehr, da er bereits die Übereinstimmung zwischen dem menschlichen Körper und der Erde erkannt und begriffen hatte, wie tief die Lehre der Einheit von Natur und Menschheit ist.

In der kurzen Zeit ihres Aufenthalts im Louguandai hatte Wang Liping eine große Lektion gelernt, bei der Laozi und Urahn Lü seine Lehrer waren. Nun hatte er ein vertieftes Verständnis des Großen Dao erlangt.

13 Himmel jenseits der Himmel

Nachdem sie Louguandai verlassen hatten, wanderten die drei Meister und ihr Schüler durch das Qinling-Gebirge, über den Han-Fluß und durch die Micang-Berge bis in die Provinz Siquan [Sich'uan], das Becken der Vier Flüsse.

Ihr Weg führte sie über hohe Berge und durch tiefe Täler, auf gefährlichen Pfaden und steilen Wegen, doch all das bereitete den vier Reisenden keine Mühe. Sie hatten nur Augen und Ohren für die hoch aufragenden Gipfel, die reißenden Wasser, die in den Klippen hängenden Pinien, den Gesang der Vögel und das Gekreische der Affen. So zogen sie dahin, als wären sie der Welt entrückt, getragen von einer großen Offenheit des Geistes.

In Siquan angelangt, folgten sie den Bergen in Richtung Südwesten, um nach wenigen Tagen den Qingchengshan, den ›Grüne-Stadt-Berg‹, zu erreichen. Dieser Berg wird so genannt, weil hier grüne Bergketten auf vier Seiten in Form einer befestigten Stadtmauer zusammentreffen: dieser Berg gilt als einer der zehn großen ›Offenen Himmel‹ der Daoisten und wird ›Offener Himmel der Neun Kammern der Kostbaren Unsterblichen‹ genannt. Über Jahrhunderte hinweg haben Unsterbliche wie Zhang Daoling, Fan Changsheng, Sun Simao, Du Guangding und andere in der Abgeschiedenheit dieser Berge das Dao kultiviert. Die vier Wanderer besuchten berühmte Stätten wie das Observatorium des Langen Lebens, die Höhle der Himmelsmeister und das Tal der Weißen Wolken, ohne dabei auf andere Daoisten zu treffen. Daher verließen sie den Grüne-Stadt-Berg und nahmen Kurs auf den heiligen Berg Emeishan.

Schon aus weiter Ferne erblickt man den Emeishan in tiefem Grün, verschwommen im Dunst, in eine Art heilige Atmosphäre gehüllt. Er hat drei herrliche Gipfel, die einzeln aufragen und wirklich eindrucksvoll aussehen. Die Bezeichnung ›e-mei‹, ›hohe Augenbrauen‹, kommt von der geschwungenen Umrißlinie dieses Berges – elegant, langgezogen und wunderschön. Der Berg Emei gehört zu den sechsunddreißig Offenen Himmeln des Daoismus; er trägt auch den Titel ›Offener Himmel der Immateriellen Spiritualität‹ und wird auch Hügel des Geistes und Wunderhimmel genannt. Er gehört auch zu den vier großen heiligen Bergen des chinesischen Buddhismus; in dieser Tradition ist er als ›Berg des Strahlenden Lichts‹ bekannt.

Bei ihrem Aufstieg mußten die vier Pilger feststellen, daß Tempel und Schreine ausgeplündert und verlassen waren und überall ein totales Chaos herrschte. Es schmerzte die drei Alten, die Spuren dieser Zerstörungen ansehen zu müssen.

Der Großmeister erklärte Liping, daß der Emeishan eine heilige Stätte des Buddhismus ist, mit über hundert großen und kleinen Tempeln und Schreinen auf dem ganzen Berg. Dieser Berg gilt als der Ort, an dem sich der berühmte Bodhisattva Samantabhadra, das ›Allumfassend Segensreiche Erleuchtungswesen‹, manifestiert hat. Früher hatten hier in den Tempeln eine große Zahl vollendeter Mönche und Chan-Meister von großer Weisheit und Einsicht gelebt, die alle den Buddhismus gründlich studiert und praktiziert hatten. Vor vielen Jahren, fuhr der Großmeister fort, hätte er einst seine damaligen Schüler, den Weggefährten der Reinen Leere und den Weggefährten der Reinen Heiterkeit, hierher geführt und mit den Äbten und Mönchen über Daoismus und Buddhismus diskutiert, um ihr Wissen zu prüfen und zu mehren. Dabei hätten sie festgestellt, daß sie in den meisten Ansichten mit den Buddhisten übereinstimmten. Nun fragte er sich, wohin die buddhistischen Meister verschwunden waren, als ein so furchtbares Unheil den heiligen Berg befallen hatte, und ob sie sich in Sicherheit befänden oder nicht.

In der Schule der Vollkommenen Wirklichkeit war Sektierertum von Anfang an verpönt gewesen; statt dessen betonte man nachdrücklich die Einheit der Drei Lehren, also von Konfuzianismus, Buddhismus und Daoismus. Spätere daoistische Schriften sind stark von buddhistischer Terminologie durchsetzt. Buddhismus und Daoismus sind Geistesrichtungen, die zahlreiche Prinzipien und Lehren gemeinsam haben; je höher die Stufe, zu der man sich erhebt, desto mehr verwischen sich die Unterschiede zwischen diesen beiden Lehren.

Da sie sich auf heiligem buddhistischem Grund befanden, gab der Großmeister Liping eine ausführliche Einführung in die Lehren und die Geschichte des Buddhismus in China. Zum Abschluß rezitierte er die folgenden buddhistischen Verse:

> Willst du um vergangene Ursachen wissen,
> Erkenne sie in den gegenwärtigen Wirkungen.
> Willst du um zukünftige Wirkungen wissen,
> Erkenne sie in den gegenwärtigen Taten.

Ob im Buddhismus oder im Daoismus, der Gegenstand der Forschung ist ähnlich: wie man die Zeitlichkeit der menschlichen Existenz in die Ewigkeit des Universums und die Begrenztheit der menschlichen Existenz in die Grenzenlosigkeit des Universums transformieren kann. Was ist das Wesen des Universums? Der Buddha kam zu dem Schluß, daß es Leere ist; für Laozi ist es Dao. Was ist der höchste vollkommene Zustand für die Menschen? Für die Buddhisten ist es der Eintritt in die ›Welt höchster Glückseligkeit‹ im Nirvâna; für die Daoisten ist es die praktische Verwirklichung der Höheren Dreifachen Welt, wodurch man Unsterblichkeit erlangt. Der eine Weg ist genauso gut wie der andere.

In den zwei Jahren der Wanderschaft war Liping Zeuge mancher Wunder geworden und hatte eine Menge gelernt, was seine Augen geöffnet und seine Kenntnisse erweitert hatte. Der Vortrag seines Lehrers über den Buddhismus auf dem Berg Emei verstärkte Lipings Gefühl für die Unendlichkeit des Universums und die Weite der Weisheit. Wer konnte sagen, wie viele Perlen der Weisheit in der Welt noch der Entdeckung harrten und wie viele Rätsel der Auflösung? Er wünschte sich nichts mehr, als die Geheimnisse des Universums und des menschlichen Lebens so weit wie irgend möglich zu entschlüsseln.

Nachdem sie einen halben Tag lang ins Gespräch vertieft vor einem verlassenen Schrein gesessen hatten, erhoben sich die vier Wanderer schließlich, um die Besteigung des Berges fortzusetzen. Die drei Alten folgten diesmal nicht der Route, die sie in der Vergangenheit benutzt hatten. Liping dachte, daß der Großmeister und die beiden Mentoren dem Anblick der Zerstörung in den Tempeln und Schreinen am Hauptpfad aus dem Weg gehen wollten. Hier in der Natur, die keines Menschen Fuß jemals berührte, war die natürliche Umwelt noch intakt, und das tröstete ihr Gemüt. Seine Intuition sagte ihm auch, daß demnächst irgend etwas Ungewöhnliches passieren würde. Doch inzwischen waren die drei Alten so behende nach oben geklettert, daß Liping ihnen unverzüglich folgen mußte, ohne viel Zeit zum Nachdenken zu haben.

Durch dichte Wälder und enge Schluchten, über steile Felswände ging es aufwärts, und schon bald waren die vier auf halber Höhe des Emeishan angelangt. Hier, im dichten Schatten der Bäume, rauschten Bergbäche, prächtige Blumen standen in voller Blüte, und duftende Kräuter wuchsen überall in Fülle. Eine Herde Affen hatte sich hier versammelt, um der Mittagshitze zu entgehen; einige tollten herum; einige kletterten auf die Bäume, um Nüsse und Früchte zu suchen; einige schaukelten und schwangen in den hohen Zweigen hin und her, einige saßen beisammen, um sich gegenseitig zu lausen, einige amüsierten sich mit Ringkämpfen und Verfolgungsjagden. Dies war ihre Welt.

Plötzlich machte ein Zweig eine heftige Bewegung, und ein schwarzer Schatten huschte vorbei. Aufgeschreckt drängten sich die Affen schnell um die älteren Tiere, und die Kleinen klammerten sich an die Brust ihrer Mütter. Doch bald beruhigten sie sich wieder und schauten sich neugierig um. Der Anführer der Herde hatte bemerkt, daß sich Menschen näherten. Zähnefletschend stieß er einen lauten Schrei aus und ging auf die Menschen los. Die andern Affen folgten, dicht um ihn gedrängt.

Als er die heranrückenden Affen bemerkte, mußte der Weggefährte der Unendlichkeit lachen. Zu seinen Gefährten gewandt sagte er: »Wir haben Glück, auf unserem Weg auf den Emeishan Affen als Begleiter zu haben, aber wir sollten sie lieber nicht reizen.« Alle stimmten zu und schnürten ihre Rucksäcke fester.

Als sie die vier Männer erblickten, umringten die Affen sie furchtlos und kamen unter Geheul und Geschrei näher. Doch mit Hilfe ihrer Technik der Gewichtslosigkeit machten die vier Daoisten einen riesigen Satz und landeten außer Reichweite der Affen auf einem meterweit entfernten Felsblock. Nach einem Augenblick der Verblüffung begannen die Affen, die Männer eilig zu verfolgen, aber wie sollten sie die vier einholen?

Liping fiel auf, daß die Affen sehr verspielt waren, und so warf er eine Handvoll Kieselsteine in die Luft, die über den Rand des Felsen hinabregneten. In dem Glauben, man würde sie angreifen, schrieen die Affen noch schriller und stürzten wie wild vorwärts. Als die Affen näher kamen, sprangen die vier Daoisten hoch in die Bäume und begannen von Baum zu Baum zu hüpfen. Die Affen drängten ebenfalls auf die Bäume – schließlich waren sie ja die Affen –, um die Verfolgung fortzusetzen. Aber auf einmal waren die vier Menschenwesen nirgends zu sehen!

Die vier Daoisten hatten die Affen ausgetrickst und lachten darüber aus vollem Hals. Die erschöpften Affen mußten schließlich ihre Niederlage zugeben. Danach setzen die vier Männer ihren Aufstieg fort.

Nach kurzer Zeit erreichten sie den Fuß einer steilen Felswand von mehreren hundert Meter Höhe, an der auf halber Höhe ein paar Bäume herausragten und die von spärlichen Schlingpflanzen überwuchert war. Die vier kletterten diese Wand geradewegs nach oben, indem sie sich an Schlingpflanzen, Bäumen und Gräsern hinaufzogen. Wo es keine Vegetation gab, klammerten sie sich mühsam an Kanten und Vorsprünge im Fels.

Auf dem halben Weg nach oben ertönte plötzlich eine kräftige Stimme: »Jetzt kommen Besucher, aber ich habe es versäumt, mich zu erheben und sie zu empfangen!« Wie eine gewaltige Glocke dröhnte die Stimme in ihren Ohren.

Liping hob den Blick und sah ein ganzes Stück über sich einen Mann des Dao gegen den Wind gewandt stehen; mit flatterndem Daoistengewand sah er wahrhaftig wie einer der Unsterblichen aus. Da der Wind hier stark von unten heraufwehte, mußte ein Mensch, der so gegen den Wind anrufen konnte, über außergewöhnliche Kräfte verfügen.

Als die vier Wanderer den Gipfel erreicht hatten, lud der Bergeremit sie in seine Höhle ein, wo sie sich respektvoll begrüßten und Platz nahmen.

Natürlich stellte sich heraus, daß dies kein gewöhnlicher Sterblicher war, sondern ein daoistischer Einsiedler, der sich für immer auf den Berg Emei zurückgezogen hatte und den Ehrentitel Über-Wolken-Wandernder-Eremit trug. Damals war er 118 Jahre alt; zu dem Zeitpunkt, als dieses Buch verfaßt wurde, war er ein ehrwürdiger Greis von 139 Jahren. In letzter Zeit nimmt sich Meister Wang alle zwei bis drei Jahre ein paar Tage frei, um ihm einen Besuch abzustatten.

Der Über-Wolken-Wandernde-Eremit war damals seit über fünfzig Jahren nicht mehr vom Berg Emei herabgestiegen. Er erzählte Wang Liping, daß die Pilger früher zu Pferd oder mit Trägern hierhergekommen wären, aber heutzutage auf ›Beine-treibenden Ringen‹ transportiert würden. Bei diesen Worten beschrieb er mit der Hand einen Kreis, und Liping wurde klar, daß er die Räder von Zügen meinte. Liping schlug ihm vor, den Berg hinabzusteigen, um sich einmal einen Zug näher anzuschauen, aber der Alte lehnte das kategorisch ab – er könne den Berg nicht verlassen.

Der alte Daoist, abgeschnitten von der menschlichen Gesellschaft, zurückgezogen tief in den Bergen lebend, kümmerte sich nicht um das Chaos und den Aufruhr in der Welt, sondern widmete sich mit ganzem Herzen der Praxis des Dao.

Laozi [48] schreibt: »Um zu lernen, gewinnst du täglich hinzu. Um dem Dao zu folgen, verlierst du täglich. Du verlierst – und verlierst auch das noch, bis du Absichtslosigkeit erreichst und nichts ungetan bleibt, auch wenn du nach nichts mehr strebst.«

Ziel des intellektuellen Lernens ist es, Wissen anzuhäufen, um möglichst gelehrt zu werden. Die Kultivierung des Dao erfordert dagegen Gelassenheit und Einfachheit: »Halte den Mund, verschließe die Tür, mäßige deine Schärfe, entwirre das Verwirrte« [Laozi, 56], dann wirst du deine unkontrollierten Gedanken los. Wenn es kein Verlangen und keine Gedanken mehr gibt, ist deine Wesensnatur von selbst vollkommen und klar, ruhig und gelassen – dann erkennst du die Wirkung der inneren Arbeit. In diesem Zustand ist der Geist wie ein klarer Spiegel und wie der helle Mond, welche die tiefgründigen Prinzipien von Himmel, Erde und allen Dingen spiegeln und erhellen. Auf dieser Stufe »kann man die ganze Welt erkennen, ohne zur Tür zu gehen, kann man den Lauf der Natur betrachten, ohne aus dem Fenster zu sehen« [Laozi, 47].

Als der Über-Wolken-Wandernde-Eremit Wang Liping zum ersten Mal traf, war der alte Mann überaus glücklich und berichtete dem jungen Mann über eine Begebenheit aus der Vergangenheit. Sie hatte sich vor einigen Jahrzehnten zugetragen, als das Land ebenfalls in Aufruhr gewesen war und sich am Horizont kein Lichtblick zeigte – also in Zeitumständen, unter denen neue Persönlichkeiten mit hochfliegenden Plänen auftauchen. Selbst in Zeiten, als sich rivalisierende Kräfte erhoben und sich tagaus, tagein bekämpften, blieb der Berg Emei fern vom Lärm der Welt immer noch eine Stätte des Friedens und der Stille. Tag für Tag konnte man den Gesang der Priester und den Klang der alten Glocken hören, duftende Weihrauchwolken aus den Tempelhallen aufsteigen und lange Reihen von Pilgern auf mühsamen Pfaden wandern sehen.

Der Über-Wolken-Wandernde-Eremit lebte abgeschieden von der Welt in seiner Höhle auf dem Berg Emei. Er war sich darüber im klaren, daß die Wirren in der Welt noch längere Zeit andauern würden, und so verbrachte er seine Zeit in Stille mit der Kultivierung des Dao. Ab und zu wanderte er tiefer in Berge, um besondere Blumen, Pflanzen, Heilkräuter und Wildfrüchte zu sammeln. Wenn sich einmal ein plötzlicher Sturm erhob, suchte er sich einen Platz, um von dort aus in Ruhe den einzigartigen violetten Lichtring des Emeishan zu betrachten. Ohne eine Spur zu hinterlassen, streifte er frei durch die Berge, und nur wenige Menschen bekamen ihn je zu Gesicht.

Eines Tages wehte bei Morgengrauen eine frische, sanfte Brise. Die Wolken am Berg ballten sich zusammen und lösten sich wieder auf; das Sonnenlicht erschien und verschwand, manchmal durch die Wolken brechend, manchmal von den Wolken verdeckt. In der Nacht zuvor hatte der Über-Wolken-Wandernde-Eremit bei seiner Meditation eine Intuition gehabt: Er wußte, daß ihn am nächsten Tag zwei bedeutende Männer aufsuchen würden. Er wußte auch, daß hier das Schicksal im Spiel war und er sich nicht weigern durfte, die Männer zu empfangen.

An jenem Morgen stand der Über-Wolken-Wandernde-

Eremit auf einer Waldlichtung und machte Atemübungen, als auf einmal ein Mann den Berghang zu ihm heraufstieg. Der alte Daoist wußte, daß der erste von seinen Besuchern angekommen war. Ohne sich zu verbergen oder den Mann zu beachten, blieb er mit geschlossenen Augen ganz still stehen, in seine Übung vertieft. Der Besucher war ein reifer Mann in den Vierzigern, von kräftiger Gestalt und vornehmem Aussehen. Er war sehr einfach gekleidet, doch erweckte er den Anschein von großer Kraft und Klarheit.

Als er den alten Mann mit seinem kindlichen Gesicht und dem dunklen Haar bemerkte, der in dieser Wildnis Energieübungen machte, war ihm klar, daß dies kein gewöhnlicher Sterblicher war. Er ging direkt auf den Eremiten zu und begrüßte ihn höflich.

Indem er seine Augen einen Spalt öffnete, ließ der Eremit ein spirituelles Licht aufleuchten und sagte lächelnd: »Du bist von weit her gekommen und hast eine harte Reise hinter dir.«

Bei diesen Worten erschrak der Besucher unwillkürlich, ließ sich jedoch äußerlich nichts anmerken.

»Seid Ihr der Über-Wolken-Wandernde-Eremit?«

»Ja.«

»Darf ich mir erlauben, Euch mit Fragen über die Lage der Nation zu belästigen?«

»Aufstieg und Fall von Nationen fallen in die Verantwortung gewöhnlicher Menschen. Ich habe kein Talent, mich dazu zu äußern, und lebe verborgen tief in den Bergen. Ich bin mit weltlichen Angelegenheiten nicht vertraut. Wie könnte ich über die Lage der Nation sprechen?«

»Die Nation befindet sich in einer Krise, und das ganze Volk ist beunruhigt. Ihr habt so viele Veränderungen in der Welt erlebt, so viele Höhen und Tiefen. Ihr habt viel gesehen, die Weite Eures Wissens umfaßt Himmel und Erde. Euer Geist hat das innere Wirken der Dinge durchdrungen. Jedermann kennt Euren Namen, und alle Welt achtet Euch. Seid bitte nicht so bescheiden, sondern sagt mir ein oder zwei Dinge!«

»Der Osten ist dunkel; der Westen ist hell. Wenn es im Süden dunkel wird, ist da noch der Norden. Der Nordwesten ist lebensfähig; der Nordosten ist durchdringbar. Mit deinem Heldenmut, deinem Geschick und deiner Strategie kannst du einen weitreichenden Plan entfalten und ein gewaltiges Werk vollenden. Frage mich nicht nach den Einzelheiten!«

Ein daoistischer Einsiedler, geschult in den Bergen, und ein bedeutender Mann aus der großen Welt – hier im Morgengrauen auf dem Berg Emei richteten die beiden einen Blick auf die Uhr des Himmels und die Bewegung der Erde, auf die Zukunft des Nation, das Gedeihen und Verderben des Volkes. Indem er sich ausschließlich auf die wesentlichen Punkte beschränkte, hatte der alte Magier die Sache genau getroffen. Sein Besucher lachte voller Freude, mit einem klaren und frischen Lachen.

Schließlich wandte er sich wieder an den alten Daoisten: »Eure Unterweisung war für mich von größtem Wert, aber ich habe so viel zu tun, daß ich Euch nun verlassen muß.« Er legte die Hände zum Abschiedsgruß zusammen und machte sich auf den Rückweg. Der Über-Wolken-Wandernde-Eremit begleitete ihn mit seinen Augen.

Der Eremit begab sich darauf an einen anderen Platz in einem stillen Bergtal, um seinen Geist zu nähren, als plötzlich ein zweiter Mann auftauchte. Dieser war etwa fünfzig, von hoher und imposanter Gestalt, sein Rücken gerade wie ein Ladestock. Er trug eine Militäruniform und hatte einen ernsten, strengen Ausdruck mit einem unheimlich starken Blick. Dieser Mann hatte lange Zeit am Fuß des Emeishan gelebt und ihn oft bestiegen, um umherzustreifen und seine Schönheiten zu genießen. An diesem besonderen Tag hatte er sich auf den Weg gemacht, um einen Unsterblichen aufzusuchen, auch wenn er keine Ahnung hatte, wo er einen solchen würde finden können.

Die beiden Männer begrüßten sich höflich. Auch dieser Besucher bat den Über-Wolken-Wandernden-Eremiten, ihm etwas zu sagen, was in der Notlage der Nation von Belang sein könnte. Der Dao-Meister fragte den Mann: »Wie sollte nach deiner Ansicht die Nation regiert werden?«

Der Mann erwiderte: »Nach meiner Ansicht steht das Wesentliche in dem konfuzianischen Klassiker ›Große Wissenschaft‹. Der Pfad des großen Lernens liegt in der Klarstellung von erleuchteten Eigenschaften, in der Nähe zum Volk und im Streben nach dem höchsten Guten. Jedes Ding hat seine Wurzel und Zweige; alle Geschehnisse haben einen Anfang und ein Ende. Wisse, was zuerst kommt und was darauf folgt, und du wirst dem Dao nahe sein. Mache dein Wissen sachlich, mache deine Absichten aufrichtig und dein Herz gerade, kultiviere dich selbst, kümmere dich um deine Familie und führe das Land. Doch das Allerwichtigste ist es, die Muster zu Beginn der Dinge herauszufinden, und die subtilen Regungen zu prüfen, wenn der Geist und die Aufmerksamkeit sich zuerst regen.«

»Gut. Die Nation besitzt eine Wissenschaft – die Einheit von Natur und Mensch. Konfuzianismus, Daoismus und Buddhismus ergänzen einander, aber dies ist das Fundament aller Lehren. Sogar Sun Yat-sens (1866–1925) Doktrin von den ›Drei Demokratischen Prinzipien‹ ist daraus abgeleitet, auch wenn es sich dabei um eine neue Strömung in einer besonderen Zeit handelte. Der Lauf der Natur folgt dem Dao; wer ihm folgt, wird gedeihen, während diejenigen, die dagegen verstoßen, untergehen. Dies ist ein unumstößliches Prinzip. Was die Angelegenheiten der Nation angeht, so wird das, was lange geeint war, unausweichlich getrennt; und was lange getrennt war, findet unausweichlich zusammen. So verhält es sich mit den Angelegenheiten der Nation.«

»Menzius (370–290 v. Chr.) hat gesagt: ›Es gibt keine zwei Sonnen am Himmel, es gibt keine zwei Herrscher für ein Volk.‹ Ist dies das Prinzip?«

»Teilung macht zwei, Einheit macht eins. Wandlung und Entwicklung sind überall in stetem Fluß. Das Weichste in der Welt überwindet das Härteste. Erkenne das Männliche, bewahre das Weibliche, sei empfänglich für die Welt. Erkenne das Schöne, aber achte auf jede Regung deines Geistes, sei offen für die Welt.«

Der Besucher erkannte, daß der Dao-Meister seine Unzulänglichkeiten genau getroffen hatte. Da ihm der Mut fehlte, weiter zuzuhören, fragte er: »Könntet Ihr mir bitte von der Zukunft sprechen?«

»Feuer wütet im Süden, aber wenn es viel Wasser gibt, wird er weiterleben.«

Da der Besucher feststellen mußte, daß diese Art von Gespräch sein Verständnis überstieg, sagte er dem Eremiten Lebewohl und machte sich auf den Rückweg.

Als er in seiner Erinnerung an diesem Punkt angelangt war, sagte der Über-Wolken-Wandernde-Eremit zu Liping: »Die Tatsache, daß mich an diesem einen Tag gleich zwei Männer aufsuchten, ist an sich schon ungewöhnlich. Ich sprach zu ihnen über den Sinn der natürlichen Mechanismen, und in der Folge sollte sich alles so wenden, wie ich vorhergesagt hatte. Danach blieb ich im verborgenen, zeigte mich nie wieder und stieg niemals mehr vom Berg hinab. Ich konnte den Männern nicht mehr sagen, denn wenn man zuviel sagt, macht man unvermeidlich Fehler. Jetzt ist diese gegenwärtige Flutwelle mit tosendem Gebrüll über China hereingebrochen, aber auch sie wird sich zuletzt in Nichts auflösen.«

Als er diesen Hundertjährigen über den Lauf der Geschichte reden hörte, war Wang Liping voller Bewunderung für den alten Daoisten. Der Weggefährte der Unendlichkeit ergänzte: »Jeder dieser beiden Männer übernahm die Herrschaft über einen Teil Chinas, und das führte vorübergehend zum Frieden. Das Chaos, das heutzutage herrscht, ist in meinen Augen von einer in der chinesischen Geschichte seltenen Größe und Gewalt. Seit der Zeit der Reichseinigung durch den ersten Kaiser der Qin haben sich Ordnung und Unordnung in China ständig abgewechselt. Wenn wir Zeiten der Blüte betrachten, finden wir zwangsläufig weise Führer und kluge Herrscher, ebenso wie neue Gesetze und strenge Vorschriften, denen die Beamten und das Volk folgen; die Geschäfte gedeihen, der Friede wird eingehalten und die Vernunft setzt sich durch. Wenn all dies auf ordentliche Weise gehandhabt wird, kann natürlich keine Unordnung aufkommen.«

Wang Liping bat den Großmeister, über die Kunst des Regierens zu sprechen. Der Weggefährte der Unendlichkeit fuhr fort: »Es gibt verschiedene Arten des Regierens – durch

Menschen, durch Gesetze, durch Prinzipien und durch das Dao. Was das Regieren durch die Menschen angeht, so war die menschliche Natur zu Anbeginn ganz rein und einfach, und die Begierden und Wünsche der Menschen waren ebenfalls äußerst einfach. In jenen alten Zeiten, als die Weisen regierten und das Volk dazu anleiteten, im Einklang mit dem Himmel und der Erde zu leben, waren die Nationen von selbst friedlich.

Was das Regieren durch Gesetze angeht, so wurde es notwendig, als sich die Gesellschaft weiter entwickelt hatte: Es gab Arbeitsteilung und eine in Klassen unterteilte Sozialstruktur; eine Vielzahl von Ideologien waren in Umlauf und eine gemischte Bevölkerung lebte in gegenseitiger Abhängigkeit; Begierden und Ambitionen hatten zugenommen und die menschliche Natur hatte ihre Unschuld verloren. Der einzige Weg, die Menschen zu regieren, waren Gesetze, die Regelung aller Angelegenheiten durch legale Maßnahmen. Bei der Regierung durch Gesetze sollten diese vernünftig und so beschaffen sein, daß man ihnen sowohl Respekt als auch Vertrauen entgegenbringt, und sie müssen rigoros angewendet werden. Außerdem ist das Gesetz für alle gleich: Für Regierungsbeamte und gewöhnliche Bürger darf es nicht zweierlei Maß geben. Laozi sagt [64]: ›Was ruhig ist, läßt sich leicht halten. Was noch nicht eingetreten ist, läßt sich gut vorausplanen. Was noch zart ist, ist leicht zu brechen.

Was noch verschwommen ist, läßt sich leicht zerstreuen.

Handle, bevor es soweit ist; regle die Dinge, bevor Unordnung herrscht.‹

Als die Gesellschaft dieses Stadium ihrer Entwicklung erreicht hatte, war sie bereits so komplex, daß das direkte Regieren durch die Menschen in der Praxis nicht länger Ordnung garantieren konnte; aber auch das Regieren durch Gesetze war in dieser Hinsicht keineswegs ausreichend; daher entwickelte sich das Regieren durch Prinzipien. Was das Regieren durch Prinzipien angeht, so bedeutet das, daß Herrscher und Untertanen die Prinzipien verstehen, die den Menschen ein gutes Leben und den Nationen Gedeihen ermöglichen, und sie diese Prinzipien als Gesetz betrachten, anstatt mit Gesetzen in legislativer Weise zu verfahren. Unter diesen Bedingungen ist eine Nation einfach zu regieren.

Was das Regieren durch das Dao angeht, so geschieht das auf einer noch höheren Stufe. Es bedeutet, das Volk mit Hilfe des Dao zu nähren, zu Natürlichkeit und Wahrhaftigkeit zurückzukehren, die Menschen mit Himmel und Erde zu versöhnen, keine künstlichen Regeln zum Gesetz zu machen, sondern Ordnung zu bewahren, ohne einzugreifen. Im *Daodejing* [57] lesen wir: ›Also spricht der Weise: Da ich keinerlei Absichten habe, wird das Volk von selbst zivilisiert. Da mir Stille gefällt, ist das Volk von selbst aufrichtig. Da ich keine Interessen verfolge, gedeiht das Volk von selbst. Da ich keine Begierden habe, ist das Volk von selbst unschuldig.‹

Regieren ohne Künstlichkeit ist Regieren durch das Dao. Dies ist die höchste Stufe gesellschaftlicher Entwicklung und die Vollendung der Regierungskunst.«

Der Über-Wolken-Wandernde-Eremit strich über seinen langen Bart und fügte hinzu: »Länder, die im Geist des Dao regiert werden, gibt es wohl nur im Reich der Magie. Wer weiß, wie viele Jahre noch vergehen und wieviel Unheil und Not unsere Nation und unser Volk noch erdulden müssen, bis das Dao auf Erden herrschen wird.« Als er die beiden Alten so über das Regieren sprechen hörte und an seine eigenen Erfahrungen dachte, begriff Wang Liping, wie tief die Einsicht der beiden Meister reichte, und das stärkte seine Entschlossenheit, das Dao weiterhin mit allen Kräften zu studieren.

14 Der Traum des Universums

Die daoistischen Meister und ihr Schüler blieben noch ein paar Tage auf dem Emeishan, um mit dem alten Weisen über das Dao zu sprechen. Zwischen Wang Liping und dem Alten bestand zwar ein Altersunterschied von über einem Jahrhundert, aber dennoch waren sie beide Kinder des Dao. Der Alte fand Gefallen an dem jungen Adepten und führte ihn über den ganzen Berg; dabei brachte er ihn an besonders schöne, unzugängliche Plätze und lehrte ihn verschiedene Methoden der Selbstkultivierung. Zwischen den beiden gab es keinen Generationenkonflikt, und der junge Liping suchte eifrig die Unterweisung des alten Daoisten.

Am Tag der Abreise vom Emeishan verabschiedeten sich die Reisenden schweren Herzens vom Über-Wolken-Wandernden-Eremiten und machten sich auf den Abstieg. Ihr Weg führte sie nach Osten; wie zuvor mieden sie die Städte; nahmen Nebenstraßen und besuchten unterwegs alle ungewöhnlichen Berge und Gewässer. Auf ihrer Wanderung sammelten sie Erfahrungen, indem sie das Dao praktizierten, gute Taten vollbrachten und daoistische Adepten aufsuchten.

Nach einer Reise von vielen tausend Meilen gelangten sie zu guter Letzt zum Laoshan, dem Höhlenquartier der Meister im Osten der Halbinsel Shandong in den Bergen am Gelben Meer, wo die drei alten Magier gelebt hatten, bevor sie sich auf die Suche nach ihrem Nachfolger machten. Sie waren nun sieben Jahre lang unterwegs gewesen. Der Berg und das Meer hatten sich nicht verändert, die Wellen schlugen mit aufgewühlten Brechern gegen den Fuß des Berges, der Wind heulte durch die Wälder und rauschte in einer Welle nach der anderen über die Kiefern. Wie vertraut das alles für die drei alten Magier war! Doch sie empfanden nicht die gleiche freudige Erregung wie früher, sondern eher eine Art von Frösteln im Herzen.

Der ›Tempel der Höchsten Reinheit‹ hatte seinen früheren Glanz verloren, und die Dao-Priester waren alle spurlos verschwunden. Die verwüsteten Neun Tempel und Acht Observatorien auf dem Laoshan boten einen trostlosen Anblick. Sogar in fast völlig unzugänglichen Berghöhlen war keinerlei Spur von ihren daoistischen Mitbrüdern zu finden. Aus alledem war mehr als deutlich zu erkennen, wie weit die Welle der Unterdrückung und Zerstörung gegangen und wie katastrophal ihre Auswirkungen gewesen waren.

An der Höhle des Ewigen Frühlings angekommen, entdeckten sie, daß der Eingang von Schling- und Kletterpflanzen überwuchert war. Sie traten ins Innere der Höhle, wo es dunkel und schattig war. Der Weggefährte der Reinen Heiterkeit zündete eine Lampe an und wischte den Staub von den Gerätschaften. Dabei berichtete er Wang Liping, daß ihr spiritueller Ahn Changchun an diesem Ort das Dao kultiviert hatte und daß auch sie selbst, die drei Lehrer Lipings, hier praktiziert hatten. Wang Liping half seinem Mentor beim Putzen und Aufräumen der Höhle.

Als die drei alten Weisen sich in der Höhle umschauten, die genauso aussah wie zuvor, wurden sie von starken Gefühlen ergriffen, vor allem bei der Erinnerung an ihren Aufbruch vor sieben Jahren, als sie ausgezogen waren, um einen neuen Linienhalter zu suchen. In einem Zeitraum von wenigen Jahren hatten sie unerhörte Schicksalsschläge und Strapazen überstanden und allen Schwierigkeiten getrotzt, um inmitten von Chaos und Tumult ihren Lehrling und Nachfolger zu unterweisen. Das Volk war von einer Katastrophe heimgesucht worden, Buddhismus und Daoismus wurden verfolgt, und die Nation war an den Rand der Zerstörung geraten. Die einzige tröstliche Botschaft, die sie den Geistern ihrer Ahnen überbringen konnten, war die Tatsache, daß es ihnen trotz des allgemeinen Elends und eines unsteten Lebens auf der Flucht gelungen war, den Linienhalter in der achtzehnten Generation ausfindig zu machen und auszubilden. Das war der einzige Lichtblick in dieser dunklen Zeit.

Der junge Wang Liping, der den Gemütszustand seiner Lehrer wohl bemerkte, verbeugte sich vor jedem von ihnen und schlug ihnen vor, ein wenig hinauszugehen, um auf andere Gedanken zu kommen. Draußen säuberte er einen flachen Felsstein und bot dem Großmeister höflich einen Sitz an. Einer der Mentoren tadelte Liping wegen dieser Förmlichkeit, die eher zu einem vornehmen Adligen als zu ihm paßte. Da mußten alle lachen, und so verflogen die Wolken der gedrückten Stimmung.

Während die Meister im Sonnenlicht und der frischen Brise badeten und ihren alten Schlupfwinkel wieder in Besitz nahmen, sagte der Weggefährte der Reinen Heiterkeit zu Wang Liping: »Jetzt wollen wir dir eines der Erbstücke der Drachentor-Schule zeigen.« Er deutete auf den Höhleneingang, aus dem im selben Augenblick eine weiße Schildkröte herausgekrochen kam.

Mit leuchtenden Augen wollte Liping die Schildkröte aufheben, aber sein Mentor hielt ihn zurück: »Rühr sie nicht an!«

Obwohl die kleine Schildkröte nicht größer war als eine Handfläche, konnte sie ziemlich schnell krabbeln. Sie kroch geradewegs auf den Weggefährten der Unendlichkeit zu und begann, an seinem Gewand hochzuklettern. Als der Dao-Meister ihr die Hand entgegenstreckte, setzte sich die Schildkröte sofort darauf. Dort lag sie ganz still, streckte nur ihren Kopf heraus und rieb ihn zärtlich an der Hand des alten Meisters.

Der Weggefährte der Unendlichkeit setzte die Schildkröte auf den Boden, die daraufhin zum Weggefährten der Reinen Heiterkeit und auf dessen ihr zum Gruß entgegengestreckte Hand kroch. Der Dao-Meister hob die Schildkröte hoch an sein Gesicht, worauf sie das Gesicht des alten Weisen zu liebkosen begann und etwas in sein Ohr zu flüstern schien. Hoch erfreut setzte der Weggefährte der Reinen Heiterkeit die Schildkröte wieder auf den Boden, und darauf kroch sie weiter zum Weggefährten der Reinen Leere. Auch dieser schien ein kurzes Gespräch mit der Schildkröte zu führen, bevor er sie wieder absetzte.

Jetzt hob die weiße Schildkröte den Kopf und schaute Wang Liping an; dann krabbelte sie eilig auf ihn zu. Sie kroch an ihm hoch und beschnupperte ihn, als suchte sie etwas. Als ihr Liping seine Hand hinstreckte, setzte sie sich darauf und blieb dort bewegungslos liegen, so als ob sie schon alte Freunde wären. Bei diesem Anblick nickten die drei alten Weisen zustimmend.

Der Weggefährte der Unendlichkeit sagte: »Spirituelle Schildkröten sind mit Verstand begabt. Obwohl du zum ersten Mal hier bist, weiß diese Schildkröte, daß du zu unserer Familie gehörst und behandelt dich wie einen alten Freund.« Der Großmeister forderte Liping auf, die weiße Schildkröte auf einen flachen Felsen zu legen und sorgfältig zu beobachten. Allem Anschein nach ruhte die weiße Schildkröte unbeweglich auf dem Stein, so als würde sie meditieren.

Der Großmeister fragte Liping: »Schau, wo die Sonne steht. In welche Richtung weist der Kopf der Schildkröte?« Liping stellte fest, daß die Sonne im Südosten stand und die Schildkröte nach Südosten schaute. Der Großmeister ließ Liping nun die Ausrichtung der Schildkröte ändern, so daß sie nach Nordwesten schaute. Die Schildkröte drehte sich von selbst zurück, bis ihr Kopf wieder wie zuvor nach Südosten schaute. Liping wiederholte das mehrmals, aber jedes Mal drehte sich die Schildkröte, um sich wieder nach der Sonne auszurichten. Er mußte zugeben, daß diese Schildkröte wirklich intelligent war.

Der Großmeister erklärte Wang Liping: »Diese Schildkröte ist älter als wir vier zusammen. Mit über 680 Jahren stammt sie wirklich aus ganz alter Zeit.« Liping verschlug es den Atem; nun sah er die Schildkröte in ganz anderem Licht. »Diese Schildkröte ist ein Schatz unseres Drachentors«, fuhr der Großmeister fort. »Sie ist schon über zwölf Generationen lang von unseren spirituellen Ahnen weitergereicht worden. 680 Jahre lang hat diese Schildkröte die Essenzen von Sonne und Mond aufgenommen und den Nektar von Himmel und Erde empfangen; sie ist mit der Natur zu einer Einheit verschmolzen und zur Harmonie mit dem universalen Dao gelangt. Sie hat ihre besondere Methode der Langlebigkeit und der intelligenten Kommunikation. Sie folgt den Wandlungen von Himmel und Erde, Sonne und Mond und ist ein wahrhaft seltener Schatz, mit dessen Hilfe die Menschen eine große Zahl von Wahrheiten entdecken können.«

Selbst während der Großmeister sprach, bemerkte Wang Liping, daß die weiße Schildkröte ihre Position ganz leicht änderte, um ihren Kopf direkt nach der Sonne auszurichten. Der Großmeister fuhr fort: »Diese Schildkröte mußte 360 Jahre lang üben, bis sie der Sonne folgen konnte, aber zunächst konnte sie sich lediglich um einen halben Kreis drehen. Nach 720 Jahren wird sie in der Lage sein, eine volle Kreisdrehung zu machen. Unsere Vorgänger haben die Entwicklung dieser spirituellen Schildkröte ganz genau aufgezeichnet; wenn wir sie in Zukunft an dich weiterreichen, ist es deine Pflicht, diese Forschung weiterzuführen. Dies ist eine der Aufgaben, die wir an dich weitergeben.« Wang Liping nickte ernst.

Der Weggefährte der Reinen Leere deutete auf den Rücken der Schildkröte und forderte Liping auf, ihn aufmerksam zu betrachten. Bei näherem Hinschauen entdeckte Liping, daß das Muster auf dem Rücken der Schildkröte in der Tat ganz ungewöhnlich aussah. Es handelte sich um ein Diagramm der Acht Trigramme; erstaunt fragte er: »Ist dieses Muster natürlich oder künstlich?«

Der Weggefährte der Reinen Leere antwortete: »Was wäre denn so ungewöhnlich an einem Muster von Menschenhand? Das Bemerkenswerte daran ist doch, daß es ganz natürlich in Form der Acht Trigramme gewachsen ist. Dies sollte uns anregen, tief nachzudenken über das wahre Wirken der Natur, das der Erfindung der Acht Trigramme zugrunde liegt. Also stellen wir uns noch einmal die Frage, wie dieses Muster auf den Rücken der Schildkröte gelangte. Wir sollten dabei an die Evolution eines noch größeren Raumes denken; in Wirklichkeit spiegelt dies die Kraft des Raumes wieder. Der Raum hat sechs Richtungen: oben und unten, vorn und hinten, links und rechts. In jeder Richtung liegt eine Kraft, und damit sind Wandel und Verbindung, Harmonie und Gegensatz, Nutzen und Schaden verbunden. Wenn wir diesen sechs Kräften noch Sonne und Mond als Kräfte, die alle Wesen beeinflussen, hinzufügen, kommen wir auf insgesamt acht Kräfte. Wenn diese Kräfte auf einer ebenen Fläche abgebildet werden, bilden sie die Acht Trigramme. Aus diesem Grund müssen wir uns die Acht Trigramme räumlich und nicht eben, also dreidimensional und nicht zweidimensional vorstellen. Dies ist die Methode, mit der wir das *Yijing* studieren sollten.«

Der Mentor hob die Schildkröte vorsichtig auf und drehte sie um, um Wang Liping ihre Unterseite zu zeigen. »Siehst du, daß ihre Unterseite aus genau zwölf kleinen Platten besteht, die zusammen ein geschlossenes Ganzes bilden? Diese Einheit kann numerologisch gedeutet werden: Die Zahl Zwölf entspricht den Zwölf Irdischen Stämmen des Kalenders, den zwölf Monaten und den zwölf Hauptmeridianen. Auch dies hat einen tiefen Grund, der seine Wurzeln im Universum selbst hat. In dieser Hinsicht sind wir beide Schüler des Großmeisters. Bitte ihn, es dir zu erklären.«

Der Großmeister lachte, als er das hörte: »Wir sind alle Schüler der weißen Schildkröte. Warum fragst du sie nicht selbst? Heißt es nicht, daß die vor uns Geborenen vor uns vom Dao gehört haben müssen? Da wir diese spirituelle Schildkröte hier bei uns haben, sollten wir aufmerksam von ihr lernen.« Darauf setzte der Großmeister die Schildkröte auf seine Hand, um sie ganz genau zu betrachten: »Der Über-Wolken-Wandernde-Eremit hatte recht; es sieht ganz so aus, als würde das Chaos im Land noch einige Jahre andauern. Wir sollten nicht länger an diesem Ort verweilen, sondern gleich weiterreisen.«

»Und was machen wir mit der weißen Schildkröte?« fragte Wang Liping.

»Die Schildkröte kann für sich selbst sorgen. Sie ist sicherer als wir!«

»Laßt sie mit uns gehen. Dann habe ich noch einen Lehrer mehr!«

»In Ordnung.« Mit diesen Worten überreichte ihm der Großmeister die weiße Schildkröte. Der junge Lehrling war hoch erfreut. Nun hatten sie einen weiteren Weggefährten, die 680 Jahre alte spirituelle Schildkröte. Sie stiegen vom Berg hinab und wanderten nach Norden. Während sie unterwegs waren, lag die weiße Schildkröte reglos in einem Stoffbeutel, um in der Stille das Dao zu kultivieren. Wenn die vier rasteten, ließen sie die Schildkröte heraus, damit sie mit ihr spielen konnten. Die Schildkröte nahm nichts zu sich und schied auch nichts aus; anscheinend fastete sie mit dem Ziel der Langlebigkeit.

Nach wenigen Monaten hatten die vier Reisenden die Zinnoberklippen an der Nordspitze der Halbinsel Shandong erreicht. Die Zinnoberklippen stehen direkt am Gelben Meer. Auch wenn sie nicht besonders hoch aufragen, sind sie doch außergewöhnlich schön und häufig von Wolken und Dunst umhüllt. Gegenüber der Küste liegt Changdao, die ›Lange Insel‹, im Meer; nach Osten hin dehnt sich die endlose Weite des Gelben Meeres aus. Wenn die Morgensonne über dem Meer aufsteigt, bietet sich ein herrlicher Anblick: die Wasserfläche des Ozeans strahlt wie ein Kristall, der Himmel ist tiefblau, Wasser und Himmel verschmelzen zu einer Farbe, und darin steht die rote Sonnenscheibe. An windigen Tagen kräuselt sich das Wasser und plätschert leicht über den Sand und die Felsen am Fuß der Klippen, so sanft, als streichelte eine Mutter ihr Kind. Die Felsenklippen sind so scharf wie Schwerter; bei Nordwind bläst der Wind senkrecht in die Höhe, wenn er auf die Felsen trifft; und doch spürt man ihn auf der Spitze der Klippe nur schwach.

Auf dieser Spitze steht der berühmte Penglai-Pavillon, deutlich abgehoben vor dem Blau des Himmels und der See. In Meeresdunst gehüllt, bietet er einen überweltlichen Anblick. Wenn der Besucher zum Pavillon hochsteigt und in die Ferne blickt, erfrischt der Seewind seine Lungen, massiert sein Gesicht und erfüllt ihn mit einem erhabenen Gefühl von Offenheit, Freude und Leichtigkeit. Die Welt mit all ihrem Ruhm und ihrer Schande ist vergessen; an diesem Ort scheint man in einen Unsterblichen verwandelt zu werden.

Unterhalb der südöstlichen Klippen liegt die alte Hafenstadt Longkou. Die von einem berühmten Admiral der Ming-Dynastie erbauten Mauern haben nach Hunderten von Jahren immer noch ihre ursprüngliche Gestalt. Die ganze Gegend erlebte unter der Tang-Dynastie eine Blütezeit; in der Ming-Zeit war dieser Ort ein wichtiger Kriegshafen. In neuerer Zeit hat er seine Bedeutung verloren, aber der Penglai-Pavillon hat nichts von seiner Schönheit und seiner Faszination eingebüßt.

Die drei Weisen und ihr Schüler besuchten diesen Ort jedoch in anderer Absicht als die gewöhnlichen Touristen. Wegen der Kulturrevolution waren die Tempel geschlossen. Die vier Daoisten mieden die Tempel und stiegen auch nicht zum Penglai-Pavillon hinauf. Sie wählten vielmehr einen Platz auf dem Gipfel des Berges, von wo aus sie einen freien Blick auf den azurblauen Himmel und die aquamarinfarbene See hatten, und begannen dort mit der Praxis des Schauens. Für die Menschen bleiben die Ozeane ein ewiges, unauslotbares Geheimnis. Bei Schauen ging es den Daoisten darum, geheimnisvolle Visionen über dem Meer zu entdecken.

Die vier setzten sich in eine Reihe. Mit geschlossenen Augen festigten sie ihren Geist und ließen ihre innere Kraft ansteigen. Dann öffneten sie langsam die Augen, streckten die Hände langsam zur See hin aus und hoben sie im Zeitlupentempo senkrecht nach oben. Dabei vibrierten ihre Körper fast unmerklich. Durch diese Bewegungen sandten sie eine außergewöhnlich große Kraft über die Wasserfläche in der Ferne aus. Der Großmeister begann eine geheime Formel zu rezitieren und rief damit eine ganz besondere Kraft herbei. Die spirituelle Schildkröte lag still und unbeweglich neben Liping; auch sie wartete auf die Veränderungen, die sich über der Wasserfläche des Ozeans zeigen würden.

Zunächst war nichts zu sehen. Es erhoben sich keine Wellen, aber allmählich stieg ein Dunst vom Ozean auf, wie Nebel und Wolken, und bedeckte eine weite Fläche. Bald darauf begann der Nebel über der See anzuschwellen und sich auszudehnen, um allmählich eine massive Wand zu bilden. Dann begannen sich allmählich Dinge innerhalb dieses Nebelwalls zu bewegen: feine Schatten, die, bald heller, bald dunkler, Bilder zu formen schienen. Da waren Berggipfel, Gebäude, Wagen und Pferde und Menschen. Alles schwebte elfenhaft vorbei, erschien bald trügerisch, bald greifbar realistisch, wie ein Traum oder eine Halluzination, unbeständig und sich wandelnd.

Die vier Daoisten beruhigten ihren Geist und schärften ihren Blick, um die Einzelheiten ihrer Vision genau zu erkennen; sie erfühlten ihre Veränderung und Entwicklung mit ihrem Bewußtsein, lasen sie mit ihrem Belebenden Geist.

Zunächst war die Szene sehr schön, wie auf einer alten Bildrolle mit einem chinesischen Landschaftsbild.

Doch dann schlugen Wind und Wolken auf einmal um, und eine Kette von steilen und gefährlichen Berggipfeln erschien. Plötzlich wurden die Berge auf den Kopf gestellt, und menschliche Wesen stiegen auf wie eine Meeresflut, sich gegenseitig erdrückend. Dann wurden auch sie umgedreht wie zuvor die Berge und hingen mit den Köpfen nach unten unter Wagen und Pferden. Die Berge verwandelten sich allmählich in eine Anzahl von hohen, schmalen Türmen, die dahinschwebten und schwankten, um dann auf einen Schlag zusammenzustürzen und zu verschwinden. Einen Augenblick später stieg eine Wolkenbank auf, aus der langsam ein Schiff hervorsegelte. Um das Schiff herum gab es keine Meereswellen – da schienen Schafherden zu sein, mit Menschen, die sie vor sich her trieben. Aus dem Schiff wuchsen zwei Flügel – ein langer und ein kurzer, der so aussah, als wäre er abgebrochen. Das war ein äußerst seltsamer Anblick.

All diese Bilder flossen vorbei, bis eine völlig neue Vision auftauchte – eine Szene in Südchina, mit grünen Reisfeldern, ziegelgedeckten Häusern, Büffeln bei der Arbeit auf den Reisfeldern, spielenden Kindern in den Dörfern –, eine Flut beeindruckender Bilder, die Frieden und Ruhe vermittelten. Doch dann verwandelten sich die Häuser auf einen Schlag in eine Lokomotive und einen Zug, der in die Wolken sprang und in der Ferne verschwand, um wer weiß wohin davonzutreiben.

Die Weisen und ihr Schüler unterbrachen ihre Schau, und die Visionen über der See verschwanden, ohne eine Spur zu hinterlassen. Wie zuvor lag die Meeresfläche ruhig und glatt da, und der Himmel leuchtete in klarem Blau. Die Sonne strahlte mächtig vom Himmel, und die See schimmerte silbern herauf. Die alten Magier blickten sehr ernst drein. Nur Liping hatte den wahren Sinn dieser visionären Schau nicht erkannt und sah seine Lehrer fragend an.

Der Weggefährte der Unendlichkeit setzte die spirituelle Schildkröte auf seine Hand und betrachtete sie eine Zeitlang ruhig. Dann hob er wieder den Blick und schaute auf den Ozean, tief in Gedanken versunken. Er schien zu versuchen, sich an etwas zu erinnern, so als suchte er nach dem roten Faden für die Deutung. Der Weggefährte der Reinen Heiterkeit fragte: »Sollten wir noch einmal schauen?« Der Weggefährte der Unendlichkeit nickte.

Alle begannen nun aufs neue zu schauen. Nebel erhob sich über dem Ozean, und wieder tauchten Visionen auf: verschwommen, undeutlich, schattig und schwankend, erscheinend und versinkend – nie waren die wechselnden Trugbilder deutlich. Da waren Berge, Flüsse und Seen; Bäume, Felder und Wiesen; Dörfer, Häuser und große Gebäude; Menschen, Vögel und Tiere. Es erschienen auch eine auf dem Kopf stehende Menschenmenge, schief geneigte Bauten und wie Wolken dahinströmende Wasser. Während sie die Erscheinungen beobachteten, erörterten die drei Alten die Vision, um allmählich ihren Sinn zu erhellen. Beim Zuhören konnte Wang Liping viel über das Lesen von Visionen lernen.

Solche Visionen geben einem natürlichen Wirken Ausdruck und enthalten Informationen über zukünftige Veränderungen und Entwicklungen in der Gesellschaft. Vision ist in diesem Zusammenhang eine Art von Codewort für etwas, das die Leute im allgemeinen als Fata Morgana bezeichnen. Die wissenschaftliche Erklärung solcher Luftspiegelungen ist rein physikalisch und bleibt auf der Stufe der unteren drei Sphären stehen. Vom Standpunkt der optischen Wissenschaft gehört es zu den notwendigen Bedingungen für eine Fata Morgana, daß die Feuchtigkeit in der Luft gleichmäßig verteilt ist, die Tröpfchen kugelförmig sind und so weiter. Daher müssen sehr spezifische atmosphärische Bedingungen gegeben sein, damit entfernte Objekte von einer Nebelschicht reflektiert werden können. Deshalb kommt es relativ selten zur Erscheinung einer Fata Morgana; ferner muß jeder derartigen Erscheinung eine konkrete Realität zugrunde liegen. Sonst lassen sich Luftspiegelungen nicht erklären.

Die Daoisten wollen nicht das Zustandekommen solcher Bilder erklären, sondern sie machen und den Sinn dieser Visionen erklären. Meister Wang hat uns erzählt, daß die alten Meister fast jedes Jahr an die See gehen, um Visionen hervorzurufen und zu schauen, wobei sie die Bilder so lange festhalten, wie sie gebraucht werden. Dies sind keine Wunder; die entsprechende Praxis kann zu jeder passenden Zeit ausgeführt werden. Der Sinn derartiger Visionen kann nur mit Hilfe reicher Kenntnisse und Erfahrungen gelesen und gedeutet werden.

Als die drei Meister Wang in seiner Heimatstadt die Methode gelehrt hatten, Visionen über dem Wasser hervorzurufen, hatte er gewöhnlich am Flußufer im Sonnenlicht geübt. Da die Wasserfläche dort aber nicht weit genug war, ließ sich diese Praxis kaum vollständig durchführen. Die Bilder seiner Visionen waren nicht sehr klar, und selbst wenn er sie sehen konnte, war er deshalb nicht sicher, ob die anderen auch etwas sahen. Doch hier an der See, angesichts der Weite der Meeresfläche, war es so, als fände ein Drache in seine natürliche Umgebung zurück. Hier konnte die Praxis des Schauens vollständig ausgeführt und die inneren Kräfte konnten zu voller Wirkung gebracht werden. Da die drei Meister und ihr Lehrling diese Übung zu viert praktizierten, war es nicht schwer, Visionen herbeizurufen.

Vor kurzem fragten wir Meister Wang, warum solche Luftspiegelungen, die vom normalen Standpunkt aus rein physikalische Phänomene sind, Geheimnisse gesellschaftlicher Entwicklungen enthalten und darstellen können. Der Meister erklärte lachend: »Sie sind die Träume des Universums.« Dies ist eine verblüffende Aussage, aber eine, die zum Kern der Frage vordringt. Das Universum hat sein eigenes Denken, seine eigene Intelligenz und Millionen von einzigartigen Sprachen.

Diese Erde ist so winzig wie ein Sandkorn, und dieses Universum ist nicht größer als ein Wassertropfen. Beide sind lebendige Organismen und besitzen ihr eigenes Gehirn. Dieses Gehirn träumt Wachträume. Menschen haben menschliche Träume; das Universum hat Träume des Universums. Menschen mit hochentwickelter innerer Kraft können ebenso in die Träume des Universums hineinschauen wie in die Träume anderer Menschen. Sie können menschliche Träume deuten, und sie können auch die Träume des Universums deuten.

Die Daoisten beobachten die Dinge, indem sie die Wurzel aller Dinge betrachten, so wie eben die Zweige und Blätter eines Baumes alle aus der selben Wurzel wachsen. Sie betrachten alle Dinge als wechselwirkend; nichts existiert isoliert für sich allein. So ist das Selbst im Anderen und das Andere im Selbst; ›dies‹ und ›das‹ sind miteinander verbunden. Natur und Mensch stehen in Wechselbeziehung; Natur und Mensch sind eins. Daher ist es möglich, von Bergen aus Wasser zu beobachten, Berge in Wassern zu finden und die Menschheit in Bergen und Wassern zu erkennen.

Den Daoisten geht es darum, Ungewöhnliches im Gewöhnlichen zu schauen – dazu gehört auch die Fähigkeit, im Nebel über der See Veränderungen in der Gesellschaft zu erkennen.

15 Natur und Dao

Nach ihrer Vision über dem Ozean fuhren die vier Reisenden zu Schiff nach Lushun und zogen dann vom Ostteil der Halbinsel Liaoning nach Nordosten weiter. Die kalten spätherbstlichen Winde wehten immer heftiger, die Berghänge waren von bunten Blättern übersät. Nach ein paar Wochen gelangten die vier Daoisten in die weiten Bergregionen des Changbaishan, der ›Ewigweißen Berge‹.

Als sie eines Tages durch einen Birkenwald gingen, hörten sie plötzlich ein Heulen im Wind. Sie gingen dem Laut nach und gelangten an einen felsigen Hügel, auf dem sie eine gewaltige Birke hinter einem Felsblock entdeckten. Dieser alte Baum war an seinem Fuß gespalten, und dort öffnete sich der Eingang zu einer tiefen Höhle, aus der dieser Laut hervordrang. Der Weggefährte der Reinen Leere sagte: »Dies ist eine Wolfshöhle. Drinnen ist ein junger Wolf, der auf Futter wartet.«

Wang Liping fand das alles sehr interessant. Er kauerte nieder, um sein Ohr an die Öffnung zu halten. Das Wolfsjunge, von Natur aus vorsichtig, gab keinen Laut mehr von sich. Da er nichts hörte, wollte Liping das Höhleninnere mit einem Stock untersuchen, aber der Weggefährte der Reinen Leere hielt ihn zurück. Er robbte zum Höhleneingang hin und gab den anderen ein Zeichen, sie sollten sich zurückzuziehen. Plötzlich stieß er zwei kurze, scharfe Schreie aus, mit denen er das Rufen einer Wölfin nach ihrem Jungen nachahmte. Kurz darauf kam ein graues Wolfsjunges aus der Höhle hervor; als es merkte, daß seine Mutter nicht da war, drehte es sich rasch um und wollte schreiend in seine Höhle zurücklaufen. Doch Liping, mit raschem Blick und schneller Hand, packte das Junge und hob es hoch. Begeistert hielt er es in den Armen und wollte es nicht mehr loslassen. Der Großmeister schaute die beiden Meister an und sagte lächelnd: »Jetzt ist es an euch beiden, auf Liping aufzupassen!« Das dachten auch die beiden Mentoren. Sie forderten Liping auf, sich von der Wolfshöhle zu entfernen. Dann benutzten alle die Technik der Gewichtslosigkeit, und im Handumdrehen hatten sie den Birkenwald weit hinter sich gelassen.

Nachdem die vier Reisenden zwei Bergrücken und einen eiskalten Fluß überquert hatten, gelangten sie auf eine weite offene Ebene. Als sie einen Lastwagen kommen sahen, sprangen sie heimlich auf, um sich dorthin mitnehmen zu lassen, wohin der Wagen eben fuhr. Ein Nachmittag auf der Ladefläche dieses Lastwagens brachte die Daoisten ein gutes Stück weiter. Auf ein Zeichen des Großmeisters sprangen die vier schließlich ab. Leichtfüßig auf dem Boden aufkommend, lenkten sie ihre Schritte in Richtung der hoch aufragenden Berge.

Sie erreichten eine ziemlich flache Stelle an einem Berghang, wo riesige Zedern und knorrigen Kiefern sowie dichtes Laubgehölz wuchsen. Der Abend dämmerte, und die vier setzten sich unter eine große Kiefer, um auszuruhen. Als die Männer etwas zu essen auspackten, schrie das Wolfsjunge vor Hunger. Da es noch ganz klein war, kaute Wang Liping die Nahrung vor, bevor er sie dem Jungen Bissen für Bissen fütterte. Plötzlich ertönte ein durchdringendes Geheul, das die vier sofort in Alarmbereitschaft versetzte. Und schon sahen sie einen großen grauen Wolf aus dem Wald auf sie zulaufen. Ohne die Menschen aus den Augen zu lassen, blieb die Wölfin einen Steinwurf entfernt stehen, die Zähne gebleckt, die Augen auf das Junge in Lipings Armen fixiert; mit schwankenden Zitzen lauerte sie heftig atmend auf die Gelegenheit zum Angriff.

Wang Liping mobilisierte seine inneren Kräfte, um sich auf einen Kampf mit der Wölfin vorzubereiten. Der Großmeister befahl ihm jedoch, die Mutter nicht zu verletzen und ihr das Junge sofort zurückzugeben. Gehorsam setzte Liping das Junge sanft auf den Boden, das sofort auf seine Mutter zuhüpfte. Ohne zu zögern, machte die Wölfin einen Satz vorwärts, packte ihr Junges am Genick und verschwand wieder im Wald.

Liping wollte gerade erleichtert aufatmen, als er sah, daß die Wölfin zurückkam; sie schien noch wütender als zuvor. Die Schnauze zum Boden gesenkt, stieß sie ein langgezogenes Geheul aus, dem aus der Ferne mehrere helltönende Schreie antworteten. Als die Daoisten mit einem Blick das Gelände überflogen, sahen sie, daß sie bereits von angriffslustigen grauen Wölfen umzingelt waren. »Schnell auf den Baum!« Kaum hatte der Großmeister diesen Befehl gegeben, da sprangen alle vier auf und kletterten geschwind auf den nächsten Baum. In diesem Moment griffen die Wölfe an und hätten Liping um ein Haar erwischt.

Da saßen die vier Männer nun auf den Ästen des Baumes, und unten liefen die Wölfe mit gebleckten Fängen heulend hin und her. Wang Liping fragte die Meister, was sie nun tun sollten. Die drei Meister lachten Liping nur an, der sie fassungslos anschaute. »Du warst es, der die Wölfe hierhergelockt hat«, meinte der Weggefährte der Unendlichkeit. »Laß dir etwas einfallen, um sie loszuwerden. Warum fragst du uns? Ich bin alt und müde. Ich möchte diese Pause nutzen, um ein Nickerchen zu machen!« Darauf schloß er die Augen und schien gegen die Äste gelehnt schlafen zu wollen.

Die anderen beiden sagten kein Wort und beschränkten sich darauf, die wild erregten Wölfe zu beobachten. Wang Liping hatte keinen Plan. Da er sich einbildete, von seinen Meistern in eine Falle gelockt worden zu sein, beschloß er, seine innere Kraft einzusetzen. Indem er die inneren Kräfte an ihrer Quelle sammelte, ließ er Energie aufsteigen und hob dann die rechte Hand. »Töte ja keinen Wolf!« rief der Großmeister plötzlich. »Benutze nur dreißig Prozent deiner Kraft«, fügte der Weggefährte der Reinen Heiterkeit rasch hinzu. »Laß sie am Leben!«

Mit diesen Anweisungen im Ohr stieß Wang Liping seine Handfläche kraftvoll nach vorn. Ein heller Lichtstrahl schoß hervor, und mehrere Wölfe brachen lautlos zusammen. Liping Herz durchlief ein Schauder. Er hatte nicht so viel Kraft benutzen wollen, doch nun hatte er drei Wölfe getötet; er hatte das Gebot gebrochen, kein Leben zu nehmen – für einen Daoisten ein ernstes Vergehen.

Die Technik, die Wang Liping hier eingesetzt hatte, war die ›Fünf-Donner-Hand‹. Dabei wird die Energie blitzschnell mit ungeheurer Kraft freigesetzt. Ungewöhnlich an der Wirkung dieser Technik ist, daß am Opfer keine Spur einer Verletzung zu sehen ist. Denn die Energie dringt mit explosiver Kraft ins Körperinnere ein, wo sie die inneren Organe durch Schock verletzt. Bei den Daoisten diente diese Handflächentechnik zu allen Zeiten niemals zum Angriff, sondern nur zur Selbstverteidigung.

Der Weggefährte der Reinen Heiterkeit hatte diese Technik jahrelang geübt und es darin zu großer Meisterschaft gebracht; er hatte sein ganzes Wissen an Liping weitergegeben. Die beiden hatten viel miteinander praktiziert und die höchsten Stufen der Meisterschaft erreicht. In Verbindung mit dem ›Schritt des Yu‹, einer Art von magischem Tanz mit einem hinkenden Schritt, werden durch diese Technik noch größere Energien freigesetzt, wenn die Handfläche dabei schlagartig nach vorn gestoßen wird.

Der Großmeister hatte den Befehl gegeben, niemals durch Einsatz dieser Technik ein Wesen zu töten. Die beiden Mentoren hatten diese Vorschrift ihr ganzes Leben lang streng befolgt. Als der Weggefährte der Reinen Heiterkeit Liping beim Üben einmal unabsichtlich verletzt hatte, hatte ihn dieser Fehler aufs äußerste beunruhigt. Als Liping nun diese Technik bei den Wölfen zum ersten Mal ernsthaft einsetzen wollte, hatte ihn sein Lehrer gewarnt, nur wenig Energie auszustoßen, damit kein Leben verletzt würde.

Doch selbst als einige der Wölfe zusammengebrochen waren, wurde der Rest des Rudels nicht abgeschreckt. Die Wölfe wurden nur noch wilder; mit funkelnden Augen sprangen sie am Baumstamm hoch und stießen ein furchtbares

Geheul aus. Da Liping nicht wagte, die Fünf-Donner-Hand noch einmal einzusetzen, brach er einen Ast ab und warf ihn nach unten. Einige Wölfe packten ihn und zerbissen ihn in kleine Stücke, während sie sich wild darum balgten. Einige legten ihre Schnauzen auf die Erde und stießen eine Reihe klagender Schreie aus. Aus den umliegenden Bergen und Tälern tönte Antwortgeheul zurück, und noch mehr wilde Wölfe kamen herbeigerannt, um das Rudel zu verstärken.

Als er sah, daß Liping nicht weiterwußte, beruhigte ihn der Weggefährte der Reinen Heiterkeit: »Bringe deine Energie wieder zur Ruhe. Wir kennen eine Methode, mit der wir eine ganze Armee von Wölfen zurückschlagen können. Diese Wölfe sind von Natur aus wild und leben in Rudeln; wenn einer in Gefahr ist, kommen ihm die anderen zu Hilfe. Wenn du mit deiner Methode weitermachst, werden immer mehr Wölfe dazukommen, und du hast keine Möglichkeit, sie loszuwerden, selbst wenn du es mit allen Mitteln versuchst. Wölfe haben jedoch einen natürlichen Feind. Wenn auch nur ein einziger Tiger auftaucht, wird das ganze Rudel weglaufen.«

Damit gab der Weggefährte der Reinen Heiterkeit dem Weggefährten der Reinen Leere ein Zeichen: Beide Männer legten die Hände trichterförmig um den Mund, ließen Energie von ihren Fußsohlen hochsteigen und stießen dann auf einmal ein donnerndes Gebrüll aus – wie eine ganze Horde von Tigern. Kaum hörten die Wölfe dieses Gebrüll, erstarrten sie einen Augenblick lang vor Furcht und stoben dann in alle Richtungen davon, ohne sich auch nur ein einziges Mal umzuschauen. In diesem Schrei lag eine solche innere Kraft, daß er wie dumpfer Donner aus der Ferne klang. Liping hatte das Gefühl, daß sein Körperinneres durchgeschüttelt wurde, so wild klang dieses Tigergebrüll. Diese Energie war noch stärker als die der Fünf-Donner-Hand.

Nun stieg der Großmeister vom Baum und begann, die Bäuche der drei leblos daliegenden Wölfe zu massieren. Dabei wiederholte er immer wieder die folgenden Worte: »O Kreatur! Laßt uns hoffen, daß du innerlich nicht verletzt, sondern nur betäubt bist.« Mit Hilfe seiner inneren Kraft gelang es ihm schließlich, die Wölfe wiederzubeleben. Liping fand das

Wolfsjunge unter einem Felsen, ebenfalls halb bewußtlos durch das ›Tigergebrüll‹. Er trug das Junge zu seiner Mutter zurück und legte es an ihre Brust. Unter den Augen der Männer kamen die vier Wölfe langsam ins Leben zurück, und Wang Liping konnte endlich erleichtert aufatmen. Beim Anblick dieser Szene schauten die drei alten Meister einander lächelnd an.

Am folgenden Tag mußte Liping immer noch an die Ereignisse des Vortags denken. Er bat seine Mentoren, ihm das Tigergebrüll beizubringen. Die beiden übertrugen ihm diese Methode, die auch als ›Speien‹ oder als ›Bannender Laut‹ bezeichnet wird. Die beiden Lehrer erklärten ihm, daß die Menschen der Urzeit extrem ungünstigen Lebensbedingungen ausgesetzt waren und oft von wilden Tieren angegriffen wurden. Die Urmenschen lebten in kleinen Gruppen, und bei Gefahr pflegten sie eine Art von Schrei auszustoßen, um andere Menschen herbeizurufen. Auch heutzutage noch schreien die Menschen in gefährlichen Situationen »O Mutter!« oder »O Gott!«, um Hilfe herbeizurufen.

Durch langjährige Beobachtung fanden die Menschen heraus, daß den verschiedenen Lauten komplexe Kräfte innewohnen. Selbst auf der untersten Stufe kann man alles dazu benutzen, einen Laut zu erzeugen, oder es dazu bringen, selbst einen Laut hervorbringen. Jeder Laut steht für einen bestimmten Inhalt mit einer bestimmten Bedeutung. Bei den Tieren drückt sich in ihren Schreien Erregung, Harmonie, Überlegenheit und Kontrolle aus. Wenn zum Beispiel ein Vogel ruft, bringt das die Rufe einer Vielzahl von Vögeln hervor, während der Schrei einer Katze dazu führt, daß die Mäuse davonrennen.

Dies ist die unterste Stufe der Erklärung für den Ursprung des Bannenden Lautes. Von höherer Warte aus betrachtet, ist der Bannende Laut komplex und geheimnisvoll; er transportiert unsichtbare Energien in Verbindung mit einer besonderen Art von Laut. Dies ist schwer zu begreifen, aber so etwas gibt es wirklich; es funktioniert tatsächlich und hat gewiß auch eine Funktion.

Der Bannende Laut, um den es hier geht, ist gänzlich verschieden von Nachahmung oder Mimikry im üblichen Sinne. Mimikry ist lediglich eine einfache Imitation eines bestimmten Lautes, die keine innere Kraft enthält. Beim Bannenden Laut werden dagegen durch den Mund erzeugte Laute dazu eingesetzt, um innere Kräfte freizusetzen. Weil solche Energien auf verschiedene Weise eingesetzt werden, können Laute, auch wenn sie gleich oder ähnlich klingen mögen, in bezug auf ihre innere Kraft und Wirksamkeit sehr unterschiedlich sein.

Auf noch höherer Stufe spielt der Laut nur eine untergeordnete Rolle; manchmal ist es sogar möglich, sich unter Verzicht auf den hörbaren Laut direkt auf die Schwingung der inneren Organe zu stützen, die eine so gewaltige innere Kraft enthält, daß sie auch auf Distanz übertragen werden kann. Dieser Strom verfeinerter Energien kann die entsprechenden inneren Organe bei anderen Menschen erschüttern, und er kann auch andere Störungen hervorrufen. Dies gehört zur Praxis des Geistigen Bannens.

Als fortgeschrittene Technik der inneren Arbeit erfordert Geistiges Bannen ein hohes Maß an Kultivierung, bevor es Wirkung zeigt. Wichtig ist dabei vor allem eine wirkungsvolle Initiation. Die Silben eines Banns werden weder Kraft noch Wirkung zeigen, wenn man sie ohne ein solides Fundament innerer Arbeit ausspricht. Werden dieselben magischen Silben dagegen von einem Adepten mit ausreichend entwickeltem innerem Fundament gesprochen, dann ist der Bann kraftvoll und wirksam. Dieses Prinzip gilt auch für das Zeichnen von Talismanen.

Warum legen die Daoisten so großen Wert auf die Kultivierung der Essenz und die Entwicklung innerer Kraft? Durch Kultivierung der Essenz wird das Fundament auf korrekte Weise gelegt; damit sind alle Praktiken und Methoden im Großen Dao verwurzelt und arbeiten im Sinne des Großen Dao. Menschen, deren Geist nicht aufrecht und deren Essenz unrein ist, können nicht durch dieses Tor schreiten. Zu den grundlegenden Verhaltensregeln für die Anwendung dieser Technik gehört es, kein Leben zu nehmen und keine daoistischen Techniken zu persönlicher Bereicherung und zu schlechten Zwecken einzusetzen. Zur Kultivierung der inneren Kraft kann man zahllose Übungsmethoden entwickeln; diese Methoden dienen als Trittleitern, um zu den höchsten Stufen aufzusteigen. Sich nur an eine Methode zu klammern ist eine Art von Verhaftung, ein Anzeichen für ein ungenügendes Verständnis des Großen Dao.

Der Bannende Laut dient als ein Vehikel zur Übertragung von Einfluß und Information zwischen Menschen, zwischen Menschen und Tieren und zwischen Menschen und anderen Kräften. Auf der untersten Stufe kann er dazu verwendet werden, Menschen anzuziehen oder zurückzutreiben; er kann auch dazu dienen, Tiere herbeizurufen oder zu verjagen. Die Wissenschaft richtet heutzutage ihre Aufmerksamkeit auf derartige Phänomene und beginnt die Sprache der Tiere zu erforschen. Obwohl hierbei schon beträchtliche Anstrengungen unternommen wurden, befindet man sich nach daoistischer Ansicht immer noch auf einer sehr niedrigen Stufe.

Die Daoisten mißachten diese Stufe der Forschung keineswegs, aber sie sind darüber hinausgegangen. Ihnen geht es darum, Laute zu erzeugen, die mehr übertragen und mehr bewirken können. Sie versuchen auch, einen lautlosen Laut hervorzurufen, um eine noch geheimnisvollere Kraft zu transportieren, die unvorstellbare Dinge bewirken kann.

Der Mensch hat in seiner Evolution Zehntausende von Jahren hinter sich gebracht, ohne zu einem Abschluß gelangt zu sein. Das einzige, was sich mit Gewißheit behaupten läßt, ist, daß die Menschheit im Lauf ihrer Entwicklung sowohl Fortschritte als auch Rückschritte gemacht hat. Da es den menschlichen Wesen gelungen ist, unter extrem harten und einfachen Lebensbedingungen zu überleben, müssen die Menschen der Frühzeit – anders als der moderne Mensch – außerordentliche Fähigkeiten des Überlebens und der Anpassung besessen haben.

Die Hauptaufgabe der fünf Sinne besteht darin, die Welt der materiellen Objekte wahrzunehmen. Aber verfügt der menschliche Körper vielleicht noch über andere Sinne? Die Erscheinungswelt ist keine einfache Existenzform, sondern ein komplexes Gebilde, das viele Elemente mit zahlreichen Facetten umfaßt. Wenn wir jeweils nur einen einzigen Sinn benutzten, um ein Element oder eine Facette zu erkennen, wären wir weit davon entfernt, die Welt in ihrer Fülle zu begreifen. Die Ursache dafür, daß die Sinne zur sinnlichen Wahrnehmung fähig sind, liegt im Bewußtsein oder im Gehirn. Ohne Bewußtsein oder Gehirn würde kein Urteil gebildet, und es gäbe nur Empfindungen ohne Sinn. Daraus können wir erkennen, daß es die Fähigkeit und folglich auch eine Methode geben muß, die Sinne zu transzendieren.

Während er die Technik des Bannenden Lauts übte, um Tiere herbeizurufen oder abzuschrecken, begriff Wang Liping im tiefsten Herzen die enge Verbundenheit zwischen Menschen und Tieren und zwischen allen Lebewesen. Er sah, daß es keine Schranke gibt zwischen Mensch und Natur, daß sie eine harmonische Gemeinschaft bilden und es dem Menschen möglich ist, in verschiedene Bereiche der Natur einzutreten und mit ihr zu einer Einheit zu verschmelzen. Die Natur ist die Mutter des Menschen; der Mensch ist ein Kind der Natur. Der Mensch ist das intelligenteste Tier, doch alle Dinge und Wesen sind Lehrer der Menschheit.

Später erzählte uns Meister Wang: »Auch wenn ich von drei traditionellen daoistischen Lehrern geschult wurde, hatte ich in Wirklichkeit noch viel mehr Lehrer – sowohl solche, die ich kannte, als auch solche, die mir unbekannt waren. Manche von diesen Lehrern waren lebende Menschen, andere waren Verstorbene. Manche waren Tiere, andere waren Pflanzen. Manche waren lebendig, andere waren unbelebt. Zu meinen Lehrern gehören auch alle Gestirne wie Sonne, Mond, Sterne und Planeten. Ich hatte zahllose Lehrer, die mich unzählige Dinge lehrten. Sie lehrten mich, während ich wach war, und sie zeigten mir noch mehr, während ich im Schlaf träumte. So habe ich die Unterweisungen des ganzen Universums empfangen.«

Dabei warf er einen Blick auf die Weide vor dem Fenster und fügte mit Nachdruck hinzu: »Dieser Baum hat Gefühle, so wie wir Menschen.« Als er von dem Baum sprach, vermittelte er uns das Gefühl, als befände er sich in Gegenwart eines alten Freundes oder träfe einen verehrungswürdigen Alten, einen Weisen, einen Lehrer oder eine sonstige Respektsperson.

Der Herbst verweilt nur kurz in den Bergen des Changbaishan, bevor der Winter herbeigestürmt kommt. Es dauerte nicht lange, bis kalte Winde pfiffen, Schnee sich aufhäufte, Eiskristalle in der Luft schwebten und die Bergwälder in tiefes Schweigen versanken. In dieser besonderen Nacht saßen die vier Daoisten in einer Berghöhle, wo sie spüren konnten, wie dichte Wolken den Himmel bedeckten und in aller Stille große Schneeflocken ausstreuten. Als Wang Liping im Morgengrauen einen Blick nach draußen warf, fand er die ganze Welt mit Silber verziert und in weiße Seide gehüllt. Der Neuschnee lastete schwer auf den grünen Kiefernzweigen, und jadegleiche Schneegipfel ragten in glänzenden Reihen zum Himmel.

Als Liping durch den jungfräulichen Schnee stapfte, erinnerte er sich an die Wintertage in seiner Kindheit, als er und seine Spielkameraden Schneemänner gebaut hatten. Beim Gedanken an jene Zeiten begann er unwillkürlich Schneebälle zu formen und zu werfen.

Nachdem er eine Zeitlang so herumgespielt hatte, fiel ihm ein, daß seine alten Lehrer nur leicht bekleidet waren und es ihnen sicherlich schwerfallen müßte, die klirrende Kälte zu ertragen. So beschloß er, etwas Brennholz für sie zu sammeln.

Als Liping mit einem Bündel Holz auftauchte, fragte ihn der Weggefährte der Reinen Heiterkeit: »Was willst du denn mit diesem Zeug?«

»Ich will Feuer machen. Ist es euch nicht kalt?«

Der Dao-Meister lachte: »Warum Feuer machen bei diesem warmen Wetter? Hast du nicht Angst, wir könnten braten?«

Liping verschlug es die Sprache, und er dachte, sein Mentor würde scherzen. Er berührte dessen Hand – sie war kalt wie Eis. Dann faßte er die Hand des Großmeisters an – auch die war durch und durch kalt. »Ihr seid am Erfrieren«, rief er aus, »und doch behauptet ihr, es wäre warm hier?«

Der Weggefährte der Reinen Heiterkeit erwiderte lachend: »Wenn wir ganz zu Eis würden, hätten wir es dann nicht noch wärmer?«

Da begriff Wang Liping.

»Komm mit«, forderte der Meister Liping auf und führte ihn aus der Höhle zu einer weiten Schneefläche.

Der weiche und lockere Schnee war über einen halben Fuß tief, genau richtig, um ihn als Sitzkissen beim Üben zu benutzen. Zuerst gab der Dao-Meister Liping die Anweisung, in einer bestimmten Haltung zu sitzen, einen Teil seiner Energiekanäle zu verschließen, seine Atmung und Aufmerksamkeit zu harmonisieren und seine Körpertemperatur rasch so weit sinken zu lassen, bis sie mit der Außentemperatur übereinstimmte, ohne dabei jedoch die Spitze des wahren Feuers in seinem Körper ausgehen zu lassen.

Liping hatte in seiner Praxis inzwischen eine Stufe erreicht, wo er jeden Energiekanal oder jeden sensitiven Punkt in seinem Körper nach Belieben öffnen oder schließen konnte. Unter der Führung seines Lehrers begriff er sehr rasch, was er zu tun hatte. Indem er den Anweisungen folgte, fiel seine Körpertemperatur tatsächlich und er hörte allmählich auf, den Schnee als kalt zu empfinden.

Am verwunderlichsten bei dieser Übung war, daß ein Mantel von Energie seinen Körper zu umhüllen schien; der Schnee fiel auch nicht mehr direkt auf seinen Körper, sondern wurde etwa einen Fuß über seinem Kopf zur Seite abgelenkt. In der Welt der Natur gibt es viele Beispiele für diese Technik, nicht nur bei Pflanzen, sondern auch bei Tieren. Dabei wird stets die Regulierung der Körpertemperatur als Mittel benutzt, um sich mit dem Ziel des Überlebens an klimatische Veränderungen anzupassen.

Auf einer Insel im Norden Großbritanniens lebt eine Schlange, die sich während des Winters einfrieren läßt, um dann im Tauwetter des Frühlings aus ihrem Winterschlaf zu erwachen. Die meisten Schlangen überwintern unter der Erde, aber diese englische Schlangenart läßt sich einfrieren. Wie können ihre Gewebe vereisen, ohne Schaden zu nehmen? Wie kann ihr Körper erfrieren, ohne zu sterben? Und wie kommt sie wieder zum Leben? Die Daoisten gehen natürlich ganz anders an diese Frage heran als westliche Naturwissenschaftler. Sie bleiben einen oder zwei Tage im Schnee sitzen und manchmal sogar länger. Im Verlauf dieser Praxis befindet sich der Übende die ganze Zeit in einem Zustand klarer Wachheit. Den Daoisten geht es stets darum, sich zu kontrollieren und sich bewußt zu steuern; sie möchten die subtilen Veränderungen sowohl in der Außenwelt als auch im Körperinneren beobachten, um sie zu gegenseitiger Harmonie zu führen. Nachdem man diese Technik bis zu einem gewissen Punkt geübt hat, kann man die Körpertemperatur wieder auf ihre normale Höhe ansteigen lassen; die Differenz zwischen Körpertemperatur und Lufttemperatur wird dann von einer anderen Art von Energie kompensiert.

Bei Laozi heißt es [25]: »Der Mensch folgt den Regeln der Erde; die Erde folgt den Regeln des Himmels; der Himmel folgt den Regeln des Dao; das Dao folgt der Natur.«

Der Weggefährte der Reinen Heiterkeit forderte Wang Liping auf, acht Stunden lang im Schnee zu sitzen und die Übung dann abzuschließen, indem er die geschlossenen Energiebahnen und Öffnungen einzeln in einer bestimmten Reihenfolge öffnete und seinen ganzen Körper mit der Spitze des wahren Feuers erwärmte. Daraufhin kehrte allmählich das Gefühl in seine Haut zurück, und erst dann spürte er die ihn umgebende Kälte so stark, als säße er in einer Eisgrube. Als er die Augen öffnete, sah Liping, daß der Schnee unter ihm über einen Fuß tief war, während er sich um ihn herum so hoch aufgehäuft hatte, daß er eine schulterhohe runde Wanne bildete, aus der nur sein Kopf über die Schneewände hinausschaute.

Der Weggefährte der Reinen Leere rief den Großmeister und den anderen Meister herbei, um ihnen diesen Anblick zu zeigen. In verspielter Laune bewarf der Weggefährte der Reinen Heiterkeit Liping mit Schnee. Während Lehrer und Lehrling sich im Schnee balgten, hallten die einsamen Berge von fröhlichem Lachen wider.

Die vier Daoisten setzten ihre Wanderschaft nach Norden fort. Der Weg durch die schneebedeckten Berge brachte ihnen nicht nur Vergnügen, sondern auch erhöhte Gefahren. Da schwer zu sagen war, ob die Füße beim nächsten Schritt festen Halt finden würden oder nicht, mußte jeder außergewöhnlich wachsam sein. Obwohl Wang Liping im Nordosten Chinas geboren und aufgewachsen war, war dies das erste Mal, daß er so weit in die Tiefen des Changbaishan vorgedrungen war. So fiel dem Weggefährte der Reinen Heiterkeit ganz selbstverständlich die Aufgabe zu, die Führung zu übernehmen und den Weg zu finden.

Der Großmeister sagte zu Liping: »Du solltest lieber ruhig in einer Schneehöhle vor einer Wand sitzen und deine Übungen praktizieren, während wir umherstreifen. Wir werden später zurückkommen, um dich abzuholen. Was hältst du davon?«

Liping antwortete: »Gut, aber wie wollt ihr mich ohne Spuren im tiefen Schnee finden? Es wäre besser, wenn ihr drei zurück in eure Höhle am Laoshan gehen und dort den Frühling abwarten würdet. Wenn dann Eis und Schnee schmelzen und das Tauwasser in Strömen von den Bergen herabschießt, könnt ihr unter das Boot schauen, in dem ihr gerade sitzt, den großen Fisch fangen, den ihr darunter seht, und ihn an Bord ziehen. Ich werde in seinem Bauch sitzen!«

»Gut, sehr gut!« sagten die drei alten Magier laut lachend.

Als die vier Daoisten eines Tages auf einen Bergkamm stiegen, entdeckten sie Fußspuren im Schnee. Als Wang Liping sie genauer anschaute, durchfuhr ihn ein Schauder: Diese Spuren stammten von nackten Menschenfüßen! Wer könnte so weit draußen in den Bergen leben? Der Großmeister, dem die Fußabdrücke ebenfalls aufgefallen waren, bemerkte: »Es sieht ganz so aus, als würde er immer vergeistigter, je länger er lebt.« Liping verstand das nicht, und so folgte er einfach dem Meister entlang der Fußspuren.

Die vier Daoisten an einem Hügel entlang, stapften durch Tiefschnee und bahnten sich ihren Weg durch einen Wald, bevor sie am Berghang eine alte Kiefer entdeckten, die unter ihrer schweren weißen Last wie ein Schirm oder Baldachin aussah. Darunter stand eine Holzhütte, die – so einfach und rustikal sie auch gebaut war – sich doch recht hübsch vom weißen Schnee abhob.

Vor der Hütte stand ein alter Mann von hohem Wuchs und kräftiger Statur, einfach und leicht bekleidet. Er war gerade dabei, die Schneewehen vor seiner Hütte beiseite zu räumen. Unwillkürlich kamen dem Großmeister zwei Verse über die Lippen:

Die grüne Kiefer umfängt die kleine Klause;
Tiefe Berge verbergen einen wahren Menschen.

Der Alte vor der Hütte erwiderte auf ebenso poetische Weise:

Ein Donnerruf läßt tausend Berge zittern;
Ein Schrei – und hundert Bestien schaudern.

Wang Liping hatte das seltsame Gefühl, daß der alte Mann auf ihre Begegnung mit den Wölfen anspielte. Dieser Zwischenfall lag nun schon ein paar Tage zurück und hatte sich an einem über hundert Meilen entfernten Ort ereignet. Wenn dieser Alte in der Lage sein sollte, das »Tigergebrüll« zu hören und zu wissen, was dort geschehen war, mußte er ein Mann von hoher Vollkommenheit sein.

Der alte Mann kam den Berghang herab, um die vier Reisenden zu begrüßen: »Ihr habt eine lange Reise hinter euch. Ich wollte gerade etwas Schnee für euch schmelzen, damit ihr euch waschen könnt.« Die vier erwiderten seine Begrüßung und folgten dem barfüßigen Alten in seine Hütte.

Wie sich herausstellte, war dieser barfüßige alte Mann alles andere als ein gewöhnlicher Sterblicher: Er war der Nachfolger des berühmten Großen Unsterblichen vom Changbaishan und nannte sich selbst Barfüßiger Eremit. In völliger Abgeschiedenheit hatte er jahrelang in den Tiefen des Changbaishan gelebt und es zu außergewöhnlicher Meisterschaft gebracht. In jenem Jahr ihrer ersten Begegnung war der Barfüßige Eremit 77 Jahre alt; bei Niederschrift dieses Buchs hat er das fortgeschrittene Alter von 97 Jahren erreicht. Nach daoistischer Gepflogenheit verehrt Wang Liping auch ihn als spirituellen Paten.

Das Innere seiner Hütte war äußerst bescheiden: Die Wände des Raums waren aus unbearbeitetem Holz; es gab kaum Möbel außer einem langen Tisch aus Naturholz, das nicht einmal gerade abgesägt, geschweige denn glattgehobelt war – eben alles ganz natürlich. Es gab keine erhöhte Bettstelle, sondern nur einen Haufen Stroh. Der Barfüßige Eremit nahm etwas Stroh, formte vier Kissen daraus und bat die vier Reisenden, Platz zu nehmen. Er holte getrocknete Früchte vom Tisch und bot sie seinen Gästen an. Wang Liping fand sie köstlich.

Der Barfüßige Eremit fragte den Weggefährten der Unendlichkeit: »Warum seid ihr von so weit her gekommen, und dazu noch bei diesem Schnee?«

Der Weggefährte der Unendlichkeit erklärte: »Vor Jahren sind wir an den Rand dieses Gebirges gekommen und eine Zeitlang dort geblieben, um einen neuen Linienhalter und unseren Nachfolger auszubilden. Als unser Land dann im Chaos versank, blieb uns nichts anderes übrig, als mit unserem Lehrling auf Wanderschaft zu gehen. In den letzten drei Jahren haben wir halb China durchstreift und sind nun zurückgekehrt. Ich bin im Schnee hierhergekommen, um zuerst einen alten Freund wie dich zu besuchen.«

»Ihr seid zu gütig«, erwiderte der Barfüßige Eremit bescheiden. »Ich hoffe, daß Ihr und die beiden anderen Meister mir Belehrung zuteil werden laßt.« Der Weggefährte der Unendlichkeit stellte dem Barfüßigen Eremiten Wang Liping, den zukünftigen Linienhalter, vor. Der Eremit musterte ihn eine Weile und schien hoch erfreut. Nun begriff Wang Liping, daß der Barfüßige Eremit und seine Lehrer bereits in Verbindung gestanden hatten und Gefährten im Dao waren, obwohl sie an weit entfernten Orten lebten. Endlich verstand er die Bemerkungen des Großmeisters beim Anblick der Fußspuren im Schnee.

Wenn Gefährten im Dao sich begegnen, sprechen sie natürlich vom Dao. Die vier Alten unterhielten sich die ganze Nacht, während Wang Liping still zuhörte und dabei eine

Menge lernte. Am folgenden Morgen hatte es aufgehört zu schneien. Die helle Sonne am klaren Winterhimmel tauchte die verschneite Ebene in strahlenden Silberglanz und ließ eine Welt von vollkommener Reinheit erstrahlen.

Der Weggefährte der Reinen Heiterkeit und der Barfüßige Eremit beschlossen, zusammen daoistische Künste zu praktizieren, um gegenseitig ihre Kräfte zu stärken. Die beiden Männer setzten sich vor der Hütte in den Schnee und begannen, ihre innere Kraft zu sammeln. Es dauerte nicht lange, da war der Schnee in einem Umkreis von mehreren Fuß um die beiden herum völlig geschmolzen, so daß die bemoosten grünen Felsen unter ihnen sichtbar wurden und zu trocknen begannen. Der Weggefährte der Unendlichkeit und der Weggefährte der Reinen Leere standen dabei und beobachteten in Ruhe die Szene. Auch Wang Liping schaute in stummer Bewunderung zu.

Auf einmal hoben der Weggefährte der Reinen Heiterkeit und der Barfüßige Eremit vom Boden ab und schwebten langsam in die Luft empor; in sitzender Position verweilten sie etwa eine Stunde lang ein ganzes Stück über dem Boden. Wang Liping beobachtete seinen Mentor bei der inneren Arbeit; da kam er auf die Idee, ihm einen Streich zu spielen. Er wollte seine eigenen Fähigkeiten testen, indem er insgeheim die Energiemasse unter seinem Mentor abzog. Der Weggefährte der Reinen Heiterkeit hatte nicht erwartet, daß sein Schüler dazu fähig sein könnte. So wurde er überrascht und sank sogleich zu Boden. Natürlich merkte er auf der Stelle, was da geschehen war. Liping war ein kluger Junge. Da er fürchtete, sein Mentor würde es ihm mit gleicher Münze heimzahlen, bat er ihn sofort um Verzeihung.

Auch der Barfüßige Eremit hatte alles mitbekommen. So sagte er immer wieder: »Ihr seid ganz außergewöhnlich, und euer junger Lehrling ist ein würdiger Schüler einer berühmten Schule!« Alle lachten, und der Weggefährte der Reinen Heiterkeit verzieh Liping. Dieser ergriff sogleich diese gute Gelegenheit, um seinen Mentor und seinen spirituellen Paten zu bitten, ihm zu zeigen, wie man in der Luft sitzen kann. Der spirituelle Pate fand immer mehr Gefallen an diesem jungen Lehrling.

16 Aufstieg

Als die Chinesen Anfang 1970 sich gerade den Vorbereitungen für das traditionelle Frühlingsfest widmeten, um in einer Zeit der Not und des Chaos ein wenig Freude in den tristen Alltag zu bringen, kehrten die drei daoistischen Meister und ihr Schüler in Lipings Heimatstadt zurück.

Im Verlauf ihrer Reise war es dreimal Frühling und viermal Herbst geworden. Der Großmeister war inzwischen neunzig Jahre alt, und die beiden Mentoren waren schon fast achtzig. Ihr Lehrling Wang Liping war zu einem feinen jungen Mann von freiem Geist herangewachsen.

Die drei alten Männer hatten sich mit ihrem Schüler auf diese lange, entbehrungsreiche Reise begeben, um sicher zu stellen, daß das Große Dao auch an künftige Generationen übermittelt würde. Liping hatte nun die Welt gesehen und die Wandlungen des Universums in seinem Geist aufgenommen.

Eine gut dreijährige Wanderschaft über Tausende von Kilometern durch halb China ist keine Kleinigkeit. Unterwegs waren ihnen keineswegs nur romantische Ausblicke und malerische Landschaften begegnet; viel öfter waren sie auf Not, Elend und Zerstörung gestoßen. Manchmal trafen die vier Männer endlose Tage lang auf keine menschliche Behausung; sie mußten sich Höhlen zum Übernachten suchen und wildes Obst und Gemüse zum Essen sammeln. Manchmal wurden sie von einem Sturm überrascht, bis auf die Haut durchnäßt und konnten vor lauter Schlamm kaum einen festen Tritt fassen – und dennoch zogen sie unbeirrt weiter. Manchmal brannte die glühende Sonne auf ihre Schädel, versengte Erde erstreckte sich, so weit das Auge reichte, und kein einziger Tropfen Wasser war zu finden – und doch schritten sie rüstig voran.

Da alle vier Daoisten Männer von hoher Meisterschaft waren, brachten die Entbehrungen dieser materiellen Welt sie nicht aus der Fassung. Aber letzten Endes waren auch sie menschliche Wesen aus Fleisch und Blut, und so forderten die Strapazen und Herausforderungen der Wanderschaft doch ihren körperlichen Tribut. Auf Grund ihres hohen Alters war es für sie nicht so leicht, diese Strapazen durchzustehen, wie für ihren jungen Lehrling. Aber sie waren Männer, die sich Leben und Tod aus dem Sinn geschlagen hatten; ihre größte Sorge war es, nichts von der kostbaren Zeit in diesem begrenzten Menschenleben zu vergeuden, um das Werk fortzuführen, das von ihren spirituellen Vorfahren begonnen und von Generation zu Generation fortgesetzt worden war – die Geheimnisse des Universums und des menschlichen Lebens zu erforschen.

Ihre Aufgabe bestand darin, das von ihnen erworbene Wissen weiterzugeben, es durch eigene Anstrengungen zu mehren und weitere Fortschritte zu fördern. Sie kümmerten sich nicht um materielle Dinge; ihr Geist war auf spirituelle Forschung und Suche, Bereicherung und Sublimierung ausgerichtet.

In der Schulung, die Wang Liping von den drei alten Weisen empfing, galt Handeln mehr als Reden und geistige Inspiration mehr als formale Übungen. Während ihrer dreijährigen Wanderschaft hatten die Meister im Geist ihres Schülers einen gewaltigen spirituellen Schatz deponiert, der seine weitere Entwicklung tief beeinflussen sollte.

Diese Reise hatte ihnen noch einen weiteren Gewinn gebracht: Unterwegs hatten sie tief in den Bergen ein kostbares Buch entdeckt, das der Unsterbliche Lü Dongbin in der Tang-Zeit persönlich verfaßt hatte. Die drei Magier wußten, daß ihr Urahn Lü vor seinem Aufstieg ins Jenseits eine Anzahl von Schriften, die er seinen Nachfolgern nicht direkt übertragen hatte, in Höhlen auf verschiedenen berühmten Bergen versteckt hatte. Auf ihrer Wanderschaft fanden die Weisen wirklich eines von diesen Büchern. Als sie feststellten, daß sie einen authentischen Schatz entdeckt hatten, waren sie außer sich vor Glück. Die Handschrift war so alt, daß sie Bambusstreifen benutzen mußten, um das brüchige Papier mit äußerster Sorgfalt aufzurollen. Die drei Meister sind heute noch dabei, diesen Text zu ordnen und seinen Inhalt gründlich zu studieren.

Am Tag ihrer Rückkehr hatte seine Mutter den ganzen Morgen lang eine seltsame Unruhe gespürt. Da sie das Gefühl hatte, daß ihr zweiter Sohn zurückkommen würde, eilte sie an den Stadtrand und reckte den Hals, um in die Ferne zu schauen. Als die vier Männer endlich auftauchten und durch den aufgewirbelten Staub langsam auf sie zugeschritten kamen, erkannte Mutter Wang, daß die alten Doktoren rüstig und rotwangig wie zuvor waren und ihr Sohn zu einem ansehnlichen jungen Mann herangewachsen war. Von Freude überwältigt wischte sie sich ihre Tränen aus den Augenwinkeln, während sie ihren Sohn Liping bei der Hand nahm.

Auf dem Weg nach Hause verriet Mutter Wang, daß alle Familienmitglieder in den letzten Tagen wiederholt davon geträumt hätten, daß die vier Reisenden auf dem Heimweg wären. Sie konnte es gar nicht fassen, daß diese Träume sich tatsächlich als wahr erwiesen hatten. Die vier sahen sich vielsagend an, verrieten aber nichts. Natürlich konnte Lipings Mutter nicht ahnen, daß die Magier der Familie die Nachricht von ihrer bevorstehenden Ankunft per Traum übermittelt hatten.

Man schrieb inzwischen das Jahr 1970. In China tobte noch immer der Klassenkampf, aber nach der Einberufung des Volkskongresses hatte der Machtkampf in der Kommunistischen Partei ein gewisses Plateau erreicht. Das Volk war des Streits müde, und obwohl der Kampf zwischen einzelnen Fraktionen der Partei weiterhin einen großen Einfluß auf die chinesische Gesellschaft ausübte, nahmen viele Leute diese ideologischen Auseinandersetzungen nicht mehr so ernst. Deshalb war die Situation für die daoistischen Meister und ihren Schüler etwas günstiger als zu Beginn der Kulturrevolution.

Nun, nach mehr als drei Jahren, gehörten Menschen wie die drei Alten nicht mehr zu den Hauptopfern der Kulturrevolution; die Leute neigten jetzt eher dazu, sie einfach nicht zu beachten. Da die Daoisten zudem so lange lang fort gewesen waren, hatten viele Leute sie bereits vergessen. Nach ihrer Rückkehr tarnten sich die drei alten Weisen noch besser, indem sie am Tage die meiste Zeit in den Bergen verbrachten, um erst bei Nacht mit etwas Brennmaterial und Gemüse in ihr altes Quartier in der verlassenen Schmiede zurückzukehren. Aus diesem Grund wußten viele Leute nicht einmal, daß sie wieder am alten Ort lebten.

Die alten Magier wollten in all dem Chaos einen ruhigen Ort finden, um die Übertragung ihres Wissens auf ihren Lehrling zum Abschluß zu bringen und Wang Liping auf dem Weg seiner Lebensreise noch höher aufsteigen zu lassen. Nun begann die neunte und abschließende Stufe seiner Schulung im Dao, das sogenannte Baden.

Liping mußte durch drei Leben gehen, um das ewige Leben zu erlangen. Im ersten Leben war er der Wang Liping der drei unteren Sphären, das Kind seines Vaters und seiner Mutter. Durch Fasten, die Reduzierung der Lebensfunktionen und das Sterben sowie durch die anschließende Pflege und Wiederbelebung wurde er zum Wang Liping der drei mittleren Sphären. Nach einer erneuten Reifeperiode im großen Mutterschoß des Universums sollte sich der Embryo nach vielen Jahren voll entwickeln und von dieser Großen Mutter neu geboren werden, um sich in ein weites, grenzenloses Universum aufzuschwingen. Dann wäre er der Wang Liping der drei höheren Sphären und hätte das ewige Leben erlangt.

›In Himmel und Erde baden‹ ist die letzte Übung auf der Stufe der drei mittleren Sphären; dabei lernt der Adept, in spezifische Energien und Schwingungen einzutauchen und sie für sich zu nutzen. Baden wird in vier Typen eingeteilt: Baden in Elixier, Baden in irdischer Substanz, Baden in himmlischer Substanz und Baden im Form- und Substanzlosen.

Nach Abschluß der nötigen Vorbereitungen nahm der Weggefährte der Unendlichkeit ein Körnchen Elixier aus seinem Beutel und gab es Wang Liping zu schlucken.

Dies war nun das dritte Mal, daß Wang Liping ein alchimistisches Elixier zu sich genommen hatte. Jedesmal war das Elixier verschieden zusammengesetzt, denn die beabsichtigte Wirkung war nicht dieselbe. Nach den Fünf Elementen unterscheidet man fünf Arten von daoistischen Elixieren: Holz-, Feuer-, Erd-, Metall- und Wasser-Elixiere. Da jede Art aus verschiedenen Ingredienzien zusammengemischt und auf verschiedene Weise zubereitet wird, entstehen Elixiere von unterschiedlichem Aussehen und unterschiedlicher Wirkung.

Nachdem er das Elixier vom Großmeister andächtig entgegengenommen hatte, nahm Liping es in der vorgeschriebenen Weise zu sich und setzte sich dann in eine große Wanne voll heißen Wassers. Seine Aufgabe war es, das Elixier mit Hilfe innerer Kraft aufzulösen, es auf die Blut- und Energiebahnen im Körper zu verteilen und zuletzt mit seiner inneren Kraft aus dem Körper auszuscheiden. Das Elixier drang durch seine Hautoberfläche; im Kontakt mit dem heißen Wasser wurde es von der Haut abgelöst und stieg hoch an die Wasseroberfläche, wo es schimmernde kleine Kristalle bildete. Die Verunreinigungen im Körperinneren wurden dabei zusammen mit dem Elixier ausgeschieden. Liping saß zwei Tage und Nächte völlig bewegungslos in der Wanne. Sowohl die Aufnahme als auch das Ausscheiden des Elixiers waren äußerst schmerzhafte Prozesse. In der daoistischen Literatur gibt es Berichte von Menschen, die durch Einnahme daoistischer Elixiere unendliche Glückseligkeit erfahren haben, aber dieses Glück wurde Wang Liping niemals zuteil.

Wie zuvor hielten die drei alten Magier alles sorgfältig unter Kontrolle. Das Wasser mußte ziemlich heiß bleiben und durfte nicht zu kalt oder zu heiß werden. Zu kühles Wasser würde Lipings Poren schrumpfen lassen, so daß er das Elixier nicht mehr ungehindert ausscheiden könnte; zu heißes Wasser könnte die Haut verbrühen, zu Verletzungen führen und die Wirkung der Praxis verderben. Die beiden Mentoren hielten abwechselnd Wache und sorgten dafür, daß das Feuer um die Wanne stets in der richtigen Stärke weiterbrannte. Auch der Großmeister kam von Zeit zu Zeit herbei, um nachzuschauen, wieviel Elixier auf dem Wasser schwamm. Die Betreuung ihres einzigen Lehrlings hielt alle drei Magier auf Trab.

Nachdem Wang Liping beim Elixier-Baden sehr erfolgreich gewesen war, hatte er noch ungewöhnlichere Empfindungen als früher. Als er eines Tages meditierte, bemerkte er auf einmal etwas Rundes, das sanft und gleichmäßig in seinem Unterleib pulsierte – ein Gefühl wie eine laue Frühlingsbrise oder eine flauschige Wolke am klaren Himmel unter einem hellen Mond. Eigentlich stillstehend und doch in Bewegung begriffen, schien es sich zu öffnen und zu schließen. Allmählich pulsierte dieser Ring durch seinen ganzen Körper, wie kleine Wellen in einem Teich, so daß jede Pore seiner Haut sich im Rhythmus des Pulsierens öffnete und schloß. Seine Poren schienen wie Ventilationsöffnungen zu sein, durch die Luft frei ein- und ausströmen konnte.

Liping war wie berauscht von diesen angenehmen Empfindungen. Er brauchte Mund und Nase nicht mehr zum Atmen. Er hatte das Gefühl, daß sein Körper zu einer flüssigen, undifferenzierten Ganzheit geworden war, die sich innerhalb eines fließenden Universums abwechselnd öffnete und schloß. Sein eigener Körper und das Universum schienen in Eins verschmolzen zu sein. Da war ein subtiles rhythmisches Kontrahieren – makellos rein, sauber und erfrischend, durchscheinend und durchdringend. Von einer Aura von fünffarbigem Licht umgeben, kam es ihm so vor, als flöge er im Grenzenlosen.

Wenn Wang Liping bewußt die Poren seines ganzen Körpers schloß, öffnete sich sein Nabel und wurde zu einem Durchgang, durch welche die Energie ein- und ausströmen konnte. Auch die inneren Organe kontrahierten und entspannten sich in Übereinstimmung mit dem Energiefluß. Wenn er die Nabelöffnung schloß, öffneten sich die Poren automatisch wieder und atmeten spontan ein und aus. Die stillschweigende Harmonie dieser aufeinander abgestimmten Arten von Atmung ist etwas unbeschreiblich Wunderbares, und das dabei auftretende Gefühl der Entspannung und des Wohlbefindens übertrifft bei weitem das bei der normalen Atmung durch Nase und Mund. Zur großen Freude des Großmeisters hatte Wang Liping nun mit Erfolg den Zustand der wahren ›Gebärmutter-Atmung‹ erreicht. Laozis Aufforderung, »zur Kindheit zurückzukehren«, scheint sich auf diesen Zustand zu beziehen.

Der Unsterbliche Lü Dongbin hat gesagt: »Das Leben wird nicht durch Aufnahme von Energie verlängert; um das Leben zu verlängern, ist es nötig, die Energie zu zähmen. Der Embryo wird in gezähmter Energie geformt; die Energie hat ihren eigenen Atem im Mutterschoß. Wenn Energie in den Körper eintritt, so nennt man dies Geburt. Wenn der Belebende Geist den Körper verläßt, so nennt man dies Tod. Wer Energie und Belebenden Geist kennt, kann das Leben verlängern; halte dich an die Leere, um Belebenden Geist und Energie zu nähren. Wenn der Belebende Geist aktiv ist, ist auch die Energie aktiv; wenn der Belebende Geist verschwindet, verschwindet auch die Energie. Willst du das Leben verlängern, dann laß Belebenden Geist und Energie einander helfen, ohne irgendeinen Gedanken im Bewußtsein aufkommen zu lassen – nicht gehend, nicht kommend, nicht eintretend, nicht austretend, von Natur aus stabil. Wenn du dies eifrig übst, bist auf dem rechten Weg.«

Um das genauer zu erklären, sprach der Großmeister zu Wang Liping: »Der Nabel nimmt einen sehr wichtigen Platz im menschlichen Körper ein. Die Alten behaupten, daß der Nabel im menschlichen Körper dem Polarstern am Himmel entspricht. Deshalb wird er ›Angelpunkt des Himmels‹ und ›Hauptstadt des Belebenden Geistes‹ genannt. Als Sitz von Belebendem Geist und Energie ist er die Wurzel der Lebensverlängerung, der Schatz der äußeren Leere zur Wiederherstellung positiver Energie. Der Nabel steht mit den inneren Organen in Verbindung; wenn sich der Nabel öffnet, dann können die inneren Organe und der Mutterschoß von Himmel und Erde direkt aufeinander einwirken. Das Individuum ist dann zum Anbeginn des ursprünglichen Zustands zurückgekehrt. Von diesem Punkt an muß man diesen Zustand fleißig kultivieren, ohne in seinem Eifer nachzulassen.«

Wang Liping praktizierte die wahre Atmung sehr sorgfältig nach den Anweisungen des Großmeisters, indem er seine Energie sammelte und sie geschmeidig machte – scheinbar existent und doch nicht; scheinbar nicht vorhanden und doch keineswegs nichtexistent. Durch lange und beständige Praxis wird man sich den wahren Atem ganz zu eigen machen.

Inzwischen war es Frühling geworden, und alle Dinge sprossen aufs neue hervor. Die Bäume hatten sich in frisches Gelbgrün gekleidet; Felder und Wiesen färbten sich in sattem Grün – in allem pulsierte ein einziger Lebensatem. Die Sonne schien sanft, und ein leichter Frühlingswind wehte über die Felder. Liping saß am Ufer eines kleinen Flusses an einem grünen Hügel. Er fühlte sich wie eine frisch aus der Erde hervorgekeimte Pflanze, wie eine zarte Knospe an einem Zweig, die sich gerade öffnete, gebadet in dieses Licht, diese Brise, diesen Frühlingshauch, der von der Erde, den Blumen und den Bäumen ausging. Wolken und Regen zogen auf, aber sie näherten sich so sanft, als zögerten sie, Wang Lipings Traum bei seinem Bad in der Großen Natur zu stören. Als dann Regentropfen so fein wie Mädchenhaar fielen und die Erde befeuchteten, atmeten die Felder den Duft der Erde aus. Wang Liping schien das Entzücken der Pflanzen im Regen zu spüren und das Flüstern der Knospen auf den Zweigen zu hören.

Der Nachthimmel war klar und still. Der Wind hatte sich gelegt; nur die kühle Luft des Vorfrühlings lag über dem Land. Der Neumond hing im leeren Raum; die Sterne leuchteten dicht und hell. Die fernen Berge ragten still unter dem sternenübersäten Himmel auf, und alles war zusammen mit Liping in die mystischen Farben der Nacht getaucht.

Der Morgennebel umhüllte alles, so weit das Auge reichte; auch Berge und Dörfer waren verhüllt. Wang Liping badete im dichten Nebel, der ihn umschloß.

Tage- und nächtelang kultivierte er das Dao und war frei von allen unruhigen Gedanken, ganz von wahrer Energie erfüllt. Seine Haut war wie geronnenes Harz, und seine Knochen waren wie leerer Raum; sein Kopf war von einer Aura umgeben, und in seinen Augen funkelte der Belebende Geist. Wenn er seinen eigenen Körper innerlich betrachtete, war er leuchtend klar; wenn er die Dinge bei Nacht anschaute, erschienen sie ihm so deutlich wie bei Tageslicht.

Der Großmeister und die beiden Mentoren gaben Wang

Liping folgende Anweisungen: »Suche nicht bewußt nach Wundern, sondern laß sie, so wie sie sind, aus eigenem Antrieb auftauchend und verschwindend, von selbst kommen und gehen, sich spontan wandeln. Dein Bewußtsein sollte immer in Klarheit und Stille verwurzelt sein; indem du alles friedlich und heiter annimmst und dich mit Hilfe des Belebenden Geistes mit dem Dao vereinst, findest du zurück zur Natürlichkeit. Wenn du an diesem Punkt Dinge aus der Distanz betrachtest, findest du in den Dingen keine solchen Dinge; wenn du äußere Form betrachtest, findest du keine solche Form in der Form; wenn du das Bewußtsein im Inneren betrachtest, findest du kein solches Bewußtsein im Bewußtsein. Wenn du dir nicht mehr bewußt bist, einen Körper zu haben, trittst du allmählich ins ungeformte Dao ein, in ein Reich von seltener Erhabenheit. Wenn du auf ungewöhnliche Erfahrungen aus bist, wird dein Geist abgelenkt und gefesselt, und du wirst in einen Zustand der Besessenheit verfallen; deine Fähigkeiten werden sich auf unbedeutende Randtechniken beschränken, deine bisherige Leistung wird zunichte werden, und du wirst dich vom Großen Dao weit entfernen.«

Nun endlich übertrug der Großmeister Liping die Praktiken auf der höchsten Stufe der Erhabenen Lehre des Magischen Juwels – die drei Methoden des Großen Fahrzeugs zur Transzendierung des Gewöhnlichen und zum Eintreten die Weisheit, die im Rahmen der Drei Übungen zur Unsterblichkeit auch als Übungen der Himmlischen Unsterblichkeit bezeichnet werden. Wie zuvor erwähnt, werden die drei Übungen zur Unsterblichkeit in drei Stufen eingeteilt: menschliche, irdische und himmlische Unsterblichkeit.

Bei den Übungen der menschlichen Unsterblichkeit ist der Körper der Kessel, die Energie die Medizin, das Herz das Feuer und die Genitalien sind das Wasser. Wenn der Körper der Kessel ist, wird er entlang seiner Mittellinie in einen oberen und einen unteren Pol geteilt. Mit der Energie als Medizin wird die Energie im Energiefeld, dem Dantian, geläutert, damit Energie und Wasser zusammenwirken und sich in Goldenes Elixier verwandeln können. Das Herz als Feuer und die

Genitalien als Wasser – das eine der Himmel, das andere die Erde – wirken zusammen und nähren einander.

Bei den Übungen der irdischen Unsterblichkeit ist der Belebende Geist der Kessel, Energie die Medizin, die Sonne das Feuer und der Mond das Wasser. Während man tief im Ozean nach Schätzen sucht und mit dem Blick auf den Mond den Himmel durchfliegt, verbinden sich Belebender Geist und Energie und die drei Energiefelder festigen sich. »Sonne und Mond« bedeutet in diesem Zusammenhang, Sonne und Mond innerhalb des eigenen Körpers mit Sonne und Mond am Himmel in Einklang zu bringen.

Bei den Übungen der himmlischen Unsterblichkeit ist der Belebende Geist der Kessel, Essenz die Medizin, Sammlung das Wasser und Einsicht das Feuer. Himmel und Erde befinden sich in ständigem Kreislauf, Natur und Menschheit gleichen sich an.

Gebildet von einer langen Tradition des Wissens und einer Weisheit aus tiefen Quellen, durchdrungen vom allgegenwärtigen Fluß der Natur, gebadet in die Strahlen der Sonne und des Mondes, genährt und gereinigt von klaren Quellen süßen Taus, unterwiesen von drei Lehrern aus zwei Generationen, geläutert durch zahllose Mühen und Prüfungen über eine Zeit von sieben Jahren, war Wang Liping, der aus dem Leben gegangen und in den Tod eingetreten war, nun auf der Stufe des Höheren Fahrzeugs – den Stand der ›transzendenten Befreiung und Nachbildung des Körpers‹ – angelangt.

Wang Liping hatte sich sichtlich verändert. Sein Gesicht war wie eine Pfirsichblüte, seine Haut wie edle Jade; seine Miene war freundlich, und sein Körper verströmte einen feinen Duft. Äußerlich von zarter Gestalt, verbarg sich doch in seinem Inneren ein unzerstörbarer Diamantkörper. In Ruhe war er wie eine weite Fläche spiegelklaren, wellenlosen Wassers; in Bewegung erschütterte seine Energie Himmel und Erde und verschlang Berge und Flüsse. Die drei alten Weisen waren überglücklich, als sie sahen, daß ihr Schüler endlich diese Stufe erreicht hatte. Der Weggefährte der Unendlichkeit rezitierte ein berühmtes Gedicht von Lü Dongbin über den tiefen Sinn der inneren Alchimie:

Das regenerierende Elixier ist in uns:
Zuerst mußt du das Selbst läutern,
Bis die rechten Zeit gekommen ist.
Wenn das eine Yang sich erstmals bewegt,
Läuten die Glocken der Ewigkeit um Mitternacht.
Der Bleikessel ist heiß,
Licht durchdringt die Wand.
Die Schöpfung rast dahin;
Tiger und Drachen paaren sich:
Wenn du das Feuer schürst,
Achte auf die Gefahr der Überhitzung!
Über den Windungen des Flusses,
Sieh das Mondlicht, rein und klar –
Da fliegt ein einsamer Vogel.

Zu jener Zeit trinkst du selbst
Aus dem Medizinlöffel;
Und wer hätte gedacht,
Daß du in der Leere ein Kind aufgezogen hast!
Unterscheide Reinheit und Schmutz an der Quelle
Sowie die Trennung von Holz und Metall.
Wie könnte man diese Dinge kennen
Ohne die Anweisungen eines Lehrers?
Die Essenz des Weges
Ist geheimnisvoll und subtil;
Das Wirken der Natur
Ist tief und verborgen.
Selbst wenn du dich sofort an die Praxis machst,
Ist das schon zu spät.
Der Weg nach Penglai, der Insel der Unsterblichen,
Erfordert die Vollendung
Von dreitausend Taten –
Doch dann kehrst du zurück wie Wolken
Und gehst den Weg allein.

An diesem besonderen Tag war der Himmel blau und die Luft klar. Berge und Flüsse zeichneten sich deutlich ab – ein wahrhaft glückverheißender Tag! Die vier Daoisten – der

Linienhalter der Drachentor-Schule in der sechzehnten Generation, der Weggefährte der Unendlichkeit, die Linienhalter in der siebzehnten Generation, der Weggefährte der Heiterkeit und der Weggefährte der Reinen Leere, und der neue Linienhalter in der achtzehnten Generation, Wang Liping, genannt der ›Spirituell Wirkende‹ – reinigten ihren Körper, zündeten Räucherstäbchen an und erwiesen dem Himmel, der Erde und den spirituellen Ahnen ihre Ehrerbietung.

Nach dieser Zeremonie sagte der Großmeister zu seinem Schüler Wang Liping: »Das Dao wurzelt im Nichtsein; was immer mit dem Sein in Verbindung gebracht wird, ist nicht das Dao. Das Dao wurzelt in der Leere; was immer mit Substantialität zu tun hat, ist nicht das Dao. Da es keine Substanz hat, gibt es dazu weder Frage noch Antwort; da es keine Form hat, ist es unmöglich, es zu sehen oder zu hören. Wenn du geheimnisvolle Subtilität für das Dao hältst, ist selbst geheimnisvolle Subtilität nicht frei von der Last von Frage und Antwort. Wenn du geläuterte Friedlichkeit für das Dao hältst, entgeht selbst geläuterte Friedlichkeit nicht der Sphäre von Hören und Sehen. Wenn selbst geheimnisvolle Subtilität und geläuterte Friedlichkeit nicht das Dao sind, dann ist das Weshalb des Weges nicht bekannt. Es Dao zu nennen ist etwas Künstliches; es kann nur auf spirituelle Weise erfaßt werden. Wann immer du von nun an Laute hörst oder Objekte siehst, sollst du nicht lauschen, während du hörst, und nicht hinsehen, während du siehst. Dann werden sich die Laute von selbst auflösen; die Objekte werden von selbst verschwinden. Hast du diese Erfahrung gemacht, so wird dir die Vollkommene Wirklichkeit offenbar. Vergiß das nicht!«

Den Anweisungen des Großmeisters folgend, setzte sich Wang Liping mit geschlossenen Augen. Schon bald verschwanden allmählich der Großmeister und die Mentoren, und auch Berge, Flüsse und Bäume lösten sich allmählich auf. Alles, was Liping spürte, war ein Gefühl des Fließens in die Ferne; er hatte keinerlei Gefühl von Raum und Zeit. Wann, wo, wer und was – woher er kam, wohin er ging, von alledem wußte er nichts. Er schien ein winziges Partikelchen zu sein, das in einem unendlichen Universum schwebte – und dann verschwand selbst dieser kleine Punkt, um überall nichts außer leerer Klarheit zurückzulassen.

Auf einmal spürte er einen kühlen Windstoß, eine Welle kalter Luft nach der anderen. Im Nu verdunkelten sich Himmel und Erde: Schwarze Wolken wogten, mit schrecklichem Geheul jagte ein wilder Sturmwind Sand und Kiesel vorbei. Doch völlig furchtlos schritt Wang Liping geradewegs weiter ins Reich der Nichtdinglichkeit.

Da hörte er die lockende Stimme einer jungen Frau: »Der Weg ist so lang – mach doch ein bißchen langsam! Hier habe ich etwas für dich!« Doch Liping achtete nicht auf sie, und nach und nach verschwand die Stimme.

Nun tauchte vor Liping ein Trunkenbold mit einem Weinkrug in der Hand auf. Hin und her taumelnd, forderte er Liping auf, mit ihm zu trinken. Der Trunkenbold war in einem erbärmlichen Zustand und stank zum Himmel. Mit geschlossenen Augen sprang Wang Liping an ihm vorbei.

Plötzlich stand auf der Straße ein gewaltiger Baum – so hoch, daß er an den Himmel reichte. Mit einem Schlag verwandelte sich der Baum in eine riesige Schlange von gräßlichem Aussehen. Mit weit aufgerissenem Maul, wie eine Schale voll Blut, stürzte sich die Schlange auf Liping. Ohne die geringste Furcht ging Liping an ihr vorbei. Auf einmal erblickte er ein gewaltiges Feuer, das sich vor seinen Augen in ein Meer von strahlendem Licht verwandelte.

Wang Liping hatte das Gefühl, zu fliegen und irgendwo zu landen, aber ohne zu wissen, wo er sich befand. Er sah verschiedene Bauten, Wälder und Bambushaine, Menschen, die sich amüsierten; er hörte das Gewieher von Pferden und den Klang von Trommeln und Musik. Es war ein utopischer Ort jenseits des Irdischen, ein Land voller Wärme, Vornehmheit, Fülle und Größe. Mehrere Personen nahten sich ihm, um ihm mitzuteilen, daß dies der Wohnort der Wahren Menschen sei, und baten ihn, eine Rede über das Dao zu halten. Wang Liping wußte nicht zu sagen, ob das, was er erlebte, wirklich oder unwirklich war, aber er verspürte eine kaum merkliche

Regung in seinem Geist, als ob die Stimmen seiner Lehrer näher kommen würden.

»Schaust du innerlich das Bewußtsein, so ist da kein Bewußtsein im Bewußtsein. Schaust du äußerlich den Körper, so ist da kein Körper im Körper. Schaust du Dinge um dich herum, so sind da keine Dinge in den Dingen. Wenn du das begreifst, ist da nur die eine Leere.« Dies war die Stimme des Weggefährten der Reinen Leere.

»Leere zu schauen ist gleichfalls leer; Leere leert nichts. Da nichts geleert wird, ist da auch keine nichtexistente Nichtheit; da ist tiefer, immerwährender Friede. Wenn es für die Friedlichkeit nichts zu befrieden gibt, wie kann dann Begehren entstehen? Da Begehren nicht entsteht, ist das wahre Gelassenheit. Stets wahrhaft empfänglich für alle Dinge, wirst du stets wahrhaft die Essenz erfassen. Immer empfänglich und doch immer gelassen, wirst du immer rein und heiter sein.« Dies war die Stimme des Weggefährten der Reinen Heiterkeit.

»Rein und gelassen wirst du so allmählich ins Wahre Dao eintreten. Ins Wahre Dao einzutreten heißt, das Dao zu erlangen. Wer dies begriffen hat, kann das Große Dao übertragen.« Dies war die Stimme des Großmeisters, des Weggefährten der Unendlichkeit.

Wang Liping bewahrte das Wort Gelassenheit im Herzen – und alles ward zu nichts.

Wenn er die Augen öffnete, schien alles wie ein Traum. Wenn er die Dinge vor seinen Augen anschaute, waren sie alle ganz wirklich. »Wenn Wasser in tausend Flüssen ist, spiegelt sich der Mond in den tausend Flüssen. Wenn zehntausend Meilen weit keine Wolken sind, ist da ein Zehntausend-Meilen-Himmel.«

Nachdem er diese Erfahrung gemacht hatte, spürte Liping eine Bewegung im Himmelstor: Ein Strahl goldenen Lichts schoß heraus, und ein anderer Wang Liping erschien. Plötzlich rief ihn eine Stimme vom Himmel: »Folge uns!« und sprach ihn als Wahren Menschen an. Den Blick nach oben wendend, sah Wang Liping drei Adepten in daoistischen Gewändern heiter und gelassen am Himmel dahinschweben und deutlich vernahm er ihren Gesang:

Ohne Denken, ohne Ding und ohne Körper
Kannst du den allerersten Herrn erfassen.
In der Welt jedoch bleibt noch ein Ding:
Des Geistes Sockel sammelt roten Staub.

Dritter Teil

Der Weg der Menschheit

17 Die Trennung

Die Ereignisse des Jahres 1976 werden in China nicht so schnell in Vergessenheit geraten. In diesem Jahr starben nacheinander die großen nationalen Führerpersönlichkeiten, darunter Mao Zedong, Zhou Enlai und Zhu De. Im Herbst 1976 kam es in der Region von Tangshan zu einem katastrophalen Erdbeben, bei dem mehrere hunderttausend Menschen getötet und verletzt wurden. Auch die chinesische Gesellschaft geriet in Unruhe: Als sich im April am Tiananmen-Platz in Peking Tausende versammelten, um des verstorbenen Ministerpräsidenten Zhou Enlai zu gedenken, kam es zu Auseinandersetzungen mit der Polizei. Der Oktober brachte dann Erschütterungen in den oberen Rängen der Kommunistischen Partei: Mit der Verhaftung der ›Viererbande‹ kamen sowohl deren politische Karriere als auch die Kulturrevolution nach über zehn Jahren zu einem Ende.

Es war geradezu ein Wunder, daß die chinesische Landbevölkerung nach einem Jahrzehnt des Elends und der Katastrophen die Auswirkungen dieser vielen großen Umwälzungen innerhalb so kurzer Zeit verkraften konnte. Die politischen Auseinandersetzungen waren nicht nur auf die Parteispitze beschränkt, sondern betrafen auch gewöhnliche Familien und erzeugten ein allgemeines Klima der Angst und des Mißtrauens. Während die Führer der Nation einen bitteren Tod starben, verloren viele einfache Bauern ihr Haus und sogar ihr Leben. Die vielen Konflikte, die einer Milliarde Menschen Not und Elend brachten, stürzten die ganze Nation in ein unbeschreibliches Chaos. Doch all dies ging schließlich 1976 zu Ende, aber auf eine so tragische Weise, daß es Himmel und Erde erschütterte, die Herzen der Menschen zum Zittern und ihre Augen zum Weinen brachte.

In einer dunklen Herbstnacht jenes Jahres saßen die drei betagten Magier in der alten, verlassenen Schmiede um eine Lampe, um über vergangene und gegenwärtige Ereignisse zu sprechen, das Elend des chinesischen Volkes zu beklagen und sich über die gewaltigen Veränderungen in den weltlichen Angelegenheiten klarzuwerden. Im flackernden Licht der Lampe nahmen die Schatten, die sie auf die Wände warf, ab und zu, tauchten auf und verschwanden.

Dabei erwähnten sie auch den Über-Wolken-Wandernden-Eremiten und erinnerten sich an das, was er damals auf dem Emeishan über den Zustand des Landes gesagt hatte. Jene beiden großen Männer, die der modernen chinesischen Geschichte ihren Stempel aufgedrückt haben, waren in den letzten Jahren gestorben, aber ihr Einfluß würde noch eine Zeitlang anhalten, und es dürfte noch lange dauern, bis die Nation geeint und das Volk rehabilitiert wäre.

Die drei alten Magier verspürten ein Gefühl der Erleichterung, weil es ihnen gelungen war, die Katastrophe zu überleben und ihre Aufgabe zu vollenden, selbst als das ganze Land leiden mußte und sowohl der Buddhismus als auch der Daoismus schweren Verfolgungen und Zerstörungen ausgesetzt waren. Sie hatten die große Tat vollbracht und ihr überliefertes Wissensgut an einen Nachfolger weitergegeben, so daß die Geheimlehren der Drachentor-Schule ihre über achthundertjährige Tradition ohne Unterbrechung fortsetzen konnten. Ihr Schüler, den sie mit so viel Sorgfalt ausgebildet hatten, hatte alle Lehren und Praktiken gemeistert; die Mühen einer fünfzehnjährigen Schulung hatten herrliche Frucht getragen. Der Verbreitung des Großen Dao im ganzen Land stand nun nichts mehr im Wege, sobald die Zustände sich zum Besseren wandeln würden. Die drei alten Meister konnten sich auf ihre zukünftigen Aufgaben vorbereiten.

In der Geschichte der Drachentor-Schule ist Wang Liping eine Schlüsselfigur, ein ganz besonderer Linienhalter, auf den eine Fülle von Aufgaben warten. Wang Lipings Studium des Dao fand nicht in einem Bergkloster statt: zwar in den Bergen, und doch außerhalb. Er war nie getrennt von seinen Lehrern, doch die meiste Zeit auch nicht getrennt von seinen Eltern und der Familie. Er war Daoist und doch ein weltlicher Mensch – innerlich daoistisch, äußerlich weltlich.

Als er von seiner großen Reise in seine Heimatstadt zurückkehrte, schien er wieder zum normalen Mitglied der Gesellschaft zu werden. Das Einkommen der Eltern war gering, und es reichte kaum, um alle Mitglieder einer so großen Familie zu ernähren. Schon bald fand Liping eine Stelle als Arbeiter, um für sich selbst sorgen und die Last seiner Eltern erleichtern zu können.

Wang Liping hatte zweimal Eltern: seinen Vater und seine Mutter, die ihm das Leben geschenkt und ihn aufgezogen hatten, und die drei Lehrer, denen er seine Wiedergeburt verdankte. Bei beiden stand er in tiefer Schuld, aber da seine ›Wiedergeburts-Eltern‹ über achtzig Jahre alt waren, verdienten sie eine gewisse Bevorzugung. Lipings Monatslohn war niedrig und sein Auskommen knapp, aber er war an ein Leben der Entbehrung gewöhnt. Sobald er seinen Lohn erhalten hatte, kaufte er als erstes etwas für seine Meister, Dinge des täglichen Bedarfs, und brachte sie zu der alten Schmiede in den Hügel, am Stadtrand. In jenen Tagen waren in China alle Artikel des täglichen Bedarfs, sogar Nahrung und Brennstoff, streng rationiert. Mutter und Vater Wang sparten beide etwas von ihren Rationen für Liping, damit er es seinen Lehrern bringen konnte. Obwohl die Wangs wußten, daß sie nicht viel tun konnten, kannte ihre Dankbarkeit für die alten Magier keine Grenzen. Auch wenn alle Not litten, waren ihre Herzen doch am rechten Fleck.

Die drei alten Magier waren so sehr an das asketische Leben in einsamen Bergeshöhlen gewöhnt, daß ihnen ein karges Leben nichts ausmachte. Selbst während sie mit Liping auf Wanderschaft waren, machten sie es sich nicht zur Gewohnheit, regelmäßig Geld oder Essen von den Leuten anzunehmen; sie baten nicht einmal um Belohnung für ihren Einsatz als Heiler und Helfer. Als sie nun wieder in den Bergen wohnten, bauten sie ihre eigene Nahrung an und sammelten ihr eigenes Brennmaterial, um sich aus eigener Kraft zu erhalten. Jedesmal, wenn Wang Liping ihnen etwas Nahrung oder sonstige Bedarfsartikel brachte, dankten sie ihm natürlich, aber sie tadelten ihn auch dafür, denn sie wollten seiner Familie auf keinen Fall zur Last fallen. Darauf pflegte Liping lachend zu sagen: »Wir haben genug zu Hause. Ihr könnt ruhig etwas annehmen, das von Herzen kommt – auch das gehört zu den Freuden des Lebens.«

Wang Liping trug stets dieselben Kleider, ganz gleich, welche Jahreszeit es war; aber seine Arbeitsanzüge waren stets sauber und gepflegt, nicht so verschmutzt und ölig wie diejenigen von vielen seiner Kollegen. Seine Kost war einfach und bestand fast nur aus Gemüse. Er kam gut mit anderen aus und redete nicht viel. Sein Bewußtsein war frei von Befleckung und nicht von materiellen Begierden getrübt. In der Einheit mit der Großen Natur fand er zurück zu Reinheit und Stille, und sein Gesicht strahlte in rosigem Glanz.

Bald ging der Winter zu Ende, und die Erde begrüßte einen neuen Frühling. Nach all der unglaublichen Not erblickten die Menschen wieder den blauen Himmel, das grüne Land, das Licht der Hoffnung. In den Bewegungen und Wandlungen der Energie zwischen Himmel und Erde gibt es etwas Beständiges, und wahre Güte und Schönheit werden in der Menschenwelt niemals ganz zugrunde gehen. Auch der Schuppen in der alten Schmiede war bald wieder in den Zustand gebracht, den er hatte, als die Magier vor ein paar Jahren zum ersten Mal dort gewohnt hatten. Die alten Meister mußten sich nun nicht länger verstecken; jeden Tag kamen Leute, um die ›alten Doktoren‹ um Hilfe bei ihren Beschwerden zu bitten. Sie hatten neben dem Gemüse auch wieder Blumen um das Gebäude herum angepflanzt.

Wang Liping ging jeden Tag zur Arbeit; am Abend ging er seine Lehrer besuchen, um seine daoistischen Studien weiterzuführen wie zuvor. Liping ging fröhlich zur Arbeit. Seine Arbeitskollegen waren nun viel entspannter, und man sprach öfter miteinander. Eines Tages hörte er einen der Arbeiter über Buddhismus und Daoismus sprechen; er berichtete, es seien frühere Mönche in die Tempel zurückgerufen worden, und die Regierung hätte Leute dazu bestimmt, als ›Mönche‹ zu dienen. Diese Mönche waren Staatsangestellte; bei Tag gingen sie zur ›Arbeit‹ und abends kehrten sie nach Hause zurück.

Als er das hörte, blieb Liping äußerlich ganz ruhig, aber im Herzen war er doch freudig erregt. Nach der Arbeit begab er sich unverzüglich zu seinen Lehrern, um ihnen diese Nachricht zu überbringen, damit sie seine Freude teilen konnten. Die fernen Berge streiften den Horizont; das Scharlachrot der sinkenden Sonne beleuchtete die dunstige Erde. Ein gelber Ochse stand am Fluß und schaute in die klare Strömung. Ein Schwarm Wildgänse kam von Süden her angeflogen, um allmählich im nördlichen Himmel zu verschwinden. Während Liping sich an der malerischen Frühlingslandschaft freute, kamen ihm zwei klassische Verse in den Sinn:

Gehen, gehen, tausend Meilen am Tag;
Grenzenlos, weit, eine Ecke des Himmels.

Er konnte sich nicht erinnern, von wem diese Verse stammten; er fragte sich nur, warum ihm gerade diese Zeilen eingefallen waren. Der Großmeister kannte viele alte Gedichte auswendig, und er hatte Wang Liping eine große Zahl gelehrt. Das folgende fröhliche Frühlingsgedicht hätte an diesem Abend vielleicht besser gepaßt:

Das Blühen des Aprils in der Welt ist zu Ende:
Die Pfirsichblüten am Bergtempel
Stehen in voller Pracht.
Wir klagen immer, wenn der Frühling gegangen ist,
Kein Platz, nach ihm zu suchen,
Und merken nicht, wie er angekommen ist.

Der Frühling zurück in einem Bergtempel – auch für Buddhismus und Daoismus war neuer Frühling war gekommen.

Zuvor war der Schnee wie Blumen;
Nun sind die Blumen wie Schnee.

Schön. Frühling bedeutet Blumen, Blumen bedeuten Frühling: Die hundert Blumen blühen; der Frühling erfüllt Himmel und Erde. Wessen Verse sind das? Wie konnten sie so vollkommen sein? Liping glaubte, sie wären das Werk von Fan Yun, einem Dichter der Südlichen Dynastien. Der Titel lautete ›Trennung‹ – wie kam ein so schönes Gedicht zu einem so ernsten Titel?

Liping kam es nun nicht mehr so seltsam vor, daß ihm diese Verse einfallen waren. Er stellte sich einfach vor, daß seine Lehrer den neuen Frühling ihrer Arbeit begrüßten, und dies brachte ihn in gute Stimmung. Die alten Magier hatten ihr ganzes Leben lang einer einzigen Sache gewidmet: mit Hingabe das Dao zu kultivieren, in der Hoffnung, daß das Große Dao von einem Nachfolger weitergeführt und im ganzen Land verbreitet würde. Ihr einziges Ziel war es, die ganze Menschheit an der universalen Wahrheit teilhaben zu lassen und sie zu der Erkenntnis zu führen, daß die Menschheit ihren Platz und ihren Wert im Universum hat und daß da eine Straße des Lichts ist, die zu unserer wahren Bestimmung führt.

Aber wie viele Menschen könnten diese Wahrheit begreifen und sie mit Leib und Seele praktizieren? Besonders dann, wenn die Menschheit unter inneren Konflikten leidet, ist der lebendige Geist getrübt. Mutwillig zerstören wir unsere natürliche Umwelt, und Wissenschaft und Technik sind zu Instrumenten der Zerstörung des Unheils geworden. Gibt es überhaupt noch Menschen, die nach dem großen Wissen und der großen Weisheit suchen?

In Gedanken verloren näherte sich Wang Liping dem Schuppen der Schmiede, in dem die alten Magier hausten.

Der Weggefährte der Reinen Heiterkeit war gerade dabei, die Pflanzen am Eingang zu beschneiden. Als er Liping näher kommen sah, drehte er sich um und rief die anderen Magier. Der Großmeister kam vor die Tür, in den Händen ein Kleidungsstück, das er gerade flicken wollte. Mit den Händen voller Erde erschien der zweite Mentor, der Weggefährte der Reinen Leere, aus dem Gemüsegarten hinter dem Schuppen und sagte: »Der Großmeister hat gerade an dich gedacht. Er hat mich in den Garten geschickt, um etwas Gemüse zu holen und das Abendessen vorzubereiten, und nun bist du schon da!«

Wang Liping schwenkte eine Schale in seinen Händen: »Ich habe etwas Gutes für euch gekocht«, kündigte er an, »gesalzenen Erdnußreis. Laßt es euch schmecken!« Der Großmeister bat Liping herein, während die beiden Mentoren schnell ein Abendessen zubereiteten. Liping nahm dem Großmeister das Kleidungsstück ab, um es für ihn zu flicken.

Der Weggefährte der Reinen Heiterkeit fragte scherzend: »Wann hast du Liping das beigebracht?«

Der Weggefährte der Reinen Leere antwortete: »Kennst du nicht den Spruch ›Wie der Vater, so der Sohn‹?«

»Doch für mich gilt: ›Es aus eigener Kraft schaffen, ohne einen Lehrer‹«, erwiderte Liping, während er die Nähnadel nicht aus den Augen ließ.

Der Großmeister betrachtete seinen klugen, lebhaften Schüler und fragte ihn: »Warum bist du gestern nicht zu uns gekommen?«

Da mußte Liping laut lachen: »Meister, Ihr seid schon so alt, daß Ihr allmählich senil werdet! Gestern abend bin ich mit Euch in den Bergen spazierengegangen und habe anschließend hier mit Euch zusammengesessen, während draußen der Frühlingsregen plätscherte. Habt Ihr das schon vergessen?«

Ohne ein Wort zu sagen, warfen die beiden Mentoren einen Blick auf den Großmeister.

»Ich habe mir so etwas gedacht und doch schien mir, als wäre nichts dergleichen geschehen. Ich kann nicht zwischen gestern und heute unterscheiden. Ich muß wirklich schon senil sein!« Bei diesen Worten ließ er Wang Liping nicht aus den Augen.

»Wie wäre es, wenn ich Euch morgen ein Notizheft kaufte«, schlug Liping allen Ernstes vor, »damit Ihr alles zu Papier bringen könnt?«

»Nicht nötig!« lehnte der Großmeister ab. »Und außerdem

wird das Heft Geld kosten, und du mußt sparen, weil du dein Geld für andere Dinge ausgeben solltest.« Der Großmeister schien etwas niedergeschlagen zu sein.

Wang Liping bemerkte die Stimmung des Großmeisters nicht. Während er weiter am Gewand des Großmeisters flickte, stellte er einfach fest: »Geld ist etwas Äußerliches. Wofür sollte ich es sparen?«

Der Weggefährte der Reinen Heiterkeit warf eilig ein: »Der Meister will damit sagen, daß du für deine Familie zu sorgen hast. Was willst du tun, wenn du nach deiner Heirat kein Geld hast?«

Wang Liping unterbrach seine Flickarbeit und hob verlegen den Kopf: »Ihr wollt mich wohl auf den Arm nehmen!«

Nun mußten alle lachen. Der Weggefährte der Reinen Leere wandte sich ab, um sich heimlich mit der Hand die Augen zu wischen.

»Die Suppe ist fertig!« rief der Weggefährte der Reinen Heiterkeit und brachte Geschirr und ein paar einfache Gerichte.

Beim Essen sagte der Großmeister: »Der Gemüsegarten gedeiht gut. Wir brauchen kein Gemüse mehr zu kaufen; bitte die Leute nur um etwas Reis.«

Nachdem die Mahlzeit vorbei und das Geschirr gewaschen war, kündigte er den drei alten Magiern feierlich an, daß er eine wichtige Nachricht für sie hätte. Doch der Großmeister unterbrach ihn schnell: »Du brauchst uns nichts zu sagen. Wir wissen es schon. Wir drei sind Menschen außerhalb der normalen Gesellschaft. Unsere einzige Aufgabe ist es, das Große Dao mit allen Kräften zu bewahren. Es ist noch früh. Geh, schau nach deinen Eltern, damit sie sich keine Sorgen machen.«

Also machte sich Liping gleich auf den Heimweg. Beim Weggehen erklärte ihm der alte Meister: »Wenn du jeden Tag zu uns kommst, solltest du früh hierherkommen und früh nach Hause gehen.«

Mehrere Tage hintereinander eilte Liping gleich nach der Arbeit zur Behausung der Magier. Die alten Lehrer hatten immer bereits Ordnung gemacht und warteten auf sein Eintreffen. Doch sobald er bei ihnen war, taten die Meister überaus geschäftig, so als ob sie noch viel zu erledigen hätten – und doch bekamen sie nichts getan. Da lag etwas in der Luft, das ausgesprochen werden mußte, aber es schien unmöglich, den Mund zu öffnen.

Wang Liping hatte das Gefühl, daß irgend etwas geschehen würde, aber er wußte nicht, was. Von dem Tag an, als der Großmeister erste Anzeichen von Senilität gezeigt hatte, hatte Liping solche unerklärlichen Gefühle gehabt. Jene Verse, die vor Tagen auf geheimnisvolle Weise in seinem Gehirn aufgetaucht waren, waren ebenfalls Ausdruck dieser Gefühle. Was würde geschehen? Vielleicht wollten die Magier in ihre Höhle, ihr eigentliches Hauptquartier, zurückkehren, nachdem sich die Zeiten zum Besseren geändert hatten. Warum machte der Weggefährte der Reinen Heiterkeit solche Scherze wie den über die Heirat Lipings? Wollten seine Lehrer etwa von hier weggehen und ihn allein zurücklassen?

Liping wußte sehr wohl, daß solche Intuitionen zutreffen können, wenn man eine so hohe Stufe der inneren Entwicklung erreicht hatte wie er. Er konnte nichts vor seinen Lehrern verbergen, und den Lehrern ging es ebenso. Aber schließlich waren sie alle Menschen aus Fleisch und Blut mit menschlichen Gefühlen, die bei ihnen noch besonders echt, reich und tief waren. Würden sie sich trennen? Wang Liping wollte nicht glauben, hoffte und wünschte nicht, daß es tatsächlich dazu käme. Wie könnte er das ertragen? Der seelische Schmerz, den diese Gefühle verursachten, war viel schlimmer als die Schmerzen bei der Praxis. Wang Liping hatte nun eine neue Art von Qualen auszuhalten.

Den alten Magiern wiederum ging es kaum besser. Im Herbst des Lebens stehend, hatten sie weder Familien noch Kinder, aber ihre Empfindungen für ihre Mitmenschen waren von größter Tiefe, Fülle und Echtheit. Dies galt ganz besonders für ihren Lehrling und Nachfolger Wang Liping, dem sie fast fünfzehn Jahre lang ihre ganze Aufmerksamkeit zugewandt hatten. Sie hatten miterlebt, wie er vom Kind zum Mann gereift war, und seine Entwicklung Schritt für Schritt begleitet. Ihre Gefühle ließen sich kaum beschreiben; und jetzt, da die Lehrer und ihr Schüler sich bald trennen würden – wie könnten diese Gefühle da nicht schmerzen?

Es war längst beschlossene Sache; in aller Stille hatten die drei Magier die nötigen Vorbereitungen getroffen. Keiner erwähnte die Sache auch nur mit einem einzigen Wort, und jeder wollte seine Gefühle streng unter Kontrolle halten.

An diesem Tag beendete Wang Liping seine Arbeit zeitig. Nachdem er die Fabrik verlassen hatte, ging er einkaufen. Er besorgte robuste Stoffschuhe für seine Mentoren und Kleider für den Großmeister. Als er alles eingewickelt hatte, machte er sich auf den Weg zur Eisenschmiede.

Im Westen färbte sich der Himmel in der Abendsonne scharlachrot; die Bergluft war von ungewöhnlicher Klarheit und Frische.

Die drei alten Magier standen vor der Tür und warteten schon auf Liping. Als er näher kam, erblickte er die Schatten der drei Alten. Er sah auch die Weiden, die sie vor vielen Jahren vor der Tür gepflanzt hatten, die Bäume, mit denen er gewachsen war und um deren Stamm nun frische Erde angehäuft war. Alle vier Männer blickten gedankenverloren auf diese Bäume, ohne ein Wort zu sprechen, so als ob sich alle daran erinnerten, wie es gewesen war, als sie vor über einem Jahrzehnt die Bäume gepflanzt hatten. Die Zeit war nur so verflogen; jetzt waren die Bäume schon groß und üppig gewachsen. In dieser Zeit war Wang Liping zum Mann gereift, und seine Lehrer waren ehrwürdige daoistische Alte geworden.

Mit seinem Geschenk in der Hand ging Wang Liping auf die alten Magier zu und kniete schweigend vor ihnen nieder. Der Weggefährte der Reinen Heiterkeit zog ihn rasch wieder hoch und sagte: »Warum bist wieder hierhergekommen? Und warum hast du so viel Geld ausgegeben, gegen den Willen des Großmeisters?«

»Bitte, nehmt diese bescheidenen Gaben an!« bat Liping inständig mit erstickender Stimme.

»Komm herein«, sagte der Mentor, und alle vier gingen in den Schuppen.

Als sie drinnen saßen, schauten sie sich schweigend an. Jeder wußte, daß das, was nun geschehen mußte, sich nicht länger hinausschieben ließ. Der Großmeister ergriff Lipings Hand, strich sanft über seine Haare und sagte leise: »Du hast einen anstrengenden Tag hinter dir. Geh nach Hause und ruh dich aus!«

Die drei Alten erhoben sich zusammen. Auch Liping stand auf, grüßte seine Lehrer und verabschiedete sich mit gedrückter Stimme. Im Weggehen drehte sich Liping wie betäubt um und sah seine drei Lehrer immer noch dort stehen. Schließlich ging er den Berg hinab.

Der Himmel war pechschwarz; Wang Liping wußte nicht, wohin ihn seine Beine trugen. Plötzlich erklang ein Lied durch das Rauschen der Weiden:

Vor der Herberge
An der alten Landstraße,
Reicht das Blaugrün duftender Gräser
Bis hinauf zum Himmel.
Die Abendbrise streicht durch die Weiden
Und ein Wispern bleibt zurück;
In der sinkenden Sonne
Liegen Berge jenseits der Berge.
Am Rand des Himmels,
An der Kante der See,
Die Gefährten schon halb verschwunden;
Eine Kürbisflasche ungefilterter Wein
Ist, was mir an Freude bleibt;
In dieser Nacht – frostige Träume von Trennung.

Liping fiel ein, daß Li Shutong, der spätere buddhistische Priester Hongyi, dieses Lied geschrieben hatten. Nur der Weggefährte der Reinen Heiterkeit konnte dieses Lied, das schon längst in Vergessenheit geraten war, gesungen haben. Zu dieser Stunde ein Abschiedslied zu hören, stimmte Liping noch trauriger.

Wang Liping stiegen Tränen in die Augen, und er wußte nicht mehr, wohin seine Füße traten; er hätte sie ebensogut alleine weiter und weiter wandern lassen können – bis »an den Rand des Himmels, zur Kante der See«! Aber seine Beine wollten ihn nicht mehr tragen – genau hier war der Rand des Himmels, dies war die Kante der See. Eine unendliche Finsternis dehnt sich vor ihm aus. Liping stürzte zu Boden und fiel in einen tiefen Schlaf.

Er hatte keine Vorstellung, wieviel Zeit vergangen war und wo er war; das einzige, was er spürte, war eine phantastische Leichtigkeit. Um ihn herum waren Stille und frische, reine Luft. Vor ihm lag ein dunkler, grünender Berg. Liping folgte einem alten Pfad hinauf auf diesen Berg – das schien ihn keinerlei Mühe zu kosten. Eine alte Kiefer tauchte vor ihm auf, unter der drei Männer von verklärtem Aussehen saßen. Da er sie für daoistische Adepten hielt, ging er auf sie zu, um ihnen seine Aufwartung zu machen, doch keiner der drei Männer antwortete auf seinen Gruß. Sie taten so, als wäre niemand gekommen.

Doch als er sie nun genauer betrachtete, entdeckte er zu seiner großen Freude, daß es niemand anders war als seine eigenen Mentoren und ihr Meister! Sofort fragte Liping die alten Magier, was sie hier so ruhig an diesem Orte täten. Der Großmeister bat ihn, sich zu setzen, und erklärte dann feierlich: »Wir sind aus den Bergen herabgestiegen mit dem Auftrag, dich zum Linienhalter des Drachentor-Zweiges der Schule der Vollkommenen Wirklichkeit in der achtzehnten Generation zu schulen. Wir haben nun fünfzehn Jahre damit verbracht, dich in der Tradition unserer spirituellen Ahnen alle Regeln, alle Prinzipien und Methoden der Praxis und alle geheimen Künste zu lehren.

Da deine Schulung nun erfolgreich abgeschlossen ist, ist unsere Mission vollendet. Nun, da unsere Arbeit getan ist und im Land wieder Frieden herrscht, werden wir zu unserer Höhle am Laoshan zurückkehren. Du sollst vorerst in der Welt leben. Wenn deine Meisterschaft und deine Tugenden vollkommen sind, kannst du wieder in die Berge gehen und Menschen um dich sammeln. Die ist der Auftrag deines Meisters, den du nicht mißachten darfst. Obwohl wir so starke

Gefühle füreinander empfinden, bleibt uns in dieser Situation nichts anderes übrig, als diesen Schmerz auszuhalten und uns von Sentimentalität zu lösen.«

Liping antwortete mit tränenerstickter Stimme: »Meine Dankbarkeit euch gegenüber ist unendlich groß. Wie könnte ich die Trennung ertragen! Ihr drei seid so alt. Ihr habt nun ein Alter erreicht, in dem ihr einen Begleiter haben solltet. Niemals könnte ich euch je auch nur den winzigsten Teil meiner Schuld dafür zurückzahlen, daß ihr meine Wiedergeburt und spirituelle Entwicklung bewirkt habt. Ich kann mich unmöglich von euch trennen. Bitte, laßt mich mit euch ziehen!«

Da mußten nun auch die drei Alten weinen. Der Weggefährte der Reinen Heiterkeit wischte sich die Tränen ab und sprach mit strenger Miene: »Wir haben schließlich genügend Schwierigkeiten und Nöte gemeinsam durchgemacht, und doch verhalten wir uns hier wie ein Haufen von Heulsusen! Liping, du bist anders als wir – du hast Eltern und Geschwister. Auch wenn du dich dem Dao verschrieben hast, solltest du trotzdem menschliche und soziale Normen nicht vernachlässigen. Deine Last ist größer als die unsere. Wie kannst du sie tragen, wenn du dich so jämmerlich aufführst? Mach dir keine Sorgen um uns – laßt diese Trennung für uns zu einer Prüfung der Tapferkeit werden!«

Die vier Männer hörten auf zu weinen. Nun ergriff der Weggefährte der Reinen Leere das Wort: »In Wirklichkeit ist es schier unerträglich für uns, dich allein hier in der Welt zurückzulassen. Aber dies ist eine ernste Angelegenheit, die ganz allein dich betrifft; kein anderer kann das an deiner Stelle tun. In der Lehre und außerhalb der Lehre sein, die Welt verlassen und in die Welt eintreten – jegliche Art von Forschung und Experiment liegt ausschließlich in deiner eigenen Verantwortung. Es ist allein deine Aufgabe, dies zur Vollendung zu bringen. Um deinen Auftrag zu erfüllen, wirst du einen unerschütterlichen Geist und große Stärke benötigen.«

Der Großmeister erhob sich und forderte Liping auf, ihnen zu folgen. Die vier wanderten über die Spitze des Berges. Plötzlich flog ein rotschopfiger weißer Kranich aus einer alten Kiefer auf und stieg mit einem langgezogenen, hellen Schrei zum Himmel auf. Dann erstrahlten Ströme von Regenbogenlicht, und sie hörten die erhabenen Klänge unsterblicher Musik – alle vier waren nun in einen völlig entrückten Geisteszustand eingetreten. Da begann der Großmeister eine Passage aus dem berühmten Gedicht ›Frühling im Garten‹ ihres spirituellen Ahnen Qiu Chuji zu rezitieren:

Große Weisheit ist gelöst,
Frei und klar und ungezwungen;
Ich lasse sie sein, wie sie ist,
Und vertraue ihr meine edelsten Gefühle
Und meine mystische Freude an.
Unter den Kiefern, auf den Felsen,
Singe ich laut und trinke bis zum Rausch;
Unter dem Mond, vor der Brise,
Spielt ein Jademädchen die Panflöte;
Ein goldener Knabe tanzt einen Tanz,
Der dich trunken
Ins große Mysterium schickt.
Die Prinzipien in diesem Mysterium
Tanzen alle auf einem Strom,
Der seiner eigenen Kontinuität entspringt.

So wundersam, diese herrliche Szene
Ist kaum in Worte zu fassen;
Vielleicht ist dies ein besonderer Himmel
Für die Menschenwelt.
Unbeugsam und fest,
Wird der Berg von der Zeit abgeschliffen;
Die Mißachtung der Leute ertragend,
Kann ein Meer zum Garten werden.
Sind Geist und Energie in Harmonie,
Steigen Yin und Yang auf und ab.
Nachdem ich die magische Kunst erlangt,
Frei auf Erden zu wandeln,
Kenne ich keinen Kummer mehr;
So öffne ich mein Herz und schreibe
Wie ein Verrückter Gedichte.

Eine glückverheißende Wolke schwebte herab und trug die drei alten Magier fort. Wang Liping legte seine Hände respektvoll zusammen und folgte ihnen mit den Augen. Als er wieder erwachte, war er zurück zu Hause. Er konnte sich mit kristallener Klarheit an alles erinnern, was er in seinem Traum gesehen hatte. Ihm war klar, daß alles schon vorbestimmt war und er nichts anderes tun konnte, als dem natürlichen Lauf der Dinge zu folgen, und so fühlte er sich schon besser. Aber er machte sich immer noch Sorgen, wie seine Lehrer in ihrem vorgerückten Alter wohl die lange Rückreise zum Laoshan bewältigen würden.

Schließlich ging er zum Bahnhof, um für sie Fahrkarten zu kaufen. Nachdem er noch etwas Obst besorgt hatte, eilte er zum Lager der Magier. Die drei alten Männer hatten bereits alles aufgeräumt, um diesen Ort genau so zu verlassen, wie sie ihn bei ihrer Ankunft vorgefunden hatten. Liping sagte: »Warum wollt ihr diesmal auf eurem Rückweg nicht eine neue Erfahrung machen – wie wäre es mit einer Bahnreise?« Damit überreichte er dem Weggefährten der Reinen Heiterkeit die Fahrkarten.

Die drei alten Magier lachten. »In Ordnung«, entgegnete der Großmeister, »laßt uns den Anordnungen unseres Schülers folgen. Wir sind alte Hinterwäldler; laßt uns also einmal das ausprobieren, was der Über-Wolken-Wandernde-Eremit ›runde Eisenbeine‹ genannt hat!«

Da es noch früh war, ging Wang Liping wieder nach Hause und bat seine Mutter, etwas Gebäck zu machen. Als Mutter Wang hörte, daß die drei Alten abreisen wollten, brach auch sie in Tränen aus.

Zurück in den Bergen sah Liping die drei alten Magier vor der Tür stehen; sie hatten schon gepackt und waren reisefertig. Der Großmeister übergab Wang Liping die spirituelle Schildkröte mit der Bitte, sie zu Hause gut zu versorgen. Liping nahm die völlig reglose Schildkröte an sich, hielt sie nah an sein Gesicht und setzte sie dann auf seine Hand, damit sie sich von den drei alten Magiern verabschieden konnte. Schließlich ließen alle vier ihren Blick noch einmal über den alten Schuppen der Schmiede, die Blumen, Pflanzen und

Bäume, die abgelegene und stille Berggegend streifen. Mit respektvoll zusammengelegten Händen und tiefen Gefühlen sagten sie diesem Ort Lebewohl und machten sich auf den Weg zum Bahnhof.

Als die vier Männer dort ankamen, wartete dort schon die ganze Familie Wang auf sie. Die drei alten Magier folgten Wang Liping in den Zug. Nachdem er ihnen kurz erklärt hatte, wo und wie sie umzusteigen hätten, stieg er aus auf den Bahnsteig. Bitterlich weinend, reichte Mutter Wang den alten Männern ihr Gebäck durchs Fenster. Während der Zug langsam aus dem Bahnhof rollte, winkten die drei alten Magier zum Abschied, die Augen tränenüberströmt. Während der Zug in der Ferne verschwand, stand Liping erstarrt wie eine hölzerne Statue da, ohne etwas zu sagen, ohne eine Träne zu vergießen – sein Gehirn war völlig leer.

Fünfzehn Jahre lang waren die drei Lehrer und ihr Schüler jeden Tag zusammengewesen; die Gefühle, die sie füreinander hegten, waren so tief wie der Ozean. Als sie nun ohne ihren Lehrling im Zug saßen, hatten die drei alten Männer das Gefühl, daß das Rattern des Zuges ihre bedrückte Stimmung noch verstärkte. Keinem von ihnen war danach zumute, unterwegs die Landschaft zu genießen.

Auf der Reise ging alles gut. Wann immer irgendwelche Schwierigkeiten auftraten, war zufällig jemand da, der ihnen unverzüglich weiterhalf. Die drei alten Männer interessierten sich überhaupt nicht dafür, wer die Person war, die ihnen da half. Ihr einziges Anliegen war es, ohne weitere Umstände an ihr Ziel zu gelangen.

Bald kamen sie in Qingdao an, von wo aus sie nach Osten weiterreisten. Schon bald konnten sie den Laoshan sehen.

Es war nun fünfzehn Jahre her, daß sie ihren Stammsitz verlassen hatten, und selbst der kurze Zwischenaufenthalt auf ihrer Wanderschaft lag schon sieben Jahre zurück. Als sie nun endlich zurückkehrten, wogten ihre Gefühle auf und ab wie Gezeiten des Ozeans. Ohne ihren Lehrling fühlten sich die drei alten Magier einsam, obwohl sie doch immer zu dritt reisten.

Die drei Alten begaben sich geradewegs zur Höhle des Ewigen Frühlings; auf dem Weg dorthin hatten sie kein Auge für die Schönheiten der Landschaft. Obwohl ihnen der Pfad vertraut war, waren ihre Schritte schwer. Doch als sie den Eingang der Höhle erreichten, rief der Großmeister plötzlich: »Da ist jemand in der Höhle!«

Ein Mann tauchte aus der Höhle auf, und zu ihrem Erstaunen und ihrer Freude sahen sie, daß es niemand anders war als ihr Schüler Wang Liping! Im ersten Moment dachten sie, es sei eine Projektion seines Yang-Geistes. Doch als er näher kam und ihnen das Gepäck abnahm, wußten sie, daß es der wirkliche Liping war, der da vor ihnen stand. Sie begrüßten ihn herzlich. Auch wenn ihr Abschied nur einen Tag zurücklag, kam es ihnen doch so vor, als hätten sie sich jahrelang nicht mehr gesehen!

Der Weggefährte der Unendlichkeit fragte ihn: »Wir sind mit dem Zug gekommen. Wie hast du es geschafft, vor uns hier anzukommen?«

Nachdem Liping die drei Alten in die Höhle gebeten hatte, erklärte er: »Ich habe euch die ganze Zeit begleitet und auf euch aufgepaßt. Habt ihr mich nicht bemerkt?«

Da fiel es den drei Alten wie Schuppen von den Augen. Denn jetzt erst wurde ihnen bewußt, daß sich jemand auf dem ganzen Weg hierher um sie gekümmert hatte; nur waren sie so sehr in ihre eigenen Gedanken vertieft gewesen, daß sie nie richtig darauf geachtet hatten, wer es war. Die drei alten Magier blickten sich an und lachten.

Dann schauten sie sich um. In der Höhle war alles sauber, und alle Gerätschaften waren in Ordnung. Selbst ihre Sitzkissen waren säuberlich aufgereiht. Offensichtlich war Wang Liping schon eine ganze Weile vor ihnen hier eingetroffen.

Nun sagte der Großmeister mit ernster Stimme: »Wir haben doch bereits Abschied genommen. Warum bist du dann hierher zurückgekommen?«

Wang Liping erklärte ihnen: »Ich werde natürlich dem Lauf der Dinge folgen, so wie er bestimmt ist. Aber da ist eine Sache, die ich nicht ganz begreife, und deshalb bin ich hierhergekommen, um euch um Aufklärung zu bitten.«

Alle setzten sich. Der Großmeister fragte: »Was ist dir nicht klar?«

Liping sagte: »Seit der Zeit, als ich das Dao zu studieren begann, habt ihr mich im Großen Dao geführt, indem ihr mich gelehrt habt, in reiner Heiterkeit und Leere zu leben, von materiellen Begierden frei zu sein, falsches Denken abzuschneiden, weltlichen Dingen zu entsagen und mit leeren Händen zu kommen und zu gehen. Ich habe viele Prüfungen durchgemacht und jahrelang das Dao kultiviert, bevor ich seine Essenz erfaßte. Deshalb frage ich mich, warum Ihr mich angewiesen habt, in der Welt zu leben und den Weg der Menschheit zu erfüllen, obwohl ich mein Leben dem Großen Dao geweiht habe. Das kann ich nicht verstehen!«

Die drei alten Magier blickten einander an, lächelten und nickten. In gesetzten Worten erklärte ihm der Großmeister: »Du bist doch kein Wirrkopf! Überlege dir einmal: Wo gibt es außerhalb unserer Drachentor-Schule zwei Generationen von alten Lehrern mit einem einzigen Schüler? Und das zweite, worüber du nachdenken solltest: Während jener zehn Jahre, als ganz China im Chaos versank und niemand am Morgen sicher sein konnte, ob er am Abend noch leben würde – wie viele Menschen hätten sich da gewünscht, in unsere Schule eintreten zu können, ohne jemals die Möglichkeit dazu gehabt zu haben? Du hast das Dao viele Jahre lang studiert; wir haben diese Gelegenheit genutzt, um dich in die Berge zu führen und weltlichen Verstrickungen zu entgehen – das ist doch ganz natürlich, nicht wahr? Und warum sind wir mit dir jahrelang auf Wanderschaft gegangen und haben dich dann nach Hause zurückgeführt und dich wieder den Schwierigkeiten des gewöhnlichen Lebens ausgesetzt? Was unsere Gefühle und unser Pflichtbewußtsein angeht, ist die Beziehung zwischen Lehrer und Schüler wichtiger als die zwischen Eltern und Kind. Wir drei sind nun schon über achtzig Jahre alt; für uns ist der Schmerz dieser Trennung fast unerträglich. Seit Jahrzehnten sind wir nicht mehr so traurig gewesen! Dich in der Welt des Staubs zurückzulassen, um den Weg der Menschen zu erfüllen, ist nicht unsere Idee. Dies ist einfach die Art und Weise, wie die Dinge zu sein haben.«

Der Weggefährte der Unendlichkeit sprach mit Herz und Verstand, und die anderen hörten schweigend zu, als er fortfuhr: »Das Wirken des Himmels und der Erde hat seine Muster und Gleichungen. Seine Mechanismen sind so subtil, daß sie sich nicht gänzlich erklären lassen. Die Gründung unserer Schule liegt über achthundert Jahre zurück. Obwohl sie seither zur Blüte gelangte und in Verfall geriet, wurde ihre Tradition dennoch ohne Unterbrechung weitergeführt. Das Dao manifestiert sich im ganzen Universum und pulsiert durch den Weltraum; es ist weit, umfassend und tief, subtil und geheimnisvoll durchdringend. Verschiedene Umstände haben dazu geführt, daß wir die Welt des Staubs verlassen haben, um in der Abgeschiedenheit der Bergwälder zu leben, um das Dao zu bewahren und zu kultivieren und um uns um seine Erkenntnis zu bemühen. Alles, was wir in unserm Leben getan haben, war allein dem Dao gewidmet. Und doch hat keiner von uns einen nennenswerten Beitrag zur Verbreitung des Großen Dao geleistet. Das liegt nicht daran, daß wir nichts dafür tun wollten, sondern an den ungünstigen Zeitumständen. Wir haben jahrzehntelang das Dao kultiviert und unser ganzes Leben dieser einen Aufgabe geweiht. So haben wir fünfzehn Jahre damit zugebracht, dir das Dao zu übertragen. Die Zeit ist nun für dich gekommen, die Lehren des Großen Dao in der Welt zu verbreiten. Diese schwere Verantwortung ruht auf deinen Schultern.«

Während er Wang Liping mit dem tiefgründigen Blick des Alters betrachtete, fuhr der Großmeister in hoffnungsvollem Ton fort: »In wenigen Jahren wird das religiöse Bewußtsein der Menschheit wieder erwachen, und die Beziehung zwischen Himmel und Mensch wird zum zentralen Thema des Forschens werden. Auf diesem Gebiet verfügt die chinesische Kultur über einen reichen Wissensschatz, und die daoistische Lehre ist überreich an tiefer Weisheit; man wird sie wiederentdecken, wenn die Zeit dafür reif ist, und sie kann viele Menschen zur Großen Erleuchtung führen.

Ein Mensch, der das Dao in der Welt verbreiten soll, muß erstens eine authentische Übertragung der daoistischen Lehren empfangen haben, und zweitens sollte er aber auch persönliche Erfahrungen in weltlichen Dingen besitzen. Ohne diese beiden Bedingungen zu erfüllen, kann niemand diese Aufgabe bewältigen. Hörst du mir zu?«

Wang Liping war, als würde er aus einem Traum erwachen. Dankbar antwortete er: »Eure Worte waren für mich wie eine Brise, welche die letzten Wolkenreste weggefegt hat. Jetzt habe ich alles verstanden.«

Mit großer Freundlichkeit fügte der Großmeister hinzu: »Wenn du nun in die Welt zurückkehrst, mußt du dein Licht verbergen und es unauffällig nähren. Bringe die Erleuchtung mit der Welt in Einklang, indem du dich wie ein gewöhnlicher Mensch verhältst, deinen Eltern Ehre erweist, deinen Geschwistern freundlich begegnest und guten Umgang mit den Nachbarn pflegst. Sei anpassungsfähig und bescheiden und niemals streitsüchtig. Versorge deinen Haushalt sparsam, mit Fleiß und Einfachheit, und tue anderen Menschen Gutes, so daß du dir einen Schatz an verborgener Tugend erwirbst. Sei wahrhaft und aufrichtig, zuverlässig und herzlich im Umgang mit den Menschen. Dein Geist sei umfassend und frei; steh über den Dingen und schule deinen Willen. Kehre zurück zur Unschuld, kehre um zur Reinheit, und freue dich an der natürlichen Wirklichkeit. Einfach gesagt: Mache deine Arbeit gut und sei ein anständiger Mensch. Wenn du eine Familie hast, lebe dein Leben recht; rette die Sterbenden und hilf den Kranken, vollende das Dao im Auftrag des Himmels. Wenn du an uns denkst, so komm und besuche uns in den Bergen. Dies ist auch deine Heimat.«

Wang Liping nickte mehrmals: »Ich werde Eure Worte nicht vergessen.«

Dann wandte sich der Weggefährte der Reinen Leere an Liping: »Als der Großmeister begann, mich und meinen spirituellen Bruder, deinen anderen Mentor, zu unterweisen, sagte er immer: ›Es ist schwer, klug zu sein; es ist schwer, töricht zu sein; und es ist noch schwerer, von der Klugheit zur Torheit zu gehen.‹ Laß die erste Regung gehen, tritt einen Schritt zurück, denn nur so wirst du Seelenfrieden erlangen. Du weißt zuviel – zu viele Dinge, die gewöhnliche Menschen unmöglich akzeptieren und begreifen können. Du bist jung und voller Energie und solltest es vermeiden, mit anderen zu streiten.

Dies ist eine Methode, den Geist zu zähmen und zu lernen, sich in der Gesellschaft von allen möglichen Leuten natürlich zu geben. Wie es bei Laozi heißt: ›Der Weg der Erleuchtung scheint dunkel.‹ Dich mit der Aufgabe zurückzulassen, das Dao in der Welt zu verwirklichen, entspricht genau dem Grundsatz, dem zu folgen, was natürlich ist. Das Prinzip der Natürlichkeit wird auch dadurch gewahrt, daß wir dich diese Aufgabe in deinem alltäglichen Leben verwirklichen lassen, ohne dir lange Erklärungen über den Ernst deiner Verantwortung zu geben. Ursprünglich wollten wir diese Angelegenheit ohne Kommentar auf sich beruhen lassen, damit du selbst herausfinden kannst, worum es geht. Aber du bist zu scharfsinnig! Wie kannst du zu einer höheren Stufe aufsteigen, ohne unwissend und töricht zu sein?«

Liping erwiderte lachend: »Dank deiner Unterweisung werde ich noch weniger unwissend sein!« Da mußten die drei alten Magier lachen.

Der Weggefährte der Reinen Heiterkeit sagte: »Du wirst sehr einsam sein in der Welt, so ganz allein auf dich gestellt – wie wäre es, wenn wir dich ›Einsamer Laie‹ nennen?« Die anderen klatschten in die Hände und drückten so ihre Zustimmung aus.

Die vier Männer traten vor die Höhle und schauten hinaus über die Silhouetten der aufragenden Berge, über grüne Kiefern und smaragdfarbene Zedern, über Wolken und Meer, die sich ins Unendliche ausdehnten. Sie lauschten den Wellen, die sich an den Klippen brachen, dem Rauschen der Bergwinde, dem Gesang der Vögel. Da kam dem Weggefährten der Unendlichkeit ein weiteres Gedicht von Changchun, dem Meister des Ewigen Frühlings, in den Sinn, und er begann es für Wang Liping zu rezitieren:

Wenn das Rad der Lehre sich zu drehen beginnt,
Erhebt sich der Wind der Weisheit;
Plötzlich spürst du unendlich klare Kühle.

Weißes Licht gerinnt in der Leere;
Glückbringende Energien sammeln sich,
Und wischen den Herz-Geist rein,
Der zuvor von Staub bedeckt war.
Die fünf Räuber rennen fort;
Die drei Würmer fliehen:
Innen und außen bleibt keine Spur;
Bewußtsein und Denken sind still und in Frieden,
Ruhig, gelassen und ohne Kampflust.

Ich schlendere durch den roten Staub der Hauptstadt
Und esse, wenn ich hungrig bin,
Trinke, wenn ich durstig bin.
So suche ich von Tag zu Tag
Je nach den Umständen
In der Freiheit außerhalb der Dinge
Die Schätze von Himmel und Erde;
Und spiele auf ihnen immer wieder
Wie auf einem Glockenspiel.

Bist du spät dran, dann wende dich an einen Führer;
Was vor dir liegt, ist der Weg in deine Heimat.
Da gibt es, ganz von selbst, das wahre Wissen;
Der Kranich schickt dir eine Nachricht mit dem Ruf,
Ihn zu besteigen und aufzufliegen,
Mit ihm durch die Himmel zu reisen.

Die vier Daoisten gingen zurück in die Höhle, um den spirituellen Ahnen ihre Ehrerbietung zu erweisen. Wang Liping verneigte sich tief vor seinen drei Lehrern, um sie dann zu verlassen und den Berg hinabzusteigen.

18 Das Dao im Alltag leben

Während vieler langer Gespräche erwähnte Meister Wang uns, seinen Biographen, gegenüber mit keinem Wort, wie er die Trennung von seinen Lehrern erlebt hatte. Erst auf wiederholtes Drängen hin erzählte er uns leise und zögernd, wie es wirklich für ihn gewesen war. Damals fiel er in eine tiefe Depression, so wie zu jener Zeit, nachdem er Tod und Wiedergeburt durchgemacht hatte. Als er bei seinen Lehrern am Laoshan war, sprach keiner auch nur ein Wort über die Trennung, und keiner vergoß eine einzige Träne. Aber nach seiner Heimkehr wurde Liping immer trauriger. Normalerweise weinen die Menschen nicht, wenn sie am traurigsten sind; das kommt erst später. Zu Hause wurde Liping krank, und sein Zustand besserte sich zwanzig Tage lang nicht. Während der gleichen Zeit erkrankten auch seine alten Meister auf dem Laoshan. Während uns Meister Wang das erzählte, stiegen ihm Tränen in die Augen.

Der geneigte Leser könnte sich nun fragen, wo denn da die innere Freiheit und Losgelöstheit der alten Daoisten bleibt. Aber wer immer einmal an Kursen mit Meister Wang teilgenommen hat, kann nicht vergessen, welche tiefe emotionale Bindung sich entwickelt, wenn Lehrer und Schüler zusammen gegessen, zusammen gewohnt und zusammen geübt haben. Unabhängig davon, ob die Teilnehmer alte und geschwächte Menschen, Menschen mittleren Alters mit chronischen Krankheiten oder junge Leute mit psychischen Problemen sind, alle haben das Gefühl, als wären sie von einem sanften Frühlingswind gestreift worden, der alle Schmerzen, Sorgen, Verwirrungen und Enttäuschungen weggeblasen hätte, so daß sich alle wie eine Schar kleiner Kinder unerklärlich fröhlich, glücklich und völlig erneuert fühlen.

Noch bemerkenswerter ist die Tatsache, daß es zwischen Lehrer und Schülern zu einer Synchronisation der biologischen Uhren zu kommen scheint. Das zeigt sich zum Beispiel darin, daß die Schüler nicht mit einer guten Nachtruhe rechnen können, wenn Meister Wang nicht schläft; und wenn die

Schüler nicht schlafen, kann auch Meister Wang nicht friedlich ruhen. Dies führte manchmal zu gewissen Spannungen, bis Meister Wang seine Kräfte wirken ließ und die Teilnehmer so beeinflußte, daß sie Ruhe finden konnten.

Wie Meister Wang immer wieder erklärt, lehrt der Daoismus die Einheit von Mikrokosmos und Makrokosmos; in bezug auf den Menschen bedeutet das die Einheit von Mensch und Universum. Vom Standpunkt des Individuums gehört dazu nicht nur Gemeinschaft mit der Großen Natur, sondern auch Gemeinschaft mit anderen Menschen. Gemeinsame Kultivierung des Dao ist eine Art wortloser zwischenmenschlicher Kommunikation, eine Ko-Aktivierung des Denkens, eine stumme Vernetzung der Geister, eine Gemeinsamkeit der Gefühle. Durch daoistische Praxis werden zwischenmenschliche Beziehungen harmonisch; sie ist eine gute Methode, um Menschen zu verläßlichen Freunden und Gefährten zu machen.

Meister Wang praktizierte und studierte das Dao über fünfzehn Jahre mit seinen drei Lehrern. Ihre Verbindung war nicht allein emotional oder intellektuell, sondern umfaßte das ganze Leben. Als sie sich trennten, bedeutete das deshalb für alle Beteiligten eine Neuordnung ihres Lebens, und das Leiden, das sie damals durchzumachen hatten, sollte so verstanden werden. Auch wenn in der normalen Grund- und Mittelschule Lehrer und Schüler jahrelang praktisch jeden Tag beisammen sind, hat dies nicht dieselben Wirkungen wie die Anwesenheit von Meister Wang bei einem nur zwanzigtägigen Seminar. Warum ist das so? Weil Meister Wang mit den Teilnehmern nicht nur in Wort und Schrift kommuniziert, sondern auch die Gemeinschaft des Herzens und des Lebens praktiziert. Wenn sich unsere Pädagogik davon inspirieren ließe, könnten wir vielleicht eine ›form- und substanzlose‹ Schiene für unsere Erziehungsmethoden finden. Eine derartige Methode wäre äußerst hilfreich, um in jungen Menschen Gefühle der Gemeinsamkeit und Zuneigung zu fördern.

Bei der Kultivierung durch innere Arbeit nimmt man die Entwicklung des Charakters sehr ernst. Für manche Übende besteht die folgende Beziehung zwischen innerer Arbeit und Tugend: Wenn du viel Gutes tust und viel Tugend anhäufst, wird es immer mehr Menschen um dich herum geben, die dich in ihre Herzen schließen und dir alles Gute wünschen. Kultivierst du dann inmitten dieses von vielen Menschen gebildeten mentalen Feldes das Dao, so wird deine Praxis natürlich schneller zum Erfolg führen.

Eine solche Auffassung trifft den Kern der Sache jedoch nur am Rande. Bei der Kultivierung durch innere Arbeit geht es darum, das Bewußtsein zu vervollkommnen, die natürliche Veranlagung zu fördern und das Herz zu reinigen. Durch die tägliche Meditation treten Körper und Geist als Ganzes allmählich in einen Zustand von Frieden, Harmonie, Gleichgewicht, Klarheit, Reinheit und egoloser Kommunion mit allen Dingen ein. Jede Form von Erregung, Konflikt, Destruktivität, Befleckung und Selbstsucht wird weggewaschen. Wenn Körper und Geist ständig in dieses Gefühl und in diesen Zustand eingetaucht sind, dann wird in der Stille das, was in uns gut, schön und wahr ist, auf natürliche Weise in Erscheinung treten – unberührt von weltlichen Dingen.

Als Meister Wang über seine Erfahrungen aus langjähriger Praxis sprach, erklärte er, daß das, was den tiefsten Eindruck in ihm hinterlassen habe, die Art und Weise war, wie sein Herz unmerklich immer sanfter wurde, bis er den Anblick von Übel und Unglück nicht mehr ertragen konnte.

Laozis *Daodejing* handelt in 5 000 Schriftzeichen vom Weg [Dao] und der Tugend [De]. Das Dao ist die ursprüngliche Wurzel, der Ursprung des Universums. Aus dem Dao gehen alle Dinge und Wesen hervor. In späteren Zeiten umschrieben die Daoisten das Wesen des Dao in zehn Hauptmerkmalen: widerstandslos, rein, natürlich, unverdorben, einfach, leicht, klar, ungekünstelt, elastisch, nichtstreitend. Wenn sich diese Merkmale in einem menschlichen Körper manifestieren, äußert sich das in höherer Tugend. Höhere Tugend ist die Menschwerdung des Dao und findet hier als Ethik Ausdruck. Die konkrete Manifestation des Dao im Menschen wird also Tugend genannt.

Bei Laozi heißt es: »Höhere Tugend nimmt niemanden für

sich ein, daher ist sie kraftvoll.« Und ferner: »Wer das Erscheinungsbild der Großen Tugend manifestieren will, der muß einzig dem Dao folgen.« Dies bedeutet, daß die höchste Tugend spontan, formlos, unsichtbar und nicht wahrnehmbar ist; sie ist innerlich, im Inneren angelegt, nicht offenbar. Sie ist nicht beabsichtigt, sondern natürlich. Alles, was künstlich, absichtsvoll, offensichtlich oder äußerlich ist, ist niedere Tugend. »Die niedere Tugend ist nicht unbekümmert um Belohnung, daher ist sie kraftlos«, heißt es bei Laozi. Überall mit seiner Tugend zu prahlen, hat nichts mit Tugend zu tun.

»Höhere Tugend ist absichtslos; und doch gibt es nichts, was sie nicht erreicht« heißt es wiederum bei Laozi.

Der Großmeister hatte Wang Liping immer wieder eingeschärft, daß es nicht tugendhaft sei, gute Taten in der Hoffnung auf Belohnung zu tun. Gute Taten ohne den Gedanken an Belohnung zu tun und sich dennoch bewußt zu sein, daß man Gutes tut, nennt man offenkundige Tugend. Gute Taten zu tun, ohne sich dabei seiner selbst bewußt zu sein, nennt man verborgene Tugend.

Wir hätten gern einige Anekdoten aus Meister Wangs neunjährigem Familienleben angeführt, um zu veranschaulichen, wie er das Dao im Namen des Himmels zum Wohle der Gesellschaft und der Menschen verwirklichte. Aber als wir ihn danach fragten, schaute uns der Meister nur verwundert an, als wollte er sagen: »Ist es denn nötig, davon zu reden? Das alles ist doch ganz natürlich.«

Später gelangten wir zu der Einsicht, daß die edleren Gefühle wie Freundlichkeit, Mitgefühl, Güte und Hilfsbereitschaft in Menschen von höherer Tugend völlig unbewußt bleiben, in einem Maße, daß man sogar behaupten könnte, daß diese Eigenschaften bei ihnen zu einer Art von Instinkt geworden sind.

Bei Laozi heißt es [51]: »Das Dao gebiert, die Tugend nährt, die Dinge geben Form, der Antrieb vollendet. Darum ehren alle Wesen das Dao und schätzen seine Tugend. Zwar verlangt niemand, das Dao zu ehren und die Tugend zu schätzen, und doch wird es von selbst immer so sein. Daher gebiert das Dao alle Dinge und die Tugend nährt sie; sie zieht sie groß und fördert sie, vollendet sie und läßt sie reifen, baut sie auf und bricht sie auseinander; sie bringt hervor, aber besitzt nicht; sie handelt ohne Anmaßung, fördert ohne zu beherrschen. Dies nennt man verborgene Tugend.«

Und weiter sagt Laozi [49]: »Der Weise hat keine vorgefaßten Meinungen; er macht die Meinungen der Menschen zu seiner eigenen Meinung.« Von höherer Tugend erfüllte Menschen nennt man Weise. Ein gewöhnliches Leben mit der Tugend eines Weisen zu führen, sich also auf die gewöhnliche Welt einzulassen, ist eine noch höhere Stufe des Lebens. Die Daoisten nennen das »über den Stand des Weisen hinausgehen, um ins Gewöhnliche einzutreten«. In den Worten eines Buddhisten: »Wenn du das Jenseitige erkannt hast, komm zurück, um im Hier und Jetzt zu wirken.«

Voller Liebe für alle Menschen und alles Leben in der Welt, trunken von der Großen Natur, die innersten Geheimnisse des Universums, der Gesellschaft und des menschlichen Lebens erforschend, begann Meister Wang sein alltägliches Leben in einem Zustand von Natürlichkeit und Einfachheit.

Zu Hause behandelte Wang Liping seine Eltern mit größtem Respekt, der von tiefen und echten Gefühlen getragen war. Beim stillen Sitzen gingen seine Gedanken oft zurück in die Kindheit, als seine Mutter ihn voller Liebe aufgezogen hatte, und vor seinen Augen erschienen Szenen, die ihre Mühe bei der Erziehung von sechs Kindern zeigten. Diese Bilder der Erinnerung waren so klar und wirklich, daß sie Lipings Herz rührten. Wenn Kinder in die Liebe ihrer Eltern eingehüllt sind, so halten sie das für völlig normal und natürlich, wie ins Licht der Sonne eingetaucht zu sein, und nichts kann ihre emotionale Bindung erschüttern. Wenn Menschen sich als Erwachsene der Fürsorge ihrer Eltern erinnern, wie könnten sie beim Gedanken an die elterliche Liebe nicht Rührung empfinden?

Weil Liping in der Lage war, sich seine frühe Kindheit genau ins Gedächtnis zu rufen und echte Visionen von jener Zeit zu schauen, empfand er für seine Eltern noch tiefere Liebe als gewöhnliche Menschen. Da seine Lehrer seiner Entwicklung so viel Sorgfalt und Fürsorge gewidmet hatten, wollte er sich ihnen erkenntlich zeigen, in dem er etwas leistete, das ihre Erwartungen übertraf. Aber nachdem sie ihre Aufgabe vollendet und ihm die Lehren des Drachentors übertragen hatten, waren die alten Meister gegangen.

Der Großmeister pflegte zu sagen: »Die Eltern ehren heißt die Lehrer ehren.« So übertrug Liping den Ausdruck seiner Liebe zu seinen alten Lehrern auf die Zuneigung zu seinen Eltern und alle alten Menschen in der Welt. Er betrachtete das Leben seiner Eltern als Teil seines eigenen Lebens. Das gegenwärtige Leben ist zeitgebunden; das ursprüngliche Leben auf seiner unmittelbarsten Stufe hängt direkt von der Pflege durch die Eltern ab. Auch wenn die Menschen nach ihrer Geburt körperlich von ihren Eltern unabhängig werden, liegen ihre Wurzeln und ihr Schicksal immer noch dort; seine Eltern zu ehren bedeutet deshalb, das Fundament seines eigenen Lebens zu stärken.

Wenn die Daoisten deshalb vom Respekt für die Alten sprechen, tun sie das nicht nur aus einer humanistischen und ethischen Perspektive; darin liegt ein weitaus tieferer Sinn, der mit dem Leben an sich zu tun hat. Aus daoistischer Sicht tritt das Leben eines Individuums durch das Wirken der Großen Natur und die Entwicklung zahlreicher Elemente in Raum und Zeit ins Dasein; ein Menschenleben ist nicht Unabhängiges, Isoliertes, sondern ein Stadium in einer langen Kette von Ursachen und Wirkungen, ein einzelner Punkt in einem Netz unzähliger miteinander verknüpfter Elemente.

Wang Liping lebte nach der Trennung von seinen Meistern mit mehreren älteren Menschen wie seinen Eltern und seinen Schwiegereltern zusammen. Um die alten Leute zu unterhalten, erzählte er ihnen oft Geschichten; wenn er müde war, machte er manchmal ein Nickerchen mit dem Kopf auf dem Schoß seiner Mutter, genau wie damals, als er ein kleiner Junge gewesen war.

Im Alter von neunundzwanzig Jahren heiratete Wang Liping eine junge Frau, eine Arbeitskollegin namens Dong Bin.

Lipings Mutter und Dong Bins Mutter waren zusammen aufgewachsen und standen sich so nah wie Verwandte. Schon früh hatten sie sich insgeheim versprochen, daß sie in Zukunft wirkliche Verwandte werden wollten. Der Himmel erfüllte ihren Wunsch, denn zehn Jahre später hatte Familie Wang einen Sohn und Familie Dong eine Tochter. So wuchsen die beiden Kinder miteinander auf und standen sich ebenfalls sehr nahe. Als Liping später das Dao zu studieren begann, dachte Dong Bin einfach, er würde bei den alten Doktoren manuelle Therapien lernen. Sie wußte nicht, daß der kleine Kerl, mit dem sie einst Verstecken gespielt hatte, inzwischen in das Dao eingetreten war, und liebte ihn als den gewöhnlichen Menschen, den sie kannte.

Nachdem Wang Liping auf Wunsch seiner Lehrer in die gewöhnliche Welt zurückgekehrt war, wollte er heiraten und eine Familie gründen. Er wußte wohl um die Gefühle der jungen Frau, fand es aber schwierig, offen mit ihr darüber zu reden. Doch da der Himmel es so wollte, wurden die beiden Verliebten endlich ein Paar. Am Hochzeitstag erschienen natürlich die drei alten Magier, um ihre Glückwünsche zu überbringen; aus Rücksicht auf die Anwesenden zeigten sie sich aber nur Wang Liping. Nach der Zeremonie verabschiedeten sich die Magier, um in die Berge zurückzukehren. Dabei flüsterte der Großmeister Liping zu, daß seine Frau und er im nächsten Jahr einen Sohn bekommen würden.

Während der Flitterwochen war Wang Liping der perfekte Ehemann, stets warmherzig und aufmerksam. Seine Lebensweise, die durch eine fünfzehnjährige daoistische Schulung geprägt war, war jedoch nur schwer zu ändern. Spät in der Nacht stand er immer ganz leise auf und setzte sich bis zum Tagesanbruch zum Meditieren vor eine Wand.

Schließlich fand seine Frau heraus, was da jede Nacht geschah. Zuerst schenkte sie dem keine Beachtung, aber als das tagaus, tagein so weiterging, fing sie an, sich Gedanken zu machen. Doch wenn sie ihm Fragen stellte, diskutierte Wang Liping nicht mit ihr und wollte auch nichts erklären.

Eines Nachts stand Wang Liping wieder auf, um still zu sitzen und die innere Arbeit zu praktizieren. Als seine Frau irgendwann aufwachte, bemerkte sie, daß ihr Mann nicht neben ihr lag. Sie machte Licht und sah ihn unbeweglich dasitzen. Als sie ihn mit geschlossenen Augen so völlig reglos sitzen sah, hielt sie ihre Hand an seine Nase, um seinen Atem zu spüren. Er schien nicht mehr zu atmen! In ihrer Verwirrung begann sie unwillkürlich zu jammern. Lachend öffnete Wang Liping die Augen, als wäre nichts geschehen. »Was soll dein Gejammer? Ist etwas nicht in Ordnung?«

Wang Liping wußte nicht so recht, was er ihr sagen sollte. Wie sollte er ihr alles erklären? Schließlich handelte es sich um Dinge, die sich nicht so einfach erklären lassen! Alle wußten, daß er sich lange Jahre mit den alten Doktoren, die aus der Mitte Chinas vor der Hungersnot hierhergeflohen waren, herumgetrieben hatte, aber damals war er noch Teenager gewesen. Nicht einmal seine Eltern wußten um die Geheimnisse, die er gelernt und erfahren hatte. Die anderen Leute merkten überhaupt nichts von seinen inneren Kräften und Fähigkeiten. Als seine Lehrer abgereist waren, hatte ihn der Großmeister gebeten, bis zum rechten Zeitpunkt alles für sich zu behalten. Wenn seine Frau etwas über seine daoistische Studien wissen wollte, pflegte er ausweichend zu reagieren, denn er dachte sich, sie würde mit dem Fragen aufhören, wenn sie sich erst einmal an seine Eigenheiten gewöhnt hätte.

Aber die Verwirrung seiner Frau nahm zu, und da ihr Mann sich nicht klar äußern wollte, kam sie auf allerlei seltsame Ideen. Unter Tag pflegte sie dann bei der Arbeit so oft wie möglich auszuruhen, damit sie in der Nacht die Augen offenhalten konnte, um zu sehen, was ihr Mann machte.

Eines Nachts sah sie, daß Liping tief und fest bis zum Morgengrauen neben ihr schlief und war darüber sehr erfreut. Doch da öffnete sich plötzlich die Zimmertür und Wang Liping trat herein. Sie schaute wieder auf sein Bett – und da war es leer! Entgeistert blickte sie ihren Mann an, der mit verdreckten Schuhen und vom Tau nassen Beinen vor ihr stand.

Als er die Verwirrung seiner Frau bemerkte, mußte Wang Liping lachen. Während er seine Schuhe auszog, erklärte er seiner Frau, daß er gerade zur Toilette gemußt hatte. »Der Tau ist wirklich stark«, sagte er. Seine Frau wußte nicht so recht zu sagen, was nun Wirklichkeit und was Täuschung wäre. Sie war völlig perplex und wurde noch argwöhnischer.

Lipings Frau bemerkte, daß er nur wenig las, aber oft Notizen in einem Heft machte. Da ein Ehemann vor seiner Frau keine Geheimnisse haben sollte, war es nur recht, einmal zu schauen, war er da in sein Heft schrieb. Er machte auch nie ein Geheimnis daraus, denn das Notizheft lag offen in der Schublade eines kleinen Schranks. Aber weder sie noch ein anderes Familienmitglied waren je auf die Idee gekommen, einen Blick in dieses Heft zu werfen. Wenn er ein Notizheft vollgeschrieben hatte, begann er ein neues. Seine Frau hatte den Eindruck, daß er ein wirklich fleißiger Mann war. Gewöhnlich fragte er nie jemanden um Auskunft, doch schien ihm nichts zu entgehen. Wann immer er nebenbei etwas über die Arbeit, die Familie, seine Freunde oder sogar Politik sagte, traf er immer ins Schwarze. Seine Aussagen zu zukünftigen Ereignissen erwiesen sich immer als richtig. Wenn Gäste zu Besuch kamen, wußte Liping das stets im voraus; dann pflegte er seiner Frau zu sagen, sie sollte etwas mehr einkaufen, und wenn sie später nach Hause kamen, stellte sich heraus, daß sich tatsächlich Gäste eingefunden hatten.

Als das Paar eines Nachmittags zum Einkaufen auf dem Markt war, blieb Wang Liping auf einmal stehen. Er bat seine Frau dringend, schnell nach Haus zurückzukehren, und erklärte ihr, daß ihre Mutter schwer erkrankt wäre und ins Krankenhaus abtransportiert werden sollte. Seine Frau war nicht gerade erfreut, das zu hören. Sie hatte doch gerade noch mit ihrer Mutter zu Mittag gegessen, und dabei war es der alten Dame noch gut gegangen. Wie hätte sie in der kurzen Zeit seit dem Mittagessen schwer erkranken sollen? Als sie jedoch merkte, daß ihr Mann es ernst meinte und sich selbst umdrehte, um nach Hause zurückzueilen, folgte sie ihm halb überzeugt, halb zweifelnd.

Als sie an ihre Haustür kamen, bemerkten sie innen eine ziemliche Unruhe; die Familie wollte Dong Bins Mutter gerade ins Krankenhaus transportieren lassen, denn sie lag mit geschlossenen Augen ohnmächtig da. Dong Bin war so schokkiert, daß sie in Tränen ausbrach. Doch Liping blieb völlig ruhig. Er ergriff die Hand seiner Schwiegermutter und rief: »Mama!« Da öffneten die alte Frau langsam wieder die Augen und ihr Atem ging leichter. Darauf sagte Liping: »Fühlst du dich besser? Warum stehst du nicht auf und gehst ein paar Schritte?«

Tatsächlich richtete sich die alte Dame auf, während sie immer noch Wang Lipings Hand festhielt. Dann erhob sie sich und ging ein paar Meter. Ihre Schritte waren fest, und sie sah auch schon wieder viel besser aus. Ihre Augen blickten wieder lebendig drein, sogar noch lebhafter als vorher.

Die Familie war sehr erleichtert; alle meinten, daß die alte Dame eine starke Konstitution hätte und sie wirklich nicht krank werden sollte. Nur Dong Bin stand immer noch ganz benommen da. Lächelnd sagte Liping zu ihr: »Was ist los mit dir? Begreifst du denn nicht? Deine Mama wurde krank, weil sie dich vermißt hat. Ging es ihr nicht wieder gut, sobald du zurückgekommen bist?« Doch Dong Bin wußte einfach nicht mehr, was sie von der ganzen Angelegenheit denken sollte.

Genau wie der alte Meister vorausgesagt hatte, bekam das Paar im zweiten Jahr einen Sohn. Nach der Geburt des Kindes geschahen viele seltsame Dinge. Wenn zum Beispiel der Kleine im Tagesheim war, wußte sein Vater immer sofort, wenn das Kind weinte oder unruhig war. Auf der Stelle bat er dann seine Frau, die in der gleichen Fabrik in seiner Nähe arbeitete, nach ihrem Kind zu schauen. Anfangs glaubte Dong Bin, daß die Hausmeister ihren Mann bei solchen Anlässen benachrichtigt hätten, aber auf ihre Fragen hin erfuhr sie, daß keiner jemals so etwas getan hatte. Doch ihr Mann hatte jedesmal recht gehabt, als er sie zu ihrem Sohn geschickt hatte.

Schließlich wollte Dong Bin von ihrem Mann wissen, wie er das machte. Liping antwortete diesmal ganz freimütig: »Ich kann dir wirklich nicht sagen, wie es kommt, daß ich das weiß. Es ist so ähnlich wie damals, als wir als Kinder Verstecken gespielt haben – irgendwie habe ich dich immer gefunden. Bei

Erwachsenen sind solche Fähigkeiten natürlich größer als in der Kindheit, und außerdem sind da noch die Blutsbande zwischen Vater und Sohn.«

Als sie an ihre Kindheit zurückdachte, erinnerte sie sich, daß das stimmte. Ganz gleich, wie gut sich seine Spielkameraden versteckt hatten, Liping hatte ein unglaubliches Geschick, sie zu finden. Schon als Kind war er immer klüger als die anderen gewesen. Wenn sie die Dinge auf diese Weise betrachtete, war anscheinend alles völlig logisch, und doch war da irgendeine Art von undefinierbarem Gefühl des Mysteriösen. Ihr Mann war ein gutherziger Mensch, ehrlich und aufrichtig, gewissenhaft und pflichtbewußt, eine feine und tüchtige Person, die anderen Menschen gerne half. Aber da war etwas an ihm, mit dem sie einfach nichts anzufangen wußte.

Selbst inmitten menschlicher Emotionen und weltlicher Geschäfte ist es möglich, diese zu transzendieren und davon unberührt zu bleiben, sich nicht davon fesseln zu lassen, sondern ruhig und klar zu bleiben, so daß die geistige Wahrheit stets wirken kann. Wer so lebt, muß aber nicht als besonders puritanisch auffallen, sondern ist wie tauendes Eis im Sonnenschein, das keine Spur hinterläßt. Wenn die wirre Welt und das klare, offene Dao sich vereinen, sind sie wie Fische im Wasser und Wasser mit Fischen: Sie bilden eine natürliche Ganzheit und spiegeln einander in der Vollkommenheit der Wirklichkeit wider.

Daoistische Praxis im Heim ist etwas ganz anderes als daoistische Praxis in den Bergen. In den Bergen verbringen daoistische Adepten ihre Tage in der Gesellschaft von Himmel und Erde, Sonne und Mond; wenn man inmitten der gewöhnlichen Welt praktiziert, hat man es im allgemeinen mit Menschen zu tun. Der Daoismus vertritt hohe Ideale in Hinsicht auf das Zusammenleben mit anderen Menschen, und dies ist der Gegenstand der daoistischen ›Künste der Inneren Kammer‹.

Diese Künste der Inneren Kammer sind eine Art von daoistischer Soziologie, ein Studium des menschlichen Zusammenlebens, eine systematische Lehre und Praxis zur Regulierung zwischenmenschlicher Beziehungen. Die Künste der Inneren Kammer werden in zwölf Abteilungen eingeteilt; die wichtigsten davon befassen sich mit Themen wie Weg und Tugend [Dao und De]; Weite; Unendlichkeit; die Beziehungen zwischen Himmel, Erde und Mensch; das menschliche Leben; Eltern; Ehepaare; Geschwister. Die Künste der Inneren Kammer befassen sich hauptsächlich mit der Systematik und den Rhythmen im Universum des menschlichen Körpers, mit den Veränderungen im Leben, mit Gesundheitspflege und der Einteilung des Lebens. Diese Hauptelemente durchdringen einander und bilden ein in sich vollständiges System daoistischer Philosophie und einen wichtigen Teil der daoistischen Kultur.

Die hier behandelten Künste der Inneren Kammer beziehen sich nicht auf die ›Kunst des Schlafgemachs‹ in dem engen Sinn, den dieser Begriff heutzutage im allgemeinen hat. In diesem engen Sinne bezieht sich der Begriff einfach auf die sexuelle Beziehung zwischen Mann und Frau, aber dies ist nur ein Aspekt der Lehre über Ehepaare in den Künsten der Inneren Kammer.

Die Lehre von der Lebenssystematik befaßt sich mit dem Gesamtablauf des menschlichen Lebens von der Geburt bis zum Tod. Sie hat drei Teile: Schwangerschaft, Wachstum und Entwicklung, Alterung. In dem Teil über die Schwangerschaft geht es einerseits um Empfängnis und Reifung und andererseits um das, was Mann und Frau während der Schwangerschaft praktizieren sollten. Der Teil über Wachstum und Entwicklung unterscheidet verschiedene körperliche Stadien, die entsprechende Methoden der Kultivierung erfordern. Der Abschnitt über Alterung beschreibt die Ursachen des Verfalls und die Methoden, den Verfall aufzuschieben.

Die Lehre von den Lebensrhythmen befaßt sich mit den Gesetzmäßigkeiten, welche die natürlichen Veränderungen im menschlichen Körper regeln, und den Variationsmöglichkeiten bei der inneren Arbeit, mit denen man sich diesen Veränderungen besser anpassen kann. Die Daoisten sprechen von fünf Arten von periodischen Wellen, von denen hier drei

Arten vorgestellt werden sollen: die Linie des Lebens, die Linie des Gefühls und die Linie der Sexualität.

Das Große Dao ist unendlich; die Linie des Lebens hat weder Anfang noch Ende. Da es im Leben eines Individuums jedoch Geburt und Tod gibt, hat die Linie des Lebens für dieses Individuum hier einen Anfang und ein Ende, welche seine Lebenszeit begrenzen. So lange die Menschen nicht gestorben sind, wird die Linie des Lebens nie unterbrochen, und die Linien der Sexualität und des Gefühls sind gemeinsam mit der Lebenslinie aktiv. Sobald die Lebenslinie aufhört, hören auch die Linien der Sexualität und des Gefühls auf. Zusätzlich zu diesen drei Linien gibt es noch zwei weitere Linien, die sowohl zu Lebzeiten als auch nach dem Tod der Menschen aktiv sind.

Nach daoistischer Auffassung bildet der Moment, in dem die Nabelschnur durchtrennt wird, den Anfang der Lebenslinie. Zu diesem Zeitpunkt tritt die Person aus dem Zustand der Ursprünglichkeit in den der Zeitlichkeit ein. Der Zustand im Mutterleib vor dem Durchtrennen der Nabelschnur ist halb ursprünglich und halb zeitgebunden.

Die Linie der Sexualität spiegelt den Sexualtrieb und die Zeugungskraft sowie die Intelligenz einer Person wider. Alterung und Verjüngung spielen sich auf dieser Linie ab. Wenn das Element der sexuellen Erregung verschwindet, hat das Alter begonnen. In der Praxis der daoistischen Künste der Inneren Kammer kultiviert man zuerst die Linie der Sexualität, um das Element der sexuellen Erregung anzuregen und dadurch das Leben zu verlängern. Bei Frauen markiert der Beginn der Menstruationsperiode den Tiefpunkt des Sexualtriebs, um dann zwölf bis fünfzehn Tage später mit dem Einsetzen des Eisprungs seinen Höhepunkt zu erreichen. Bei Männern muß man diesen Verlauf durch Beobachtung bestimmen.

Die Linie des Gefühls zeigt den periodischen Verlauf der emotionalen Wellen an. Die Daoisten haben herausgefunden, daß sich die Gefühle in Übereinstimmung mit dem Sexualtrieb verändern, jedoch mit einer kleinen zeitlichen Verschiebung. Kurz nach dem Tiefpunkt des Sexualtriebs erscheint der emotionale Tiefpunkt, und der emotionale Höhepunkt folgt dem Höhepunkt des Sexualtriebs.

Die Linien des Lebens, der Sexualität und des Gefühls verlaufen in regelmäßigen Wellen. Diese Schwankungen lassen sich im Ablauf einer ganzen Lebenszeit, aber auch im Ablauf der Monate eines Jahres oder der Tage eines Monats beobachten. Wenn diese Linien nach einem einheitlichen Maßstab berechnet werden, variieren die Frequenz und die Wellenlänge einer jeden Linie je nach Individuum; sie müssen vom Übenden mittels kontinuierlicher Beobachtung bestimmt werden.

Wenn wir zum Beispiel die Linien des Lebens, der Sexualität und des Gefühls für einen Monat aufzeichnen, stellen wir fest, daß jede der drei Linien Extreme hat und sich die drei Linien gelegentlich überschneiden. Die Punkte, an denen sich alle drei Linien schneiden, sind die instabilsten Zeiten für ein Individuum.

Nachdem die Daoisten die rhythmischen Variationen der drei Linien im menschlichen Leben entdeckt hatten, entwikkelten sie verschiedene Praxismethoden für die Höhepunkte, Täler und Schnittstellen; dabei handelt es sich um eine Art von Feuerungsvorgang oder einen Prozeß der Läuterung.

So ist zum Beispiel eine Person auf dem Höhepunkt ihres Sexualtriebs am leichtesten erregbar und am wenigsten zur Selbstkontrolle fähig. Zu diesem Zeitpunkt ist es bei der Praxis notwendig, intensiv mit dem ›martialischen Feuer‹ zu arbeiten, um die Energie zu isolieren und zu läutern. Männer praktizieren dann das ›Öffnen des äußeren Fünf-Elemente-Kanals‹, die ›Geistigen Kugeln der Acht Trigramme‹ und das ›geistnährende Baden‹. Frauen üben aktiv, um die Energiekanäle zu öffnen und um den zweiten Schritt der weiblichen alchimistischen Arbeit zu vollziehen.

An den Tiefpunkten der Linie des Gefühls kommt es am ehesten zu Depressionen. Bei jungen Leuten kann dies so ernst sein, daß sie unter Gefühlen der Verzweiflung leiden. Zu solchen Zeiten ist es notwendig, wärmende und sanfte nährende Methoden einzusetzen, indem man das Bewußtsein sammelt, die Wesensnatur nährt und die ›Unsterbliche Induktionstechnik‹ ausführt.

Durch geeignete Praxis zu den richtigen Zeitpunkten wird die Regelmäßigkeit der natürlichen Veränderungen im menschlichen Leben verstärkt, und auf diese Weise lassen sich alle möglichen Widersprüche und Konflikte in unserem Körper rechtzeitig lösen. Kann ein Mensch so sein inneres Gleichgewicht im höchsten Maße bewahren, dann ist es ganz selbstverständlich, daß er optimistisch, intelligent, gesund und langlebig ist.

Damit man seine persönlichen Beziehungen harmonisch gestalten kann, ist es sehr hilfreich, ebenfalls die Rhythmen der natürlichen Wellen bei den Menschen der eigenen Umgebung zu kennen. Auf dem Höhepunkt des Sexualtriebs zum Beispiel sollten sich die Männer aktiv betätigen, während die Frauen mit älteren Leuten draußen spazierengehen können. Da dies bei Kindern die Zeit ist, in der es am ehesten zu Streitereien und Kämpfen kommt, müssen die Erwachsenen verstärkt auf sie aufpassen, um Unfälle zu verhindern. Bei der Krankenpflege ist es natürlich besonders anzuraten, diese natürlichen Schwankungen im Leben der Patienten zu berücksichtigen. Nach daoistischer Theorie wird jeder Zyklus in vier Stadien eingeteilt: steigendes Yang, sinkendes Yang, sich sammelndes Yin, entstehendes Yang. Die Kenntnis dieser Gesetzmäßigkeiten erleichtert die Anwendung verschiedener Therapien.

In den fünfziger und sechziger Jahren des 20. Jahrhunderts haben westliche Forscher die Biorhythmen, periodische Abläufe im menschlichen Körper, entdeckt. Dabei fanden sie drei Linien für Körper, Gefühl und Geist. Man versuchte sogar, diese Erkenntnisse zur Verhinderung von Flugzeug- und Schiffskatastrophen anzuwenden. In den letzten Jahren ist diese Theorie auch in China populär geworden. Im Rahmen der daoistischen Künste der Inneren Kammer hatte man jedoch bereits zur Zeit der Sieben Erleuchteten des Nordens ein vollständiges System der Biorhythmen entwickelt. In der entsprechenden Abteilung der Künste der Inneren Kammer befaßt man sich mit fünf Arten von Rhythmen; dieser Ansatz geht bei der Erforschung des Lebens wesentlich weiter. Leider war diese hervorragende Lehre acht Jahrhunderte lang für die Welt verborgen.

Nachdem die Daoisten die Systeme und Rhythmen des menschlichen Lebens erforscht hatten, richteten sie ihr Augenmerk auf die Zukunft: Sie stellten Theorien über die Wandlungen im menschlichen Leben auf; sie sagten schädliche oder nützliche Veränderungen vorher, die in Zukunft bei den Menschen in ihrem natürlichen Leben, ihren sozialen Verhältnissen und den Beziehungen zwischen der menschlichen und der natürlichen Welt auftreten könnten; ferner zeigten sie Methoden auf, um Schwierigkeiten zu vermeiden, sein Glück zu finden und Unglück zu verhindern.

Diese Methoden haben auch mit Prophezeiung zu tun, obwohl Prophezeiung an sich ein in sich geschlossener und unabhängiger Zweig innerhalb der Fünf Künste ist. Im Rahmen der Lehre von den Lebensveränderungen beschäftigt sich Prophezeiung hauptsächlich mit dem, was die Daoisten Veränderungen in der Form nennen; damit sind Veränderungen gemeint, die mit Hilfe gewöhnlicher Erfahrungen und Kenntnisse vorhergesagt werden können. Zum Beispiel steht in einem Buch über den Sechzig-Jahre-Zyklus, daß das Jahr 1989 ein Yin-Jahr war, das zu ›großem Wald-Holz‹ gehört und dem ›Yin-Holz‹, dem Organ Gallenblase, entspricht. 1990 war ein Yang-Jahr, das zu ›Erde an der Straße‹ gehört, und ›Yang-Erde‹ entspricht dem Magen. Für den daoistischen Adepten bedeutet das, daß er sich bei seiner Praxis diesen bestimmten Körperteilen widmen sollte, um so möglichen Beschwerden vorzubeugen.

Auf der Grundlage eines Systems und bestimmter Regeln und Variationen des Lebensablaufs praktizieren die Daoisten eine Art von regulierter, zweckgerichteter Gesundheitspflege. Diese Praxis entspricht dem, was die traditionelle chinesische Medizin dialektische Behandlung nennt. Dabei werden je nach den unterschiedlichen Zuständen verschiedene Methoden angewendet und unterschiedliche Feuerungsprozesse ins Spiel gebracht. Aus diesem Grund ist die daoistische Gesundheitslehre sehr praktisch und präzise.

Schließlich geht es in den Künsten der Inneren Kammer

um eine Theorie zur Strukturierung des menschlichen Lebens. Langjährige Praxis führt selbstverständlich zu gewaltigen Veränderungen in der Struktur und den Fähigkeiten des Körpers, indem immer mehr zeitliche und räumliche Elemente an den Aktivitäten des eigenen Lebens beteiligt werden. Als Wang Liping zum Beispiel begann, das Dao zu kultivieren, ließ er sich ausschließlich auf die natürliche Umgebung in seiner unmittelbaren Nähe ein; danach trat er allmählich mit der Sonne und dem Mond in Verbindung, und später praktizierte er den Energieaustausch mit dem Sonnensystem und den achtundzwanzig Konstellationen. Auf diese Weise entfalteten sich die Aktivitäten seines Lebens in einem immer größeren Universum.

Auf der höchsten Stufe der Kultivierung muß der Adept Raum und Zeit transzendieren, um in ein mehrdimensionales Universum einzutreten. Deshalb verändern sich die Elemente, die an den Aktivitäten des Lebens teilhaben und sie beeinflussen, sehr stark; diese erfordert eine bewußte Neustrukturierung der verschiedenen Lebenskräfte und Fähigkeiten, damit das Leben zu einem ununterbrochenen Prozeß der Sublimierung werden kann.

Die hier vorgestellten Abteilungen der Künste der Inneren Kammer sind miteinander verbunden und bilden insgesamt eine daoistische Lebenslehre, die über achthundert Jahre lang geheimgehalten wurde. In den letzten Jahren sind von Zeit zu Zeit Leute oder Bücher aufgetaucht, welche die Kunst des Schlafgemaches anpreisen und behaupten, daß es sich bei den Künsten der Inneren Kammer um die ›wechselseitige Kultivierung von Mann und Frau‹ handele. Auf diese Weise wurde der Ruf einer würdigen Tradition durch skrupellose und ignorante Menschen beschädigt.

In Wirklichkeit bildet die wechselseitige Kultivierung nur einen Abschnitt in der Abteilung über Ehepaare in den Künsten der Inneren Kammer. Außerdem ist diese Abteilung über Ehemann und Ehefrau nur ein einzelner Abschnitt des umfassenderen Themas ›Frau und Mann, Yin und Yang‹. Im ersten Schritt befaßt man sich mit der Pflege guter Gefühle zwischen Mann und Frau, damit sie in natürlicher Harmonie miteinander auskommen. Erst im zweiten Schritt wird die wechselseitige Kultivierung von Mann und Frau erörtert, die insgesamt einhundertacht Techniken umfaßt. Durch den gegenseitigen Energieaustausch von Mann und Frau kann man den Körper stärken und eine Vielzahl von Krankheiten heilen. Zu diesen Techniken gehört auch die beste natürliche Verhütungsmethode. Das ganze System dieser Praxis wurde von zwei der Sieben Erleuchteten des Nordens, Meister Danyang und seiner Frau Sun Buer, zur Vollendung gebracht.

Aus Rücksicht auf traditionelle Moralvorstellungen hat Meister Wang vorläufig davon abgesehen, öffentlich über dieses Thema zu sprechen. Einmal verriet er einigen ausländischen Gästen etwas davon; diese hörten ihm ganz aufgeregt zu und drängten ihn, das Ganze zu Papier zu bringen, damit man es im Ausland veröffentlichen könne. Meister Wang tat diese Idee mit einem Lachen ab. Uns verriet er später: »Denkt nicht, ich wäre kleinkariert. Aber mein Patriotismus ist sehr stark.«

Die Abteilung über Eltern, Ehepartner und Nachkommen der Künste der Inneren Kammer beschäftigt sich mit den Methoden der Kultivierung zu Hause, unter Verwandten und unter Freunden. Für die Daoisten ist die Nutzung von Blutsbanden von größter Bedeutung. Viele Menschen haben vielleicht schon die Erfahrung gemacht, genau in dem Moment, als eine nahestehende Person an einem weit entfernten Ort in eine ernste Notlage geriet, unerklärliche Gefühle verspürt zu haben. Solche Erfahrungen zeigen, daß eine unglaubliche Sensitivität zwischen nahestehenden Personen besteht, eine Sensitivität, die weder durch Raum noch durch Zeit eingeschränkt wird.

Die Wissenschaft hat gerade erst damit begonnen, solchen Phänomenen Beachtung zu schenken, aber die Daoisten haben schon längst mit dieser Art von Sensitivität gearbeitet. Obwohl sie niemals erklärt haben, um welche Art von Wellen es sich dabei handelt, haben sie diese Phänomene sehr gründlich erforscht. Auch wenn sie von der gleichen Mutter abstammen, ist die praktische Kultivierung von Beziehungen zwischen Brüdern und zwischen Schwestern verschieden. Durch gemeinsame Kultivierung mit eng verwandten Menschen werden die Gefühle vertieft und bereichert und alle Aspekte von Kommunikation gesteigert. In den Worten von Meister Wang: »Leben ist Praxis: Kultivierung von Veranlagung, Kultivierung von Harmonie im Haus – mit Fröhlichkeit, Aufmerksamkeit und Einheit der Herzen.«

Während seines Lebens in der Welt behielt Meister Wang diese Dinge zunächst für sich und steuerte sie unauffällig im Kreis seiner Familie. Später bat ihn der Großmeister, die Anwendung dieser Techniken in einem kleinen Kreis von Menschen auszuprobieren; deshalb gab er etwas davon in seinem Haushalt und an ältere Nachbarn weiter. Die alten Leute übten eifrig, und manche gelangten sogar so weit, daß sie im Schnee meditieren konnten.

Meister Wangs Eltern und Schwiegereltern, allesamt alte Menschen in den Siebzigern und Achtzigern, praktizieren heute alle täglich stilles Sitzen und andere Übungen; sie sind alle gesund, mit klaren Augen und Ohren, fröhlich und offen, beweglich und gut zu Fuß. Von Zeit zu Zeit gehen sie aus dem Haus, um Gutes zu tun. Zu Hause sind sie auch nicht müßig, sondern verrichten verschiedene Hausarbeiten.

Meister Wang und seine Frau leben ein bescheidenes Leben und sorgen für die alten Leute in ihren Familien und für ihren Sohn. Meister Wangs Alltagskleidung ist sauber und einfach, auch wenn seine Arbeitskleider weit und ausgebeult waren. Seine Ernährung ist noch einfacher. Niemals in seinem Leben hat er Fleisch, Tabak, Alkohol oder Tee genossen; später gab er nach dem Vorbild seiner Lehrer auch scharfe Lebensmittel wie Zwiebeln, Knoblauch, Ingwer und Lauch auf. Er ißt nur Gemüse, und zwar nur so wenig, als läge ihm gar nichts am Essen. Als wir einmal zusammen mit Meister Wang zu einem Essen eingeladen waren, bei dem der Gastgeber eine üppige Tafel mit Geflügel, Fisch und Garnelen auftragen ließ, trank er nur ein Glas Wasser und verzehrte ein paar Streifen Tofu und Sojakeime. Nach der Mahlzeit fragten wir Meister Wang, ob er wirklich nie daran gedacht hätte, einmal Fleisch zu probieren. Er gab uns zur Antwort: »Es ist nicht so, daß ich niemals daran denken würde. Manchmal wünsche ich mir schon, etwas Leckeres zu schmecken, aber dann lösche ich solche Gedanken einer bestimmten Überzeugung zuliebe wieder aus.«

An einem ruhigen Nachmittag besuchten wir Meister Wangs Haus. Seine Schwiegermutter bat uns freundlich herein und begann sogleich, für uns Tee zu machen. In der Zwischenzeit nutzten wir die Gelegenheit, um uns in Meister Wangs vier Wänden umzuschauen. Er wohnt in einem wirklich einfachen Haus mit zwei Räumen, die einen recht verwohnten Eindruck machen. Das größere Zimmer ist etwa sechzehn Quadratmeter groß. Da die Tür des kleineren Zimmers offen stand, konnten wir darin die Hälfte eines großen Bettes sehen. Auch im großen Zimmer steht ein großes Bett, dazu ein Fernsehapparat an der Wand, neben dem ein altes Radio aus den siebziger Jahren steht. Es gibt auch eine altmodische Kleidertruhe. Außer diesen wenigen Möbelstücken befindet sich nichts weiter im Wohnzimmer; ohne den Fernseher würde es wie in einem Haushalt der fünfziger Jahren aussehen.

Meister Wang holte sich einen Klappstuhl aus der Ecke und setzte sich zu uns. Seine Schwiegermutter brachte Tee. Wir tranken aus Porzellantassen, während Meister Wang sich mit einem alten Glas begnügte. So einfach waren die Utensilien, die er zu Hause benutzte.

»Dies ist also Ihr Haus?«

»Ist es nicht prima?« erwiderte Meister Wang, indem er sein Heim zufrieden betrachtete. »Zwei von den alten Leuten wohnen im großen Vorderzimmer, während meine Frau und ich das kleine Hinterzimmer benutzen.« Wir warfen einen Blick in das kleine Zimmer. Es war etwa neun Quadratmeter groß; den größten Teil davon nahm ein Bett ein. Am Kopfende des Betts war ein Regal, auf dem eine Ausgabe des *Daozang*, des Daoistischen Kanons, stand. Am Fußende stand an der Wand ein Toilettentisch, auf dem verschiedene kleine Artikel lagen. An der Wand hing ein quadratischer Spiegel. Das war alles, was sich in dem ganzen Raum befand.

»Und wo schläft Ihr Sohn?«

Während er uns Tee einschenkte, antwortete Meister Wang: »Mein Sohn wohnt bei seiner Großmutter. Ihr Haus hat zwei Zimmer wie dieses. Meine Eltern wohnen im äußeren Zimmer, während meine jüngere Schwester und mein Sohn das innere Zimmer benutzen.«

»Wo schreiben Sie?« Nirgends sahen wir einen Schreibtisch, auf dem man ungehindert arbeiten könnte. Wir fragten uns, wo er wohl die Texte verfaßte, die er späteren Generationen hinterlassen wollte, um die Lücken im Daoistischen Kanon zu füllen. Meister Wang deutete auf das große Bett im kleinen Schlafzimmer und sagte in leichtem, lockerem Ton: »Ich schreibe auf diesem Bett. Da ist doch genug Platz auf einem so riesigen ›Schreibtisch‹!«

Die Leser mögen sich darüber wundern, daß die Lebensumstände von Meister Wang so bescheiden sind. Heutzutage ist die Durchschnittswohnung in China einigermaßen modernisiert – wie kann ein international bekannter daoistischer Linienhalter also in derart bescheidenen Verhältnissen leben? Wenn wir Meister Wangs Haus nicht selbst besucht hätten, hätten wir nicht gewagt, das zu schreiben, obwohl er uns schon vorher von seinen häuslichen Verhältnissen erzählt hatte. Damals hatte er berichtet: »Im Vergleich zu anderen Familien besitze ich nur wenige Möbelstücke, auch wenn ich einen Farbfernseher habe. Wenn zu viele Leute bei uns fernsehen wollen, muß ich Bänke von den Nachbarn leihen.«

In diesem Zusammenhang bemerkte der Meister: »Letzten Endes ist materieller Komfort zweitrangig und oberflächlich; im wesentlichen hängt alles von der Persönlichkeit ab. Wenn die Person einen positiven Geisteszustand hegt, ist alles in Ordnung. Als ich während der Kulturrevolution mit meinen Lehrern unterwegs war, waren wir den ganzen Tag fröhlich, auch wenn wir nichts zu essen und zu trinken hatten und unsere Kleider zerlumpt waren. Selbst wenn es so stark regnete, daß wir ausrutschten und ganz mit Schlamm beschmutzt waren, sangen wir, während wir weiterwanderten.« Jedesmal, wenn Meister Wang seine Lehrer erwähnte, strahlte er über sein ganzes Gesicht. »Jene Jahre waren wirklich die glücklichste Zeit meines Lebens.«

Abschließend bemerkte er zu diesem Thema: »Die Ziele der Menschen sind verschieden, und so sind auch ihre Leben verschieden. Ihre Wünsche sind verschieden, und so geht ihre Suche in verschiedene Richtungen. Ihr Streben ist verschieden, und so gehen sie verschiedene Wege.« Wir dachten noch über seine Worte nach, da brachte Meister Wang ein paar Briefmarkenalben aus dem Hinterzimmer, um uns sein Hobby vorzustellen. Sein Sohn und er sind nämlich begeisterte Briefmarkensammler. Beim Blick in die Alben stellten wir fest, daß sich keine besonders wertvollen Marken darin befanden; meist handelte es sich um Neudrucke. Die zahlreichen ausländischen Briefmarken machten seine Sammlung jedoch zu etwas Ungewöhnlichem. Es war rührend, zu erleben, wie Meister Wang sich begeistern konnte, wenn er auf die eine und die andere Marke deutete. Da er anscheinend eine Menge Post bekam und es nicht fertigbrachte, diese hübschen Bildchen wegzuwerfen, bewahrte er alle Marken sorgfältig auf.

Wir hätten uns niemals vorstellen können, daß dieser Meister der Drachentor-Schule einem solchen Hobby frönte. Wir hatten gewußt, daß er Kinder liebt und nicht so recht in Stimmung kommt, wenn längere Zeit vergeht, ohne daß er die Gelegenheit hat, mit Kindern zu spielen. Wenn Besucher Kinder mitbringen, wird der Meister oft unbewußt die Erwachsenen ignorieren, um sich zuerst mit den Kindern zu beschäftigen. Kindliche Unschuld zieht ihn an, und was ihn am meisten betrübt, sind Dinge, die Kinder verletzen.

Als er einmal mit dem Fahrrad in der Stadt unterwegs war, sah er, wie eine Gruppe von Schulkindern die Straßen fegte und die Ladenfronten putzte, während die Erwachsenen müßig zuschauten. Meister Wang runzelte die Stirn und fuhr langsamer. An der nächsten Ecke bemerkte er wieder Kinder, die den Passanten die Fahrräder aufpumpten. Viele Radfahrer hatten einfach angehalten, obwohl sie gar keine Luft brauchten. Als er sah, wie die Kinder sich abmühten, während die Erwachsenen untätig dabeistanden, stieg Meister Wang vom Rad und bahnte sich einen Weg durch die Menge. Während er ein Taschentuch herauszog, um den Schweiß von der Stirn eines Kindes abzuwischen, sagte er zu ihr: »Kleines Mädchen, du bist sicher müde! Warum ruhst du dich nicht ein bißchen aus, und der Onkel macht für dich weiter.« Da verloren die Erwachsenen das Interesse und zerstreuten sich. Wir sind davon überzeugt, daß die Begegnung mit Meister Wang an jenem Tag einen tieferen und besseren Eindruck auf jenes kleine Mädchen gemacht hat als alles andere, was sie bei ihrem Arbeitseinsatz gelernt und erfahren hatte.

19 Der Auftrag

In jüngster Zeit wächst in China das Interesse an der traditionellen Kultur, und das hat unter anderem zur Popularisierung traditioneller Kampfkünste und anderer Disziplinen geführt. Doch während dieser Boom das ganze Land zu erfassen schien, blieb Meister Wang im verborgenen. Immer noch ging er wie seine Kollegen jeden Tag zur Arbeit in die Fabrik. Er redete wenig und zeigte allen stets ein freundliches Lächeln. In den Augen seiner Arbeitskollegen war er ein normaler, fleißiger Arbeiter. Wenn er von der Arbeit nach Hause kam, pflegte er nach den alten Angehörigen zu schauen, Hausarbeiten zu verrichten oder manchmal mit seinem Sohn auf den Schultern einkaufen zu gehen. Für seine Nachbarn schien er ein ordentlicher junger Mann zu sein, zufrieden und glücklich mit seinem Los, respektvoll zu den Alten und freundlich zu den Kleinen.

Wenn es manchmal in der Nachbarschaft zu einer ernsten Krankheit oder einem kleineren Unglück kam oder wenn ein Arbeitskollege irgendwelche Beschwerden hatte, pflegte Meister Wang aufzutauchen, um den Betroffenen Trost zu spenden. Und zur Verwunderung der Leute lösten sich jene Krankheiten, Sorgen und Probleme dann immer auf unerklärliche Weise in Nichts auf. Schließlich begannen sich die Leute darüber zu wundern und Meister Wang danach zu fragen, aber weil er sich nie etwas anmerken ließ, wußte keiner so recht, ob er einen ›Zaubertrunk in der Flasche‹ hatte oder nicht.

Aber dieser Adept der Schule der Vollkommenen Wirklichkeit behielt das Wiederaufleben der traditionellen chinesischen Kultur genau im Auge. Manchmal gaben Qigong-Lehrer (Ch'ikung) in der Nähe Unterricht, den Meister Wang dann besuchte. Von seinem mageren Gehalt zahlte er die Kursgebühren und saß schweigend unter den Teilnehmern. Kein einziges Mal bemerkte einer von diesen Qigong-Lehrern, daß sich ein echter Meister unter seinen Schülern befand. So beobachtete Wang Liping die aktuelle Situation sorgfältig. Durch Gespräche mit anderen Kursteilnehmern begann er besser zu verstehen, wie sich die Lage entwickelte und was die heutigen Menschen erwarteten. Er trat nun öfter in Kontakt mit seinen weit entfernten Lehrern, aber nicht in schriftlicher Form. Selbst bei der Arbeit empfing er ihre spirituellen Botschaften aus der Ferne und sendete auch seine eigenen Gedanken ständig zu ihnen zurück.

Eine Anzahl von traditionellen Methoden des körperlichen Trainings waren unter der Bezeichnung Qigong oder Energiearbeit populär geworden, und Qigong war allmählich zu einer gesellschaftlich akzeptierten Disziplin geworden. Die Zeit war nun reif, um den Menschen höhere Stufen daoistischer Praxis vorzustellen. Die Zeit war gekommen, die fortgeschrittenen Methoden zu offenbaren, die innerhalb der Drachentor-Schule über achthundert Jahre lang geheimgehalten worden waren.

Im Jahr 1985 zeigte sich, daß die Popularisierung von Qigong auch Konfusion mit sich brachte. Wenn Fische und Drachen sich mischen, ist es schwer zu sagen, was wahr und was falsch ist. An manchen Orten traten sogar freche Betrüger auf und schmückten sich mit dem Namen der Drachentor-Schule, um die Welt zu täuschen. Meister Wang erwartete in Ruhe den Auftrag seiner Lehrer und bereitete sich darauf vor, aus der Verborgenheit hervorzutreten. Schließlich sandte der Großmeister, der Weggefährte der Unendlichkeit, nun einhundertfünf Jahre alt, die folgende Botschaft an Wang Liping: »Tritt hervor, um das Dao weiterzuführen, auf der korrekten Grundlage seiner reinen Quelle. Verbreite die klassischen Methoden innerer Arbeit, wie sie in der Drachentor-Schule überliefert wurden, und propagiere das Große Dao im ganzen Land!«

Der Linienhalter der Drachentor-Schule in der achtzehnten Generation, der spirituelle Erbe der klassischen Alchimie des Magischen Juwels, der Meister, der fünfzehn Jahre lang studiert und praktiziert, das Dao acht Jahre lang im stillen bewahrt hatte und über zwanzig Jahre im verborgenen gelebt hatte – Wang Liping trat nun endlich in der Welt als derjenige auf, der er wirklich war.

Am südwestlichen Rand der chinesischen Hauptstadt Peking liegt der Tempel der Weißen Wolke, die größte daoistische Institution in Nordchina. Der Tempel der Weißen Wolke ist einer der drei Hauptsitze der Drachentor-Schule. Gegen Ende der Song-Zeit und zu Beginn der Yuan-Zeit begann der Begründer der Drachentor-Schule, der Meister des Ewigen Frühlings, Qiu Chuji, hier das Dao zu lehren und die Lehren der Schule der Vollkommenen Wirklichkeit zu verbreiten. Achthundert Jahre später kam sein Nachfolger in der achtzehnten Generation, Wang Liping, an diesen Ort, erwies seinem spirituellen Ahnen seine Huldigung und begab sich dann zu den Acht Großen Orten in den Westbergen bei Peking, um in großem Maßstab Kurse in innerer Arbeit zu organisieren.

Ein Übungsplatz wurde im Tempel der Duftenden Welt, einem der Acht Großen Orte, eingerichtet. Auf allen vier Seiten von grünen Bergen umgeben und in Wolken und Nebel gehüllt, tauchte der Tempel der Duftenden Welt im Morgenlicht aus dem dichten Nebel auf. Da dieser Tempel schon lange verlassen war, war er voller Spinnweben und Staub. Meister Wang betrat den Tempel, säuberte die Räume und meditierte dann die ganze Nacht in allen Gebäuden, um sie genau zu untersuchen und die jahrelang angesammelte Feuchtigkeit zu vertreiben, damit der Tempel die vielen Teilnehmer an seinem ersten Kurs aufnehmen konnte.

Einer so großen Gruppe von mehr als hundert Menschen – Männern und Frauen, Alten und Jungen, alle geistig und körperlich individuell verschieden – Übungen der Stille zu vermitteln, war ein beispielloses Unterfangen. Als er vor die Teilnehmer aus allen Regionen Chinas trat, wollte Meister Wang zuerst alle möglichen verworrenen Vorstellungen klären und die Teilnehmer in die Grundlagen einführen. Nachdem er kurz seine Zweifel am populären Qigong geäußert hatte, gab der Meister eine Definition der drei Zustände der Energie:

»Das Wichtigste bei der daoistischen Kunst der Gesundheitspflege ist es, die Große Natur zu verstehen und den Naturgesetzen zu folgen. Da die Menschen als Teil der Natur geboren werden und zwischen Himmel und Erde leben, haben wir eine untrennbar enge Beziehung zur Natur. Die wesentliche Modalität dieser Beziehung ist Energie. So stellte Laozi folgende Formel auf: ›Der Mensch befolgt die Regeln der Erde, die Erde befolgt die Regeln des Himmels, der Himmel befolgt die Regeln des Dao, das Dao aber richtet sich nach sich selbst.‹

Heutzutage reden alle von Energiearbeit, aber in alter Zeit gab es einen solchen Ausdruck nicht. Außerdem gibt es Unterschiede im Gebrauch des Wortes Energie. Konkret gibt es drei Arten von Energie:

Die erste Art ist die Atemenergie, die Energie in der natürlichen Atmosphäre. Diese Energie hat keine Form; sie folgt keinen bestimmten Regeln und keinem festen Verlauf. Sie existiert sowohl im menschlichen Körper als auch in der Natur, kreist innerlich und äußerlich in ständigem Austausch.

Die zweite Art der Energie ist eine feinstoffliche Substanz innerhalb des menschlichen Körpers; sie bildet den Kraftfluß im Körper. Obwohl sie nicht wahrzunehmen und nicht zu fassen ist, besitzt sie trotzdem eine Masse und enthält meßbare Partikeln. Bei dieser Art von Energie handelt es sich um substantielle, aber formlose Materie; sie ist die sogenannte ›wahre Energie‹, von der wir im allgemeinen sprechen.

Die dritte Art von Energie ist leuchtende Energie, die ebenfalls Partikeln enthält und einen Kraftfluß innerhalb des Körpers bildet. Diese leuchtende Energie gibt Strahlung und Wärme ab; sie ist für andere Menschen wahrnehmbar, wenn sie ausgesandt wird, und kann dazu benutzt werden, um elektromagnetische Wellen zu übertragen. Diese Schwingungen bilden eine Art von Magnetfeld, das zur Heilung von Krankheiten benutzt werden kann.

Diese drei Arten von Energie stehen für verschiedene Ebenen von praktischen Fähigkeiten; sie können sich auch ineinander umwandeln und aufeinander einwirken. Die Praxis beginnt mit der Schulung im Umgang mit natürlicher Energie; das führt dazu, die Realität des menschlichen Körpers im Rahmen der Naturgesetze wahrzunehmen. Wenn die Kraft der inneren Arbeit ein bestimmtes Niveau erreicht hat, wandelt sich die erste Art von Energie in die zweite um. Wenn man beharrlich weiterübt, wandelt sich die zweite Art von Energie in die dritte um. Dann hat die Praxis ein fortgeschrittenes Niveau erreicht.

Wenn sich die zweite Art von Energie in die dritte umwandelt, kann es zu bestimmten Reaktionen kommen, wie Verzicht auf Getreide, Fleisch, Tabak, Alkohol, Tee und so weiter. Zu einem solchen Zeitpunkt ist eine sorgfältige Kontrolle notwendig; sonst kommt es leicht dazu, die bisher gemachten Anstrengungen zu vergeuden und auf halbem Weg aufzugeben. Um das Gesagte zusammenzufassen: Wenn man wirklich die zweite Art von Energie in die dritte umwandeln will, muß man Übungen der Stille praktizieren, denn es ist unmöglich, dies durch Bewegungsübungen zu erreichen.

Bei den Übungen der Stille kommt es vor allem darauf an, die vier Richtungen des menschlichen Körpers – vorn, hinten, links und rechts – zu kultivieren. Das, was von außen hereinkommt, ist die Verbindung von Geist, Wille und der ersten Art von Energie. Das, was von innen hinausgeht, ist die Verbindung von Belebendem Geist, Wille und der zweiten Art von Energie. Energie nach außen ausstrahlen ist die Verbindung von Belebendem Geist, Wille und der dritten Art von Energie.

Um die vorhergehenden Punkte zusammenzufassen: Es handelt sich bei der ersten Art von Energie um den natürlichen Atem im menschlichen Körper. Die zweite Art von Energie ist das Mysterium des Universums im menschlichen Körper. Die dritte Art von Energie ist das Geheimnis der Kultivierung der Wirklichkeit und des Erlangens magischer Kräfte. Die Wunder der daoistischen Gesundheitslehre liegen in den unendlich wunderbaren Energien der ersten, zweiten und dritten Stufe.«

Meister Wangs Worte öffneten Geist und Herz der Schüler. Meister Wang war sich bewußt, daß die daoistischen Theorien aus langwährender Praxis von Körper und Geist entwickelt und durch genaue Beobachtung und direkte Einsicht entdeckt wurden. Wenn man sich nur die Theorie anhört, steht man noch unentschlossen vor dem Tor. Will man das Tor durchschreiten, zur Halle emporsteigen und in den inneren Raum eintreten, um die tiefe Bedeutung hinter den Worten zu erfassen, gibt es keine andere Möglichkeit, als das Dao intensiv zu praktizieren.

Vormittags gab Meister Wang Belehrungen; nachmittags und abends leitete er die Schüler bei der Praxis an. Beim Unterricht benutzte er so weit wie möglich die Methoden, die er von seinen eigenen Lehrern gelernt hatte. Allgemein gesagt ist die Arbeit an der Essenz mit den Übungen der Stille im Sitzen mit überkreuzten Beinen am schwierigsten und schmerzhaftesten. Dabei ist es notwendig, selbst unter stärksten Schmerzen in Körper, Haltung, Knochen, Bewußtsein, Aufmerksamkeit und Sichtweise entspannt zu bleiben – für Anfänger gewiß keine Kleinigkeit!

Anfangs vermochten einige der Teilnehmer den tiefen Sinn dieser Übung nicht zu begreifen, denn nach kurzer Zeit hatten sie beim Sitzen solche Schmerzen, daß sie ihren Willen nicht mehr kontrollieren konnten. Während er alle ermutigte, durchzuhalten und ihre Haltung nicht aufzugeben, gab ihnen Meister Wang folgende Erklärung:

»Mit überkreuzten Beinen sitzen, um innere Arbeit zu praktizieren, ist äußerst schmerzhaft; sitzen, bis man bewußtlos wird, ist die Grenze. In den ›Wesentlichen Punkten der Verwirklichung‹ heißt es, daß dies selbst für Eisenmänner schwer zu ertragen ist, denn dieser Schmerz ist unangenehmer als andere Schmerzen. Er tötet uns zwar nicht, aber er läßt uns auch nicht richtig leben. Was nützt es dann, solche Schmerzen auf sich zu nehmen? Diese Praxis führt die Übenden zu der Einsicht, daß es jenseits der Welt von Personen, Geschehnissen und Dingen, die wir zuerst unter Schmerzen durchqueren müssen, die Welt von Himmel, Erde und Mensch gibt, die ebenfalls unter Schmerzen durchschritten werden muß. Wir sollten diesen Schmerz einmal erfahren. Wenn wir diesen Schmerz ertragen können, dann können wir jede Art von Schmerz ertragen. Menschen können ihn tatsächlich aushalten. Andernfalls bedeutet dies, daß unser Wille schwankend ist und wir ihn mit Hilfe des Denkens kontrollieren müssen. Wenn man beginnt, mit überkreuzten Beinen zu sitzen, ist es notwendig, die Knochen und das Knochenmark zu kultivieren und die Qualität des Bluts zu verändern, um sich auf die Übungen zur Läuterung der inneren Fünf Elemente und zur Öffnung des Knochenmarks vorzubereiten. Nachdem man ein oder zwei Jahre stilles Sitzen geübt hat, verwandelt sich Bitterkeit in Süße, und es wird uns so vorkommen, als hätten wir eine andere Welt betreten.«

Diese Worte sind leicht zu verstehen, aber nach Meister Wang können die zugrundeliegenden Prinzipien nur gemeistert werden, indem man immer wieder harte Zeiten durchmacht und mehrmals hintereinander stirbt und wiedergeboren wird. Da seine Worte auf persönlicher Erfahrung beruhten, klangen sie ungewöhnlich überzeugend und einleuchtend. So führte er die Menschen plaudernd und lachend durch das Tor zu wunderbaren Geheimnissen.

Die Kultivierung des Dao ist wirklich schmerzhaft und kann nicht in einem Tag geschehen. Auf der Basis der praktischen Methodik, die achthundert Jahre lang in der Drachentor-Schule übermittelt worden war, lehrte Meister Wang auf angemessene, systematische Weise. Er begann mit den Grundlagen – im Gegensatz zu selbsternannten Qigong-Meistern, die für sich in Anspruch nehmen, irgendwelche Schnellmethoden der Energiearbeit anzubieten. Wang Liping machte sich auch Gedanken darüber, daß die neuen Schüler übereifrig sein und den Schmerz der Einsamkeit nicht ertragen könnten. Deshalb zeigte er von Zeit zu Zeit zur Erbauung der Schüler etwas von seinen Künsten, um etwas Abwechslung in das harte Übungsprogramm zu bringen und den aufgeweckteren Teilnehmern Gelegenheit zu geben, zu einem Verständnis bestimmter Prinzipien zu gelangen.

Weil es im Juni in Peking drückend heiß ist, ist der Körper in Schweiß gebadet, auch ohne daß man sich bewegt. Der Übungsraum im Tempel war etwa so groß wie ein Klassenraum, und darin saßen über einhundertfünfzig Teilnehmer auf engstem Raum zusammen. Weil Türen und Fenster fest geschlossen waren, gab es auch keinerlei Luftzug, wie in der Erdgrube, in der Meister Wang als Junge stilles Sitzen geübt hatte. Die Schüler waren so von Schweiß durchnäßt, als säßen sie in einem Dampfbad. Selbst ihre Sitzkissen wurden naß. Alle waren in Bedrängnis und schnappten keuchend nach Luft.

Meister Wang ließ alle die Hände öffnen und mit den Handflächen nach oben auf die Knie legen; dann sollten alle auf die Temperaturänderungen im Raum um ihren Körper herum achten. Während er das sagte, kauerte er nieder und schwenkte seine Hände wie kleine Fächer vor und zurück, während er leise etwas vor sich hin murmelte. Nach ungefähr ein oder zwei Minuten begann sich die Luft im Raum zu bewegen. Kurz darauf hatten alle das Gefühl, daß alle Türen und Fenster weit offen stünden und eine kühle Brise durch den Raum wehte, die mit jedem Windstoß kälter wurde. Nach ein paar Minuten hatte sich die schreckliche Hitze zerstreut, und der Schweiß auf den Gesichtern und den Körpern der Teilnehmer begann allmählich zu trocknen.

Im Handumdrehen war ein vor Hitze dampfender Raum kühl wie eine Bergeshöhle mit einer plätschernden Quelle geworden. Einige der Übenden wollten nicht glauben, daß dies wirklich geschehen war; als sie insgeheim die Augen öffneten und sich umschauten, sahen sie, daß Türen und Fenster immer noch geschlossen waren und nicht ein einziger Lufthauch hereingeweht war. Die anderen Übenden saßen mit geschlossenen Augen da, ein erfrischtes Lächeln auf ihren Lippen.

Einer der beiden Autoren dieser Biographie gehörte zu denen, die heimlich guckten. Damals konnten wir uns nicht vorstellen, wie eine einzelne Person die Temperatur in einem so großen Raum in so kurzer Zeit senken konnte. Als wir später die Austauschübungen praktizierten, entdeckten wir, daß dies durchaus plausibel ist: Wenn man zum Beispiel mit einem reinen Yin-Wesen, wie einer Schlange, bis zum Erreichen des Energiegleichgewichts praktizieren kann, könnte man die reine Yin-Energie der Schlange aufnehmen und sie ausstrahlen; oder ein Mensch könnte der Fähigkeit der Schlangen nacheifern, Yin-Energie auszustrahlen, um damit die Luft zu kühlen.

Während immer mehr außergewöhnliche Dinge geschahen, erweiterte sich die Perspektive der Teilnehmer in erheblichem Maße, obwohl diese Phänomene allesamt für sie noch völlig unfaßbar und unverständlich blieben. Viele Teilnehmer hatten auch Träume, in denen ihnen oft Meister Wang erschien. Seltsam daran war die Tatsache, daß sich am nächsten Tag, wenn das Gespräch auf jene Träume kam, herausstellte, daß eine Anzahl von Leuten den gleichen Traum gehabt hatte.

Manchmal gab es mehrere Nächte hintereinander Träume wie in einem Fortsetzungsroman, in dem ein Kapitel auf das andere folgt. Auf unsere Fragen hin antwortete Meister Wang lachend: »Vielleicht macht ihr alle zusammen Übungen im Schlaf. Wenn das Denken im Gleichklang geübt wird, erhöht sich die Wahrscheinlichkeit, daß mehrere Menschen denselben Traum haben.« Die meisten Teilnehmer waren lediglich mit dem Ziel zu diesem Kurs gekommen, ihr körperliches Wohlbefinden zu steigern; und weil sie nicht weiter an solchen Phänomen interessiert waren, ignorierten sie solche Erfahrungen von großem Wert. In Wirklichkeit gehört der Einsatz von Träumen zur Übertragung von Gewahrsein zu den Künsten des Höheren Fahrzeugs der Drachentor-Schule.

Meister Wang nutzte die Gelegenheit, die ihm diese Klasse bot, zu einem Experiment, indem er dafür sorgte, daß eine größere Anzahl von Menschen zur selben Zeit denselben

Traum hatte. Früher hatte er derartige Experimente nur mit seinen eigenen Lehrern gemacht: Da sowohl die alten Meister als auch ihr Schüler auf einer hohen Stufe des Könnens standen, vermochten sie im Traum Gedanken auszutauschen und lange Unterhaltungen zu führen. Aber keiner von seinen Vorgängern hatte jemals konkrete Experimente durchgeführt, um das Denken von mehreren Menschen gleichzeitig zu kontrollieren; das war ganz allein seine Aufgabe. Auch heute noch beschäftigt er sich mit der Untersuchung und Erforschung dieser Phänomene.

Wir selbst haben solche Erfahrungen mehr als einmal gemacht; offensichtlich erschien Meister Wang in unseren Träumen, um darin mit großer Klarheit zu sprechen und zu handeln. Wir konnten uns auch gut an alles erinnern, was er in unseren Träumen tat und sagte, und fanden heraus, daß sich unsere Träume in der Folge bewahrheiten sollten. Deshalb vermuteten wir, daß Meister Wang im Traum Gewahrsein übertrug. Doch als wir ihn ansprachen und danach fragten, sagte er, er wüßte nichts davon.

Wir glauben, daß alle, die öfters Kontakt mit Meister Wang haben, solche Erfahrungen gemacht haben. Diese Phänomene zeigen, daß hochentwickelte Menschen bewußt Dinge tun können, während sie sich äußerlich in einem unbewußten Zustand befinden. Wie lassen sich solche spirituellen Phänomene einordnen? Anscheinend reichen westliche psychologische Begriffe wie Bewußtes und Unbewußtes nicht aus, um Bewußtseinsstufen von fortgeschrittenen Adepten zu beschreiben.

Nach halbmonatigem Üben im Bergtempel erklärte Meister Wang seinen Schülern, daß nun eine Menge kleiner Tiere erscheinen würden, sie aber keine Angst vor ihnen haben sollten. Er bat sie außerdem, nett zu den Tieren zu sein und sie auf keinen Fall zu verletzen. Nach ein paar Tagen würden die Tiere von selbst wieder verschwinden. Halb glaubten ihm die Teilnehmer, halb zweifelten sie, aber am nächsten Tag wurde der Tempel wirklich zu einem Tierpark. Wie aus dem Nichts tauchten Ratten und Wiesel auf und sprangen am hellichten

Tag ausgelassen herum. Sie drangen auch in den Übungsraum ein: Nachdem die Klasse für kurze Zeit stilles Sitzen geübt hatte, kam eine Horde von Nagetieren hereingehuscht, um zwischen den Sitzkissen hin und her zu rennen; einige legten sich schließlich in die Schuhe, als hätten sie darin etwas Lekkeres gefunden. Schlangen glitten über die Fensterrahmen, und manche von ihnen drangen neugierig in die Ritzen in den Ecken des Raums ein, als suchten sie etwas darin. Außerdem erschien eine erstaunliche Zahl von mißtrauischen und unruhigen Dachsen. Einige Schüler, die im Stehen unter Bäumen meditierten, entdeckten zu ihrer Überraschung an jenem Abend nach Abschluß ihrer Übung, daß Dachse vor ihnen standen, als sie die Augen öffneten.

Meister Wang erklärte den Teilnehmern, daß die Praxis innerer Arbeit kleine Tiere anzieht. Dies ist kein Aberglaube, denn dieses Phänomen läßt sich wissenschaftlich erklären. Jedes Ding und Wesen in den Sphären von Personen, Geschehnissen und Dingen sowie von Himmel, Erde und Mensch hat sein eigenes Feld, das Wellen von bestimmter Frequenz ausstrahlt, welche mit der Umgebung in Wechselwirkung treten. Die zahllosen verschiedenen Felder bilden eine Ganzheit und sind doch individuell unabhängig. Auf Grund seiner Einheit bildet das Universum ein Ganzes; auf Grund ihrer unabhängigen Individualität sind alle Dinge und Wesen unterschiedlich. Wenn eine Gruppe von Übenden viele Tage lang zusammen das Dao kultiviert, kommt es zu Veränderungen in der Konstitution und der Kapazität des menschlichen Körpers; das gilt auch für die Frequenzen der ausgesandten Energiewellen. Wenn diese Frequenzen mit derjenigen von kleinen Tieren übereinstimmen, werden spontan Tiere angezogen, so als witterten sie verlockendes Futter.

An diesem Phänomen sind tatsächlich auch Gesetze der Chemie, der Physik und der Biologie beteiligt. In Erweiterung dieses Prinzips läßt sich folgendes behaupten: Wenn Menschen beim Sitzen mit überkreuzten Beinen auf die winzigen und subtilen Veränderungen innerhalb des Körpers achten, befähigt sie das, die subtilen Schwingungsfrequenzen auf der Erdoberfläche zu spüren. Austauschübungen mit dem Rükken zu einem Baum, um in seiner Energie zu baden, haben zum Ziel, das eigene Energiefeld dem Feld des Baumes anzugleichen. Auch kleine Tiere praktizieren tatsächlich in der Gegenwart von Menschen Selbstkultivierung, indem sie ihr Energiefeld auf das der Menschen einstellen.

Eingeweihte in alter Zeit haben so sowohl die Ungleichförmigkeit als auch die Gleichförmigkeit von Energiefeldern benutzt, um latente Fähigkeiten in menschlichen Wesen anzuregen. Als moderner Eingeweihter der Drachentor-Schule, als Meister, der die Essenz daoistischen Denkens tief verwirklicht hat, benutzt Wang Liping eine allgemein verständliche moderne Sprache, um die Gedanken des Daoismus auszudrücken. Durch seine Beschäftigung mit wissenschaftlichen Theorien in einer Zeit, in der sich östliche und westliche Kultur annähern, sind ihm die Begrenzungen der modernen Wissenschaft deutlich bewußt. Diese Erkenntnis ist eine Triebfeder für die Entschlossenheit, mit der er sich der Verbreitung des Daoismus widmet.

Nach Beendigung seines ersten Kurses im Tempel der Duftenden Welt bei Peking begab sich Meister Wang insgeheim zur Höhle des Ewigen Frühlings auf dem Berg Laoshan, um seinen Lehrern über seine neuen Erfahrungen, Eindrücke und Einsichten zu berichten. Außerdem bat er sie um Hinweise zu einigen problematischen Krankheiten, die er angetroffen hatte. Die alten Meister stellten voller Freude fest, wie sehr ihr Schüler gereift war und wie gut er seine große Verantwortung bewältigte. Wang Liping blieb ein paar Tage bei seinen alten Lehrern. Während des Kurses hatte er Tag für Tag mit den Teilnehmern geübt, Krankheiten geheilt und Vorträge gehalten, und auf diese Weise ziemlich viel Energie verbraucht. Doch nach ein paar Tagen der Ruhe hatte er sich wieder erholt.

Beim Abschied übergab er dem Großmeister alles Geld, das er für seinen Unterricht erhalten hatte, als Beitrag zur Verwirklichung seines Plans, einen Ort zur Verbreitung des Dao zu errichten. Der Großmeister ermahnte ihn: »Obwohl du das Dao erlangt hast, hast du die normale Gesellschaft noch nicht verlassen. Du lebst in der gewöhnlichen Welt und hast eine große Familie mit all ihren materiellen Bedürfnissen zu versorgen. Nach diesem ersten Kurs wirst du eine zunehmende Anzahl von Gästen zu empfangen haben, und dadurch werden dir beträchtliche Unkosten entstehen. Unsere Arbeit ist schon jenseits dieser Welt; wir leben in der Welt des Dao. Himmel und Erde schenken uns alles, was wir brauchen. Was sollen wir also mit Geld?« Mit diesen Worten wollte der Großmeister Wang Liping das Geld zurückgeben, aber dieser lehnte ab.

In der Folgezeit erhielt die kommunistische Arbeitsbrigade, die mit der Betreuung des Kurses beauftragt war, nach Beendigung jeden Kurses den größten Teil der Einkünfte. Wang Liping behielt den kleinen Rest des mühsam erworbenen Honorars und brachte ihn zum Laoshan, um ihn persönlich dem Großmeister zu übergeben. Da er das Verhalten seines Schülers nicht ändern konnte, blieb dem Großmeister nichts anderes übrig, als das Geld zu akzeptieren. Der Großmeister war tief gerührt von Wang Lipings Respekt für seine Lehrer und seiner Hingabe an das Dao.

Meister Wang, der die Verantwortung für die Verbreitung daoistischer Kultur auf sich genommen hatte und den Erwartungen seiner Lehrer gerecht werden wollte, war nun in seinem Elan nicht mehr aufzuhalten. Jahrelang war er in ganz China unterwegs, um Kurse und Seminare in Wushun, Shenyang, Peking, Shijiazhuang, Xian, Wuhan, Kanton, Nanking, Jinhua, Shanghai und anderen Städten zu geben. So wollte er die Essenz der traditionellen Kultur vermitteln, die er vor zwanzig Jahren unter unsäglichen Mühen von seinen Lehrern auf der Wanderschaft erworben hatte, und sich für die Wiederbelebung der traditionellen chinesischen Kultur in der Welt engagieren.

Da er sich seiner Heimatstadt sehr verbunden fühlte, organisierte Meister Wang dort kurz nach seiner Rückkehr vom Laoshan seinen zweiten Kurs in der inneren Alchimie des Magischen Juwels. Diesmal nahmen über vierhundert einheimische alte Leute daran teil. Meister Wang setzte seine ganze

Kraft ein, um für alle Teilnehmer ein Energiefeld aufzubauen und sie bei den inneren Übungen mit sich zu führen, indem er sie in das Feld seiner inneren Kraft hineinzog. Im letzten Stadium dieses Kurses manifestierten sich tatsächlich latente Fähigkeiten verschiedenen Grades bei einem Viertel der Teilnehmer.

Später führte Meister Wang diese Gruppe an einen malerischen Platz, wo er sie auf einer Hügelspitze mit offenem Rundblick zum stillen Sitzen aufforderte. Dann bat er sie, die Augen zu schließen, geradeaus zu schauen und im Gedächtnis zu behalten, was sie sehen würden. Nach ein paar Stunden wies Meister Wang sie an, die Übung zu beenden und ihre Visionen zu Papier zu bringen, ohne miteinander zu reden. Als nach einer Weile mehr als hundert Teilnehmer ihre Berichte abgaben, stellte sich heraus, daß die meisten Szenen einer Schlacht geschaut hatte. Mehr als dreißig Teilnehmer lieferten detaillierte Beschreibungen von Soldaten, Uniformen, Fahnen, Schlachtformationen und Veränderungen im Kampfgeschehen, so als hätten sie das alles selbst miterlebt. In diesen Berichten wurden außerdem übereinstimmend dieselben Szenen beschrieben. Ohne sich vorher abgesprochen zu haben, benutzten viele Leute ähnliche Formulierungen, indem sie schrieben, es wäre wie ein Alptraum, eine Szene mit grauenhaftem Gemetzel, gewesen.

Ein solches Ereignis ist in den Geschichtsbüchern verzeichnet. Im Jahr 1618 griff der Tungusen-Khan Nurhaci (1559 bis 1626), der ›Sieben Große Vorwürfe‹ gegen die chinesische Ming-Herrschaft vorbrachte, drei chinesische Festungen an. Im April jenes Jahres führte der chinesische Verteidigungsminister eine Armee in eine blutige Schlacht gegen Nurhacis Truppen. Die Ming-Armee wurde so vernichtend geschlagen, daß »mehr als zehntausend starben und nicht mehr als einer oder zwei von zehn Kriegern überlebten«. Die drei Festungen und das umliegende Territorium gingen an Nurhaci verloren, und darauf ging es mit der Macht der Ming steil bergab.

Es gibt einen ziemlich ausführlichen Bericht von dieser Schlacht, und ein Vergleich der dokumentierten Beschreibung der Uniformen und Fahnen mit dem, was die Teilnehmer in ihren Visionen gesehen hatten, würde sicher den Schluß nahelegen, daß es sich bei den Visionen tatsächlich um Szenen aus jener Schlacht handelte.

Meister Wang gab folgenden Kommentar zu diesem Ereignis: »Für das Auftauchen eines alten Schlachtfeldes gibt es drei mögliche Erklärungen. Erstens, daß die Teilnehmer unter meiner Führung den Fluß der Zeit umkehrten und über 370 Jahre zurückgingen, um Szenen einer Schlacht aus dieser Gegend heraufzubeschwören. Zweitens, daß im Universum Szenen aus vergangenen Zeiten ihre Spuren zurücklassen – auf irgendeine Weise gespeichert, die wir mit speziellen Methoden erfassen können. Drittens, daß ich mit Hilfe daoistischer Magie eine Szene vor meine Schüler projiziert habe, so als hätte ich dafür gesorgt, daß alle einen bestimmten Traum hatten. Dazu möchte ich sagen, daß ich bestimmt nichts projiziert habe; und selbst wenn ich das getan hätte, woher wären dann die projizierten Bilder gekommen? Deshalb könnt ihr die dritte Möglichkeit streichen und euch Gedanken über die Begriffe von Raum und Zeit sowie die Modalitäten von materieller Existenz machen.«

Im Mai 1986 gab Meister Wang auf Einladung der Chinesischen Gesellschaft für Wissenschaftliche Erforschung der Energetik in den Bergen westlich von Peking wieder ein Seminar, das von über dreihundert Menschen aus ganz China besucht wurde. Während des ganzen vierzigtägigen Kurses mit Vorträgen und praktischen Übungen nahm Meister Wang seine Mahlzeiten gemeinsam mit den Schülern ein und blieb die ganze Zeit bei ihnen. Die Schüler trugen ihm all ihre großen und kleinen Probleme vor, von chronischen Krankheiten bis zu häuslichen Angelegenheiten. Zwischen dem Lehrer und den Schülern entwickelte sich so eine tiefe Beziehung. Mit seinem Mitgefühl, seiner Fröhlichkeit, seiner Weisheit, seiner Wahrhaftigkeit und seinem wahrhaft daoistischen Charakter gelang es Meister Wang, in seinen Schülern die Überzeugung zu festigen, daß die Kultivierung des Dao eine gute und lohnende Sache ist.

Als wir später einmal mit Meister Wang über das sprachen,

was er selbst aus seiner langjährigen Unterrichtserfahrung gelernt hatte, erklärte er, daß es für einen Lehrer notwendig sei, mit den Schülern eins zu werden und aus einem tiefen Gefühl innerer Verbundenheit heraus zu lehren.

Während dieses Seminars kam einmal eine Gruppe von Menschen den Berg herauf und brachte eine alte Frau, die viele Jahre unter Lähmungen gelitten hatte, zu Meister Wang. Als sie ihn erblickte, rief ihm die über achtzigjährige grauhaarige Frau laut zu: »Rette mich, edler Bodhisattva!« Diese alte Frau war zeitlebens gläubige Buddhistin gewesen und hatte auch den Daoismus stets hoch geachtet. Sie war eine fromme und gutherzige Frau, hatte aber 1982 einen Gehirnschlag erlitten, der sie völlig gelähmt hatte. Nachdem sie in mehreren großen Kliniken behandelt worden war, hatte sich ihr Zustand etwas gebessert, aber eine Körperseite blieb immer noch gelähmt.

Mit dem Himmelsauge erkannte Meister Wang, daß ihr Zustand nicht hoffnungslos war, sie aber nicht rechtzeitig und nicht mit den richtigen Methoden behandelt worden war. Er erklärte ihren Verwandten, daß er sich um mehrere hundert Schüler zu kümmern hätte und die alte Frau deshalb nicht zu Hause behandeln könnte; aber wenn sie die Frau jeden Tag einmal hierherbringen könnten, würde die Behandlung eine Woche dauern. Diesem Vorschlag stimmten die Angehörigen der Frau sofort zu.

So geschah es, daß diese alte Frau jeden Tag zu Meister Wangs Vortrag gebracht wurde und neben seinem Podium Platz nahm. Während er zu den Schülern sprach, sandte er unbemerkt innere Energie aus, um die alte Frau zu behandeln. Ganz in den Vortrag vertieft und ohne zu merken, was da passierte, konnte die alte Frau nach zwei Tagen mit Hilfe ihrer Familie aufstehen und gehen. Nach drei Tagen konnte sie mit Hilfe eines Stocks langsam allein gehen. Nach fünf Tagen konnte sie sich ganz allein auf den Beinen halten. Nach sieben Tagen war sie völlig geheilt und spazierte auf dem Tempelgelände herum.

Nach Abschluß des Workshops kam die alte Frau mit ihrer ganzen Familie, um Meister Wang ihren Dank abzustatten.

Sie ergriff seine Hand und sagte: »Mein Leiden konnte nicht von einem gewöhnlichen Menschen geheilt werden. An dem Tag, als ich Sie das erste Mal gesehen habe, war mir, als erblickte ich das Licht Buddhas. Da wußte ich, daß ich gerettet würde. In meiner Jugend litt ich unter einer anderen schlimmen Krankheit, die genau hier in diesem Tempel von einem buddhistischen Abt durch Übertragung spiritueller Energie geheilt wurde. Nun, da ich von Ihnen spirituelle Energie empfangen habe, können sich diese alten Knochen wieder erheben!« Kaum hatte sie das gesagt, kniete ihre ganze Familie vor Meister Wang nieder. Bestürzt kniete Meister Wang selbst schnell nieder, um der alten Frau wieder auf die Beine zu helfen; dabei wiederholte er mehrmals: »Das geht zu weit, Großmütterchen, das geht zu weit!«

Über dreihundert Schüler saßen mit überkreuzten Beinen in zwei großen Räumen, die in T-Form aneinander stießen; in der Mitte saß Meister Wang, um sie mit seiner inneren Kraft zu führen. »Öffnen Sie beengende Kleidung und die Gürtel; entspannen Sie den ganzen Körper und richten Sie Ihre Haltung aus. Der Rücken sollte gerade aufgerichtet, aber nicht steif sein, entspannt, aber nicht zusammengesackt. Legen Sie die Zunge an den oberen Gaumen. Wenn Ihr Sitz stabil ist, schließen Sie die unteren drei Yin. Gut! Nun heben Sie den Kopf und schauen Sie nach vorn, je weiter, desto besser. Schauen Sie, ob da ein heller Punkt ist und von welcher Farbe. Gut! Sammeln Sie allmählich spirituelles Licht ein, sammeln Sie es nach hinten in den Punkt zwischen den Augenbrauen, die ›Öffnung des Himmelsauges‹. Bringen Sie es dann weiter nach innen ...«

Die Teilnehmer saßen aufrecht und völlig unbeweglich da; im Übungsraum war es friedlich und still, ohne ein Geräusch. Nun streckte Meister Wang seine Handflächen aus, hob sie einmal leicht an und schüttelte sie dann einmal nach links und nach rechts. Auf einen Schlag begannen alle dreihundert Schüler unkontrolliert zu schwanken, als säßen sie in kleinen Booten auf stürmischer See. Als Meister Wang dann seine Hände so bewegte, als drehte er zwei Münzen um, schüttelte es die Schüler noch heftiger. Manche schwankten vor und zurück, manche schleuderten ihre Hände mit schnellen Bewegungen nach außen, manche trommelten auf die Brust, manche machten elegante Tanzbewegungen, manche führten ähnlich wie bei der Zeichensprache Serien von raschen Handbewegungen aus. Ganz plötzlich begannen einige kläglich zu jammern, während andere wie verrückt lachten. In beiden Räumen herrschte ein Aufruhr wie in einem Tollhaus.

Meister Wang stand in der Mitte und beobachtete das seltsame Geschehen um ihn herum mit sanftem Lächeln. Nach einer Weile hob er seine rechte Hand in Richtung des Raums, der sich von Osten nach Westen erstreckte, während er die linke Hand leicht nach unten schob. Danach drehte er sich um zu dem Raum, der in nordsüdlicher Richtung lag, während er scheinbar mit ein paar Münzen spielte und dazu ein paar Silben vor sich hin murmelte.

Nun rasteten die Übenden in der Westhälfte des ostwestlichen Raums aus und schrieen und jammerten wie verrückt. Währenddessen schienen die anderen Leute in der Osthälfte erschöpft zu sein; ihre Bewegungen wurden zusehends schwächer, ihre spitzen Schreie verwandelten sich in Keuchen und beruhigten sich dann, bis alle wieder stabil saßen. Im nordsüdlichen Raum war es schon ruhig – über hundert Schülern ruhten wie eine Herde gefügiger Schafe. Einige dösten, andere schnarchten leise; sie schliefen, ohne das Gejammer und Gelächter in dem benachbarten Raum im geringsten zu beachten.

Nach dreißig Minuten beruhigte Meister Wang die Leute, die gejammert und Lärm gemacht hatten; darauf murmelte er eine magische Formel, worauf diejenigen, die eingeschlafen waren, aufzuwachen begannen. Meister Wang wies alle an, ihre Hände zu reiben, ihr Gesicht zu massieren, die Beine zu strecken und die Übung abzuschließen.

Als sie fertig waren, verlangten die Schüler lautstark von Meister Wang, ihnen zu erklären, was da geschehen war. Mit kindlicher Freude erklärte der Meister den Schülern, die sich um ihn drängten, die folgenden drei Phänomene: den Aufbau eines Energiefelds, das Auslegen einer Struktur und die Ausführung der Ermächtigung – alle aus alten daoistischen und buddhistischen Lehren entwickelt. Nach Meister Wang gibt es bei der Ermächtigung drei Fahrzeuge:

»Das erste Fahrzeug heißt ›unkontrollierte Anordnung‹. Das bedeutet, daß es zur Zeit der Ermächtigung keinerlei Einschränkung für die Beteiligten gibt. Es gibt keine Regeln und keine Ordnung; die Kraft kann sich einfach spontan entfalten. Wildes Jammern und Lachen, Gestikulieren und Tanzen, alle Arten von seltsamem Verhalten können sich bei den Betroffenen zeigen. Der Hauptzweck dieses Fahrzeugs ist, daß derjenige, der die Ermächtigung ausführt, Wesen, Charakter, Mentalität und Schwächen der betroffenen Personen beobachten kann. Deshalb wird auch bewußt darauf verzichtet, in das Geschehen einzugreifen.

Man muß allerdings bereits hoch entwickelt sein, um die Wirkungen der unkontrollierten Anordnung bewußt auslösen zu können. Auch äußerliche Kräfte – wie Ruhm, Prestige, Status und Profit – können dazu führen, daß Menschen ihre Grundnatur verlieren, vergessen, was sie gerade tun, und keine Kontrolle mehr über sich haben. Dadurch werden die subjektiven psychischen Elemente bei vielen Menschen in Verwirrung gebracht. Zum Beispiel können die Auftritte moderner Popmusiker oder von Filmstars oder Spitzensportlern berauschend auf junge Leute wirken und diese in eine Art von Trance versetzen. Deshalb sollte man nicht glauben, daß die Auslösung spontaner Aktionen in großem Umfang an sich schon etwas Gutes ist; selbst wenn hochentwickelte Menschen eine derartige Ermächtigung ausführen, ist dies in Wahrheit ein Phänomen auf niedriger Stufe.

Das zweite Fahrzeug heißt ›Auslegen einer Struktur‹. Dabei entwirft derjenige, der die Ermächtigung ausführt, verschiedene Sektoren, Felder und Winkel, je nach den verschiedenen Charakteren und Temperamenten der betroffenen Personen; dann wird eine Technik angewandt, um die Menschen in den einzelnen Sektoren in verschiedene Zustände zu versetzen. Einige geraten dadurch in Bewegung, einige weinen, einige lachen, einige schlafen, einige sitzen still – jeder reagiert auf seine eigene Weise, ohne die anderen zu stören. Derjenige, der die Ermächtigung ausführt, ist dabei der Akteur, während die Teilnehmer im Raum von ihm manipuliert werden. Es ist auch möglich, im gleichen Raum die eine Stelle kalt und eine andere Stelle warm werden zu lassen oder die Uhren einiger Leute etwas schneller laufen zu lassen, während die Uhren der anderen etwas langsamer gehen. All diese Wirkungen leiten sich aus dem gleichen Prinzip her.

Die Sphäre des höchsten Fahrzeugs der Ermächtigung heißt ›Das Bewußtsein nimmt spirituelles Begreifen auf‹. Dabei braucht es weder Sprache noch Aktion; die Subtilität des Vorgangs liegt allein im Bewußtsein. An dieser Stelle gibt es einen Übergang von äußerer Bewegung zu innerer Bewegung, von innerer Bewegung zu Bewegung des Belebenden Geistes; mit Hilfe des Belebenden Geistes kommunizieren dann beide Seiten mental und verbinden sich in wortloser Kommunion.«

Abschließend erklärte Meister Wang: »Wenn es bei dieser Praxis zu spontanen Körperbewegungen kommt, bedeutet dies, daß die Energie im Vordergrund steht, während der Belebende Geist im Hintergrund ist; da der Belebende Geist der Energie folgt, hat der Körper nun keinen Herrn mehr. Der Übende sollte das Selbst zum Herrn machen, äußere Bewegung in innere Bewegung verwandeln und die winzigen, äußerst subtilen Veränderungen innerhalb des Körpers im Zustand klarer Geistesstille betrachten.«

In der ›Schrift von der Klarheit und Stille‹ heißt es: »Stets den Willen zu benutzen, um das Öffnen zu beobachten, ist Bewegung; stets Geistesruhe zu benutzen, um die Subtilität im Öffnen zu beobachten, ist Stille. Medizin sammeln ist Bewegung; Medizin erhalten ist Stille.« Ferner heißt es: »Himmel und Erde im Körper reagieren empfindlich auf Himmel und Erde außerhalb des Körpers; ebenso reagieren Himmel und Erde außerhalb des Körpers auch auf Himmel und Erde innerhalb des Körpers; wenn Himmel und Erde innerhalb des Körpers einen Herrn haben, dann findet sich die Energie von Himmel und Erde außerhalb des Körpers schließlich im Inneren. Wenn es keinen Herrn gibt, dann verliert sich die Energie von Himmel und Erde innerhalb des Körpers schließlich im Äußeren; so kann man das Dao nicht erlangen, sondern wird es verlieren.«

Die Daoisten sagen: »Mein Schicksal ist meine Angelegenheit, nicht die des Himmels.« Es ist jedoch ganz wichtig, in allen Aspekten des Lebens mit dem Dao übereinzustimmen, sei es nun in bezug auf die individuelle Persönlichkeit, den Lebensunterhalt, die Selbstkultivierung oder die Arbeit. Wichtig ist dabei, daß »Himmel und Erde innerhalb des Körpers einen Herrn haben«; daß man in der Lage ist, sich selbst zu beherrschen, durch eigene Bemühung und Reflexion Fortschritt und Erleuchtung zu erlangen und die angeborene Wesensnatur niemals aus den Augen zu verlieren.

Meister Wangs Lehrtätigkeit zog immer mehr Menschen an, bis der Tempel der Duftenden Welt sie nicht mehr alle fassen konnte und sie in andere bewohnbare Tempelgebäude auf dem Berg ausweichen mußten. Als die Unterkünfte auf dem Berg alle belegt waren, gab es auch Schüler, die morgens auf den Berg stiegen und abends wieder hinabstiegen, um sich nach den Vorträgen und der Praxis auszuruhen. Es kamen sogar Freunde des Dao aus Hongkong, und Wissenschaftler aus Japan nahmen mit der Chinesischen Gesellschaft für Wissenschaftliche Erforschung der Energetik Kontakt auf, in der Absicht, physiologische Forschungen mit Meister Wang durchführen zu können.

20 Die Last der Verantwortung

Eine der wichtigsten Aufgaben, welche die alten Meister ihrem Schüler Wang Liping aufgetragen hatten, war die Ergänzung und Neuherausgabe des *Daozang*, des Daoistischen Kanons. Für Meister Wang stellt der Daoistische Kanon eine umfassende Dokumentation und Enzyklopädie der alten chinesischen Kultur dar.

Der *Daozang* ist allerdings kein Geschichtswerk, in dem das Auf und Ab der Epochen und Dynastien verzeichnet ist.

Sein Thema ist das Verhältnis von Mensch und Natur. Er behandelt Themen wie: die Entstehung, die Wandlungen und das Wirken des Universums; woher kommt der Mensch, wie hat er sich entwickelt, was ist sein Schicksal, was ist seine Stellung im Universum? Kurz gesagt, im Daoistischen Kanon geht es um die inneren Geheimnisse des Universums und des menschlichen Lebens. Der Daoismus untersucht diese Fragen mit einer besonderen Methode des Denkens. Diese sind Ausdruck einer besonderen Kultur und führen zu einzigartigen Schlüssen, die einen großartigen Beitrag des chinesischen Geistes zum Wissen und zur Weisheit der ganzen Menschheit darstellen.

Schon in alter Zeit hieß es, daß »die daoistischen Künste komplex und vielfältig« sind. Wer immer das sagte, der hat die Essenz der daoistischen Kultur nicht recht verstanden, und so behaupteten auch in späteren Zeiten manche Menschen ohne ein ausreichendes Verständnis dasselbe. Allerdings ließ sich – in Anbetracht des Umfangs und der Tiefe der Themen, mit denen sich der Daoismus beschäftigt – kaum vermeiden, daß seine Literatur vielfältig und komplex wurde. Die Geschichte der Kompilation und Organisation des *Daozang* erstreckt sich über tausend Jahre. Professor Chen Guofu hat diese Geschichte in seinen *Untersuchungen zu den Quellen des Daoistischen Kanons* (Zhonghua Publishing, Beijing 1963) dargestellt. Zu der ersten Ausgabe hat Professor Luo Changbei eine kurze Einführung geschrieben, die einen guten Überblick über die mehr als tausendjährige Geschichte der Kompilation des *Daozang* gibt:

»Die Kompilation des *Daozang* erfolgte in drei Phasen. Zum ersten Mal wurde er im Literaturverzeichnis in den *Dokumenten der Han-Dynastie* erwähnt; in der Folgezeit wurde er von Meistern wie Ge Hong, Lü Xiujing, Meng Fashi, Dao Hongjing, Yuan Xiaozhu, Wang Yang und Yi Wencao erweitert, geordnet und herausgegeben. Aber obwohl das Inhaltsverzeichnis vollständig war, war das beim Text der tatsächlichen Kompilation nicht der Fall. Dies war die erste Phase.

Die Bezeichnung *Daozang* wurde zum ersten Mal benutzt, als die Textsammlung in der Kaiyuan-Ära der Tang-Dynastie zwischen 713 und 742 geordnet und herausgegeben wurde; unter der Bezeichnung ›Kostbare Sammlung der Drei Offenen Kanäle‹ umfaßte sie 3 744 Schriftrollen. In den Kriegen und Unruhen am Ende der Tang-Zeit und in der folgenden Epoche der Fünf Dynastien ging diese Ausgabe verloren. Zur Zeit der Kaiser Taizong (976–997) und Zhenzong (998–1022) der Song-Dynastie machten Xu Xuan, Wang Jing und andere Gelehrten auf kaiserlichen Befehl vergleichende Studien und schickten ausgewählte Titel an den Kaiserhof. Da die Gesamtstruktur der Sammlung jedoch chaotisch und voller Diskrepanzen war, verging diese Zeit ohne eine gründliche thematische Neuorganisation des Kanons. Dann verglich Zhang Junfang eine Vielzahl von Texten, bewertete die verschiedenen Varianten und ordnete den Kanon in mehrjähriger Arbeit zu einer Sammlung von 4 565 Rollen. Sie wurde ›Schatzkammer des Himmlischen Palastes der Großen Song-Dynastie‹ genannt; dabei bezieht sich der Ausdruck ›Himmlischer Palast‹ auf die Numerierung nach dem ›Tausend-Zeichen-Klassiker‹. Zhang Junfang verfaßte auch Auszüge aus den wesentlichen Teilen dieses Kanons, zu denen auch die ›Sieben Bambustafeln aus dem Wolkenbeutel‹ gehören. In der Chongning-Ära unter der Herrschaft des Kaisers Huizong (1102–1106) erging dann ein kaiserliches Edikt mit der Anordnung, verlorene daoistische Schriften zu suchen; von diesen Texten ließ das kaiserliche Kulturamt anschließend von daoistischen Fachleuten kritische Ausgaben anfertigen. In dieser zweiten Phase wurde der *Daozang* auf 5 387 Rollen erweitert.

Die älteste bekannte kritische Ausgabe des *Daozang* wurde in der Zeit von Kaiser Huizong gedruckt und ist bekannt als der ›Wangshou-Daozang der Zhengho-Ära‹ (1111–1118). Während dieser Ära wurden auf kaiserlichen Befehl verlorene daoistische Bücher zuerst gesammelt und verglichen, um anschließend gedruckt und in einer Sammlung von 540 Kästen in Umlauf gebracht zu werden. Die Druckstöcke dieser Ausgabe existierten noch in der Zeit des Kaisers Zhangzong (1190–1208) in der Jin-Dynastie, aber sie waren unvollständig. Deshalb wurde auf kaiserlichen Befehl erneut eine Suche nach fehlenden Texten unternommen, um die Sammlung zu ergänzen und die Gesamtzahl der Rollen auf 6 455 zu erhöhen. Diese Sammlung wurde unter dem Titel ›Schatzkammer der Mystischen Hauptstadt der Großen Jin-Dynastie‹ gedruckt. Das Schneiden der hölzernen Druckstöcke begann im Jahr 1190 und wurde zwei Jahre später abgeschlossen.

In der Yuan-Dynastie suchte Song Degang auf Wunsch seines Meisters Qiu Chuji nach verlorenen Büchern und erweiterte so den Kanon auf mehr als 7 800 Rollen. Das Schneiden der Druckstöcke und das Kollationieren von Paralleltexten dauerte acht Jahre. Das Ergebnis war eine neue Ausgabe des *Daozang* unter dem Titel ›Schatzkammer der Mystischen Hauptstadt‹. Unter der Herrschaft der Song-Kaiser Xianzong (1251–1260) und Shizong (1260–1295) führten Streitigkeiten zwischen Buddhisten und Daoisten über die Authentizität des *Huahu jing*, der ›Schrift über die Bekehrung der Barbaren‹, dazu, daß ein kaiserlicher Erlaß zur Verbrennung des *Daozang* erging – eine Katastrophe, die zu beträchtlichen Verlusten im Daoistischen Kanon geführt hat.

Die letzte vollständige Ausgabe des *Daozang* wurde nach vierzigjähriger kompilatorischer und herausgeberischer Arbeit im Jahre 1444 in der Ming-Zeit gedruckt; im Jahr 1601 wurde dann die Fortsetzung des Kanons veröffentlicht. Insgesamt besteht der Ming-zeitliche Kanon mit seiner Fortsetzung aus 5 485 Rollen in 512 Kästen. Dies ist die einzige historische gedruckte Version des Kanons, die heute noch vollständig existiert. Dies war die dritte Phase.«

Der Ming-zeitliche Kanon zerfiel während der Qing-Dynastie, und als dann die Armeen der acht Alliierten 1900 in Peking einmarschierten, wurde er endgültig zerstört. Sowohl die Ming-Kaiser als auch die Qing-Kaiser hatten viele Kopien des *Daozang* an daoistische Heiligtümer und Tempel verteilen lassen, von denen aber nur sehr wenige die Wirren des Krieges überlebten. Zwischen 1923 und 1926 gab ein Verlag eine fotografische Reproduktion des Ming-Kanons und seiner Fortsetzung heraus, die im Tempel der Weißen Wolke in Peking aufbewahrt wurden. Von 1957 bis 1977 ließ die Chinesische Daoistische Gesellschaft von Taiwan diese Version nachdrucken. Weil im Text aus dem Tempel der Weißen Wolke [Baiyunguan] eine größere Zahl von Seiten fehlt, ist keine der darauf basierenden Ausgaben vollständig. Schließlich wurde 1988 eine photographische Version des Ming-zeitlichen Kanons veröffentlicht, in der die fehlenden Seiten ersetzt sind.

Der heute bekannte vollständige *Daozang* ist eine Sammlung von Texten, die bereits vor 1601 existierten. Deshalb fehlen einige Werke, darunter natürlich diejenigen, die nach 1601 geschrieben wurden. Einhundertzehn dieser Schriften auf 288 Rollen sind in den ›Gesammelten Grundprinzipien des Daoistischen Kanons‹ enthalten, einer Veröffentlichung der Kangxi-Ära (1662–1722). Dazu kommen noch fehlende Texte aus den früheren kanonischen Sammlungen sowie viele bedeutende Texte, die 1899 in den Höhlentempeln von Dunhuang entdeckt wurden. Ferner wurde 1973 eine Anzahl wichtiger Texte auf Seide in dem Fürstengrab von Mawangdui entdeckt. Einige Texte finden sich auch in den Überresten der Ming-zeitlichen ›Yongluo-Enzyklopädie‹.

Bei der Klassifizierung der Texte innerhalb des *Daozang* gibt es verschiedene Probleme. Wie Professor Chen erklärt, existierten über die Jahrhunderte hinweg viele daoistische Bücher – darunter vor allem daoistische Schriften der Tang- und Song-Dynastie sowie späterer Dynastien –, bei denen es manchmal schwer zu entscheiden ist, welcher Kategorie sie zuzuordnen sind. Diese Probleme gehören zu den Mängeln des *Daozang* in seiner gegenwärtig vorliegenden Form. Es gibt Gelehrte, die diesen Fragen nachgehen, und auch daoistische Linienhalter, die sie noch ernster nehmen und sich bemühen, diese Mängel zu beheben. Das erste Erfordernis dabei ist die Ergänzung, das zweite die Neuordnung, das dritte die Indexierung. Nach Auffassung der Daoisten ist dies ein Teil ihrer Aufgabe; das ist ein bedeutendes Ereignis in der Geschichte der daoistischen Kultur und gleichzeitig auch ein bedeutendes Ereignis in der Geschichte der Menschheit.

Für Meister Wang und seine Lehrer gehören Mut und Charakter dazu, diese schwere Verantwortung auf sich zu nehmen. Sie arbeiten unermüdlich an der Erfüllung dieser Aufgabe. Auf ihrer Wanderschaft haben sie einen Teil der verborgenen Schriften von Lü Dongbin in einer Höhle entdeckt, einen Text, der in den Kanon aufgenommen werden sollte.

Wie Professor Chen schreibt, pflegten die Daoisten ihre Bücher geheimzuhalten und nicht ohne weiteres herauszugeben. Obwohl manche Daoisten überall nach verschiedenen Büchern suchten, verließen sie sich doch eher auf die Darlegungen ihrer Meister. Aus diesem Grund war Übertragung so wichtig. Dies war charakteristisch für die Kultur der Feudalzeit, und das war auch eines der Haupthindernisse für die kulturelle Entwicklung. Aber man kann dies auch anders sehen: Unter der Willkürherrschaft der Feudalherren konnte es leicht vorkommen, daß ganze Büchersammlungen auf Befehl verbrannt werden mußten; außerdem führten auch Kriege und Naturkatastrophen zu Verlust und Zerstörung. Unter solchen Bedingungen war das Verstecken von Büchern in den Bergen oder die Übertragung von Lehrer zu Schüler oder von Vater zu Sohn unter den strengsten Verpflichtungen eine Art von Notmaßnahme zur Bewahrung geistiger Werte.

Zum gegenwärtigen Zeitpunkt verfügen wir über alle Möglichkeiten zur Verbreitung von Kultur; die kulturzerstörerische Große Kulturrevolution ist vorbei, und die Leute zeigen mehr Achtung für die Werke des Geistes. Unter diesen Umständen sollte man unbedingt große Anstrengungen unternehmen, um Kulturschätze – einschließlich daoistischer Schätze, seien sie nun in den Bergen, unter der Erde, unter den Menschen oder in den Herzen verborgen – zu suchen, ans Licht zu bringen und zu sammeln.

Meister Wang und seine Lehrer sind heute dabei, diese Aufgabe zum Wohle der Menschheit in Angriff zu nehmen. Zunächst möchten sie die Lücken im Daoistischen Kanon ergänzen. Ihre Arbeit hat schon erste Früchte getragen. Auf Anweisung seiner Lehrer hat Meister Wang bereits ein Lehrbuch der daoistischen Praxis für Frauen verfaßt. Der erste Entwurf hatte einen Umfang von 170 000 Schriftzeichen; dieses Manuskript wurde auf 120 000 Schriftzeichen gekürzt und soll demnächst veröffentlicht werden.

In der Vergangenheit waren daoistische Übungsmethoden im allgemeinen für Männer bestimmt. In alter Zeit gab es natürlich auch Frauen, die das Dao erlangten, aber ihre Zahl war relativ gering, und so fehlen im *Daozang* spezielle Werke zur Praxis für Frauen. In jüngster Zeit wächst überall unter den Frauen, sowohl in China als auch im Ausland, das Interesse an daoistischer Praxis, aber es gibt kaum Übungsbücher für sie. Manchmal kann man alte Praxisbücher für Frauen finden, aber meist ohne genauere Erklärungen, so daß man sie nicht wirklich zum praktischen Üben benutzen kann. Dies ist ein Problem, auf das Meister Wang und seine Lehrer gestoßen sind und das sie beseitigen wollen.

Die Schule der Vollkommenen Wirklichkeit hat ein System daoistischer Praktiken für Frauen entwickelt, welches die biologischen Verschiedenheiten der Geschlechter und die Erfahrungen der früheren weiblichen Adepten berücksichtigt. Lü Dongbin übertrug dieses System an Wang Chongyang, der es an Sun Buer weitergab. Diese Frau vollendete die Praxis und wurde zur einzigen Frau unter den Sieben Erleuchteten des Nordens.

Auf Wunsch seiner Lehrer stellte Wang Liping die oben erwähnte Sammlung daoistischer Übungen für Frauen zusammen und schrieb in leicht verständlicher moderner Umgangssprache ein Lehrbuch, in dem die Prinzipien und Methoden zum Nutzen von weiblichen Übenden klar und einfach erklärt werden.

Meister Wang, der Großmeister und der Weggefährte der Reinen Leere – der Weggefährte der Reinen Heiterkeit ist inzwischen verstorben und hatte seinen Körper unversehrt zurückgelassen – führen verschiedene Experimente durch, machen Aufzeichnungen und sammeln Material, um den Daoistischen Kanon zu erweitern und neu zu ordnen.

Unter bestimmen Voraussetzungen schlagen der Großmeister und der Weggefährte der Reinen Leere Wang Liping ein Thema vor, das dann zum Inhalt eines Experiments in der Gesellschaft gemacht wird und dessen Ergebnisse anschließend aufgezeichnet werden. So ist zum Beispiel die Durchführung von Seminaren und von Meditationsübungen mit vielen Teilnehmern, wie es bei Meister Wang der Fall ist, eine Erfahrung, die der Großmeister und der Weggefährte der Reinen Leere niemals gemacht haben und die im *Daozang* nicht erwähnt ist. Es geht also darum, auf der Grundlage von Experimenten Erfahrungen zu sammeln und die Ergebnisse zu verifizieren. Meister Wangs Seminare finden unter den unterschiedlichsten Bedingungen statt; auch das geschieht in der Absicht, möglichst vielseitiges Forschungsmaterial zu erhalten. Bei seinen Vorträgen und Kursen führt Meister Wang jedesmal andere Übungen durch, wobei er dann meistens behauptet, er hätte in diesen Dingen keine Erfahrung und wüßte nicht, was dabei herauskäme. Das sagt er nicht allein aus Bescheidenheit; in Wirklichkeit steht dahinter eine andere Absicht.

Bei einem Aufenthalt in Xian hatte Meister Wang es einmal mit einer seltenen Krankheit zu tun. Er befragte seine Lehrer, aber da auch ihnen diese Krankheit nie begegnet war, konnten sie ihm keine konkrete Behandlungsmethode nennen. Daraufhin empfing Wang Liping im Traum Instruktionen von einem hohen Meister, und als er die angegebene Methode anwandte, wurde die Krankheit geheilt. Später suchte Wang Liping intensiv in den alten Texten, aber er konnte den Namen jenes hohen Meisters, der ihn im Traum unterwiesen hatte, nicht finden. Auf jeden Fall machte er detaillierte Aufzeichnungen von den Symptomen und der Behandlung dieser Krankheit; so entsteht wertvolles Referenzmaterial.

Trotz ihres hohen Alters führen der Großmeister und der Weggefährte der Reinen Leere ihre Praxis beharrlich weiter und zeichnen ihre praktischen Erfahrungen beim Üben in fortgeschrittenem Alter auf. Diese Aufzeichnungen bilden ebenfalls eine wertvolle Quelle für Erfahrungen, die im Daoistischen Kanon nicht erwähnt sind.

Bei unseren Gesprächen mit Meister Wang beeindruckte uns sehr, wie er mit der gewaltigen Aufgabe, den Daoistischen Kanon neu zu ordnen, umgeht. Er beklagt den Umstand, so stark von seinen alltäglichen Verrichtungen in Anspruch genommen zu sein. Bei seiner Arbeit in der Fabrik wurde ihm der verantwortungsvolle Posten eines Sicherheitsbeauftragten zugeteilt. Menschen mit Krankheiten und allen möglichen Fragen und Schwierigkeiten kommen von nah und fern zu ihm. Die Besucher lassen ihn nie in Ruhe, und er kann ihnen weder aus dem Weg gehen noch sich vor ihnen verstekken. Dennoch lacht er über sich selbst und sagt: »Die Daoisten in den Bergen sind Menschen außerhalb der gesellschaftlichen Konventionen; sie haben ein derart eingeschränktes Leben niemals kennengelernt. In Zukunft könnte vielleicht auch das, was ich jetzt durchmache, in den *Daozang* aufgenommen werden.«

Als wir Meister Wang zum ersten Mal besuchten, war es gerade Mittagszeit. Meister Wang lud uns zu einem einfachen Essen ein. Das kleine Restaurant bestand aus einem einzigen zur Straße hin offenen Raum mit ein paar runden Klapptischen – eine jener privaten Imbißstuben, die in letzter Zeit überall in China eröffnet wurden. Meister Wang zeigte sich sehr zuvorkommend: »Heute habe ich Gäste«, rief er, »laßt uns etwas essen!« Er gab uns die Speisekarte. Nachdem wir etwas ausgewählt hatten, bestellte er dann etwas Tofu und Bier. Tofu ist Meister Wangs Hauptnahrung; das Bier war für seine Gäste bestimmt. Er war wirklich glücklich darüber, Gäste von weit her zu haben, die mit ihm nicht über weltliche Angelegenheiten sprechen, sondern nach dem Dao fragen wollten. Er sagte: »Bis heute habe ich noch nicht gelernt, wie man Essen bestellt – bitte, bestellt euch ohne Zögern alles, was ihr wollt!« Er aß weniger und schneller als die anderen; als er fertig war, stand er auf, um zu zahlen. Als er zurückkam, erzählte er uns lächelnd: »Heute habe ich von einer Zeitschrift hundert Yuan als Honorar für einen Artikel bekommen; deshalb brauche ich mir kein Geld zu borgen. Sonst hätte ich mir Geld borgen müssen, um euch einzuladen.«

Wir erfuhren bei dieser Gelegenheit zum ersten Mal, wie einfach und ungekünstelt Meister Wang ist. Dies ist die eine Seite seines täglichen Lebens. Außerdem reist er jedes Jahr zum Laoshan, um seine alten Lehrer zu treffen, und alle zwei bis drei Jahre besucht er zudem seine beiden spirituellen

Onkel, den Über-Wolken-Wandernden-Eremiten und den Barfüßigen Eremiten. Er muß für seine Eltern und Schwiegereltern, seine jüngeren Geschwister und seinen Sohn sorgen; so muß er alle persönlichen menschlichen Verpflichtungen erfüllen. Für sich selbst ist er äußerst bescheiden und frei von materiellen Wünschen. Was ihm auf der Seele liegt, ist die Frage, wie er seine wichtige und schwere Aufgabe erfüllen kann. Viele Menschen haben seine Hilfe und seinen Rat gesucht, und in Zukunft werden es noch mehr sein; Meister Wang kümmert sich um alle. Noch größer ist die Zahl der Menschen, die Meister Wang nicht gefunden haben und nie die Chance haben werden, ihm zu begegnen; Meister Wang kümmert sich auch um sie.

21 Zurück zum Ursprung

Wieder einmal waren wir zu Besuch in Meister Wangs einfachem Haus. Sein Vater, ein freundlicher alter Mann, der heute eifrig das Dao praktiziert, hatte sich zu uns gesetzt, um unserer freimütigen Unterhaltung über das Dao zuzuhören. Die Sommerferien hatten noch nicht begonnen; vor dem Haus spielte eine Kinderschar. Von ihrer unschuldigen Lebendigkeit angezogen, sah Meister Wang von Zeit zu Zeit zu ihnen hinaus und setzte dann unser Gespräch mit Enthusiasmus fort.

Als wir Meister Wang mit seinem ewig strahlenden Lächeln gegenübersaßen, verspürten wir nichts von jener Gesetztheit, Spannung, Pedanterie und erdrückend langweiligen Atmosphäre der Spekulation, die für tiefe philosophische Gespräche charakteristisch sind. Statt dessen hatten wir das Gefühl, gemütlich im grünen Gras zu liegen und den weißen Wolken am blauen Himmel nachzublicken, völlig ungebunden und rein, von einer Spiritualität umgeben, in der wir uns mit einem Gefühl der Entspannung, Freiheit und Klarheit auflösten.

Der innere Wert und das spirituelle Licht eines Menschen, der das Dao erfolgreich kultiviert hat, strahlen spontan nach außen aus und erzeugen eine Art Magnetfeld um das Leben dieser Person, das die Umwelt beeinflußt. Bei unserer Beschäftigung mit daoistischer Kultur konnten wir spüren, daß der Daoismus als wesentlicher Teil der traditionellen chinesischen Kultur in seinem Streben nach Harmonie, Frieden und Transzendenz einen Wert besitzt, der über den der reinen Selbstkultivierung und Lebenskunst hinausgeht. Wenn sich Körper und Geist in einem Zustand tiefer Stille befinden, kann es den Menschen bewußt werden, daß sie am Tor zur Weisheit stehen, und sie können die Faszination des erhabenen Alters und der gewaltigen Größe dieser Weisheit spüren.

Meister Wang ist ganz sicher, daß die östlichen Kulturen in naher Zukunft in der ganzen Welt größere Beachtung finden werden, und daß in diesem Zuge auch die traditionelle chinesische Kultur neu belebt werden kann. Beim Studium des Daoismus stellt sich die Frage nach seiner Essenz und seiner Funktion. In unseren Interviews mit Meister Wang wollten wir klären, was die stärkste Kraft innerhalb der daoistischen Weisheit ist. Ist es die Philosophie der Einfachheit, die aus dem *Daodejing* zu uns spricht? Ist es das große System von praktischen Methoden, die als daoistische Gesundheitslehre bezeichnet werden? Diese Fragen werden ihre Faszination nie verlieren, aber nach unserer Überzeugung ist das Streben des Daoismus, die Kräfte des menschlichen Geistes im höchsten Maße zu entwickeln und zu nutzen, am wichtigsten. Der Ozean des Geistes ist so weit und so tief wie das Universum selbst; wer sich in jenem Himmel und jener Erde frei zu bewegen vermag, kann den Strom der menschlichen Intelligenz anführen.

Vom ersten Tag an machten die drei alten Magier bei Wang Lipings Schulung die Befreiung von den Fesseln der Denkgewohnheiten zum Hauptanliegen ihrer Arbeit. In dem Bestreben, das Denken eines dreizehnjährigen Jungen von einer gewohnheitsmäßigen, linearen Denkweise zu seinem nicht-routinemäßigen, nicht-linearen ursprünglichen Zustand zurückzuführen, gaben sich die drei alten Meister die allergrößte Mühe, während Wang Liping seinerseits dabei lernte,

»gegen den Strom zu segeln, geradewegs zurück zur Quelle«.

Als der junge Liping zwei Jahre lang ›das Sammeln des Bewußtseins und das Nähren der Wesensnatur‹ praktizierte, sprach der Großmeister lediglich davon, seine Wildheit zu zügeln; in Wirklichkeit geht es bei dieser Übung darum, »zur Quelle zurückzukehren« und »das Fundament zu bauen«. Nach langjähriger Praxis erkannte Wang Liping schließlich, daß das reine Üben an sich zweitrangig ist, während der Schulung des Bewußtseins grundlegende Bedeutung zukommt. Um mit dem Dao zu verschmelzen, kommt es darauf an, in tiefer Stille Sensitivität und Wirksamkeit zu entwickeln.

Im 16. Lehrsatz des *Daodejing* von Laozi wird diese Erkenntnis zum Ausdruck gebracht:

Erreiche den Höhepunkt der Leerheit,
Bewahre das Äußerste der Stille:
Während die zehntausend Dinge im Einklang wirken,
Beobachte ich so, wie sie sich zurückwenden.
Die Dinge blühen auf
Und kehren dann ein jedes in seinen Ursprung zurück.

Umkehr in den Ursprung heißt Stille,
Dies nennt man die Rückkehr zum Großen Leben.
Umkehr zum Großen Leben nennt man das Beständige,
Um das Beständige Wissen heißt Erleuchtung.
Unwissend ins Blaue hinein handeln bringt Unglück.

Im 52. Lehrsatz des Daodejing heißt es:

Die Welt hat einen Anfang
Den nennt man die Mutter der Welt.
Hast du erst einmal die Mutter gefunden,
So kennst du dadurch auch das Kind.
Hast du erst einmal das Kind kennengelernt,
Dann kehrst du um, die Mutter zu bewahren,
Und gehst nicht unter, auch wenn der Körper stirbt.

Diese Verse beschreiben in völliger Klarheit, auf welche Weise das Denken in seinen ursprünglichen Zustand versetzt und damit befähigt wird, die subtilen, verborgenen Entwürfe des Universums zu erkennen. Völlige Leere ist die Essenz des Großen Dao der Unendlichkeit, das mit dem Ursprünglichen, der Wurzel von Himmel und Erde und der zehntausend Dinge, verschmolzen ist. Wer die Einheit umfängt und äußerste Stille bewahrt, vermag in tiefer Unbeweglichkeit die Umkehr von Himmel und Erde und aller Dinge zu beobachten. Obwohl sich das Universum und alle Dinge in vielfältiger Weise wandeln, kehren sie doch zum Uranfang in Stille und Leere zurück. Wenn das Denken dieses grundlegende Fundament erfaßt hat, kann es die daraus hervortretenden zehntausend Wesen und Dinge begreifen.

Dies nannten die alten Meister: »Das Prinzip entdecken und zur Quelle vordringen, das Bewußtsein erkennen und zur Wurzel gelangen.« Ein Fluß hat eine Quelle; ein Baum hat eine Wurzel. Die Menschen machen sich Gedanken über alle Dinge in der Welt; was aber ist dann die Wahre Quelle des menschlichen Denkens? Ist diese Quelle des Denkens ein Teich mit stagnierendem Wasser oder ein zentraler Mechanismus, der reine Kreativität in sich birgt? Verhält sich diese Quelle lediglich passiv oder besitzt sie die Fähigkeit zu durchdringender Beobachtung und umfassendem Gewahrsein? Daß die östlichen Kulturen diese Fragen untersucht und beantwortet haben, ist ein Kennzeichen ihrer Einsicht und Weisheit.

Bei Laozi heißt es [48]: »Um zu lernen, gewinnst du täglich hinzu. Um dem Dao zu folgen, verlierst du täglich. Du verlierst – und verlierst auch das noch, bis du Mühelosigkeit erreichst, eine Mühelosigkeit, die dennoch alles zu vollenden vermag.«

Die Daoisten sagen ferner: »Reinige den mystischen Spiegel.« Im Buddhismus heißt es, man solle »die Schranken der Gewohnheit durchbrechen«; das heißt, wir sollen die Emotionen und Begierden beseitigen, die unser Bewußtsein und Denken verdunkeln und vergiften, den Staub und die Asche von Jahrtausenden wegfegen, die unser Denken überlagern, und die zahlreichen formlosen Hindernisse zwischen dem wahren Bewußtsein und der Außenwelt beseitigen. So wird das Bewußtsein zu einem reinen Spiegel, wie der Herbstmond am Himmel, so leuchtend klar, daß es direkt ins ursprüngliche Antlitz des Universums schauen und von selbst zur Wahrheit aller Dinge vordringen kann. Dabei kommt es darauf an, die Verhaftungen abzustreifen, die Fesseln abzuschütteln und zu unmittelbarer Einsicht zu gelangen.

Beim Zusammensein mit Meister Wang waren wir oft verblüfft über die Präzision und Schnelligkeit, mit der sein Denken reagiert. Wenn die Leute ihn über ihre Sorgen oder Krankheiten befragen, kommt sofort eine klare Antwort, anscheinend, ohne daß er nachdenken oder überlegen muß. Für Meister Wang selbst liegt der Schlüssel zur Schulung des Denkens in der Schulung der Intuition. Intuition ist eine höhere Art des Denkens, die nicht durch Erfahrung oder Wissen erworben wird. Sie muß allmählich im Verlauf der Praxis gestärkt werden, bevor sie bewußt eingesetzt werden kann. Daoistisches Lernen geschieht meist durch Erfahrung bei praktischer Kultivierung; denn wenn man das Tor zur Weisheit durchschreiten will, muß man das Dao praktizieren.

Direktes Gewahrsein, plötzliche Erkenntnis und Intuition sind wahre Erfahrungen, die schon jeder gemacht hat und deren Existenz deshalb niemand negieren kann. Für die Daoisten ist diese Art des Denkens von größter Bedeutung. Stille führt zur Einsicht, und viele Übende mit jahrelanger Praxis im stillen Sitzen und in der Selbstkultivierung haben derartige Erfahrungen gemacht. Die Einheit umfassen, Stille bewahren, friedlich und unbewegt – das bedeutet aber nicht, wie ein Stein oder ein Holzblock reglos dazusitzen mit leerem Bewußtsein. Leere bedeutet nicht, daß nichts existiert; Stabilisierung bedeutet nicht, daß alles in Leblosigkeit erstarrt. Im Gegenteil, in absoluter Leere und äußerster Stille sind die Elemente aller Dinge enthalten, die Potentialität der Schöpfung – dies ist der ursprüngliche Zustand des Bewußtseins, seine wahre Essenz. In seiner unverfälschten Reinheit, stillen Gelassenheit, reinen Friedlichkeit und absoluten Einspitzigkeit wandert das wahre Bewußtsein nicht in rastloser Verwirrung umher und klammert sich nicht an Bindungen; natürlich und mühelos ist dies der subtilste Zustand, in dem sich das menschliche Gehirn befinden kann und alle Funktionen in Bereitschaft stehen.

Manchmal wird ein Gedanke durch den stillen Ozean des Gehirns huschen – sei es nun der Gedanke an eine Person, eine Sache oder ein Ereignis –, aber er taucht von selbst auf und verschwindet von selbst, ohne eine Spur zurückzulassen. Nach der Übung stellt man dann erstaunt fest, daß die Gedanken, die das Bewußtsein beim stillen Sitzen durchquert haben, sich in der Realität manifestieren. Manchmal kann es vorkommen, daß eine Person, an die man gedacht hat, tatsächlich vorbeikommt, oder etwas, das uns eingefallen ist, tatsächlich geschieht, oder eine Antwort auf eine Frage auftaucht, auf die man lange Zeit nach einer Lösung gesucht hat. Wenn so etwas immer wieder vorkommt, werden selbst träge Menschen beginnen, zu erwachen und ihre Herzen zu polieren. Was Menschen angeht, die in praktischer Kultivierung fest verwurzelt sind, so kann es bei ihnen ununterbrochen zu Intuitionen kommen, selbst wenn sie nicht meditieren und sich gerade inmitten angespannter und hektischer Tätigkeit befinden, so lange sie nur einen transzendenten, gelassenen und ruhigen Bewußtseinszustand bewahren.

Wir haben viele Gespräche mit älteren Schülern von Meister Wang geführt; sie alle haben ein stillschweigendes Verständnis für diese Dinge, auch wenn sie nicht genau aussprechen können, was sie im Herzen wissen. Wir können zumindest so viel sagen, daß Laozis Aussage »Erreiche den Höhepunkt der Leerheit, bewahre das Äußerste der Stille« eine hohe Ebene des Denkens umschreibt, aus welcher menschliche Intuitionen auftauchen. Es ist nicht unmöglich, intuitives Denken zu lernen, denn es kann kultiviert werden. Wenn die Alten von einem Zustand tiefer Stille im Schweigen der Ewigkeit, in dem man sensitiv und wirksam ist, sprachen, ist dies eine zutreffende Beschreibung intuitiven Denkens.

Eine der Methoden der Drachentor-Schule zur Entwicklung mentaler Fähigkeiten ist die Rückerinnerung an die

Kindheit, bei welcher man in der tiefen Stille der Meditation zurückgeht, die Erfahrungen eines ganzen Lebens wieder ins Gedächtnis ruft und sie wie einen Film vor unseren Augen ablaufen läßt. Als Meister Wang diese Methode im Tempel der Duftenden Welt unterrichtete, tauchten bei vielen Teilnehmern vergessene Erfahrungen wieder auf; von den älteren Leute schrieen sogar einige wie kleine Kinder. Wo liegen die Grenzen dieser Rückerinnerung? Meister Wang behauptet, daß es je nach der Stufe der Kultivierung und der Tiefe der Stille praktisch keine Grenze für diese Rückerinnerung gibt. Manche Menschen können sogar so weit gelangen, daß sie sich an Ereignisse vor ihrer Geburt erinnern. Mit jeder Stufe, die man auf dem Weg der Kultivierung nach oben steigt, wirft man eine weitere Schale ab, und dadurch wird es möglich, ein Stück weiter in die Vergangenheit zu schauen. Dies könnte bedeuten, daß das menschliche Unbewußte in viele Stufen geteilt ist, die auf bestimmte Weise angeordnet sind und eine bestimmte Menge an Information enthalten.

Die Fähigkeit, die Meister Wang am meisten benutzt, ist das Denken im Traum. Wenn er es mit einem rätselhaften Leiden zu tun hat, das er nicht zu behandeln weiß; wenn man ihm eine Frage stellt in einer Angelegenheit, die er niemals gelernt oder selbst erlebt hat; wenn er einen Artikel entwerfen möchte, der er schreiben soll; wenn er den Unterricht des folgenden Tages planen will – niemals setzt er sich da an einem Schreibtisch, um sich den Kopf zu zerbrechen. Statt dessen geht er zu Bett, stellt sich das Thema in Gedanken und schläft dann ein, worauf sein Gehirn von allein zu arbeiten beginnt. Nach dem Aufwachen notiert er dann die Gedanken, die beim Träumen aufgetaucht sind – dies ist die Antwort auf seine Frage.

Ein Wissenschaftler hat einmal folgendes behauptet: Nicht das, was die Leute nicht wissen, schränkt ihre Wahrnehmung von der Welt ein, sondern das, was sie wissen. Das immense Wissen, das die Menschheit über Tausende von Jahren angehäuft hat, hat auch zu einer gewissen Erstarrung des Denkens geführt. Alles, was von diesen Denkmustern verstanden werden kann, wird aufgenommen und akzeptiert; alles andere wird dagegen zurückgewiesen und verworfen. So werden Denkmuster nach und nach zu Mauern des Denkens. Dies hat das fließend-lebendige Gehirn mit seinem Reichtum an latenten Fähigkeiten zu einer Rechenmaschine gemacht, die nach einem fixierten Programm verfährt. Die Buddhisten nennen dies ›Behinderung durch Wissen‹. Spekulatives und logisches Denken haben ihre spezifischen Methoden der Erkenntnis, aber der menschliche Geist verfügt über höhere und vollkommenere Modalitäten des Denkens. Die Daoisten sind bestrebt, die Fesseln erstarrter Denkmuster zu zerbrechen, damit das Denken ganz und gar befreit wird, wie fliegende Wolken und fließendes Wasser, wie ein Himmelspferd, das durch die Lüfte galoppiert und in ekstatischer Fülle Licht ausstrahlt.

Während wir mit Meister Wang sprachen, vergaßen wir die Zeit und merkten nichts mehr von der schwülen Sommerhitze. Der Lärm auf der Straße vor dem Haus verebbte, und eine Tasse Tee vertrieb die drückende Atmosphäre. Meister Wang bot uns ein Glas Wasser an und rief seinem Sohn Boyang draußen zu, uns drei Äpfel zu bringen. Schnell brachte uns der Junge das Obst auf einem Tablett. Vor uns Fremden verhielt er sich noch etwas kindlich und schüchtern. Als er vier Leute am Tisch sitzen sah, meinte er: »Papa, hier sind vier Leute, aber du hast mir gesagt, ich soll drei Äpfel bringen. Das reicht nicht.«

Meister Wang sagte: »Es reicht. Überlege dir, wie du sie teilen kannst.«

Boyang setzte sich auf den Boden und schaute die Äpfel genau an.

Meister Wang beobachtete seinen Sohn mit einem Lächeln: »Seht ihr, wie sein Denken nur in eine Richtung geht? Er geht davon aus, daß eine Person einen Apfel bekommt; er hat sich nicht überlegt, daß sich vier Personen auch einen Apfel teilen können.«

Nach diesem Wink kam Boyang sofort auf die Lösung. Die Augen auf seinen Vater gerichtet, nahm der Junge ein Obstmesser vom Tisch und teilte jeden Apfel in vier Teile. Schließlich deutete er auf die drei kleinsten Stücke: »Papa, die sind für dich!«

Meister Wang streichelte anerkennend den Kopf des Jungen und lobte ihn lachend. Nachdem er die Äpfel verteilt hatte, lief der Junge wieder nach draußen, um zu spielen.

Als wir das Obst aßen, fragte uns Meister Wang plötzlich: »Wie viele Ecken hat dieser Raum?«

»Vier.«

Meister Wang schüttelte lächelnd den Kopf: »Zählen die am Boden nicht?«

»Oh, acht!«

Auch diesmal schüttelte er den Kopf: »Viel mehr. Warum nur acht? In meiner Jugend dauerte es auch ziemlich lang, bis ich die Zahl der Ecken in einem Raum herausgefunden hatte.«

Dieses Thema hatte uns neugierig gemacht, und so baten wir ihn fortzufahren.

Meister Wang erklärte: »Unser gewöhnliches Denken bildet einen festen Rahmen, der auf das Ego bezogen ist.

Wenn der Fluß des Denkens bei der Untersuchung und Betrachtung der Umgebung vom Ego ausgeht, ist er einseitig. Das Universum ist jedoch multidimensional und multilateral; man kann durchaus sagen, das es im Grunde keine Richtungen hat. Meine Lehrer dachten sich ziemlich viele Methoden aus, um meine einseitig gerichtete Denkweise zu ändern.«

Am Anfang forderten die drei alten Magier Wang Liping auf, den Kopfstand zu üben. Gewöhnlich betrachten wir die Welt aus einer einzigen Perspektive. Wie sehen die Dinge aus, wenn wir auf dem Kopf stehen? Sobald er ein paar Minuten auf dem Kopf stehen konnte, beobachtete er in aller Ruhe die umgebenden Berge, Bäume, Häuser, Felder und Leitungsmasten. Anfangs schien es ihm so, als würde alles auf dem Kopf stehen, aber allmählich verschwand dieser Eindruck und alles kehrte in einen ursprünglichen Zustand zurück. Durch diese einfache Übung erkannte Wang Liping, daß es das Denken ist, das sich ändert, und nicht die äußeren Dinge. Er weist immer darauf hin, daß die Dinge träge sind, während das menschliche Denken beweglich ist.

Später sperrte ihn einer seiner Mentoren in einen Raum ein und forderte ihn auf herauszufinden, wie viele Ecken er hätte. Der junge Liping saß in der Mitte des Raums und begann zu zählen. Zuerst schaute er sich den Raum immer wieder an: Ganz gleich, wie er schaute, er kam auf acht Ecken. Sein Mentor sagte ihm lachend, er sollte weiterzählen. Mit äußerster Entschlossenheit und Konzentration fuhr Wang Liping fort, an der Lösung dieses Problems zu arbeiten. Damals war sein Denken noch einseitig, und so fiel ihm nichts anderes ein, als den Raum von dem Platz aus, an dem er saß, anzuschauen. Der Großmeister, der vor dem Fenster stand, strich seinen Bart und meinte lachend: »Bin ich es, der dich sieht, oder bist du es, der mich sieht?« Dann ging er weg.

Wang Liping, klug wie er war, verstand diesen Hinweis auf der Stelle. Sofort erkannte er, daß es auf der Außenseite des Raums auch Ecken geben mußte. Die Ecken eines Raums sind dreidimensional, aber wenn er nur von innen nach außen schaute, konnte er nur die inneren Ecken sehen. Zuletzt konnte er das vereinfachende, einseitige Denken überwinden und auch von außen nach innen schauen, indem er einfach die Blickrichtung umkehrte.

Die Methode, mit der die drei Magier Wang Lipings Denken schulten, hatte den großen Vorteil, daß seine Lehrer sich jegliches Predigen und Dozieren schenkten und ihren Lehrling seine eigenen Erfahrungen und Erkenntnisse gewinnen ließen. Zum passenden Zeitpunkt pflegten sie ihm dann einen Hinweis zu geben. Auf diese Weise brachten sie sein Denken so weit, daß es das Universum in seiner Komplexität beobachten und beschreiben konnte.

Später sperrten die drei Magier Liping in eine Kugel aus Ästen und Zweigen, die sie so dick mit Lehm beschichtet hatten, daß es im Inneren völlig dunkel war und man von innen keinerlei Richtung feststellen konnte. Dann hängten sie die Kugel an einen Baum. Darauf bohrte einer der Mentoren ein kleines Loch in die Kugel, gerade groß genug, um einen Lichtstrahl hineinzulassen, und forderte Liping auf, die Richtung zu bestimmen. Von seinen normalen Vorstellungen ausgehend sagte Liping: »Oben.« Der Mentor drehte die Kugel, bohrte ein zweites Loch und fragte: »Welche Richtung ist das?« Wieder verließ sich Liping auf seine gewöhnlichen Vorstellungen und antwortete: »Unten.« Dann ließ ihn der Mentor bei jedem neuen Loch, das er in den Behälter bohrte, die Richtung bestimmen. Zuletzt ließ er die Kugel rotieren, so daß es Liping ganz schwindlig wurde, er völlig die Orientierung verlor und nur noch wirre Antworten gab. Nach wiederholtem Rotieren hatte Wang Liping überhaupt kein Richtungsgefühl mehr. Am Ende erkannte er aber ein bestimmtes Prinzip: Das Universum hat ursprünglich keine Richtungen, kein Oben und kein Unten, kein Links und kein Rechts, kein Innen und kein Außen, kein Vorn und kein Hinten. Die von Menschen festgelegten Richtungen haben nur relative Bedeutung.

Die drei alten Daoisten schulten ihren Lehrling nicht nur durch spezielle Übungen, sondern auch im alltäglichen Leben, indem die vier sich gegenseitig ›bearbeiteten‹ und immer wieder ihre Geistesgegenwart testeten. Das führte dazu, daß Lipings Denken niemals träge und starr werden konnte, sondern stets scharf, effektiv und aktiv blieb.

Eines Morgens schaute der Großmeister in den Wasserbehälter, sah dann Wang Liping an und sagte, indem er seine Worte in die Länge zog: »Oh! Warum ist das Wasser in dem Behälter ...«, ohne diesen Satz zu beenden. Verwirrt schaute Wang Liping in den Behälter, um festzustellen, daß sich kein Wasser darin befand: »Das Wasser ist weg.« »Dann geh und hol etwas!« erwiderte der Großmeister sofort. Wang Liping blieb nichts anderes übrig, als Wasser zu schöpfen.

Solche ›Spielchen‹ wiederholten sich oft, bis Wang Liping endlich merkte, daß der Großmeister ganz bewußt seine Reaktionen und seine Wachsamkeit testete. Nach und nach lernte auch Liping, seinerseits die Geistesgegenwart seiner Lehrer zu testen. Als eines Tages das Essen fertig war, der Großmeister aber immer noch auf der Terrasse meditierte, sagte Wang Liping rasch zu ihm: »Meister, Ihr braucht Euch nicht zu bemühen, ich werde Euch Reis bringen.« Daraufhin holte er eine Schale voll Reis, stellte sie aber absichtlich außerhalb der Reichweite des alten Meisters auf den Boden und ging davon. Da blieb dem Großmeister nichts anderes übrig, als seine Meditationshaltung aufzulösen, um an seinen Reis zu kommen.

Einmal lauschten wir gerade aufmerksam Meister Wangs Erzählungen über seine Lehrzeit bei den drei alten Magiern. Da erschien eine alte Nachbarin mit Wang Lipings Sohn im Schlepptau. Lächelnd erklärte sie: »Liping, dein Sohn Boyang hat da drüben an meiner Hauswand ein Loch gegraben!« Boyang war ganz verschwitzt und hielt eine kleine Schaufel in der Hand. Rasch entschuldigte sich Meister Wang bei der alten Frau und bat sie herein. Als sie jedoch Gäste bemerkte, verabschiedete sie sich. Offensichtlich waren die Beziehungen der Familie Wang zu ihrer Nachbarschaft so eng wie die innerhalb der Familie.

Was sagst du zu deinem noch unverständigen Kind, wenn es an der Wand des Nachbarhauses Löcher gräbt? Gewöhnliche Eltern halten vielleicht eine Strafpredigt, nehmen dem Kind die Schaufel weg und verbieten ihm das Graben. Strenge Eltern geben dem Kind vielleicht Schläge, als Warnung und als Lektion. Meister Wang war indessen mehr daran interessiert, sich die Sache anzuschauen. Er ging mit seinem Sohn hinter das Haus, stellte einen Korb mit Gemüse auf die Seite, deutete auf die weißgekalkte Wand und sagte: »Komm, grabe hier!«

Der Junge kniete nieder und begann zu graben. Wir waren überrascht, denn wir konnten uns nicht denken, was Meister Wang damit beabsichtigte. Als Boyang es geschafft hatte, etwas vom Verputz der Wand abzukratzen, hörte er auf. Mit Schmutz bedeckt, rief er glücklich aus: »Ich hab's, Papa, ich hab's gefunden!«

»Was hast du denn gefunden?« wollte sein Vater wissen.

»In der Mauer sind rote Backsteine, und zwischen den Backsteinen ist Sand.«

Boyang hatte herausgefunden, was er wissen wollte. Nun verstanden wir Meister Wangs Vorgehen. Er benutzte daoistische Methoden, um seinen eigenen Sohn zu erziehen.

Meister Wang erklärte uns, daß sein ältester Lehrer, der Großmeister, immer zu sagen pflegte: »Mein Lehrer ist das Spielen mit Kindern.« Mit dieser Einstellung verkörperte er den daoistischen Geist der Ehrfurcht vor der Natur. Das Geheimnis der Kultivierung besteht darin, das Zeitliche in den Menschen zum Ursprünglichen zurückzuführen; dies wird Verjüngung genannt und gilt bei Laozi als die Fähigkeit, wie ein Kind zu sein. Aber es handelt sich dabei nicht nur um Umkehrung oder Rückkehr; es ist eine Neumanifestation des Zustands kindlicher Natürlichkeit auf einer höheren Ebene. Dies gilt nicht nur auf körperlicher, sondern auch auf spiritueller Ebene.

Das Denken eines unschuldigen Kindes ist natürliches Denken, von größter Wahrhaftigkeit und Freiheit, unbefleckt von Künstlichkeit, unverdorben von der Gesellschaft. Was es uns aufzeigt, ist reine, unbeeinflußte natürliche Wahrhaftigkeit. Bei der Erziehung der Kinder sollten wir deshalb dafür sorgen, diese Art von ungehindertem Denken in Verbindung mit dem Geist mutigen Forschertums und der Furchtlosigkeit vor der Zukunft zu bewahren und weiter zu entwickeln. Wir dürfen dieses Denken nicht einschränken oder unterdrücken, und wir dürfen dem kindlichen Denken nicht unsere festen Denkgewohnheiten aufzwingen oder die Kinder nach unseren eigenen, persönlichen Vorlieben und Abneigungen aufziehen. Im Gegenteil sollten wir Erwachsenen, die wir so stolz auf unser logisches Denken sind, von Kindern wieder das lernen, was wir durch unsere Konditionierung verloren haben.

Bei Kindern schätzt Meister Wang natürliche Spontaneität und echte Ursprünglichkeit, und deshalb ist ihm daran gelegen, die gesunde Entwicklung ihrer natürlichen Fähigkeiten anzuregen. Eben aus diesem Grund ist das Denken seines Sohns ganz anders als das Denken anderer Kinder. Oft kommt der Junge auf außergewöhnliche Ideen.

Als sein Lehrer den Kindern im Unterricht über Allgemeinwissen erklärte, daß die Sonne jeden Tag im Osten aufgeht und ein neuer Tag beginnt, stand Boyang auf und fragte, warum die Sonne nicht im Westen aufgeht. Der Lehrer konnte diese Frage nicht beantworten, und auch die größten modernen Naturwissenschaftler können das nicht.

Eines Tages kam Boyang mit unglücklicher Miene aus der Schule nach Hause. Als Meister Wang ihn fragte, was denn passiert sei, erklärte Boyang, daß der Lehrer sie aufgefordert hätte, sich immer nur nach rechts auszurichten, wenn die Klasse sich der Größe nach aufstellte. Warum nicht nach links? Über die spontane Natürlichkeit und Unschuld des Jungen freute sich die ganze Familie. Meister Wang wußte, daß es genau diese Art des Denkens ist, die den Keim der Weisheit in sich trägt.

Als die Schule eines Tages ihr Sportfest veranstaltete, kamen alle Eltern, um ihren Kindern zuzuschauen. Als die Kinder ihre Eltern von ferne sahen, riefen sie: »Papa!« oder »Mama!« Nur ein Kind rief: »Wang Liping! Wang Liping!« Sofort entdeckte Meister Wang seinen Jungen in der großen Kinderschar. Die anderen Eltern und Kinder hielten das für komisch. Auf dem Heimweg fragte Meister Wang seinen Sohn, warum er im Gegensatz zu seinen Kameraden »Wang Liping« gerufen hätte. Boyang erklärte: »Alle Kinder haben die gleichen Schuluniformen getragen und ›Papa‹ und ›Mama‹ gerufen. Wie konnte man sie dann auseinanderhalten? Sobald ich deinen Namen gerufen habe, hast du mich sofort gefunden.« Meister Wang war sehr erfreut zu sehen, wie sein Sohn ursprüngliches Denken bewahrt hatte.

Nicht ohne Besorgnis erklärte uns Meister Wang, daß er in den letzten Jahren so beschäftigt und so oft unterwegs sei, daß er sich um die Erziehung seines Sohns nicht in dem Maße kümmern könne, wie er es gerne täte. Die schulische Erziehung führe allmählich dazu, das Denken seines Sohns mechanisch und linear zu machen. Das menschliche Leben an sich kenne jedoch im Grunde keine feste Richtung. Wenn du dich nach vorn bewegen willst, welche Richtung ist dann ›vorn‹? Dreh dich um, und es wird ›hinten‹ daraus!

Diese Frage leitete über zu einem Gespräch über die Problematik des modernen Schulunterrichts: Bei denjenigen, die diese Art von Erziehung erhalten, wird der Horizont des Denkens mit fortschreitender Schulzeit immer enger. In der Grund- und Mittelschule lernen alle Kinder etwas über Astronomie, Geographie, Geschichte, Mathematik, Physik, Chemie, Kunst, Musik, Zoologie, Botanik, Biologie und andere Fächer. In der Oberschule jedoch werden sie dann aufgeteilt in einen geisteswissenschaftlichen und einen naturwissenschaftlichen Zweig, was ihre Perspektive verengt und begrenzt. An der Hochschule kommt es zu weiterer Spezialisierung, indem man sich auf ein bestimmtes Wissensgebiet konzentrieren muß. Wenn man schließlich einen Magister- oder Doktorgrad erwerben will, wird das Studium noch spezialisierter und beschränkt sich auf ein einziges Fachgebiet oder eine einzige Frage. Die Struktur und der Spielraum des Denkens gleichen dann einer Pyramide, die sich im Umfang immer weiter verkleinert, je höher man kommt.

Bei der daoistischen Schulung des menschlichen Denkens verfährt man genau umgekehrt. Während der Lehrling von den unteren drei Sphären zu den mittleren und dann zu den höheren Sphären aufsteigt, wird sein Denken auf jeder Stufe breiter, weiter und tiefer in Raum und Zeit. Zuerst studiert man alle Erscheinungen und Prinzipien in der Welt von Personen, Geschehnissen und Dingen, in der die gewöhnlichen Menschen leben. Danach muß man diese Welt überschreiten, um die Welt von Himmel, Erde und Mensch zu erforschen. Diese Welt umfaßt die von Personen, Geschehnissen und Dingen, ist aber sehr viel weiter und tiefer. Schließlich transzendiert man auch die mittleren drei Sphären, um sich der Erforschung von Zeit, Raum und Universum zu widmen. Das Denken ist nun befreit und leuchtend. Man erforscht aber nicht nur das äußere Universum: Je höher man aufsteigt, desto stärker wird der Wunsch, sich mit der Untersuchung und Erforschung seiner eigenen Innenwelt zu befassen.

Abschließend erklärte uns Meister Wang, daß es bei der Erziehung nicht darauf ankommt, wie umfangreich der Lehrplan ist. Die verschiedenen Stufen und Sphären der Dreifachen Welt sind ein und dieselbe Sache. Der Schlüssel liegt in der Entwicklung eines ›drei-weltlichen‹ Denkens, das eine neue Sichtweise erfordert.

Hier meldeten wir uns mit einem Spruch aus einer buddhistischen Schrift zu Wort: »Schaue die Länder der zehn Richtungen auf der Spitze eines Haars; drehe das Rad der Lehre in einem Atom sitzend!« Meister Wang nickte zustimmend und lächelte.

Anhang

Weiterführende Literatur

Bertschinger, Richard: *Cantong Qi. Das Dao der Unsterblichkeit* (früher Klassiker der daoistischen Alchimie, verfaßt von Wei Boyang), Frankfurt a. M. 1997

Blofeld, John: *Der Taoismus oder Die Suche nach Unsterblichkeit,* München 1991

Blofeld, John: *I Ging. Das Buch der Wandlung,* Bern und München 1983

Chang Chung-Yuan: *Tao, Zen und schöpferische Kraft,* Düsseldorf und Köln 1975

Chang Po-tuan [Zhang Boduan]: *Das Geheimnis des Goldenen Elixiers,* Bern und München 1990

Chia, Mantak: *Tao Yoga* (Reihe von neun Büchern über verschiedene taoistische Praktiken), Interlaken und München 1985–2000

Cleary, Thomas (Hrsg.): *Also sprach Laotse – Die Fortführung des Tao Te King* (Teilübersetzung des daoistischen Klassikers *Wenzi*), Bern und München 1995

Cleary, Thomas (Hrsg.): *Das Tao der Politik* (Teilübersetzung des daoistischen Klassikers *Huainanzi*) Bern und München 1991

Cleary, Thomas (Hrsg.): *Das Tao der weisen Frauen* (Texte von weiblichen Adepten des Daoismus, u. a. Sun Buer) Bern und München 1991

Cleary, Thomas (Hrsg.): *Das Tao des I Ging* (eine daoistische Interpretation des klassischen »Buchs der Wandlungen« durch den Adepten Liu Yiming), Bern und München 1989

Cleary, Thomas (Hrsg.): *Die Drei Schätze des Dao. Basistexte*

der inneren Alchimie (Texte von Lü Dongbin, Zhang Boduan, Wang Zhe, Zhang Sanfeng, Liu Yiming u. a.), Frankfurt a. M. 1996
Cleary, Thomas (Hrsg.): *Sexualität, Gesundheit und Lebensweisheit – Taoistische Lehren,* München 1996
Cleary, Thomas (Hrsg.): *Taoistische Praxis,* München 1998
Cohen, Kenneth: *Qigong. Grundlagen, Methoden, Anwendung,* Frankfurt a. M. 1998
Colegrave, Sukie: *Yin und Yang,* Bern und München 1980
Cooper, J. C.: *Was ist Taoismus?* (Neuausgabe von »Der Weg des Tao«), Bern und München 1993
Darga, Martina: *Das alchemistische Buch von innerem Wesen und Lebensenergie,* München 1999
Deng Ming-Dao: *Das heilige Buch der Sieben Bambustafeln,* Interlaken 1994
Deng Ming-Dao: *Der Taoist von Huashan,* Interlaken 1994
Eberhard, Wolfram: *Lexikon chinesischer Symbole,* Düsseldorf und Köln 1983
Endres, Günther (Hrsg.): *Die sieben Meister des wunderbaren Tao,* Bern und München 1991
Engelhardt, Ute: *Die klassische Tradition der Qi-Übungen,* Stuttgart 1987
Granet, Marcel : *Das chinesische Denken – Inhalt, Form, Charakter,* München 1971
Hung Ying-ming: *Vom weisen Umgang mit der Welt,* Bern und München 1989
Jung, C. G., und Richard Wilhelm: *Das Geheimnis der Goldenen Blüte,* Freiburg 1971
Kaltenmark, Max: *Lao-tzu und der Taoismus,* Frankfurt a. M. 1981
Kaptchuk, Ted J.: *Das große Buch der chinesischen Medizin,* Bern und München 1992
Knaul, L.: *Leben und Legende des Ch'en Tuan,* Frankfurt a. M. 1981
Lao Tse: *Tao-Te-King – Das Heilige Buch vom Tao und der wahren Tugend,* Olten 1991
Laodse: *Daudedsching.* Übersetzung und Kommentar von Ernst Schwarz, München 1980

Laotse: *Tao Te King. Nach den Seidentexten von Mawangdui,* Frankfurt a. M. 1995

Laozi siehe Lao Tse, Laodse, Laotse

Lexikon der östlichen Weisheitslehren, hrsgg. v. Stephan Schuhmacher und Gert Woerner, Bern und München 1986

Liezi siehe Wilhelm: *Liä Dsi*

Lin Yutang: *Weisheit des lächelnden Lebens,* Hamburg 1984

Liu I-ming: *Zum Tao erwachen.* Meditationen, Parabeln und Reflexionen – ein Kompendium taoistischer Weisheit, Bern und München 1990

Liu Yiming siehe Liu I-ming; siehe auch Cleary: *Das Tao des I Ging* sowie Cleary: *Die Drei Schätze des Dao*

Lü Dongbin siehe Cleary: *Die Drei Schätze des Dao*

Luk, Charles (Lu K'uan-yü): *Geheimnisse der chinesischen Meditation,* Freiburg 1984

Malek, Roman: *Das Tao des Himmels. Die religiöse Tradition Chinas,* Freiburg 1996

Miyuki, Mokusen: *Die Erfahrung der Goldenen Blüte,* Bern und München 1984

Porter, Bill: *Die Berge hüten das Geheimnis,* Düsseldorf 1994

Rawson P., und L. Legeza: *Tao – Die Philosophie von Sein und Werden,* München 1979

Reid, Daniel: *Das chinesische Gesundheitsbuch.* Das Tao der Gesundheit, der Sexualität und des langen Lebens, Bern und München 1994

Reiter, F. C.: *Grundelemente und Tendenzen des religiösen Taoismus,* Stuttgart 1986

Reiter, F. C.: *Leben und Wirken Lao Tzu's in Schrift und Bild,* Würzburg 1990

Reiter, F. C.: *Taoismus zur Einführung,* Stuttgart 2000

Robinet, Isabelle: *Geschichte des Taoismus,* München 1995

Schmidt, Wolfgang G. A.: *Der Klassiker des Gelben Kaisers zur Inneren Medizin,* Freiburg 1993

Schmidt, Wolfgang G. A.: *Die alte Heilkunst der Chinesen,* Freiburg 1992

Skinner, Stephen: *Chinesische Geomantie,* München 1983

Smullyan, Raymond: *Das Tao ist Stille,* Frankfurt a. M. 1994
Sun Buer siehe Cleary: *Das Tao der weisen Frauen*
Taichi – Chinas lebendige Weisheit (hrsgg. von F. Anders und W. Höhn), München 1992
Unger, Ulrich: *Grundbegriffe der altchinesischen Philosophie. Ein Wörterbuch für die Klassische Periode,* Darmstadt 2000
Wang Zhe siehe Cleary: *Die Drei Schätze des Dao*
Watts, Alan: *Der Lauf des Wassers,* Frankfurt a. M. 1981
Wei Boyang siehe Bertschinger: *Cantong Qi*
Wilhelm, Richard (Übers.): *Dschuang Dsi. Das wahre Buch vom südlichen Blütenland* (Teilübersetzung des *Zhuangzi*) Köln 1979
Wilhelm, Richard (Übers.): *Liä Dsi. Das wahre Buch vom quellenden Urgrund,* Düsseldorf und Köln 1981
Wilhelm, Richard: *I Ging – Das Buch der Wandlungen,* Düsseldorf und Köln 1986
Wilhelm, Richard: *Lao-Tse und der Taoismus,* München 1987
Wing R. C.: *Der Weg und die Kraft,* München 1987
Zhang Boduan siehe Chang Po-tuan; siehe auch Cleary: *Die Drei Schätze des Dao*
Zhang Sanfeng siehe Cleary: *Die Drei Schätze des Dao.*
Zhuangzi. Das klassische Buch daoistischer Weisheit, Frankfurt a. M. 1998

Geschichte Chinas und des Daoismus im Überblick

Epochen/Dynastien	*Entwicklung des philosophischen und religiösen Daoismus (Daojia und Daojiao)*
Legendäre Frühzeit (»Goldenes Zeitalter«)	Weise Herrscher: FUXI, Acht Trigramme SHENNONG, Pflanzenkunde HUANGDI, Innere Medizin Schamanismus
SHANG	ursprüngliche Formen von Kosmologie, (ca. 1520–1030 v. Chr.) Naturlehre und -verehrung, Ahnenverehrung, Magie und Kult
ZHOU (ca. 1030–221 v. Chr.)	Entstehung des *Yijing* (»Buch der Wandlungen«)
Streitende Reiche (481–221 v. Chr.)	philosophischer Daoismus: LAOZI, ZHUANGZI, LIEZI Aufkommen des *Penglai*-Kults
QIN (221–207 v. Chr.) 1. Reichseinigung	Ausgestaltung der *Yin-Yang*-Lehre und der Lehre von den Fünf Elementen
HAN (206 v. Chr.–220 n. Chr.)	1. Jh. n. Chr.: 1. Schule der Himmelsmeister (»Fünf-Scheffel-Reis« in Westchina) Anfänge der Lehre von der Rechten Einheit *Zhengyi dao* – Schule des Großen Friedens (184 »Gelbe Turbane« in Ostchina) Beginn der Kompilation des *Daozang* (Daoistischer Kanon)
Drei Reiche (221–280) JIN (265–419) und Nördl. und Südliche Dynastien (420–588)	Philosophischer Neo-Daoismus Ausgestaltung und Reform der daoistischen Religion (Schulen und Sekten) 444 Daoismus als Staatsreligion unter den WEI 4./5. Jh. Schule des Magischen Juwels (*Lingbao pai*) 6. Jh. Gründung der *Maoshan*-Sekte

Epochen/Dynastien	*Entwicklung des philosophischen und religiösen Daoismus (Daojia und Daojiao)*
SUI und TANG (589–906)	Blüte der daoistischen Religion, besonders unter Kaiser XUANZONG (675–762) unter starkem buddhistischem Einfluß SUN SIMO (590–692), Dao-Meister und Arzt von vier Kaisern 713–742 1. Edition des *Daozang* in 3 744 Rollen *»Tabellen der Abbildung des Rückens«* Legenden von den Acht Unsterblichen
SONG (960–1279)	2. und 3. Edition des *Daozang* in zuletzt 5 387 Rollen »Sieben Bambusstreifen aus dem Wolkenbeutel«
JIN (1115–1234) in Nordchina	1192 1. kritische Edition des *Daozang* in 6 455 Rollen
YUAN (1260–1368) Mongolenherrschaft	Erweiterung des *Daozang* auf 7 800 Rollen 1304 2. Südliche Schule der Himmelsmeister – Verschmelzung verschiedener Richtungen zum Weg der Rechten Einheit *Zhengyi dao*
MING (1369–1644)	1444 Wiederherstellung des *Daozang* (Ming-Kanon) 1601 Erweiterung des *Daozang* auf 5 485 Rollen
QING (1644–1911) Mandschu-Dynastie Republik (1911–1949, in Taiwan bis heute)	Erstarrung und Niedergang des Daoismus
Volksrepublik (ab 1949)	Unterdrückung und Verfolgung von Religion und traditioneller Kultur und Religion, besonders während der Kulturrevolution 1966–1976 1988 fotomechanischer Nachdruck des Ming-Kanons

Geschichte Chinas und des Daoismus im Überblick

Epochen/Dynastien	*Entwicklung des Unsterblichkeits- oder Elixier-Daoismus (Waidan- und Neidan-Alchimie)*
Legendäre Frühzeit (»Goldenes Zeitalter«) SHANG (ca. 1520–1030 v. Chr.)	
ZHOU (ca. 1030–221 v. Chr.) Streitende Reiche (481 bis 221 v. Chr.)	*Fangshi* (Magier und Drogenkundige) Anfänge der Unsterblichkeits-Schule und diätetischer Praktiken
QIN (221–207 v. Chr.) 1. Reichseinigung HAN (206 v. Chr. – 220 n. Chr.)	verschiedene Gesundheitslehren, äußere u. innere Alchimie (*Waidan* und *Neidan*) LI SHAOJUN (gest. 133 n. Chr.) – *Waidan* WEI BOYANG (2. Jh. n. Chr.), *»Zhouyi cantongqi« – Neidan* HUA TUO (3. Jh.)
Drei Reiche (221–280)	Hygiene-Schule der Inneren Götter (2.–6. Jh.) *»Huangding jing«* (3. Jh.)
JIN (265–419) und Nördl. und Südliche Dynastien (420–588)	GE HONG (284–364), *»Baopuzi«*
SUI und TANG (589–906)	ZHONGLI QUAN (?) und LÜ DONGBIN (9. Jh.), *»Erhabene Lehre des Magischen Juwels«*
SONG (960–1279)	Entwicklung und Blüte der *Neidan*-Schulen Zhong-Lü-Schule Schule der Vollkommenen Wirklichkeit (unter starkem Einfluß des *Chan*-Buddhismus)

Epochen/Dynastien	*Entwicklung des Unsterblichkeits- oder Elixier-Daoismus (Waidan- und Neidan-Alchimie)*
	Südliche Tradition: ZHANG BODUAN (983–1082), *»Über das Begreifen der Wirklichkeit«* Nördliche Tradition: WANG CHONGYANG (Wang Zhe, 1112–1170), *»15 Punkte zur Begründung einer Schule«* und 1167 Kloster der Vollkommenen Wirklichkeit/Shandong Drachentor-Sekte (*Longmen pai*): QIU CHUJI (Changchun, 1148–1227) *Die Reise in den Westen* Alchimie des Magischen Juwels *»Das Geheimnis der Goldenen Blüte«*
JIN (1115–1234) in Nordchina	
YUAN (1260–1368) Mongolenherrschaft	
MING (1369–1644)	
QING (1644–1911) Mandschu-Dynastie	LIU YIMING (1737–1826), 11. Generation des Drachentors ZHANG HODAO, * 1880, 16. Generation des Drachentors WANG JIAOMING, * 1890, und GU JIAOYI, * 1892, 17. Generation des Drachentors
Republik (1911–1949), in Taiwan bis heute	
Volksrepublik (ab 1949)	WANG LIPING, * 1949, 18. Generation des Drachentors

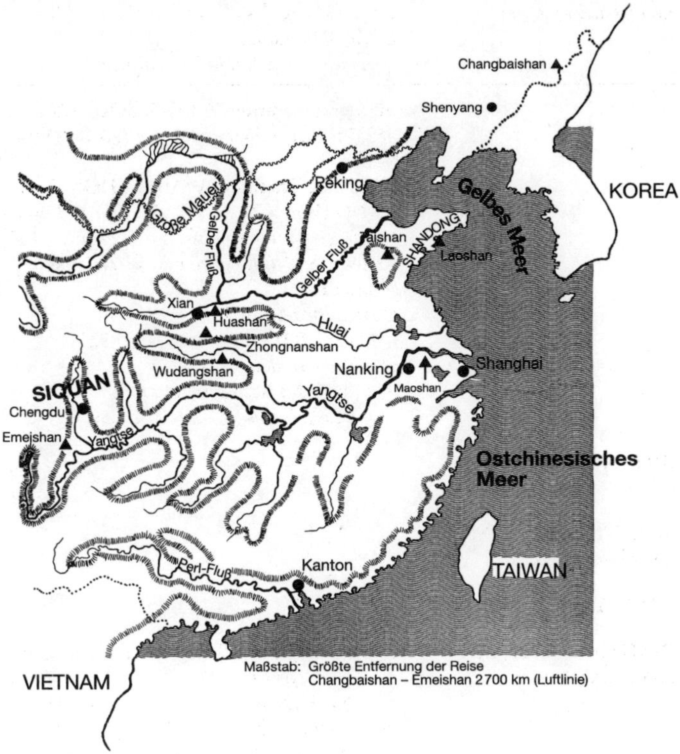
Changbaishan
Shenyang
Peking
KOREA
Gelbes Meer
Große Mauer
Gelber Fluß
Gelber Fluß
Taishan
SHANDONG
Laoshan
Xian
Huashan
Huai
Zhongnanshan
Wudangshan
Nanking
Shanghai
Maoshan
SIQUAN
Chengdu
Yangtse
Emeishan
Yangtse
Ostchinesisches Meer
TAIWAN
Kanton
Perl-Fluß
VIETNAM
Maßstab: Größte Entfernung der Reise
Changbaishan – Emeishan 2700 km (Luftlinie)